全球城市

纽约、伦敦、东京（第二版）

[阿根廷] 丝奇雅·沙森 —————— 著

周振华 —————— 译

东方出版中心

图书在版编目（CIP）数据

全球城市：纽约、伦敦、东京：第二版 /
(阿根廷) 丝奇雅·沙森著；周振华译. 一上海：东方
出版中心, 2022.3
　　（城市与文明丛书／张玥主编）
　　书名原文：The Global City: New York, London,
Tokyo
　　ISBN 978 - 7 - 5473 - 1955 - 0

　　Ⅰ.①全… Ⅱ.①丝… ②周… Ⅲ.①城市经济-研
究-纽约②城市经济-研究-伦敦③城市经济-研究-东
京 Ⅳ.①F299.712②F299.561③F299.313

中国版本图书馆 CIP 数据核字(2022)第 011776 号

合同图字：09 - 2022 - 1015 号

全球城市：纽约、伦敦、东京（第二版）

著　　者　[阿根廷] 丝奇雅·沙森
译　　者　周振华
策　　划　刘佩英
责任编辑　徐建梅
装帧设计　青研工作室

出版发行　东方出版中心有限公司
地　　址　上海市仙霞路 345 号
邮政编码　200336
电　　话　021 - 62417400
印 刷 者　上海颛辉印刷厂有限公司

开　　本　890mm × 1240mm　1/32
印　　张　16.125
字　　数　343 千字
版　　次　2023 年 1 月第 1 版
印　　次　2023 年 1 月第 1 次印刷
定　　价　98.00 元

总　序

城市在人类文明史中占有重要地位。 英语中的文明（civilization）一词，源于拉丁文的 civis，指城市或公民。 东汉学者许慎在《说文解字》里对"城"字的解释是，"城，以盛民也"。 可见，在东西方语境中，城市的含义是一致的，即滋养文明、使人民繁荣兴盛的场所。

谈及人类文明往往要追溯到古希腊时期，辉煌的古希腊文明起源于它的城邦（city-state）。 城邦既是一种国家形式，也是一种社会组织结构，各个城邦在政治、经济及军事上的多元化发展构成了异彩纷呈的古希腊文明，而诞生于雅典城邦的公民参与机制更为西方近代民主制度奠定了基础。 14—17 世纪的文艺复兴是一场生长于城市的伟大复兴。 意大利的佛罗伦萨、威尼斯、米兰等地，是文艺复兴的发源地与重镇。 这些城市不仅是当时欧洲制造业、商业和贸易的中心，也是绘画、雕塑、建筑等艺术形式蓬勃发展的文化中心。 人本主义思想亦在这一时期出现，深刻影响了未来社会生活的方方面面。 随后到来的英国工业革命发源于英格兰西北部，而作为英国纺织业中心的曼彻斯特则被称为工业革命的故乡。 1830 年开通的连接利物浦和曼彻斯特两座城市的铁路，是世界上第一条完全使用蒸汽作为动力的铁路。工业革命不仅促进了近代资本主义的发展，也推动了城市化进程，使得城市化与工业化紧密相连。 20 世纪早期，英国、法国、德国和美国等主要西方国家的绝大多数人口都已经生活在城市中了。

如果说 20 世纪之前世界城市化的重心是欧洲和北美，那么 21 世纪这一重心则是亚洲、非洲和拉丁美洲等广大发展中国家所处的地区。 目前，全世界超过一半的人口居住在城市，预计世界城市化率在 2050 年将达到 70%，而其中 86% 的未来城市人口增长将出现在发展中国家。 在世界上人口超过一千万的 30 座超大型城市中，三分之二的城市在发展中国家。 就经济发展指标而言，世界上最大的 300 座城市的经济产出占世界经济总量的一半。 从 20 世纪 80 年代至今，中国经历了高速经济发展和与之相伴随的、人类历史上速度最快和规模最大的城市化。

正是在这样的背景下，我们出版了这套城市与文明丛书。这套丛书的出版目的，主要是向国内读者系统介绍海外城市研究的经典及最新高水平作品。 希望读者能够通过这套丛书，了解城市在人类文明史中的特殊地位与作用，同时以城市为视角重新考察人类文明进程。 城市，既是一场流动的盛宴，也是复杂的政治、经济与社会空间；既是历史与文明的结晶，也是展望未来的舞台。 衷心希望这套丛书能够帮助大家更好地理解中国与世界，以及中国城市化的未来。

张　玥

2021 年 11 月

新版序言

对于本书新版的修订，我采取了大刀阔斧修改的策略。 我试图将第一版首次提出的分析框架从所有描述 20 世纪 80 年代的实证材料中剥离出来，使其更适合 20 世纪 90 年代的实际情况。因为本书已引起至少四个不同议题的争论，涉及多个完全不同的学科，并且传播到了许多国家，通过写几篇论文来回应对本书的批评，根本不可能解决这些问题。 而且，随着本书持续在世界各地的课堂上使用，也被世界各地越来越多的博士生学习使用，因此最好的办法似乎是进行一项艰苦的工作，构建起一个分析框架。 这一分析框架既要经得起新的证据检验，又可以回应本书所引起的或与之有关的令人震惊的、丰富的评论性意见。

本书第一版中所捕捉到的实际动态，一直在以日益扩大和更加明显的方式不断发展。 此外，许多研究人员已经探索了该模型在世界许多不同城市的各种特征，从而极大深化了这一研究。这使我在第一版中尝试阐释的故事，在越来越多的研究人员和非学术界的某些领域（从社会活动家到市长和金融家）中变得生动起来。 为了适应这些不同的条件及潜在的可能性，我重写了几章的大部分内容，特别是关于金融秩序、新兴的跨国城市体系和收入不平等扩大等内容。

在这篇序言中，我想简要解释这一分析框架的主要特征，并通过一系列假设来归纳其主要特征——这是我在第一版中所没有做的。因为第一版首次提出了一个很新颖的分析框架，而对这个分析框架很多方面的处理都比较隐晦。我在第一版中提出的分析框架源自大量经常是自相矛盾的数据和公认的"真理"。有时，这似乎是一个不可能的尝试。从那时起，这些城市的实际动态为我的许多主张提供了具体内容。在第一版中，我在寻找一种分析框架；而在第二版中，我将对这一分析框架进行新的实证检验。在第一版中，我提出了一些用来帮助形成分析框架的概念，但并不总是让人舒服或有说服力。在第二版中，它们已成为一种有用的启发式方法。所有这些概念，诸如全球经济体系运行的工作、全球控制的实践、为全球经济服务所需的低薪工作的基础结构、全球城市的新空间秩序等，现在都成为观察或概念化动态景观的一部分。通过这些概念，可以用来理解与全球经济休戚相关的城市状况。

在与世界各地专家和普通读者交谈中，我发现本书主要是揭示了"城市"的概念，并以具体的存在/数据和动态将它重新呈现出来。虽然这只是部分再现，但它抓住了核心。对专家学者而言，这一再现涉及有关城市数据集并置和信息提取，而这在涉及的不同学科中既非共享也不常见。对于普通读者来说，这是一种对变化的透彻扫描，这些变化是他们在街上所能看到的，但并不知道这些变化后面的故事。在谈及信息化下的城市消亡，以及全球化下的本地化消亡时，尤其如此。

一个新的概念架构

　　经济活动全球化需要一种新型的组织结构。　为了从理论和经验实证上抓住这一点，相应地需要一种新的概念架构。　在我看来，诸如全球城市和全球城市区域的概念是这一新概念架构的重要元素。　跨境的经济流动——资本、劳动力、商品、原材料和游客——是由来已久的事情[1]。　但很大程度上，这些都发生在宗主国与殖民地之间，特别是在 20 世纪，主要发生在国家间体系中，其关键节点是民主国家。　当时国际经济体系在很大程度上建立在这种国家间体系之上的。　过去十年来，由于私有化、放松管制、数字化、国内经济向外国公司开放以及国内经济主体日益参与全球市场，这种情况发生了重大变化。

　　正是在这种背景下，我们看到与新体系相关联的战略地区的重新划分。　由于全球化推进以及与之相关的私有化和放松管制，国家作为一个空间单元的角色已部分改变或至少被削弱了，从而为其他空间单元或尺度的地位上升创造了条件。　其中，包括地方政府（特别是城市和地区的地方政府），含有两个或两个以上地方实体的跨境区域，以及超国家实体（即全球数字化市场和自由贸易集团）。　这些在不同尺度上得以领地化的动态和过程，原则上可以是区域的、国家的或全球的。

---

[1] 在这里，Arrighi（1994）的分析很有趣，因为它假设了资本主义世界经济不同阶段中某些组织模式的重现，但它的复杂性更高了，范围也扩大了，而且在时间上跟随或先于世界经济的特定格局。

　　我把全球城市的出现置于这一背景之中，不同于以往实例范围的战略尺度和空间单元。 对于全球城市来说，得以领地化的动态和过程是全球性的。

　　对这些元素的活动进行命名，是概念工作的一部分。 还有一些与此紧密联系的其他术语可能也在使用： 世界城市[1]、"超级城市"（Braudel，1984）、信息城市（Castells，1989）[2]。 因此，对一种组织结构如何命名的选择，要有其本质的合理性。当我第一次选择使用全球城市（1984）这一术语时，我很清楚，这是一种与众不同的尝试——指出当代全球化特殊性。 我没有选择"世界城市"这一显而易见的替代术语。 因为世界城市恰恰具有相反的属性： 它指的是我们几个世纪以来所见的一种城市类型（Braudel，1984；Hall，1966；King，1990），其在亚洲出现的时间也很可能比西方早得多（Abu-Lughod，1989；King，1990）。 在这方面，可以说今天的大多数主要全球城市也是世界城市，但今天的一些全球城市很可能并不是辉煌、富裕意义上的世界城市。 对我来说，这在一定程度上是一个经验性问题；此外，随着全球经济的扩张并将更多城市纳入各种网络，对这个特定问题的答案很有可能会有所变化。 因此，迈阿密从 20 世纪 80 年代末事实上就开始发展全球城市功能，但并没有使它成为

---

[1] 这个术语最初是由 Goethe 提出的，后来在 Peter Hall（1966）的著作中重新使用，最近又被 John Friedmann（Friedmann 和 Goetz，1982）重新定义。

[2] 我们现在从未发表的论文和各种出版物中得知，20 世纪 80 年代初，许多学者已经开始在全球化背景下研究城市。 我在 Sassen（2001a）一文中回顾了探索这个新的研究领域的历史。

一个传统意义上的世界城市（Abu-Lughod，1999；Short 和 Kim，1999；Sachar，1990）。

全球城市模型：提出相应的假设

我通过七个方面的假设，构建了基于数据和理论化的全球城市模型。 我将简要讨论每一个假设，以便得到更精确的表达。

第一个假设是，标志着全球化经济活动在地理上的分散化，以及与此同时对地理分散化活动的一体化整合，是促进公司中心职能增长及其日益重要性的关键因素。 一个公司在不同国家的运营越分散化，它的中心职能（对一个公司的运营网络进行管理、协调、服务、融资的工作）就越复杂和具有战略意义。

第二个假设是，这些中心职能变得如此复杂，以至于大型跨国公司总部日益采取外包策略。 他们从高度专业化的服务公司那里购买一部分属于其中心职能的服务：会计、法律、公共关系、规划、电信等服务。 因此，即使十年前，公司总部仍然是这些中心职能的主要生产场所，而今天，又有第二个主要生产场所，即承接公司总部服务外包而生产这些中心职能或其中构成部分的专业服务公司。 那些面向全球市场及开展非常规业务的服务公司，尤其如此。 越来越多的大公司总部现在都更多地购买此类中间投入，而不是由自己生产。

第三个假设是，从事最复杂、最全球化市场的专业服务公司受制于集聚经济。 他们所要生产的服务产品的复杂性、他们直接涉足的市场或通过给其提供服务的公司总部所涉及的市场的不确定性，以及这些交易越来越强调速度的重要性，是构成新的集聚动态的综合条件。 公司、人才以及来自广泛专业领域的专业知识的混合，使某种类型的城市环境具有信息中心的功能。 这样一个城市就意味着处于一个极度紧张和密集的信息循环中。这是一种至今仍无法在电子化空间中加以复制的信息循环，其增值特征之一是不可预见和未能计划的信息、专业知识和人才的混合，从而可以产生更高阶的信息。 这不适用于那些具有确定性和标准化形式的程序化活动。 在这方面，全球城市是我们这个时代领先信息产业的生产基地。

第四个假设是由前一个推导出来的，公司总部把最复杂、非标准化职能，特别是受不确定性和不断变化市场和速度影响的工作外包出去越多，他们区位选择的自由度就越大，因为在总部所实际完成的更多工作是不受聚集经济影响的。 这进一步强调了，高度专业化和网络化的服务行业是确定全球城市独特生产优势的关键部门。 在提出这个假设的过程中，这是我对一个非常流行观点的回应，即公司总部数量是决定一个全球城市的关键。从经验实证上看，在许多国家，领先的商务中心也许是公司总部的主要集中地，但这很可能是因为缺乏其他的地理区位选择。在那些领先的商务中心之外还拥有完善基础设施的国家，这类公司总部就可能有多种区位选择。

第五个假设是，这些专业服务公司需要提供全球性服务，这意味着其拥有一种由子公司或其他形式伙伴关系构成的全球网络。 因此，我们看到了跨境城市间交易和网络的加强。 至少，这很可能是形成跨国城市体系的开始。 全球金融和专业服务市场的增长，国际投资急剧增加对跨境服务网络的需求，政府在国际经济活动管制方面的作用减弱，以及其他机构领域（特别是全球市场和公司总部）的相应崛起——所有这些都指向一系列跨境城市网络的存在。 其中的一个含义以及相关研究假设是，这些城市的经济命运与其广阔的腹地，甚至与其所在国的国民经济越来越脱节。 我们可以在这里看到跨国城市体系的形成，至少是初期的形成。 依我看来，今天世界上主要商务中心的重要性，很大程度上是从这些跨国城市网络中获取的。 世界上不存在作为一个单独实体的全球城市，这与昔日帝国的首位城市形成了鲜明对比。

第六个假设是，高水平专业人员和高利润专业服务公司数量增长，使这些城市的空间和社会经济不平等程度明显提高。 这些专业服务作为中间投入的战略性作用，赋予高级专业人员及其成员更大的价值。 此外，人才对于这些战略性产出的质量至关重要，而且，考虑到交付速度的重要性，经过实践验证的人才成为一种附加价值，因此其薪酬水平可能会迅速提高。 无论在制造业还是在生产者服务业中，缺乏这些高附加值的活动类型及其员工，都可能陷入恶性循环之中。

第七个假设是，第六个假设中描述的动态导致一系列经济活动的日益非正规化。 在这些城市中，一些经济活动尽管存在相应的市场需求并有一定的盈利水平，但又无法与处于系统顶端的高利润公司竞争各种资源。 因此，部分或全部生产和分销活动（包括服务）的非正规化，成为这种情况下生存的一种方式。

在前四个假设中，我主要是针对关于全球化、技术和城市的主流观点，其认为城市作为重要的经济单元或尺度已经终结。我从主流观点论述中看到一种倾向，即把全球经济体系看作是既定的，由跨国公司力量和全球通信在发挥作用。 我始终对此持有不同意见。 我认为，新的信息技术和跨国公司的力量所包含的全球经营、协调和控制的能力，不是自然存在的，而是需要被生产出来的。 通过聚焦这些能力的生产，我们可以从那些司空见惯的诸如大公司力量及压缩距离和地点的新技术能力等问题中看到许多被忽视的方面。 关注这些能力的生产，将会使我们把研究重点转移到那些构成人们所说的经济全球化和全球控制的实践上来。

经济全球化和电信发展促进了城市的空间性，它既以跨境网络为中心，也以资源高度集中的地方区位为中心。 这并不是一个全新的功能。 几个世纪以来，城市一直处于主要的往往是通往世界性进程的十字路口。 今天所不同的是，这些网络的强度、复杂性和全球尺度，经济中的重要部分目前在一定程度上被非物质化和数字化，因而一定程度上可以通过这些网络高速串联，以及作为跨国网络一部分的许多城市在巨大的地理尺度上运作。

由此而产生新的城市空间性，在双重意义上是局部的： 它只部分解释了城市中发生的事情和城市的本质，它只部分覆盖了我们可能认为的城市空间，无论是从城市行政边界，还是从城市公共想象的不同角度来理解。 此外，这种新的城市空间性的某些形式，今天在区域范围内运作。

本书的结构

本书的结构没有改变。 为了测试这一分析框架，我打算坚持这一结构安排。 但第一版很多细节部分被新的数据和每个相关领域新研究文献的讨论所取代。 此外，为了回应本书各主要部分所引起的争论，我增加了几个新的章节，在概念上和实证上都涉及对这些评论的回应。 在本书第一部分，我增加了一些章节，讨论自 1987 年华尔街股市崩盘以来的一系列重大金融危机的意义，以及全球资本市场的特征，包括它与早期历史上，尤其是在上一个世纪之交和 20 世纪 30 年代的全球金融市场的不同之处。 在第二部分，我增加了关于金融业空间组织的章节，这是我在第一版开始提出的一个议题，尽管早些时候受到了相当多的批评意见，但我还是没有给予足够研究。 第七章关于全球城市层级制度的内容已大部分改写，以反映跨国城市体系的出现，重点是加强主要城市之间的跨国性。 第八章关于就业和收入的大部分内容也被重写。 在新的结语中，我围绕第一版的主要争论和批评展开了论述，希望阐明任何新的分析框架所面临的潜能及其问题。

如果 20 世纪 90 年代没有出现大量关于我在第一版中遇到各种问题的研究文献，这个新版本就不可能问世。 这些文献中的许多重要贡献，促进了我对许多具体问题的理解。 我曾试图广泛查阅这方面的文献。 它涵盖了许多学科，源自世界各地的许多国家。 我非常感谢这些学者，包括许多在书中没有提及的人。

译者序

　　我与沙森教授的《全球城市：纽约、伦敦、东京（第二版）》还真有点渊源。大约在 2003 年，我在上海社会科学院举办了一个全球城市国际研讨会，通过陈向明教授邀请了沙森教授等来自美国、英国、法国、日本、新加坡、韩国等十多位知名学者与会研讨。在会上，陈向明教授诙谐地介绍说："弗里德曼是世界城市之父，沙森是全球城市之母。"会后，沙森教授将新出的第二版《全球城市：纽约、伦敦、东京》一书赠送予我。

　　粗略翻阅了一下英文版的《全球城市：纽约、伦敦、东京（第二版）》，我有一种强烈的感觉，全球城市理论是比较新颖和前沿的，与传统城市理论完全不同，对上海城市建设是比较适用的。当时，上海已经在《城市总体规划》中提出 2000—2020 年建设四个中心和现代化国际大都市的战略目标，但对现代化国际大都市的内涵、属性特性及其发展路径还不是很清晰。如果按照传统城市理论"中心-外围"的经典模型来构建，很可能不适应现代全球化的发展要求。而全球城市理论强调全球城市是现代全球化的产物，是现代全球化的空间表达，并将其视为世界城市网络中的基本节点，也许对上海建设现代化国际大都市更具有现实指导意义。 于是，我组织了一批博士生开始翻译此书。

那时，我们还只是刚接触到全球城市理论，对其了解甚少，又是多人分头翻译，质量参差不齐，甚至连一些专业术语的前后译名也不统一。 尽管在通校时，我下了很大功夫，几乎重译一遍，但对本书内容还是缺乏全面把握，对其主要观点缺乏深刻理解，从而在翻译上存在一些错误或表达欠准等问题。 在《全球城市：纽约、伦敦、东京（第二版）》中译本出版之际，沙森教授还专程来上海参加了新书发布会，她对此表示了由衷感谢，并称赞中译本比其他外文译本翻译得更好。 沙森教授曾带有几名中国留学生，大概通过他们知晓中译本并没有曲解她书中的一些主要观点。 但我们自己心知肚明，其实翻译水平是不高的。 然而，意料不到的是，《全球城市：纽约、伦敦、东京（第二版）》中译本出版后在学界和社会上引起较大反响，也成为我研究全球城市理论的一个学术起点。

17 年后，重译沙森教授这本经典著作，我认为仍有必要，值得花费时间和精力去做这项工作。 最主要的原因，是这部经典著作有重大的学术价值和实用价值。 尽管这一著作（第二版）出版都已 20 多年，其中的个别观点及其分析，特别是一些数据资料已显陈旧，但此书从现代全球化视角出发，对全球城市的形成与发展、其在全球化中的战略角色和作用、内在的组织构架及其功能属性、外在的网络连接及其运作、内部的经济、社会结构及其特征等论述和观点，至今仍然具有适用性，并有较强的现实指导性。 上海在 2013 年城市总体规划修编时曾开展了面向未来 30 年上海发展战略的全市性大讨论，并邀请了世界银行、国务院发展研究中心等机构进行上海发展战略研究，但不管是综合性研究（约有 8 项）还是专题性研究（约有 80 多项），基本上都是以全球城市理论为分析框架，并结合了中国特色和上海特点。　在国务院批复的《上海城市总体规划 2017—2035》中，也明确提出了上海要建成具有世界影响力的社会主义现代化国际大都市和卓越的全球城市。　之后，提出的"全球资源配置功能、科技创新策源功能、高端产业引领功能、开放门户枢纽功能"，也都与全球城市功能高度契合。　当然，包括沙森教授在内的西方全球城市理论有其局限性，例如以西方发达国家城市为研究"蓝本"，以成熟的全球城市为主要研究对象，方法上大都采取静态比较与实证等，缺乏对像上海这样崛起中新兴全球城市的深入研究。　但《全球城市：纽约、伦敦、东京（第二版）》作为一种学术，还是有一定参考价值的。

今天，重译沙森教授这本书，当然是为了弥补原先翻译上的缺陷，更好反映原著的本义。　面对此次翻译，我也有了一种"今非昔比"的别样感觉。　因为在这 17 年中，我已接触大量有关全球城市的文献资料，包括沙森教授提出全球城市理论之前的弗里德曼等人的著作和论文，也包括其之后的泰勒等人对全球城市理论的新发展，基本上把握了全球城市理论的起源、形成和发展的整个过程，大致了解了全球城市理论涉及的研究范围及其分支，从而对沙森教授的思想观点在整个全球城市研究中的地位和作用以及其局限性有了较深入的了解。　而且，我也阅读了沙森教授的其他著作和论文，包括翻译了沙森教授另一部专著《世界经济中的城市（第五版）》，从而对沙森教授的全球城市理论有了一个较系统的认识。　同时，在上海全球城市研究院的平台上，我组织了市内外专家学者对全球城市进行了广泛研究，主编了年度系列报告《全球城市发展报告》《全球城市案例研究》和《全球城市发展指数》等，对一些较典型的全球城市（纽约、伦敦、东京、巴黎、新加坡等）的发展过程和实际运作有了更多的感性认识和实际感受。 更重要的，在消化和吸收国外全球城市理论的基础上，我针对国外全球城市研究局限性进行了批判性研究，并开拓性地研究了新兴经济体的全球城市崛起、全球城市的动态演化等问题，先后出版专著《崛起中的全球城市： 理论框架及中国模式研究》（2008）、《全球城市： 演化原理与 2050 上海》（2017），并均翻译成外文在国外出版，以及《全球城市：国家战略与上海行动》（2012）、《卓越的全球城市： 国家使命与上海雄心》（2019）等。 2015 年，在《全球城市： 演化原理与2050 上海》新书发布会上，沙森教授也专程赶来参加研讨，对全球城市发展新态势进行了深入交流。 因此，今天重译沙森教授这本书，不仅有了更大的"底气"，而且也具有了全新的认识，较有把握驾驭这项翻译工作，可以比较准确地反映该书精神实质和主要观点，以及比较贴切的中文表达。

当然，限于本人水平，翻译中不免有各种瑕疵，敬请读者谅解。

周振华

2021 年 11 月

致　谢

　　在准备这个新版本的过程中，我最要感谢的是来自芝加哥大学的社会学博士生 Kathleen Fernicola。 如果没有她的智慧、决心和才能，这项工作可能会持续多年而仍未有结果。 她承担了更新所有表格数据的繁重工作。 我要感谢 Toshio Lyotani 教授和 Asato Saito 教授，没有他们的大力帮助，有关东京的研究工作就不可能完成；同时要感谢大阪城市大学的 Kamo 教授。 我要对来自伦敦经济学院的团队，包括 Miguel Jimenez、Francisco Mata Andrade、Shai Gross、Sarah Shousha 和 Maida Ahmad 等的出色工作表示感谢。 另外，Giselle Datz 在分析 20 世纪 90 年代金融危机时发挥了至关重要的作用。 任何项目都离不开研究助理，比如 Hard Shapira 和 Lital Mehr，他们在处理难点问题时表现了迎难而上的决心和智慧。 在不同的阶段，Nilesh Patel 加入了我们的研究工作，对此表示感谢。 普林斯顿大学出版社的 Ian Malcolm 在整个相当困难的过程中都非常支持。 如果没有他的努力，我怀疑第二版是否还能出版。 我还要感谢制作编辑 Bill Laznovsky 的帮助。 最后，我要感谢 Bytheway 出版服务公司的 Lori Holland，感谢她在印制这本书时的细致工作及帮助。 然而，书中所有的错误都是我的。

Contents 目录

本书内容主要探讨三个核心问题：主要城市在世界经济组织和管理中的作用是什么？世界经济一体化在哪些方面影响了主要城市的经济基础以及相关的社会和政治秩序？在城市与世界经济紧密相连的情况下，国家与城市之间的关系会发生什么变化？鉴于纽约、伦敦和东京作为世界主要金

融中心角色，以及具有截然不同的历史、经济和
文化特征，它们之间的对比应该具有启发性。

第一部分　全球化的地理及构成

本部分论述了生产的空间分散化和金融业重组的主
要趋势。　其重点是自 20 世纪 80 年代以来构成经
济活动全球化的地理、结构和体制。　其目的是对
国际投资、服务贸易和资金流动的构成和方向进行
直接经验性描述。

第二部分　全球城市的经济发展

本部分考察了构成这些城市核心的产业部门及其国
内和跨国的空间经济。　目的是了解全球城市在这
些行业组织过程中的地位，而要做到这一点，就要
在国家城市系统以及全球城市基本层次结构的背景
下，对行业特点进行考察，详细分析城市的经济
基础。

第三部分 全球城市的社会秩序 — 249

本部分讨论了这种特殊增长方式涉及的一些利益分配和成本分担。哪些具体工作直接或间接地维持着这类经济部门的运作？这些城市居民劳动力的职业和收入分配在多大程度上反映了一个繁荣的盈利经济核心的存在？

结束语 — 415

第十章 一个新的城市制度？ — 417

本章主要解决以下三个问题：经济增长的好处集中在全球城市和高收入阶层，与此同时，曾经繁荣的地区和部门趋于衰落，会产生什么样政治影响？世界经济及其控制和管理的全球中心的一体化如何影响国家与城市之间的关系，特别是全球城市与其所在国之间的关系？最后一个问题涉及这些安排的持久性：这种增长模式的再生产条件是什么？

附录 — 437

后记 — 468

第一章
概　述

　　从某些方面来说，世界经济塑造了城市的生活。　本书是关于今天这种关系的阐述。　从 20 世纪 60 年代开始，经济活动组织进入了一个明显的转变时期。　这些变化表现在世界经济结构的改变，也表现为特定地区所特有形式的改变。　其中的一些变化现在已为人熟知，例如美国、英国以及最近日本的曾经强大的工业中心逐渐衰弱；第三世界一些国家加速工业化；迅速国际化的金融业形成全球性交易网络等。　这些变化都改变了城市与国际经济的关系。

　　在二次世界大战后的几十年里，有一个以美国在世界经济中的主导地位和 1945 年布雷顿森林协定所包含的全球贸易规则为基础的国际体系。　到 20 世纪 70 年代初，支撑该国际体系的条件正在瓦解。　这造成了一个空隙，美国大型跨国制造业公司和银行乘虚而入，这也许是国家主导地位的最后一次爆发。　在这一过渡时期，国际经济秩序在很大程度上是由这些跨国公司总部进行管理的。　然而，到了 20 世纪 80 年代初，美国的跨国大银行面临第三世界大规模债务危机，美国工业企业在国外竞争中的市场份额急剧下降。 尽管如此，国际经济并不是简单的支离破碎。 全球经济的地理及构成发生了变化，从而产生一种复杂的二元性： 一种在空间上分散化，但在全球范围内一体化组织的经济活动。

本书的研究出发点是，空间分散化与全球一体化组织的结合赋予了一些主要城市新的战略角色。 这些城市除了具有国际贸易和金融中心的悠久历史外，现在还以四种新的方式发挥作用：第一，作为世界经济组织中高度集中的指挥中心；第二，作为取代制造业成为主要的经济部门的金融和专业服务公司的关键所在地；第三，作为这些主导产业部门的生产基地，包括创新的生产；第四，作为所生产的产品和创新的市场。 这些城市功能变化对国际经济活动和城市形态产生了巨大影响： 城市集中控制着巨大资源，而金融和专业服务业则重塑了城市的社会经济秩序。 于是，一种新型的城市出现了。 现在的主要例子是纽约、伦敦、东京、法兰克福和巴黎。 本书的重点是研究前三个城市。

正如我将要描述的，这三个城市在经济基础、空间组织和社会结构上都发生了相似的巨大变化。 但这种相似发展却是一个谜。 纽约、伦敦和东京是在历史、文化、政治和经济上如此多元不同的城市，怎么会在如此短时间内经历了如此相似的转变呢？ 另外，巴黎、法兰克福、圣保罗等城市的转型又是如何应对同样的变化，这在我的研究中并没有详细论述，但对其理论框架构建很重要。 如果要解开不同城市的相似变化之谜，不仅需要对纽约、伦敦和东京进行逐个比较，还需要对这些城市在一系列全球化进程中进行定位。 为了理解拥有不同历史和文化的主要城市为什么会同时发生经济和社会变化，我们需要研究世界经济的变化。然而，如果"**全球城市**"这一概念暗示着城市仅仅是全球经济机器的产物，那么它可能是简单化，具有误导性。全球城市是具有重要的空间、内部动力和社会结构的特定场所。事实上，我们只有通过分析世界经济的关键结构为什么**必然**位于城市，才能理解全球秩序。

这些城市在当今世界经济中的地位，与它们历来作为银行和贸易中心的地位有何不同？　Max Weber 在分析汉萨同盟（Hanseatic League）的中世纪城市时，把它们之间的贸易设想为过剩产品的交换。他认为，一个中世纪的城市，可以退出对外贸易，继续自给自足，尽管规模会缩小。全球城市的现代因子与 Weber 所理解的汉萨同盟自给自足地区间的贸易是完全不同的。本书提出的第一个论点是，当前经济活动的地理分散化创造了扩大中心控制和管理的需求。换句话说，虽然近年来经济活动的地理分散化原则上利润分配的分散化，但实际上这方面几乎没有什么进展。虽然大公司加大了对小公司以及新兴工业化国家中迅速增长的许多国有企业的分包，但这种增长形式最终只是产业链中的一部分。即便是偏远农村地区的家庭工人，现在也可以成为这一产业链的一部分。跨国公司继续控制着大部分最终产品，并通过世界市场销售而获得利润。金融业的国际化和扩张给大量小型金融市场带来了增长，而这种增长反过来又促进了全球金融业扩张。但全球金融业的高层控制和管理已经集中在几个主要的金融中心，特别是纽约、伦敦、东京、法兰克福和巴黎。这些金融中心在所有金融交易中占有不成比例的份额，而且自 20 世纪 80 年代初以来迅速增长。这里假设的基本动态是，经济越全球化，中心功能在相对较少地点（即全球城市）的集聚程度也就越高。

这些城市的商务区具有明显的高密度，就是这一逻辑的空间表达。 主流观点认为，由于全球电信发展允许人口和资源的最大分散化，从而密度和聚集将会过时。 这种观点是错误的。 我认为，正是由于电信发展促进的地理分散化，才使某些集中活动的聚集急剧增加。 这种集中化不仅仅是传统集聚模式的延续，而且有新的逻辑。 用 Weber 的话说，有一种新的"协调"体系，其重点是在国际经济秩序中发展特定的地理控制地点。

本书第二个议题是关于这种经济增长对这些城市经济秩序的影响。 我们要理解这种新的城市秩序，必须超越 Weber 的协调概念和 Bell（1973）的后工业社会概念。 与 Weber 一样，Bell 假设，随着 19 世纪工业资本主义社会的进一步发展，社会秩序的顶点越涉及纯粹的管理过程、管理内容就越变得次要。 然而，全球城市不仅是协调进程的节点（Friedmann，1986），它们也是特定的生产地点。 具体来说： ① 它们是生产复杂组织所需的专业服务的场所，以便运行工厂、办公室和服务网点的空间分散化网络；② 它们是对金融业国际化和扩张至关重要的金融创新的产生和市场形成的地方。 要理解一个全球城市的结构，我们必须把它理解为是一个可以完成某些工作的地方。 也就是说，我们必须超越制造和服务的二分法。 全球城市制造的"东西"是高度专业化的服务和金融产品。

的确，人们通常不把高级专业服务（从会计到经济咨询）作为生产过程进行分析。 这类服务通常被视为一种源自高级技术知识的输出，但我将挑战这种观点。 此外，我将利用有关生产者服务业的研究新成果，探讨全球城市的一个关键特征，即它们是创造这些服务的最**先进**的生产场所。

其次，这种新的城市秩序的分析方法要超越现有关注金融领域的城市文献。 我将探讨金融业的新兴组织是如何塑造全球城市的特征。 金融创新加速和大量规模较小金融机构被赋予新的重要性，导致了 20 世纪 80 年代金融市场角色的更新或扩大。与前一阶段（当时大型跨国银行主宰了国内和国际金融市场）相比，金融市场已承担起新的战略性和常规经济职能。 只要金融"产品"能够在国际上使用，金融市场就会在全球经济中以一种新的形式重新出现。 纽约、伦敦和东京扮演着金融工具生产基地和这些"产品"集中市场的角色。

这些主要城市中的服务业和金融创新所产生的全球控制能力，是贯穿这些不同活动的运行并构成我对全球城市在世界经济中地位分析的一个关键动力。 通过专注于服务业和金融创新，我试图把人们的注意力从一些熟悉问题上转移开来，比如大公司对政府和经济体的权力，或者通过连锁的董事或组织（如 IMF，International Monetary Fund，国际货币基金组织）实现超级企业的权力集中。 我所关注的是一个容易被忽视的方面，它可以被称为全球控制的**实践**： 全球生产系统和全球金融市场的组织和管理工作的生产和再生产。 我关注的不是权力，而是生产： 那些构成全球控制能力的投入的生产，以及这种生产中所涉及的工作基础结构。

大公司权力不足以解释全球控制能力。 显然，各国政府也面临一个日益复杂的环境，在这种环境中必须有高度复杂的集中管理和控制机制。 此外，高度专业化以及对这些专业化投入的日益增长需求，为独立化的服务业形成创造了条件。　现在，小公司可购买全球性服务，如管理咨询或国际法律咨询等。　世界各地的公司和政府也可以购买此类服务。　虽然大公司无疑是促进这种全球性服务能力发展的关键机构，而且是主要受益者，但它并不是唯一使用者。

　　只关注跨国银行，同样具有误导性。　直到 1982 年第三世界债务危机结束之前，大型跨国银行在公司交易的数量和性质方面一直主宰着金融市场。　1982 年以后，这种主导地位越来越受到其他金融机构及其金融创新的挑战。　这导致金融业主要组成部分的转变，金融机构激增，以及金融市场迅速国际化，而不再是少数大银行主导。　在 1982 年的债务危机之后，全球范围内多种多样的金融市场整合为一个全球金融体系，促进了金融业发展，同时也在几个主要金融中心创造了集中化新形式。　因此，就金融业而言，把重点放在大型跨国银行身上，恰恰会把那些已经产生的大量新金融增长部门和金融创新部门排斥在外；将会遗漏对20 世纪 80 年代以来构成金融业的广泛活动、公司和市场的考察。

　　因此，我们有许多理由把研究聚焦在市场和生产地点，而不是大公司和大银行。　但是，关于经济国际化的大部分文献主要关注大公司和跨国银行。　如果继续关注大公司和跨国银行，意味着将注意力局限于它们的正式权力上，而不是考察广泛的一系列经济活动，其中许多是这些公司的外部活动，其是产生和复制这种权力所必需的。　而且，就金融业而言，如果把重点放在大型跨国银行身上，恰恰会遗漏掉金融业中的机构投资者，而这些机构投资者是被金融新增长发明出来并投入流通的关键组成部分。　最后，对大公司和跨国银行的单一关注，忽略了一些关于这些活动对其所在城市的社会、经济和空间影响的问题。　这是本书的主要关注点，我将在下面予以阐述。

本书探讨的第三个主要问题，是这些发展及变化对一国的国家城市体系的影响，以及全球城市与其民族国家之间关系的影响。　虽然一些主要城市是新的全球控制能力的生产地，但由于这种生产方式的地理分散化，使许多其他主要城市失去了作为制造业主要出口中心的角色。　例如，底特律、利物浦、曼彻斯特，以及现在新增的名古屋和大阪等城市，都受到国内和国际层面上主要工业生产分散化的影响。　根据上面提出的第一个假设，同样的过程也促进了服务业增长，这些服务业生产专门的中间投入来运作全球生产过程与投入和产出的全球市场。　这些行业（国际法律和会计服务、管理咨询、金融服务等）主要集中在纽约、伦敦和东京等城市。　我们需要知道，这种增长是如何改变全球城市与他们国家中曾经的主要工业中心之间的关系。　难道全球化带来了三角替代关系，结果如纽约目前在底特律的命运中扮演着重要的角色，而当底特律是主要产业之一，是汽车制造业的生产岗位的所在地时，纽约却没有扮演这样的角色？　或者在日本的情况下，我们需要问，诸如丰田汽车城（名古屋）越来越多的生产转移到离岸地区（泰国、韩国和美国）与丰田公司首次在东京设立新总部之间是否有联系？

同样，也有一个芝加哥、大阪、曼彻斯特等大城市（曾经的世界主要工业中心）与全球市场之间的关系问题。　芝加哥和大阪过去和现在都是基于制造业的重要金融中心。　我们想知道，它们是否因为在全球工业市场上的衰落而在这些金融功能上也相对丧失地位，或者相反，它们经历了相似的增强服务功能的转变。 以芝加哥为例，它是一个庞大的农业工业综合体中心、一个巨大的区域经济中心。 地区经济体系的衰落是如何影响芝加哥的？

在所有这些问题中，最重要的是要了解嵌入国际系统中的生产者服务和金融发展对国家城市体系的不同层级意味着什么？ 伴随着工厂、办公室以及服务网点的分散化，管理这种分散化公司组织的需要而产生的中心职能扩展的一般趋势，很可能为区域次中心发展创造条件，它们是居于全球和国家层面的纽约、伦敦、东京的缩小版本。 如同纽约、伦敦和东京那样发展，在较低城市层级的小城市中被复制的程度（也许以不那么明显的形式复制），是一个尚未解决但很重要的问题。

新的国际经济活动形式，提出了一个关于民族国家和全球城市之间关系的问题。 城市与国家的关系是贯穿本书始终的议题，这是我所探索的经济变化的政治层面。 我认为，过去被视为国家增长的模式，与 20 世纪 80 年代以来全球城市增长模式之间，可能存在系统的不连续性。 这些城市构成了一个系统，而不仅仅是相互竞争。 这种促进全球城市网络中增长的因素，很可能并不会促进国家的增长。 例如，在 20 世纪 80 年代，一方面是全球城市的增长，另一方面是其所在国的政府赤字和主要工业中心的衰落，两者之间是否存在系统性的联系？

本书第四个（也是最后一个）议题，是这些新的增长形式和条件对全球城市社会秩序的影响。 大量关于高度发达国家的充满活力、高增长的制造业部门所产生影响的文献都表明，充满活力、高增长的制造业部门提高了工资，减少了不平等，促进了中产阶层的形成。　但人们对服务经济的社会科学，却知之甚少。
Daniel Bell（1973）在《后工业化社会的到来》中认为，服务经济将导致受过高等教育的工人数量增长，以及工人在社会公平问题上的更合理关系。　也许有人会说，任何代表后工业化的城市中，肯定都包含诸如纽约、伦敦、东京那些领先的服务业。

　　我将考察经济活动新结构在多大程度上改变了工作组织，并反映在就业供应的转变以及工人收入分配和职业分配的极化上。在主要增长型行业中，高收入和低收入的工作机会，比正在衰退的传统行业要多。　生产者服务业中，几乎一半的工作是低收入工作，另一半属于收入最高的两个职业的工作。　与此不同，在战后美国和英国制造业高速增长时期，很大一部分制造业工人从事中等收入工作。

　　全球城市的其他两个发展也加剧了经济极化。　一个发展是高收入的中产阶层化在住宅和商业领域都需要大量低薪工作。高档餐厅、豪华住宅、豪华酒店、美食商店、精品店、法式首饰店和装饰新城市景观的特殊保洁员的数量增加，说明了这一趋势。　第二个发展是我所说的制造业降级，在此过程中，具有工会组织的商家份额下降、工资下降，而血汗工厂和家庭工坊激增。　这一过程包括现有行业内的降级工作及一些新行业工作供应模式，特别是电子装配。　值得注意的是，在纽约和伦敦这样的城市中，制造业降级表现最为强劲。

　　低薪工作扩大作为**增长趋势**的一个结果，意味着资本-劳动关系的重组。　要认识这一点，重要的是要区分来自部门位置的工作特征，因为高度动态的、技术先进的增长部门很可能包含低工资、缺乏晋升空间的工作。　此外，把部门特征与部门增长模式区分开来是至关重要的。 人们通常认为，落后行业表现出衰落趋势。 事实上，落后的行业（如被降级的制造业或低工资的服务行业）可以成为高度发达经济体主要增长趋势的一部分。 同样，人们倾向于认为，金融业等先进行业大多拥有良好的白领工作。 事实上，也有很多低薪工作，从清洁工到仓库管理员。

于是，这些就是我研究的主要议题及其意义。

作为进一步介绍，我必须简述自 20 世纪 70 年代以来生产者服务业和金融业发展如此迅速的原因，以及它们为何高度集中在纽约、伦敦和东京等城市的原因。 人们熟知的一种解释是，20世纪 80 年代生产者服务业和金融业发展只是转向服务的一部分。 对生产者服务业和金融业高度集中在主要城市的简单解释是，这些服务群落需要面对面的交流。 这些解释，虽然正确，但不完整。

我们首先要了解现代技术并没有终结 19 世纪的工作方式；相反，技术已经将许多曾经属于制造业的活动转移到了服务领域。 工人技能转移到机器曾集中体现在装配线上，现在则体现从车间转移到计算机的各种活动上，以及随之而来的相应技术及专业人员。 此外，早期工厂专业化功能在今天工作过程空间和组织上的明显碎片化中找到了一个当代的对应物。 这就是所谓的"全球装配线"，即在世界各地的工厂和仓库中生产和组装产品，而劳动力低成本和规模经济使国际分工具有成本效益。 然而，正是这条"全球装配线"创造了对管理、控制和规划的集中化和复杂性的需求。 现代企业发展及其在世界市场和国外大规模投资，使计划、内部管理、产品研发变得日益重要和复杂。

多样化的产品线、兼并和经济活动跨国化，都需要高级管理人员具有高度专业化技能（Chandler，1977）。 这也"增加了公司对生产者服务的依赖，反过来又促进了生产者服务公司更高水平的专业知识增长和发展"（Stanback 和 Noyelle，1982：15）。 曾经为大公司提供支持的资源，已经成为公司决策的重要投入。 一个拥有多个地理上分散化制造工厂的公司，促进了围绕企业的新型生产和分销计划的发展。

国际银行和最近更加多样化的金融业增长也扩大了对高度专业化服务投入的需求。 在 20 世纪 60 年代和 70 年代，银行业在地理上有相当大的分散化，许多地区金融中心和离岸中心大多涉及相当传统的银行业。 过去 10 年来，金融业多样化和国际化导致了一种强烈趋势，即把全球金融业"管理"和金融创新的生产集中在数量更有限的几个主要地点。 这种动态与具有多位点的制造公司或服务公司的动态没有什么不同。

这种具有多位点的制造公司、服务公司和银行的主要发展趋势，不断扩大了对管理和控制工厂、销售点和分支机构等全球网络的各种专业服务活动的需求。 虽然这些管理和控制活动在某种程度上可以在内部进行，但大部分还不可以。 这类服务生产的高度专业化、可能的外部化，以及大小企业和政府对此服务日益增长的需求，为独立化服务公司市场发展创造了条件，为我所说的全球控制能力提供了组件。

面向公司的高端服务（生产者服务的关键组成部分）增长及独特的生产特点，有助于解释管理和服务功能集中化推动了纽约、伦敦和东京 20 世纪 80 年代中期的经济繁荣。 这种"面对面"交流需要的解释，必须在若干方面进行改进。 先进服务业主要是指生产者服务业；与其他类型的服务不同，它们只是微弱依赖于与服务对象的接近。 相反，这类专业服务公司受益于并需要接近生产其所需要的关键投入的其他公司，或因为邻近而有可能共同生产某些服务产品的其他公司。 会计师事务所可以为客户提供远程服务，但这种服务的性质依赖于它与其他专业人员（从律师到程序员）的接近程度。 今天的大公司交易通常需要若干专业服务公司同时参与，这些公司提供法律、会计、财务、公共关系、管理咨询和其他类似的服务。 此外，生产者服务业的集中，来自这些公司中受雇的高收入员工的需要和期望。 他们被市中心提供的便利设施和生活方式所吸引，很可能居住在市中心而不是郊区。

这种先进的服务业和金融业高度集中在纽约、伦敦和东京的重要性，因为它是这些国家 20 世纪 80 年代经济增长最快部门而更加突出。 把服务业作为一个整体归类于高增长部门，是一个普遍性错误。 事实上，其他主要服务，如公共服务和消费者服务在美国从 20 世纪 60 年代中后期就开始趋于平稳，在英国和日本则从 20 世纪 70 年代开始趋于平稳。 换句话说，先进服务业和金融业在主要城市中心的高度集中，代表了其在国内就业增长和国民生产总值（Gross National Product，GNP）增长中占有不成比例的份额（相对于人口比例）。

高度投机和众多小型公司的结合，作为金融和生产者服务业复合体的核心要素，对这种增长模式的可持续性提出了质疑。 确实，到 20 世纪 90 年代中期，大银行再次在金融行业中发挥了更重要的作用，竞争和规模优势导致了小公司的合并和收购。 最后，或许也是最重要的一点，这种经济增长模式所产生的利润来源在什么时候会趋于枯竭？

　　在过去 20 年中，主要经济增长趋势产生了与前几十年截然不同的空间和社会安排。今天，在主要城市经济增长中占很大份额的产业部门、地区和职业，与二次大战后一段时期的那些经济中心不同。这一过程通常被解释为旧产业衰落和新产业兴起，而且被看作经济复兴所必需的两个不太相关的事件。我不同意这种脱节论，因为这意味着断言新增长很大程度上依赖于深层次的结构性衰退过程。我刚才提出的全球城市长期可持续性问题，并没有把衰退与增长视为截然不同的动态。20 世纪 80 年代和 90 年代，金融和生产者服务业"飞黄腾达"在一定程度上源于导致传统制造业衰落的相同动力。

　　我认为，这种系统性联系在若干经济领域均有体现。我想通过若干研究假设来检验这一点。第一，制造业的地理分散化导致了老工业中心衰落，产生了对扩大管理和规划等中心职能以及必要的专业服务的需求，这是全球城市发展的关键组成部分。大公司进入消费者服务领域，导致许多独立的小型消费者服务公司衰落和倒闭。政府活动日益复杂化进一步促进了对专业服务、扩大管理和规划等中心职能的需求。第二，金融业增长，特别是该行业中关键部门的增长，往往得益于对其他产业部门（尤其是制造业）的不利政策和条件。此外，其整体效应将是促进了主要城市的专业服务业发展，而削弱了其他类型地区的经济基础。第三，前两个研究假设所包含的条件及模式表明，全球城市与其所在国和世界经济之间的经济关系正在发生转变。之前，城市的主要经济增长部门与国内经济总体增长之间存在高度对应关系。今天，我们看到越来越多的不对称性：促进全球城市发展的条件，同时也内生出美国、英国和日本的其他方面衰退以及政府和公司债务的积累。 第四，新的增长条件促进了全球城市新阶层结盟的要素形成。 以全球城市的区位集中为特征的主要增长型产业，具有两极分化的职业结构，创造并促进了高收入阶层和低收入工人的同步增长。 它是通过主要增长部门的工作组织和职业结构而直接实现的。 它也是通过为新的高收入阶层（包括在工作场所和家庭中）提供所需服务工作以及低工资劳动力需求扩大而间接实现的。

这个简短的概述给读者介绍了书中将要阐述的主要问题及论点。 第一部分论述了生产的空间分散化和金融业重组的主要趋势。 其重点是自 20 世纪 80 年代以来构成经济活动全球化的地理、结构和体制。 其目的是对国际投资、服务贸易和资金流动的构成和方向进行直接经验性描述。 为了抓住书中感兴趣的方面而进行了分解，为了便于理解而进行了重组，它涉及大量论据的处理。 这些章节中许多表格是用来简要说明细节的。 其最终目的是了解经济活动全球化的各种形式如何产生新的集中形式，具体地说，就是主要城市专业服务和金融集聚的迅速增长。

第二部分考察了构成这些城市核心的产业部门及其国内和跨国的空间经济。 目的是了解全球城市在这些行业组织过程中的地位，而要做到这一点，就要在国家城市系统以及全球城市基本层次结构的背景下，对行业特点进行考察，而不是详细分析城市的经济基础。 第五章探讨了集中化的新组件要素的特征。 它们实际上是一个新的基础产业：管理和控制职能的生产、世界经济运行所需的高度专业化服务的生产，以及新的金融工具的生产。 第六章和第七章讨论了全球城市在世界经济新组织中的作用，考察了这些城市成为新的基础产业的生产基地发展以及城市间交易的增长。

第三部分讨论了这种特殊增长方式涉及的一些利益分配和成本分担的关键方面。 哪些具体工作直接或间接地维持着这类经济部门的运作？ 这些城市居民劳动力的职业和收入分配在多大程度上反映了一个繁荣的盈利经济核心的存在？ 第八章探讨了这些经济活动转变如何在这些城市产生新的劳动力需求和新的收入结构。 第九章考察了这些城市中似乎蓬勃发展的落后经济部门的特征，并试图理解这两种增长之间的衔接（如果有的话）。

最后一章讨论这些发展的政治影响，解决以下三个问题。 经济增长的好处集中在全球城市和高收入阶层，与此同时，曾经繁荣的地区和部门趋于衰落，会产生什么样的政治影响？ 世界经济及其控制和管理的全球中心的一体化如何影响国家与城市之间的关系，特别是全球城市与其所在国之间的关系？ 最后一个问题是这种增长模式的再生产条件是什么？

把本书内容组织起来的三个核心问题，可以简单表述如下：主要城市在世界经济组织和管理中的作用是什么？ 世界经济一体化在哪些方面影响了主要城市的经济基础以及相关的社会和政治秩序？ 在城市与世界经济紧密相连的情况下，国家与城市之间的关系会发生什么变化？ 这些问题仅仅是人们对当代主要城市研究中可能提出的所有问题中的一小部分。 但是，从世界经济角度来理解这些城市，这些问题则是战略性的——在全球积聚过程中，什么契机被主要城市所捕捉或位于主要城市？ 然后，它们对于理解本地化和全球化的相互作用，具有战略意义——一个城市的历史、政治、经济和社会特性是如何抵制、促进和保持不被融入世界经济的呢？ 为什么东京的发展轨迹越来越偏离 20 世纪 90 年代的纽约和伦敦？ 在这种背景下，鉴于纽约、伦敦和东京作为世界主要金融中心角色，以及具有截然不同的历史、经济和文化特征，它们之间的对比应该具有启发性。

第一部分

全球化的地理及构成

本书一个主要论点是经济活动的空间分散化和金融业重组是促成集中化新形式的两个过程，因为它们是在所有权或控制权持续集中的条件下发生的。经济活动空间分散化导致了中心职能扩大和为这些职能提供服务的专业公司日益增多。金融行业重组具有增长迅速、创新成果产生迅速和金融公司大量涌现的特点。我认为，这些情况改变了金融业的重心，从曾经主导该行业的大型跨国银行（主要是美国银行）转向了主要金融中心。

电信和信息技术对这两个进程都是必不可少的，为集中化的新形式增添了一股凝聚力量。这些技术的主要使用者是金融和专业服务，它们需要使用最先进的设施。这些技术使长距离的管理和服务以及瞬间资金转移成为可能，因此需要高度固定的复杂物理设施。这些设施需要大量的固定资本投资和不断的公司创新。第二个（也是我认为的）使全球城市具有优势的关键因素是，它们所包含的组织复杂性使公司能够从新技术中获得最大限度的利益。

国际交易扩大了这些过程的规模并增加了复杂性。然而，空间和组织逻辑在国家层面也很明显。国际化是否对主要城市集聚的主要结果（特别是严重压力）至关重要，这很难确定，也许是一个理论问题。但是，全球生产安排和市场所带来的需求是主要行业的组织以及对生产者专业服务重要性方面的一个关键因素。此外，国际交易产生了一个具体管制问题：使国际交易一致的条件是什么？在缺乏单一主导力量（就像二战后的美国）以及一个包含国际交易规则条约（一个有这样一种力量的存在而具有说服力的条约）的情况下，这个问题变得特别引人注目。20世纪80年代，日本和德国崛起为主要的经济力量，参与者激增，激烈的竞争，致使资本所有权或控制权的日益国际化。20世纪90年代，又有欧元区的崛起。还有在第三章和第四章中指导解释经验实证细节的问题之一：作为交易平台的市场——更具体地说，主要的金融和专业服务市场——是否从20世纪80年代（一段高度竞争、投机和盈利的时期）开始提供了基本的组织要素？

如果要回答这些问题，需要详细考察国际交易的地理和构成以及进行这些交易的制度安排。现有大量研究主要集中在大型跨国公司活动的地理及构成方面。与20世纪60年代和70年代相比，金融和服务业增长是否给国际交易的构成及相应体制安排方面带来了重大差别？国际交易构成变化是否意味着涉及国际交易的地点类型和表达方式的改变？资本的国际流动及其日益加快的流动速度有助于在不同地理区域之间形成具体的联系形式，并使这些地区在世界经济中所起的作用发生转变。那么，电子一体化市场的繁荣和增长是否改变了联结的特性？简而言之，是否在集聚逻辑的空间表达以及集聚得以发生的制度安排方面发生了转变？

金融交易货币价值的急剧增长及其高度投机的性质，使人们对这种增长模式可持续性产生了疑问。在这些行业的生命周期的一个特殊阶段之后，会有更大的标准化和集中度而更少的竞争与创新？这样的发展将如何改变20世纪80年代出现并在2000年延续至今的模式？金融创新加速和新参与者迅速进入曾由少数公司控制的高利润行业，使人们在一个具有强烈寡头垄断倾向和持续依赖大众市场的体制中，对这一阶段的持久性产生了疑问。

　　有关这些问题的研究文献大多侧重于国际组成部分，形成其主要内容。 20 世纪 60 年代中期以来形成的一些新的地理分散化和国际化形式，在 20 世纪 70 年代的关键时期已变得十分明显。 但这些模式在 20 世纪 70 年代也出现了某些衰竭现象，从而在 20 世纪 80 年代形成了新的地理、构成和体制安排模式。有关金融和服务业方面的详细论述，旨在揭示 20 世纪 80 年代和 90 年代出现的新模式。 这些新模式是从 20 世纪 70 年代一些金融部门重组一体化和其他金融部门危机中发展起来的。

　　20 世纪 90 年代的标志是一系列变化的加速，这在过去可能需要几十年的时间。 我们看到 20 世纪 80 年代出现的一些模式有所增强。 因此，在 20 世纪 90 年代初经历了多次金融低迷后，金融创新（尤其是开发新的、越来越复杂的衍生品）和投机活动（尤其是对冲基金作为金融市场重要参与者的快速增长）出现了大幅反弹。 但是，20 世纪 80 年代的一些发展趋势也有重大调整。 最值得注意的是，东京的角色正在发生变化，从一个可能成为主要全球城市的角色转变为一个更有限的资本输出者的角色，尽管它是一个主要的资本输出者。 1997 年东南亚金融危机和 1998 年俄罗斯债务违约，重新定位了所谓新兴市场在全球投资格局中的地位，并导致重新考虑开放跨境资本流动的一些关键政策。 总之，自由市场政策制定、放松管制、私有化等是加快这一系列变化的至关重要的背景条件，导致越来越多国家融入全球资本市场，其次是资本市场规模的巨大增长，其现在可以压倒多数国家的经济。

　　本书感兴趣的理论问题之一，是 20 世纪 90 年代这些趋势加强以及其他趋势中断或减弱如何改变了第一版中提出的关于资本

流动和集中新形式的一些关键问题。 第二个感兴趣的问题，是
20 世纪 90 年代全球经济扩张（通过外国直接投资、跨境并购、
子公司网络和全球资金流动来衡量）如何改变了我提出的 20 世
纪 80 年代从大型跨国银行向金融中心转移的金融业关键配置。
第三个感兴趣的问题是一个正在进行中的问题，即今天全球金融
市场与早期全球金融市场的不同之处，特别在世纪之交和两次世
界大战之间的时期。 所有这三个问题是关于我在第一版的一些
论点及经验实证的评论和争论的议题。 这些问题的特定方面，
将在本书第二部分中加以讨论。

　　第二章阐述资本流动的概念，以揭示分散化和聚集化。 接
下来两章阐述经济集中化的问题，这是考察的重点。 在许多相
应数据可获得的条件下，这个问题的简单考察形式是： 在所考
虑的各种要素流动中，哪些国家占了绝大部分份额？ 然后，这
应该为更详细分析 20 世纪 80 年代和 90 年代主要产业（特别是
金融和商务专业服务）的集中化奠定基础，这是本书第二部分的
议题。

第二章
分散化和新的集中化形式

　　生产要素、商品及信息的全球流动变化是否意味着一种新的集聚逻辑的空间表达？　回答这一问题，需要详细考察我们所称的全球经济是如何构成的。　当前全球化进程中，处于核心地位的地理区域、产业和制度安排是什么？　它们与早期有何不同？从这一经验实证文献中提取理论洞察力需要详细阐述资本流动的范畴，使其在超越单纯的资本空间流动。　它不仅要考虑到地理分散化的新形式（通常被认为是资本流动的代表），而且要考虑到集中化新的形式，我认为，这是资本流动新形式的一个组成部分。　对资本流动概念的超越地域层面的理论阐述，还应包括对剩余价值来源的重新安排，因为资本从世界一个地区大规模转移到另一个地区是可能的。　资本流动的另一个方面是所有权的跨国化，不仅通过外国直接投资，而且通过合并、收购和合资，这又再次提出了资本国籍的问题。

　　这一过程的关键组成部分是传统工业中心的资本外流（Bluestone 和 Harrison，1982；Massey，1984；AMPO，1987）、资本流入新兴工业化国家（Frobel、Heinrichs 和 Kreye，1980），

以及跨国公司增长（Vernon，1966；Herman，1982）。这些研究倾向于对资本流动区位维度的假设，即 Storper 和 Walker（1983）所称的资本"区位能力"。资本流动性增加，最为明显和熟悉的形象是"跑路"店铺，或者是制造业工作从高度发达地区转移到欠发达、低薪资地区。也许，同样常见的是，资金从一个国家到另一个国家的即时转移。

但资本流动，无论是作为一个过程还是作为一个理论范畴，在本书分析中包含了许多其他重要的组成部分。资本流动不仅涉及地点方面，而且也涉及技术方面，既包括促使资本流动的技术，也包括维持对广泛分散化全球生产系统的控制能力的技术（Sassen，1983）。

这种对资本流动概念的阐述，使人们对当今世界经济中更广泛的经济组织及其控制提出了重要问题。资本流动增加，不仅带来生产组织区位和金融市场网络的变化，还产生了对那些需要确保管理、控制和服务的生产者服务和金融组织新型生产类型的需求。这些新型生产类型范围涉及从电信发展到专业服务发展，这些专业服务是管理全球工厂、办公室和金融市场网络的关键投入。它还包括这些部门中产生的一系列广泛创新。这些生产类型有其自身区位模式，它们倾向于高度聚集。此外，日益增强的资本流动性也重构了就业关系。这一议题在某些方面已受到关注，例如劳动力市场的动态变化是由去工业化引起的，以及作为低工资劳动力飞地的出口加工区。但就业关系的其他方面并没有依据日益增强的资本流动性来进行研究，例如国际劳工移徙的主要趋势，特别是日本未经批准的亚洲新移民，以及在学校、家庭和社区通常不那么以全球为导向的背景下形成面向全球的广大中等收入阶层。我们在这里先介绍这些概念，其内容将在本书后面章节讨论。

流动和集聚

大公司实施全球化生产过程，需要某种类型的国际制度。最后明确制定的这种制度是与布雷顿森林条约有关的，当时美国是投资资本、消费品和资本品的主要出口国，是主要的经济和军事强国。 我们可以把 20 世纪 70 年代看作已经包含了以跨国公司形式出现的新跨国逻辑的开端。 但这些公司主要是美国公司；它们显然占主导地位，尤其是在银行业；美元继续作为主要货币发挥作用；尽管美国在世界上的经济和政治地位严重下降，但美国仍然是占主导地位的强国。 到 20 世纪 80 年代中期，占主导地位的银行和领先制造企业都是日本的。 对 20 世纪 70 年代以来制造业、服务业和金融业的资本流动所采取的具体形式考察，使我们能够着手解决世界经济如何组织起来，以及它的重要实践特征是什么等问题。

20 世纪 80 年代，制造业地理分散化成为比较明显的特征之一，并将资本流动问题推到了风口浪尖[1]。 在所有主要工业化国家，都有许多工厂关闭，生产工作向国内或国外工资较低的地区转移。 曾经是工业中心的地方，如美国底特律、英国曼彻斯特和伯明翰，制造业就业总体上出现了下降，而在国外生产或组装零部

---

[1] 传统工业中心的工厂倒闭可能是最引人注目的例子。 撤资、缩减产量、减员、缺乏维护——所有这些都是去工业化的机制，虽然不像关闭工厂那样直接，却会对美国和英国的传统工业综合体造成严重的侵蚀（Bluestone 和 Harrison，1982；Massey，1984；U. S. BLS，2001）。

件，以及为最终产品组装而重新进口的数量则在增加[1]。　自 20 世纪 80 年代以来，日本也出现了类似趋势，包括服装生产向国内外欠发达地区转移，以及汽车零部件和电子元件制造业向泰国、韩国和墨西哥转移。　美国、英国和日本的外国直接投资数据反映了这三个国家制造业向国外转移和制造业生产国际化。　更具体地说，用于出口生产的外国直接投资表明，存在一个由高度发达国家的公司建立起来的全球生产基地网络，这些投资很大程度上不是面向工厂所在国家的生产，而是面向提供资金国家的生产[2]。

————

[1] 据估计，在 1969 年至 1976 年间，关闭工厂使美国减少了 2 200 万个工作岗位（Bluestone 和 Harrison，1982：29）。　这一趋势仍在继续。　美国劳工部 2001 年收集的最新数据显示，从 1993 年到 1997 年，至少有三年工作经验的 770 万名工人由于工厂或公司的关闭和搬迁而被迫离开工作岗位；如果把所有工人包括在内，不论工龄长短，这一数字将攀升至 1 700 万。　在英国，从 1978 年到 1985 年，制造业就业下降了 25%，这是损失最严重的时期。　从 1990 年到 1993 年，60 万个制造业工作岗位流失（Borland 等，1998）。　在日本，这一过程开始于 20 世纪 80 年代，之后矿山、钢厂和工厂都开始减产。　1970 年，有 25 万名矿工；到 1985 年，只有 3 万人。　由于五家主要公司减少了业务，钢铁行业失去了 10 万个工作岗位。　整个 20 世纪 90 年代，制造业工作岗位平均下降了 3%（日本劳动研究所，2001）。

[2] 2000 年，美国在 HTS 9802（Harmonized Tariff System，统一关税制度）下的进口总值为 713 亿美元（作者根据 2000 年美国在该关税制度下从 95 个国家进口的总数据计算得出）。　20 世纪 70 年代，这种投资中越来越多的部分用于生产或组装从高度发达国家进口并再加工后出口的部件。　这方面的一个相关指标是根据关税项目 806.30 和 807（HTS 9802 的一部分）下带入美国的货物的价值，从 1966 年至 1978 年增加了 3 倍（U.S.，Department of Commerce，International Trade Administration，1980b，1980c）。　1966 年，来自欠发达国家的产品价值仅占总产品价值的 6.3%，到 1978 年，占总产品价值的 44%。

制造业的分散化是由技术和社会方面的原因造成的。 不同类型的过程促进了这种分散化。 一方面，解除高度发达国家传统工业中心所具有的强大劳工组织，是试图废除围绕生产而被组织起来的劳资关系（通常被称为福特主义）。 另一方面，高技术产业的生产分散化是采用新技术的结果，这些新技术使低工资的日常工作与高技能的工作分离开来，从而最大限度地增加了企业区位选择性。 然而，这两者都需要劳资关系的组织，这种组织倾向于最大限度地使用低工资的劳动力，并使劳动相对于资本的有效性最小化。 因此，"分散化"一词虽然暗示地理分布状态，同样也深深涉及生产中复杂的政治和技术重组（完整的讨论参见 Sassen，1988）。

资本流动的重要方面之一，是通过外国直接投资、兼并和收购以及合资来实现大公司所有权和控制权的跨国化。 美国一直是此类投资和收购的主要对象之一。 虽然英国和荷兰长期以来一直是美国的重要投资者，而且现在仍然如此，但当前阶段已有某些明显的特点。 20 世纪 80 年代发生的一系列投资和收购，可与传统投资和收购形式区分开来，这是我在第七章中要讨论的议题。 其中一个例子是，南加州作为在美经营的日本汽车制造商的研发、设计、工程、营销和管理中心的崛起。 实际的生产制造往往集中在美国的中西部和南部，现在还包括墨西哥北部的双子星（保税）工厂。 丰田公司的情况，清楚说明了这一点。该公司在北美 9 家工厂所生产汽车的总销量从 1990 年的 30% 上升到 1995 年的 57%，从而超过进口成为其在美国销售的主要组成部分。 此外，在美生产的汽车越来越多地出口到亚洲，包括日本（Schnorbus 和 Strauss，1996）。 第二个例子是日本银行、证券公司及其他金融公司在纽约的广泛集中。 日本公司在美国一些地区建立起一个庞大、复杂、多样化的经营基地。 这使它能够更多、更直接地参与到经济中来，比如成为大型房地产交易的首席经理，以及在美生产出口到欧洲的汽车。 还有其他许多例子。 日本投资者已购买了美国主要工业公司的大量股份，尤其是费尔斯通和国家钢铁公司。 到 2000 年初，日本在美国建立了总计 2 136 家相关联的制造工厂（JETRO，2000）。此外，阿拉伯主要投资者收购了诸如伦敦哈罗德百货公司和纽约萨克斯第五大道百货公司等具有传奇色彩的百货商店。 这些都是大规模的收购，萨克斯第五大道百货公司的收购额约 15 亿美元。

鉴于日本经济的组织结构不同，日本的情况不太常见，也更出人意料，因此需要进行更详细的讨论。 日本经济重组是将越来越多的制造业（如纺织和汽车零部件）转移到海外，从重化工业向高科技和知识密集型产业的转变，以及日本国际金融机构的创立。 日本主要制造商海外雇用工人人数的急剧增加，表明了这些公司的国际化和海外生产的程度。 从 1981 年到 1987 年，日立（一个主要的消费品生产商）的海外雇员数量增加了 5 倍；东芝增加了 3 倍；富士通增加了 10 倍；还有很多公司也都如此。 对于丰田、尼桑、本田三家大型汽车制造商来说，海外生产是在 20 世纪 80 年代才开始的，但到 1987 年，丰田海外员工共有 7 516 人；尼桑海外员工超过 22 000 人；本田海外员工达 6 700 人。 这些公司海外员工占全部员工的比率相当可观，尤其是在汽车制造商的例子中；丰田在日本的核心员工约 2.8 万人，尼桑约 7 万人，本田约 3.4 万人。 在 20 世纪 90 年代，这一调整进程仍在继续。 例如，20 世纪 90 年代，日立海外员工数量几乎增加了 1 倍，而在本土的员工数量却减少了 3%；松下海外员工增加了 1 倍，达到 13.4 万人，而在本土的员工仅微弱增加，达到 14.8 万人。 20 世纪 80 年代，日本的公司开始在墨西哥开展业务。 为了避免贸易保护主义壁垒，日本制造商在美国设立工厂，随后他们与墨西哥建立了双子星（保税）工厂[1]，专门供应电子和汽车零部件（Echeverri-Carroll，1988）[2]。 日本的双子星（保税）工厂规模不等，有雇用 25～50 人的小工厂，也有雇佣 2 000 人的多班制的大工厂。 以前这些工厂很多都在韩国和中国台湾进行组装，并把零部件运到美国的日本公司或运回日本。

这种国外子公司在过去十年中迅速增长，1998 年总资产达到近 15 万亿美元（见表 2.1），雇用了 3 500 多万名工人。 现在，它在全球的销售额超过了直接出口（另见第三章）。

---

[1] 该双子星工厂项目是通过墨西哥和美国法律的特殊条款设计的。 墨西哥允许免税进口用于制造的机器和设备以及用于组装的零部件，条件是工厂 80% 的产品用于出口。 墨西哥允许外商工厂独资。 美国只对这些美国生产的零部件在墨西哥组装或生产后又重新进口到美国在此过程中增值部分征收进口税。

[2] 到 1988 年，日本在墨西哥境内有 39 个双子星工厂，其中约 70% 在 1982 年后开始经营（Echeverrl-Carroll，1988）。 虽然墨西哥的双子星工厂中绝大多数为美国所有，但日本目前占总量的 3.5%，除美国外，日本拥有的数量超过了其他所有国家的总和。 有关日本双子星工厂的更详细的讨论见第一版。

表 2.1　1996—1998 年跨国公司海外子公司数据(十亿美元)

项　　目	现价价值／十亿美元		
	1996	1997	1998
海外子公司销售额	9 372	9 728	11 427
海外子公司生产总值	2 026	2 286	2 267
海外子公司资产总额	11 246	12 211	14 620
海外子公司的出口额	1 841	2 035	2 338
海外子公司员工数／千人	30 941	31 630	35 074

资料来源：联合国贸易和发展会议（United Nations Conference on Trade and Development，UNCTAD），《1999 年世界投资报告：外国直接投资和发展的挑战》。

这种分散化模式在办公室工作的组织中也很明显。在美国尤为明显，英国也开始逐渐显现。办公室工作的分散化采取各种形式，包括：将日常任务派送或传送到国外办事处；派送或传送到总部所在地区的郊区住户；在比总部更便宜的地点设立办事处（通常是整个部门），且往往距离总部较远；将办公室工作分包给其他公司；在公司总部附近设立后台办公室，因为总部过于人员拥挤或租金昂贵。有证据表明，分散化的形式在增加。在美国，办公室工作分散化是发展最快的一种形式，也许就是雇用在郊区家庭工作的女性，这一趋势始于 20 世纪 30 年代（Applebaum，1984；Baran 和 Teegarden，1983；Nelson，1984）。在郊区，受过良好教育的妇女相当多，但由于当地缺乏足够的托儿设施和较少的就业机会，她们可能更愿意选择在家里工作。拥有大量数据处理的公司，如保险公司，已经抓住了这个劳动力市场。这种办公室地理分散的国际化，是由于这种类型数据的流动相当不受限制，而且没有关税。此外，这类数据的国际流动一般符合日益扩大的服务贸易。　美国政府长期以来一直寻求最大限度地实现信息自由贸易，并向其他国家施加压力，以防止对其征收关税[1]。

跨国公司在专业商务服务的国际提供中很重要，这在很大程度上是因为它们满足了供应商和客户之间持续接触的需要（U. S. Congress, Office of Technology Assessment, 1986）。商务服务公司主要通过国外分公司来服务国外市场。它们的方式多种多样——合同安排、相关的伙伴关系、股权参与。有关大公司的统计数字表明，美国跨国公司在会计、广告、管理咨询、法律和计算机服务等专业服务市场占据主导地位。在这些专业商务服务中，来自法国、日本和西德的公司也占有相当大的份额。最后，一些不发达国家逐步在某些专业商务服务，特别是电脑软件的服务贸易中占有一席之地。

在经济持续集中的情况下，造成空间分散化的第三个原因是大公司进入消费服务零售业。正是因为有可能在提供这种服务方面获得规模经济和这种服务的不断扩大的市场，才导致大公司为开放市场的消费者提供服务，而这种服务过去只由小型、单一地点的公司提供。这就产生了 Levitt（1976）所说的服务"工业化"。在其他论著（Sassen, 1988）中，我已经详细讨论了服务

---

[1] 美国对解除服务贸易限制施加了巨大的压力，这一点在 20 世纪 80 年代美国国会关于国际服务贸易的辩论（美国国会，1982 年）和旨在确保和最大限度地促进服务自由流动的关贸总协定（1989 年）谈判中一直如此。此外，正如制造工厂的情况一样，各国政府正试图吸引企业将办公设施设在海外。这些政府在 20 世纪 80 年代开始提供补贴以吸引投资者，包括培训办公人员（Sassen, 1988）。例如，保险业认为，为了刺激美国的海外贸易和投资，许多欠发达国家需要减少对外国保险交付系统的限制，因为这些国家对跨国公司的风险很高。

生产和交付的标准化和规模经济是如何通过将某些职能从实际提供服务的场所转移到总部来实现的。 这些职能包括集中规划、开发、特许经营、采购等。 其结果是大型新公司或公司内部部门的增长，通过多个零售网点和集中的专门职能来提供服务[1]。 这种与制造业平行的工作过程的分解，在酒店业、餐厅、各类维修服务、电影院、租车、相片冲印、从食品到鲜花等各种消费品的零售网点，以及大量其他服务活动中十分明显，这些活动过去主要是由当地独立的小型企业从事的。

上述三个案例所描述的经济活动地理分散化，可以理解为增长极的重新部署。 因此，发展出口加工区意味着将制造能力从高度发达国家转移到较不发达国家，总部以外设立后台业务或建立零售网点意味着将工作从中心地点转移到更外围的地点。 增长地点的分散化，原则上可能会阻碍将这种分散的增长纳入为资本部门（集中了主要经济中大部分所有权和控制权）创造盈余的过程。 可以想象，制造工厂和办公室工作的地理分散化可能伴随所有权和利润分配结构的分散化。 与今天相比，市场将在更大程度上调节生产和积累之间的关系；也就是说，我们称之为市场的各种制度程序将取代许多大公司的内部转移机制。

然而，这种类似的所有权分散化并没有发生。 企业规模扩

---

[1] 市场和生产的全球化以及产品多样化要求在规划和营销方面投入更多资源，以便接触到消费者。 广告和消费者信贷已经成为最终产品或服务中越来越重要的组成部分。 快速增长的特许经营体系将很大一部分成本和风险转移在了配送渠道上（For a look from the bottom, see pp. 371-400 in Light and Bonacich 1988）。 我认为，这是一种纵向一体化的形式，不属于福特主义模式。

大使交易成本和流通成本的内在化成为可能，从而减少了资本流通的障碍，提高了资本均衡利润率的能力。所有权的持续集中提出了操作全球生产系统（在国内外设有工厂、办公室和服务分支机构）的任务。它对庞大分散化的生产体系和劳动力的控制提出了新的要求。

这需要有一个执行系统来提供诸如计划、顶级管理和专业服务等。虽然这样一些投入可能是由当地提供的，但实际上并非如此。具有地理分散化的工厂、办公室和服务网点的公司，以及随后发展起来为它们提供服务的公司，往往保持相当程度集中化而非当地化来提供这类投入。正如我将在后面一章详细讨论的，不仅大型工贸公司有完备的生产和分包网络，而且专业生产者服务也发展了这种网络。在这两种情况下，中央总部的管理、规划和控制业务都有所扩大，需要有更多的投入。这些投入可能是由内部生产的，也可能是从其他专业服务公司购买的。

20 世纪 80 年代金融业的一些变化，对这一讨论具有重要意义。有关该行业的总量数据掩盖了过去二十年来其构成发生的根本性变化。20 世纪 70 年代，通过开放世界许多地区的区域性金融市场和离岸银行业务，出现了一种分散化模式，以规避原产地国家的限制性监管。这些发展基本上是在大型跨国银行的支持下进行的，其中最大的银行来自美国。当时这个行业的资本流动形式与制造业和服务业相似：一种新的、广泛扩展的经济活动版图（包括越来越多的第三世界国家），以及大公司（主要来自发达国家）对经济的控制。

1982 年所谓第三世界债务危机爆发继续给金融业带来重大变化，这一点将在后面进行详细讨论。为了本章的目的，这里所强调的是从 20 世纪 80 年代初开始，它重新在主要金融中心集中并朝着这一方向发展，这不仅仅是地理上的收缩，实际上也与资本流动新形式有关。 这些新形式主要是通过一系列广泛金融创新而形成的，这些金融创新把越来越多的金融组件或金融资产变成可出售的金融工具。 我们看到，金融业流动性和金融资本流通出现了巨大增长，这是通过金融工具的营销而非信贷扩展实现的。 现在的金融核心活动是一遍又一遍地买卖金融工具，从而最大限度扩大金融资本流通。 主要金融市场的放松管制及国际化，提高了世界各地投资者和借款人的参与度。 这在某种程度上类似于工厂在地理上分散化而形成集中控制的问题，尽管形式不同。 放松管制和国际化是否会导致金融业所有权和控制结构的分散化？ 我认为，在 20 世纪 80 年代，这些资本流通的基本轴线日益趋向于贯穿纽约、伦敦和东京金融中心，而不是 20 世纪 70 年代典型的第三世界地区性银行中心。 在 20 世纪 90 年代，这个轴心扩展为一个不断增长的全球自由化金融中心网络。 我们在这方面可以看到与全球化有关的新的聚集类型的实例。

资本流动性与劳动力市场形成

资本流动性的增加，对劳动力市场形成和全球劳动力调节有明显的影响。 资本流动性的增加，导致经济空间的同质化，人们也许会想象，这也可能导致劳动力的同质化。 实际上，并非如此。一方面，消费品在世界范围内已实现标准化，从面向世界市场的服装到电子元件等一系列产品生产可行性方面来说，各地差异化正在缩小；另一方面，经济活动分散化也促进了在这个原本同质化经济空间中存在的劳动力供应和劳动力市场结构性差异的繁殖。

分散化生产的空间和社会重组，使人们有可能进入国外或国内的边缘劳动力市场，而不破坏这种边缘条件。 即使在为世界市场生产的主要行业中工作，例如，第三世界出口加工区的电子产品生产，这些劳动力市场仍然处于边缘状态。 历史上曾有过这样的趋势，受雇于先进的经济部门的工人可获得相当大经济权力，即成为"劳动贵族"。 在不同的历史时期，汽车、钢铁和石油化工行业都是如此。 在当今流行的生产组织方式下，即使在电子等关键行业，劳动力需求也可以通过高度差异化的劳动力供给来满足，这种劳动力供给对应于生产过程中的特定时刻，即特定类型的投入。 因此，这种高度差异化并没有因为工人受雇于先进的资本密集型部门而被削弱。 即使在最先进、技术最发达的资本密集型部门，如电子工业中的血汗工厂，也可以维持某种形式的劳资关系。 因此，经济活动的地理分散化可以视为一种发展趋势，它确保了劳动力供应的结构性差异的繁殖，尽管全球性公司已经将市场功能内部化了，并由此使其经营空间同质化了。 分散化成为一种与先进的资本密集型部门赋予工人权力的历史性趋势背道而驰的机制，并在一定程度上抵消了马克思关于资本密集度普遍增加以及最近学者关于大型纵向一体化公司所产生的政治经济后果[1]。 从这个意义上说，制造业的地理分散化

---

[1] 然而，与此同时，劳动力在空间上的更大差异化会导致资本的刚性。 Storper 和 Walker（1983）指出，新古典主义经济学家和区位理论家对待劳动力的方式与对待"真正的"商品投入和产出的方式相同，因此低估了劳动力在企业区位决策中的重要性。 无论是高技能人才还是低技能劳动力，都可以成为关键的区位选择标准之一。

所带来的资本流动形式，显然是福特主义所代表的社会契约被瓦解的另一种方式，即使装配线和大规模生产在跨国层面上仍然存在。

还有一些经济活动本身并不适合搬迁。其中值得注意的，大量服务工作需要在现场进行：医院和餐馆的人员配备，无法移动的建筑物的清洁和维护——这些都需要在办公室、餐馆和医院所在的地方进行。我在其他文献（Sassen，1988）中曾提出，在这方面，移民工人（从受过高度训练的人员到不熟练的劳动者）的就业，可能表现为与资本流动的功能相当；但就目前而言，它实际上是资本流动性的一个组成部分，而不是替代品，因为：① 在最一般层面上，国际资本流动有助于国际劳动力市场的形成；② 更具体地说，在当前的经济结构调整阶段，资本流动性产生了大量就业机会和非正式劳动力市场，有利于那些处在不利地位的外籍工人的就业，以及它还产生了对特定高技能的需求，可以满足不管来自何地、只要受过所需教育的人员的就业。

资本的流动性促成了劳动力流动的新形式（Sassen，1988）。资本的国际流通促进了国际劳动力市场的形成。从源头上讲，大量移民向美国、英国以及现在的日本流动绝非偶然。这在很大程度上植根于他们国家的经济或政治/军事历史。向英国输送移民的主要国家，以前是大英帝国的一部分。英国为此搭建了资本、货物和军队流动的"桥梁"。然而，桥梁一旦建好，人们为什么不使用它们呢？向美国输送移民的大多数国家，那里有美国强大的经济或军事力量的存在。最后，近来形成的从若干南亚和东南亚国家流入日本的移民（在第九章中讨论），似乎证实了我提出的模型（1988）。日本通过海外生产、外国援助、投资和日本消费品市场的扩展，与这些国家之间建立起了桥梁。此外，美国、英国以及日本的经济国际化，以及与此相关的在外国发展强大的经济或政治/军事存在，也有助于国内形成雇用外国工人的选择（一个将在第九章讨论的议题）。这在今天的日本再次表现得最为明显。这个国家从来没有认为自己是一个移民国家，并持有种族同质重要性的强烈意识。但日本经济国际化似乎带来了雇用外国工人的可能性，这在几年之前是不可想象的。这种国际劳动力市场的形成，也可以视为有助于消除福特主义赖以存在的条件。

随着企业的全球运营，专业人员也越来越多地进入跨境劳动力市场。例如，北美自由贸易协定或《服务贸易总协定》等自由贸易协定都有关于专业服务人员跨境流动的具体规则（Sassen，1998：第二章）。跨国公司也在增加海外的专业人员数量。一流国际律师事务所的海外专业人员网络很好说明了这一点，海外专业人员在海外工作人员中所占比例相当高（见表2.2）。移民工人和海外专业人员分别代表了这些劳动力流动形式的下层和上层。

表 2.2 2000 年基于外籍律师百分比的顶级律师事务所

公　　司	城市	外籍律师占比/%	外籍律师所在国家数量
麦坚时律师行	芝加哥	79.6	35
伟凯律师事务所	纽约	46.8	24
高伟绅律师行	伦敦	62.0	20
年利达律师事务所	伦敦	—	17
安理国际律师事务所	伦敦	34.5	17

续　表

公　司	城市	外籍律师 占比/%	外籍律师所在 国家数量
富尔达律师事务所	伦敦	51.1	15
世达律师事务所	纽约	7.6	11
谢尔曼·思特林律师事务所	纽约	25.0	9
佳利律师事务所	纽约	32.9	8
沙利文·克伦威尔律师事务所	纽约	12.6	7
魏戈曼律师事务所	纽约	18.6	6
司力达律师事务所	伦敦	15.2	6
达维律师事务所	纽约	12.7	6

　　资料来源：根据《经济学人》"大西洋之战：伦敦和纽约"中的表1和表2，2000年2月26日。

结论

　　总之，我对资本流动性分析的核心是，对其进行的详细阐述超出了地理位置性能的概念。我试图加入两个新元素。其一，资本流动性增强带来新的区位集中化形式，这与地理分散化一样，都是资本流动性的一部分；其二，就这些集中化新形式与地理分散化新形式的联系而言，它们并不仅仅是传统集中化形式的延续，而是对新的经济逻辑做出的反应。这将意味着面对全球电信能力，为何集聚现象仍然存在，实际上这是一个错误的问题。这不是旧形式的持续存在，而是新形式的出现，正是由于这种电信能力使经济活动的全球化和扩散成为可能，并由此促进了集聚的新形式。相反，问题应该是在什么时候这种聚集的成本会变得如此之高，以致会产生强烈的诱因，促使人们发展不受地域决定的集中职能的聚集形式。

我在分析资本流动性时考虑的第二个因素与资本/劳动关系转变有关。 因此，除了改变经济活动的地理位置外，在一个特定地点的各个组成部分之间还有一种新的关系构成。 每种类型的地点都包含了这些新建立关系的特定形式。 本书关注的地点是主要城市，特别是纽约、伦敦和东京，而不是第三世界国家的出口加工区或主要城市周边的后台办公室。 在这种情况下，我将在后面章节提出，大量临时和非正规化经济活动以及新一代高收入专业人士阶层的形成，都可以用来表明是与生产和金融全球化条件下的经济持续集中化密切相关的过程。

为了进行实证分析，我们需要从讨论中提取出的观点是，地理分散化对于理解今天主要城市增长是重要的，但仅限于这个过程是在经济持续集中化的条件下发生的。 在这种情况下，经济活动分散化对集中管理和控制提出了新的要求。 这就导致了随后的实证分析任务： 对运营高度分散化（国内和国际）的工厂和办公室所涉及的实际工作以及此类工作的区位模式进行考察。如果聚集经济效应是高的，这些活动会趋向于地理上的集中吗？如果是，又在哪里？ 显然，主要城市是面向国际市场和跨国公司活动的明显地点。 然而，在这一系列的分析中，仍有一些元素需要进一步阐明。 后面章节将尝试这样做。 但就目前而言，接下来的两章将考察这里讨论所反映的主要趋势的事实。

第三章
外国直接投资的新模式

外国直接投资（foreign direct investment，FDI）是前一章讨论的资本转移过程的若干方式之一。 这是一种有用的方式，因为许多金融业生产和重组的地理分散化是国际性的，而不是国内的。 本章目的并不是详尽描述外国直接投资的存量和流量，而是对其关键模式、规模及其相关国家的识别。 本章和下一章讨论的证据指出了外国直接投资基本趋势的重新调整。 20 世纪 60 年代，特别是 70 年代，所有发达国家的外国直接投资大量增加，但在 20 世纪 80 年代和 90 年代，更多的国际金融投资超过了外国直接投资增长。 此外，少数国家在外国直接投资方面占据了主导地位，这种情况仍在继续增强。 最后，自 20 世纪 80 年代以来，服务领域的外国直接投资增长速度超过了制造业和采掘业。

外国直接投资的构成发生了明显的变化。 在 20 世纪 50 年代，外国直接投资（以存量和流量来衡量）主要集中在原材料、其他初级产品和以资源为基础的制造业。 20 世纪 80 年代，主要集中在技术密集型的制造业和服务业。 到 20 世纪 80 年代中期，外国直接投资总额（全球约 7 000 亿美元）中，约有 40%投向服务业，而在 20 世纪 70 年代初这一比率约为 25%，20 世纪 50 年代初还不到 20%。 此外，在整个外国直接投资流量中，服务领域的外国直接投资成为增长最快的部分。 在 20 世纪 90 年代，超过一半的外国直接投资流入服务业，其中约三分之二流入金融和与贸易有关的经济活动。 1998 年，在 4.1 万亿美元的外国直接投资中，投向服务业的超过 60%。

主要模式

外国直接投资最常用的定义是国际货币基金组织（International Monetary Fund，IMF）的定义。 它为各国编制国际收支账户提供了国际准则，但没有明确规定建立拥有外资所有权的最低持股比例。 在国际货币基金组织的《国际收支手册》中，外国直接投资被定义为"投资者在其所在国之外的经济体中开展企业经营取得持久利益的投资，投资者的目的是享有对企业管理的有效发言权"（IMF，1977）。 为了使数据具有一定的可比性，经合组织（Organization for Economic Co-operation and Development，OECD，经济合作与发展组织）制定了一个基准定义。 它建议把单个投资者拥有不到 10%的股权，但享有对企业管理有效发言权的外国附属公司列入其中；它还建议采用各种其他指标，如参与决策、交换管理人员等，以便在边际情况下确定外国所有权。（见 OECD，1996；1997）。 美国通过商务部经济分析局（Bureau of Economic Analysis of the Department of Commerce），也采纳了考虑股权以外因素的指标。

由于承认外国直接投资可以在没有股份投票权的情况下而存在这一事实，因此有一种减少外国直接投资与其他类型投资的界限点的趋势。大公司可能只需要少量股权就可以对企业的管理产生决定性影响，以及可以通过非股权、合同安排来获得控制权。这对于理解服务领域中的外国直接投资尤为重要，在服务业中，非股权安排是向外国提供服务的一种常见形式。只要对外国企业有控制，这就可以被认为是外国直接投资。然而，将零权益的案例作为外国直接投资来考虑，确实会产生度量问题（UN Centre for Transnational Corporations 1989c OECD，1997）。外国直接投资的存量是对股权和债务的一种衡量，外国直接投资收入被定义为股权和债务投资的回报，区别于与非股权形式相关的非金融无形资产的收入，后者被分类为"特许权使用费和许可费"。

据估计，世界外国直接投资总额从 1960 年的 660 亿美元增至 1972 年的 2 130 亿美元、1984 年的 5 490 亿美元、1987 年的 9 628 亿美元和 1998 年的 4.1 万亿美元（UNCTAD，1999：4）。从过去 20 年外国直接投资的大量数据中可以提炼出 6 个主要的模式：

第一，在 20 世纪 70 年代，所有发达国家都增加了对较不发达国家的外国直接投资，1973 年至 1978 年的年均增长率为 19.4%（不包括石油）。出口导向型生产的投资增长最快。

从那以后，外国直接投资增长率一直在下降，1980 年至 1987 年的平均增长率为 1.9%，1997 年至 1998 年为-4%的负增长（见表 3.1）。20 世纪 90 年代，投资流向高度发达国家的趋向更加明显（见表 3.2）。

表 3.1　1960—1998 年发达国家对发展中国家的直接投资年均增长率（百分比）

时　间	增　长　率
1960—1986	7.0
1968—1973	9.2
1973—1978	19.4
1980—1987	1.9
1988—1996	19.8
1997—1998	-4.0

资料来源：1960—1978 年，经济合作与发展组织，《最近国际直接投资趋势》，1981 年；1980—1987 年，世界银行，《世界发展》，1988 年；1988—1998 年，《经合发组织国际投资工作概览》，1998 年。

表 3.2　1986—1997 年不同地区的外国直接投资流量（百万美元和百分比）

地　区	外国直接投资流入额			外国直接投资流出额		
	1986—1991（年平均）	1997	1997 年占世界总数的百分比	1986—1991（年平均）	1997	1997 年占世界总数的百分比
北大西洋①	121 144	213 852	53.4	131 646	323 111	81.8
拉丁美洲和加勒比②	9 460	56 138	14.0	1 305	9 097	2.3
南亚、东亚和东南亚③	15 135	82 411	20.6	8 315	50 157	12.7
小计	145 739	352 401	88.0	141 266	382 365	96.7
世界总数	159 331	400 486		180 510	395 236	

资料来源：贸发会议（the United Nations Conference on Trade and Development, UNCTAD, 联合国贸易和发展会议），《1998 年世界投资报告》附件 B 的第 361—371 页。

注：① 北大西洋地区包括欧盟、冰岛、挪威、瑞士、直布罗陀、加拿大和美国的所有国家和地区。 ②和③请参考资料来源，详细了解所有国家和地区。

第二，美国的地位出现了急剧逆转。 到 1979 年为止，美国一直是国外直接投资的主要输出国。 1981 年，它已成为最大的资本输入国，而作为资本输出国的地位已降至第二位，居于英国之后，并一直持续到 1984 年。 从那以后，美国的外国直接投资的输入和输出达到了历史最高水平（见表 3.3）。 20 世纪 70 年代初，美国的外国直接投资占发达国家全部外国直接投资的比率不到 9%；到 1984 年，其比率已达到 60%，远高于居于第二位的英国（17%）（U. S. Department of Commerce International Trade Administration，1984；UN Centre on Transnational Corporations，1985）。 在 1984 年和 1986 年，美国占全球外国直接投资的 50% 左右（IMF，1987b，表 C14）。 20 世纪 90 年代初，美国的这一比率降至 41.5%，到 90 年代末降至 20%，但仍远远领先于排在其后的英国。 英国吸收了全球约 10% 的资本流入，占前 9 大国家资本流入总额的 16.4%。仅在 1997 年，美国就吸收了 910 亿美元的外国直接投资，占全球流入量的五分之一（UNCTAD，1999）。 从 1980 年到 1988 年，美国吸收的外国直接投资总额从 830 亿美元增加到 3 289 亿美元。 其中，约 40% 来自英国和荷兰；来自日本的份额从 1980 年的 6.5% 上升到 1988 年的 16.2%（Survey of Current Business，1988a，1989b）。1997 年，美国的外国直接投资存量达到 1.8 万亿美元，1998 年，这一数字再次飙升。 1998 年美国的资本流入达到创纪录的 1 930 亿美元，是 1997 年的 2 倍。 主要投资者是欧盟（1 550 亿欧元，是 1997 年的 3 倍）和日本（90 亿欧元），德国对美的 FDI 增长了 4 倍，英国对美的 FDI 增长了 8 倍；它们加起来占 1998 年美国外国直接投资流入的 60%（见表 3.4）。 表 3.5 为 1994—1997 年美国外商直接投资来源（百分比）。

表 3.3　1991—1997 年 9 个工业化国家的外国直接投资流量
（在报告经济体中，单位百万美元和百分比）

国　　家	1991—1997 年累计总数	占全部国内生产总值的百分比	占世界总数的百分比
美国	362 256	41.5	19.4
英国	143 445	16.4	7.7
法国	142 296	16.3	7.6
西班牙	61 483	7.0	3.3
荷兰	57 941	6.6	3.1
澳大利亚	45 707	5.2	2.5
德国	27 050	3.1	1.5
意大利	24 999	2.9	1.3
日本	8 516	1.0	0.5
所列国家总计	873 693		
世界总数	1 863 201		
所列国家占世界总数的百分比	46.9		

资料来源：作者根据国际货币基金组织（IMF）的计算，《国际收支统计年鉴》的第 1 卷，1998 年，第 2 部分，第 49 页，表 B‑24，第 64—65 页。

表 3.4　1974—1997 年按来源分的流向美国的直接投资（十亿美元）

	1974	1987	1994	1997
加拿大	5.1	24.0	41.2	64.0
欧洲	16.8	186.1	294.0	425.2
代表国家：				
法国	1.1	10.1	33.0	47.1
德国[①]	1.5	20.3	39.6	69.7
荷兰	4.7	49.1	66.6	84.9

续 表

	1974	1987	1994	1997
英国	5.7	79.7	98.7	129.6
拉丁美洲	—	—	24.5	35.7
代表国家或地区:				
巴西	—	—	0.6	0.7
墨西哥	—	—	2.1	1.7
亚太地区	—	—	113.0	148.2
代表国家:				
澳大利亚	—	—	8.8	16.2
日本	0.4	35.2	98.5	123.5
其他:				
欧盟（12）	—	—	255.4	381.9
欧佩克（OPEC[②]）	2.7	4.9	4.3	4.7
世界外国直接投资（FDI）总额	—	—	480.7	681.7

资料来源: 作者根据美国人口普查局的计算,《当前商业调查》的各种问题, 1998 年 9 月, 第 820—885 页。

注: ① 1989 年以前的德国为西德;"—"表示原表中没有数据。

② OPEC: Organization of Petroleum Exporting Countries, 石油输出国组织。

表 3.5 1994—1997 年美国外商直接投资来源(百分比)

	1994	1997
加拿大	8.6	9.4
欧洲	61.2	62.4
拉丁美洲	5.1	5.2
亚太地区	23.5	21.7

续　表

	1994	1997
地区合计	98.4	98.8
其他:		
欧洲联盟（12）	53.1	56.0
欧佩克（OPEC）	0.9	0.7

资料来源：作者根据美国人口普查局的计算，《现代商业概览》的各种重要议题，1998年9月，第82—85页。

注：省略了非洲和非欧佩克（OPEC）成员国。

第三，日本在全球外国直接投资中的地位迅速上升。 1985年，日本已成为外国直接投资的主要输出国，外流总额达122亿美元，1987年几乎增加了2倍，达到330亿美元。 1988年前六个月达到228亿美元，比上年同期增长44.6%（JETRO，1989：7），其中约有一半流入美国。 日本已超过大多数西欧主要资本输出国，如西德、荷兰和法国，20世纪90年代经济危机使其资本输出水平在1993年下降至138亿美元；1997年，日本外国直接投资才增加到260亿美元（见表3.6）。 日本与其他高度发达国家不同之处在于，它在过去20年里并没有大量吸收外国直接投资。 自20世纪70年代末以来，日本外国直接投资流入额在2.5亿至4亿美元之间，而西德为4亿~16亿美元，法国为20亿~30亿美元，荷兰为10亿~20亿美元，英国为20亿~60亿美元。 从1986年到1987年，日本外国直接投资流入额增加了1倍多，在1987财政年度达到23亿美元（尽管这很可能是一个夸大的数字，因为它是基于外商协议投资，其中一些可能永远不会实现）（JETRO，1989：11）。 流入日本的外国直接投资在1996

年下降到约 2 亿美元，1997 年迅速急剧上升到 32 亿美元，然后在 1998 年再次下降（OECD，1999）。

表 3.6　1991—1997 年日本、英国和美国的外国直接投资流量（十亿美元）

年份	日　本			英　国			美　国		
	流出	流入	平衡	流出	流入	平衡	流出	流入	平衡
1991	31.62	1.29	30.33	16.31	16.21	0.09	31.38	22.01	9.37
1992	17.39	2.76	14.63	18.99	16.14	2.86	42.66	17.94	24.72
1993	13.83	0.12	13.71	26.58	15.54	11.03	77.95	48.99	28.95
1994	18.09	0.91	17.18	33.80	9.19	24.62	75.21	44.59	30.62
1995	22.51	0.04	22.47	44.09	22.50	21.59	96.65	57.65	39.00
1996	23.44	0.20	23.24	35.16	25.78	9.37	81.07	77.62	3.45
1997	26.06	3.20	22.86	61.44	38.08	23.36	121.84	93.45	28.40

资料来源：作者根据国际货币基金组织（IMF）的计算，《国际收支统计年鉴》，第 49 卷，1998 年，第 2 部分，表 B–24，第 64—65 页。

第四，外国直接投资部门的分布变化。 1988 年至 1997 年期间，初级产业部门的投资下降了一半，而对发达国家和发展中国家服务业的投资都有所增加，在外国直接投资总额中所占的份额从 1988 年的 45% 上升到 1997 年的 56%。 制造业的投资份额仍保持稳定，是发展中国家外国直接投资最多的部门。 在全球 FDI 中所占比重最大的行业是金融，其次是贸易。 自 1988 年以来，金融服务（银行、保险、证券和其他金融公司）一直是外国直接投资的主要对象。 在发达国家，金融和贸易是吸收外国直接投资的主要部门；在发展中国家，房地产和重化工是吸收外国直接投资的主要部门。

第五，全球外国直接投资高度集中。 1984 年，全球

5 490 亿美元的外国直接投资存量中，美国占 42.5%，英国占 15.5%，日本占 6.9%，三者加起来占总量的 65%。 到 1987 年底，美国的份额为 42.5%，英国为 18%，日本为 10%，三者占世界外国直接投资存量的 60%。 1998 年外国直接投资总量为 4.1 万亿美元，这三个国家占了 50%，其中美国占 30%。 20 世纪 90 年代末，FDI 流量最大的 10 个流出国占全球 FDI 流出的五分之四。 1998 年，流入发达国家的外国直接投资约为 4 600 亿美元（占全球流入的 72%），流出发达国家的外国直接投资约为 595 亿美元（占全球流出的 92%）（UNCTAD，1999）。 虽然流入发展中国家的 FDI 比 1997 年减少了 4%，但流入发达国家（主要来自其他发达国家）的 FDI 比 1997 年增加了 68%。 1998 年，欧盟以 3 860 亿美元成为 FDI 的最大来源，其中 114 亿美元来自英国（OECD，various years；Bank of England，various years；U. S. Department of Commerce，International Trade Administration，1980c；*Survey of Current Business*，1981b，1988c，1999；MITI，1986，1999；IMF，1987a，1999；JETRO，1987a，1999b）。 20 世纪 80 年代初，发达国家跨国公司投资占统计的 FDI 流量的 97%（UN Centre on Transnational Corporations，1985：15）。 这种情况今天几乎没有改变，除了有 6 万家这样的公司在世界各地投资于子公司，其中许多是中小型公司（UNCTAD，1999）。

第六，始于 20 世纪 90 年代末的跨国并购（M&As）增长。目前，跨国并购占外国直接投资流量的绝大部分。 其中，大多数并购活动发生在发达国家或地区。 但是，随着许多发展中国家的私有化和放松管制，有一股新的 FDI 流向亚洲和拉丁美洲的某些国家或地区。 1997 年，南亚、东亚和东南亚共吸收 400 亿美元的 FDI，占世界 FDI 的 12%，而在 1987 年，其只吸收 28 亿美元的 FDI（UNCTAD，1999：24）（见表 3.7 至表 3.9）。

表 3.7 1990—1997 年日本、英国和美国在代表年份的外国
直接投资总额（期末总额，单位：十亿美元）

	1990	1993	1995	1997
日本				
FDI 流出	201.44	259.8	238.45	271.9
FDI 流入	9.85	16.89	33.51	27.08
差额	191.59	242.91	204.94	244.82
英国				
FDI 流出	230.82	250.38	314.29	375.43
FDI 流入	218.21	189.43	203.77	281.83
差额	12.61	60.95	110.52	93.6
美国				
FDI 流出	731.76	1027.55	1307.16	1793.68
FDI 流入	539.6	768.4	1005.73	1620.54
差额	192.16	259.15	301.43	173.14

资料来源：作者根据国际货币基金组织（IMF）的计算，《国际收支统计年鉴》，第 1 卷，1998 年，第 1 部分，第 49 页：日本，第 410—411 页，英国，第 850—851 页，美国，第 857—858 页。

表 3.8 1997 年不同国家和地区跨境并购（十亿美元和百分比）

地 区	出 售			购 买		
	数量	价值	份额	数量	价值	份额
西欧	2 350	118	35	2 620	168	49
北美[①]	1 305	86	25	2 111	107	31
亚洲	830	34	11	821	46	13

续　表

地　区	出　售			购　买		
	数量	价值	份额	数量	价值	份额
日本/澳大利亚/新西兰（NZL）	77	2	1	390	18	5
东盟	264	13	4	174	10	3
其他亚洲②	489	19	6	257	18	5
南美洲	330	32	9	38	4	1
中欧和东欧	154	5	1	6	3	0
总计	5 726	341	100	5 726	341	100

注：① 包括美国、加拿大和墨西哥；② 包括中国（含香港、台湾）、韩国。

资料来源：世界经合组织（OECD），《金融市场趋势》，1998 年，第 70 页，第 101 页；基于毕马威（KMPG）统计的企业融资，1997 年。

译注：文中"总计"一栏数据有误，按其数值加总，出售数量为 5 799，价值为 309，份额为 92；购买数量为 6 417，价值为 374，份额为 112。

表 3.9　1997 年按实际价值在全球并购中排名前 15 位的
卖方和买方的国家和地区（数量和十亿美元）

国家和地区	买　方		国家和地区	卖　方	
	交易数量	价　值		交易数量	价　值
美国	1 655	81.8	美国	937	65.1
瑞士	170	38.7	英国	551	55.4
英国	642	32.4	德国	333	19.3
加拿大	444	24.3	法国	387	13.9
法国	388	21.1	澳大利亚	139	12.7
荷兰	316	20.7	巴西	131	12.6
德国	324	16.0	加拿大	298	11.0
西班牙	85	13.0	中国	379	9.1

续 表

国家和地区	买 方		国家和地区	卖 方	
	交易数量	价 值		交易数量	价 值
日本	313	11.7	意大利	179	8.8
澳大利亚	80	9.9	荷兰	131	8.0
韩国	77	6.7	墨西哥	70	6.7
瑞典	133	6.2	委内瑞拉	21	6.4
中国香港	127	5.5	比利时	58	6.2
新加坡	71	4.8	西班牙	142	6.2
中国	28	4.6	中国香港	71	5.9

资料来源：经合组织（OECD），《金融市场趋势》，1998 年，第 70 页；基于毕马威（KMPG）统计的企业融资，1997 年。

国际服务贸易

总体而言，服务业是面向国内和当地市场的。 只有某些服务行业，特别是生产者服务行业的主要公司，具有一定程度的国际化（例如，用外国销售额在公司总收入中所占的比率来衡量）。 例如，尽管服务业在美国经济中所占份额迅速增长，但国际服务贸易在服务业总产出中所占份额很小（Candilis，1988；Survey of Current Business，1999）。 1985 年，服务业占美国国内生产总值的 70%。 投资收入之外的服务出口仅占美国国内生产总值的 1.4%。 美国投资收入之外的私营服务出口（442 亿美元）占商品货物出口（2 144 亿美元）的比率较小。 1998 年，货物出口额为 6 813 亿元，服务出口额为 2 851 亿元；服务出口占美国 GDP（8.76 万亿美元）的 3.25%。 根据 1998 年服务总产出和服务总进出口的数据（Survey of Current Business，2000），可以估计，服务贸易所占份额低于 14%。

　　服务的非贸易特性往往要求在同一地点进行生产与交付，这就是为什么目前国际服务提供的主要方式是通过外国直接投资。 国际服务贸易的计量问题，阻碍了对生产者服务投资和贸易模式的详细分析。 为解决这些问题而开展的若干特殊研究表明，国际服务贸易（特别是内部贸易）以及投资（特别是将非股权安排排除在外国直接投资测量外）的数据被低估了[1]。 跨国服务公司的活动和服务领域的外国直接投资都有所增长。 前联合国跨国公司中心积累了关于这些发展的最佳数据集之一，其发现，根据子公司销售和增值所作的度量与外国直接投资的度量相当一致。

　　贸易、外国直接投资和其他交付方式之间的区别，对于概念和统计目的是很重要的。 就外国直接投资而言，跨国公司是一个重要因素，而工业跨国公司所提出的许多问题，也可能在服务领域出现（GATT various years； UN Centre on Transnational Corporations，1989b； UNCTAD，1999）。 关税及贸易总协定（General Agreement on Tariffs and Trade，GATT）服务谈判小组的任务是起草一个关于服务的框架，特别是关于定义和统计问题的

----

[1] 关于国际贸易平衡的数据是不充分的。 "无形"的盈余越来越多。 但这些不能完全归因于服务的销售。 另一方面，一些服务行业的收入却被列入商品账户下。 服务贸易描述中常用的数据来自国际清算银行（Bank for International Settlements，BIS）为全世界收集的国际收支数据，然后各国政府可以使用这些数据。 在美国，这些数据是由商务部经济分析局准备的。 这些数据有严重不足之处。 作为对批评的回应，现已不复存在的美国国会技术评估办公室（Office of Technology Assessment of the U. S. Congress）制定了一项更全面、更精确的测量。

框架，并以此为基础来制定服务贸易的原则和规则。 于是，就产生了 1994 年的服务贸易总协定（General Agreement on Trade in Services，GATS），将这种服务贸易定义为： ① 从一成员境内向任何其他成员境内提供服务（跨境交付，译者注）； ② 在一成员境内向任何其他成员的服务消费者提供服务（境外消费，同上）； ③ 一成员的服务提供者在任何其他成员境内以商业存在提供服务（商业存在，同上）； ④ 一成员的服务提供者在任何其他成员境内以自然人的存在提供服务（自然人流动，同上）。这里的"服务"包括任何部门的任何服务，但在行使政府权力时提供的服务除外。

国际服务贸易可以采用多种形式。 服务可以通过人员（提供者或消费者）的流动，通过服务提供者有股权参与、许可或其他非股权安排的外国附属机构，以及通过商业手段，如销售机构或代表办事处，直接向外国市场提供（UN Centre on Transnational Corporations，1989c； UNCTAD，1999）。 在非贸易服务方面，外国直接投资是典型的交付形式，两种主要交付形式是跨境交易和外国直接投资。

跨境交付的服务是唯一具有货物贸易特点的交付形式，区别在于，只有体现在商品（软件或磁带等）中或那些增值以书面形式（评估、图纸）表现的服务可以独立于生产商的跨境交付[1]。 电

---

[1] 以商品所体现的服务为例，提出了它们可分析的问题。 Bhagwati（1984）认为，基于规模经济的专业化将使服务活动"分离出来"，成为企业间交易的一部分，他认为这是技术上的进步，与相反的情况不同，即商品从服务中分离出来，这可能会留下相对不进步的残留物，也就是技术上静止的服务。

信技术有可能和被预期促进跨境数据流动，特别是信息密集服务的增长。 这项技术提高了许多专业服务的可贸易性。 但令人惊讶的是，这种跨境流动只占国际服务贸易的一小部分（UN Centre on Transnational Corporations，1989c： 3－4； OECD，1994；OECD，2000b）。 电信技术提高了跨国公司和其他公司组织内部的服务流动。

　　人员流动往往是国际服务贸易的一种需要，要么是为了购买服务，要么是为了提供服务。 旅行是国际收支四大服务项目之一。 它包括各种类型的旅行，包括去外国购买医疗服务的患者、游客和去外国提供服务的各类专家，正如许多专业服务的情况一样。 服务提供者可能是建筑、维护和修理等非熟练工人、工程师、建筑师、律师、经理等。 他们可能是自己个人去工作，也可能是代表本国的公司，或代表目的国的外国公司去工作。

　　鉴于许多服务（如酒店、零售银行、汽车租赁服务、计算机和办公设备维护、会计和广告）的生产特点，通过国外分支机构提供服务是很常见的方式。 当然，也可以通过许可和其他非股权机制（如特许经营）等进行服务交付。 在法律或会计等专业服务方面，往往类似于外国直接投资的安排。 跨国公司可将业务和客户介绍给外国的某一专业服务公司，该公司可能是其子公司，也可能是别的公司。 就美国而言，外国直接投资是最重要的对外服务提供方式（UN Centre on Transnational Corporations，1989d： 8；UNCTAD，1999）。 从事制造业和第一产业的跨国公司，其有许多从事服务业的附属子公司，因为他们的海外投资往往是从建立外贸附属子公司开始的。 因此，1996 年，美国跨国公司的外国子公司中有63%是从事服务业的，而在本国的子公司中则为38%（U. S. Department of Commerce，1998）。　同样，1996年，日本跨国公司的外国子公司有50%从事服务业，而在本国的子公司只有三分之一从事服务业（MITI，1998a：104，125）。

　　供应商在国外提供的服务是最难分类的。　基于以下四个因素的交易被认为是跨境的交易：　① 服务提供者在国外的停留是否有限制；② 服务提供者在国外的停留是否属于更广泛的资源流动的一部分，如跨国公司设立新的分公司并带来经理和其他雇员；③ 提供服务的性质（如承包建筑工程，而不是纯粹的劳动，如移民）；④ 渠道（是指提供给外国客户的特定服务，还是跨国公司设立外国分支机构的一部分，因而属于公司内部而不是提供给客户的服务？）（Sassen，1998：14 - 18）。

服务贸易

　　目前国际收支准则没有明确界定服务贸易或跨境服务贸易[1]；外国直接投资的定义较为明确，但并非所有国家都统一采用。　定义方面存在的灰色地带，是与供应商在国外的临时存在以及通过非股权安排、办事处和机构交付相关的服务

---

[1] 直接交易的服务主要记录在国际收支中，而间接交易的服务体现在货物贸易中，是贸易账户的一部分（Sapir 和 Lutz，1981）。　后者通常不计入服务贸易的衡量指标，因此大多数数据都被低估了。　利用国际收支数据来衡量服务贸易的问题可以参见 Shelp（1981）和 Tucker、Sundberg 和 Scow（1983）。　1984 年，世界十大贸易国的出口量占世界出口量的近 70%，占世界进口量的 53%；1997 年，这些份额分别占所有工业国家的 70.6% 和 66.5%（见表 3.11）。

交易。

对于服务，定义中有两个重要的方面：一是外国附属公司的股权下限，以便将服务贸易与投资组合及其他类型投资区分开来；二是人员及其设施流动在外国的作业期限，以便将这种流动与跨境交易区分开来。在参与股权方面，有一种降低下限的趋势，以区别于其他类型的投资。

有证据表明，制造业和采掘业的国际化是促使生产者服务公司国际化的早期因素（U.S. Department of Commerce, International Trade Administration, 1980a; Economic Consulting Services, 1981; UN Centre on Transnational Corporations, 1935）。1970年到1980年，国际服务贸易的实际年增长率约为8%，与商品贸易的增长率相当。1980年以后，国际服务贸易年增长率下降到2.8%左右，与此同时，商品贸易增长率也在下降。但是，到20世纪80年代中期，国际服务贸易加速增长并超过商品贸易增长，这表明国际服务贸易对商品贸易的依赖性已减少，而更多与其他条件联系在一起，如投资收入流动和融资的增长。

服务贸易的总体数据包括作为关键组成部分的投资收入（包括偿还债务）和旅游、运输收入。投资收入的增长速度超过了所有其他类别。这个组成部分的增长主要是在工业国家和非石油出口的发展中国家。20世纪80年代投资收入流量增加的因素，包括实际利率的上升、较不发达国家债务的增加和美国还本付息的增加。1984年，工业国家投资收入的出口和进口基本持平；1985年，工业国家已成为投资收入净进口国。商务服务贸易虽然规模不大，但在整个服务贸易中所占的份额却在不断增长。

20 世纪 60 年代和 70 年代，国际服务贸易（运输、旅游、投资收入和其他服务）占世界贸易总额的四分之一；1984 年，这一比率已上升到 29%，价值相当于美国进口总额的 7 367 亿美元。 表 3.10 给出了 20 世纪 90 年代主要顺差和逆差国家/国际组织的服务进口量和出口量。 20 世纪 80 年代和 90 年代的大部分时间里，服务贸易总体上是逆差，到 1997 年，这一趋势已逆转，服务贸易总额出现盈余，达 531 亿美元。 相对于贸易总额（出口额为 1.9 万亿美元，进口额为 1.8 万亿美元）而言，这是一个小的顺差。 但是，发展中国家仍然是持续的服务贸易逆差（469 亿美元）。

表 3.11 比较了 1991 年和 1997 年发达国家和发展中国家的服务贸易情况。 发达国家目前在服务贸易中占主导地位，尽管它们的份额正在下降。 1997 年，发达国家占服务贸易出口的 66.5%，低于 1991 年的 71.3%；占服务贸易进口的 70.7%，低于 1991 年的 71%（见表 3.11）。 发展中国家的服务贸易出口量比过去有所增加，服务贸易进口量大致没有变化。 在表 3.10 所列的国家/国际组织中，只有一些高工业化国家（美国、荷兰、西班牙和英国）是服务贸易净出口国。 服务贸易额最大的是发达国家之间的贸易，而服务贸易的净流向是从发达国家到发展中国家。 非石油出口的发展中国家的服务贸易逆差最大，主要是投资收入流量，即偿还债务；巴西和其他拉美国家尤其如此。

1975 年到 1985 年期间，美国在世界商品出口中所占份额下降了 3%，至 20 世纪 90 年代仍保持在 12% 的水平，而在整个 20 世纪 80 年代和 90 年代，美国在世界服务出口中所占份额约为 19%（见表 3.12）。

表3.10 1997年不同国家/国际组织的世界服务贸易（按组报告的主要盈余和赤字国家）（十亿美元和百分比）

国家/组织	服务 出口	服务 进口	其他服务 出口	其他服务 进口	总服务 出口	总服务 进口	网络服务	出口占世界总收入的百分比	进口占世界总收入的百分比
工业国家	986.96	−900.29	411.60	−356.43	1 368.56	−1 256.72	111.84	66.83	70.78
代表国家:									
美国	256.16	−166.19	99.80	−52.53	355.96	−218.73	137.23	11.63	18.41
加拿大	30.02	−36.36	14.52	−16.31	44.54	−52.67	−8.13	2.80	2.30
日本	69.30	−123.45	41.98	−57.96	111.29	−18 141	−70.13	9.65	5.76
德国	79.90	−119.51	33.10	−25.91	113.00	−145.42	−32.42	7.73	5.84
希腊	9.29	−4.65	39.38	−49.04	48.67	−53.69	−5.02	2.86	2.52
爱尔兰	6.16	−15.07	2.29	−10.80	8.45	−25.87	−17.42	1.38	0.44
荷兰	49.77	−45.20	22.45	−19.93	72.22	−65.13	7.09	3.46	3.74
西班牙	43.90	−2 468	10.01	−12.63	53.92	−37.31	16.61	1.98	2.79
英国	87.24	−72.03	46.47	−19.06	133.71	−91.10	42.61	4.84	6.92
发展中国家	397.24	−443.14	165.39	−166.44	562.63	−609.57	−46.95	32.42	29.10
非洲	20.59	−33.66	4.30	−10.58	24.89	−44.24	−19.35	2.35	1.29
亚洲	206.39	−215.54	103.40	−86.34	309.79	−301.88	7.91	16.05	16.02
发展中国家 代表国家:									
中国	24.58	−30.31	9.47	−9.65	34.06	−39.96	−5.90	2.12	1.76

续　表

国家/组织	服务 出口	服务 进口	其他服务 出口	其他服务 进口	总服务 出口	总服务 进口	网络服务	出口占世界总收入的百分比	进口占世界收入的百分比
印度尼西亚	6.94	-16.61	0.14	-8.40	7.09	-25.01	-17.93	1.33	0.37
中东	35.59	-63.00	17.61	-21.91	53.20	-84.91	-31.71	4.52	2.75
代表国家：									
以色列	8.43	-11.07	3.36	-3.02	11.78	-14.09	-2.31	0.75	0.61
沙特阿拉伯	4.48	-25.48	4.48	-11.81	8.97	-37.29	-28.32	1.98	0.46
西半球	52.29	-67.20	13.58	-21.39	65.87	-88.59	-22.72	4.71	3.41
代表国家：									
阿根廷	3.27	-6.34	0.38	-0.67	3.65	-7.01	-3.36	0.37	0.19
巴西	7.27	-18.46	3.73	-5.69	11.00	24.15	-13.15	1.28	0.57
墨西哥	11.40	-12.62	2.21	-6.23	13.61	-18.84	-5.24	1.00	0.70
委内瑞拉	1.42	-5.35	0.09	-1.19	1.50	-6.54	-5.04	0.35	0.08
国际组织	1.55	-0.95	0.71	-463	2.26	-5.58	-3.32	0.30	0.12
世界总数	1 355.80	-1 352.90	577.69	-527.51	1 933.49	-1 880.41	53.08	100.00	100.00

资料来源：作者根据国际货币基金组织（IMF）的计算，《国际收支统计年鉴》第49卷，1998年，第2部分，第49页，第22—23、36—37页。

注：服务包括运输和旅游；其他服务包括通信、建筑、保险、金融、计算机和信息、特许权使用费和许可费、其他业务、个人、文化和娱乐乐以及政府服务。

表 3.11 1991 年和 1997 年不同类型的国家在世界服务进出口中所占的份额（百分比和十亿美元）

	出口		进口	
	1991	1997	1991	1997
全面服务				
工业国家	77.5%	70.6%	71.3%	66.5%
发展中国家	22.3%	29.3%	27.9%	32.8%
总计（十亿美元）	890.9	1 355.8	934.9	1 352.9
代表服务：				
运输				
工业国家	76.8%	72.4%	67.0%	63.9%
发展中国家	23.2%	27.6%	33.0%	36.1%
总计（十亿美元）	227.6	308.3	278.2	379.7
旅游				
工业国家	75.0%	67.3%	80.1%	71.3%
发展中国家	24.9%	32.7%	19.9%	28.7%
总计（十亿美元）	272.8	420.3	255.6	386
其他服务[1]				
工业国家	79.7%	71.2%	75.2%	67.6%
发展中国家	20.1%	28.6%	24.7%	31.5%
总计／十亿美元	340.4	577.7	323.7	527.5

资料来源：作者根据国际货币基金组织（IMF）的计算，《国际收支统计年鉴》第 49 卷，1998 年，第 2 部分，第 49 页，第 22—23、36—37 页。

注：① 其他服务包括通信、建筑、保险、金融、计算机和信息、特许权使用费和执照费、其他业务以及个人、文化和娱乐性交易，政府服务已被省略。

1975 年到 1997 年期间，美国在世界服务贸易出口中所占份额一直保持在 19% 左右，尽管其绝对值大幅增长。运输、旅游和其他服务出口均有显著增长（见表 3.12）。 美国在世界商品贸易出口中所占份额从 1975 年的 15% 下降到 1997 年的 12%。 在进口方面，商品进口也有类似的温和增长，服务进口则有所下降。 在此期间，美国商品和服务的进出口绝对值都显著增长。

表 3.12　1975—1997 年代表年份美国占世界贸易的份额（百分比）

	出口（百分比）					
	1975	1980	1985	1991	1995	1997
全部商品	14.82	12.20	11.33	11.88	11.42	12.38
全部服务	19.86	17.02	19.23	18.24	17.60	18.89
代表服务项目：						
运输	11.27	10.16	14.24	16.91	15.10	15.51
旅游	10.93	10.39	11.21	20.47	18.78	20.06
其他服务	—	—	—	15.47	15.77	17.28
总收入	—	—	—	16.09	46.53	20.07
代表收入项目：						
投资收益	—	25.76	25.73	16.52	19.39	20.60
直接投资	—	—	—	73.63	63.00	56.43
	进口（百分比）					
	1975	1980	1985	1991	1995	1997
全部商品	13.70	13.83	17.87	7.58	15.18	16.29
全部服务	13.48	16.69	14.83	12.63	11.29	12.28
代表服务项目：						
运输	10.57	8.90	15.10	12.58	11.26	12.43
旅游	15.08	10.04	16.87	14.14	12.68	13.66

续　表

	进口（百分比）					
	1975	1980	1985	1991	1995	1997
其他服务	—	—	—	8.90	9.10	9.96
总收入	—	—	—	12.96	16.06	19.27
代表收入项目：						
投资收益	17.96	14.39	15.56	13.09	16.28	19.53
直接投资	—	—	—	22.62	29.57	29.10

资料来源：作者根据国际货币基金组织（IMF）的计算，《国际收支统计年鉴》第49卷，1998年，第2部分，第20、22、24、32、36、38、42、64页。

注：货物总额包括普通货物离岸价格，加工离岸价格，货物修理，承运人在港口采购的货物和非货币黄金。其他服务包括通信、建筑、保险、金融、计算机和信息、特许权使用费和许可费、其他商业服务、个人、文化和娱乐以及政府服务，即总收入包括员工薪酬、直接投资、证券投资和其他投资。投资收入包括直接投资作为股息和已分配的分支机构利润、固定收益和未分配的分支机构利润，证券投资作为权益、债券和票据以及货币市场工具和金融衍生工具的收入（"—"表示数据不在原始表中）。

与商品贸易顺差形成对比的是，在整个20世纪70年代和90年代，日本的服务进口超过出口（见表3.13）。因此，1999年，日本的国际服务贸易逆差为540亿美元，商品贸易顺差为1 010亿美元。在其服务贸易逆差和出口中，最大的项目是其他服务和旅游。顺差总额最大的是货物贸易，其次是收入，货物贸易顺差为1 016亿美元（见表3.13）。这些数字比美国服务贸易的数字小得多。1997年，美国服务贸易的进口额为1 660亿美元，出口额约为2 560亿美元（见表3.14）。然而，在货物贸易的进出口方面，日本的绝对价值更高，出口超过4 000亿美元，进口超过3 000亿美元。（见表3.14）。

表 3.13 1991—1997 年日本的服务、收入和
商品的进出口(十亿美元)

	1991			1995			1997		
	出口	进口	平衡	出口	进口	平衡	出口	进口	平衡
商品	282.31	212.08	70.23	385.70	241.51	144.19	409.24	307.64	101.60
服务	44.84	86.63	−41.79	58.30	106.36	−48.06	69.30	123.45	−54.15
运输	17.56	26.43	−8.87	20.31	31.70	−11.39	21.82	31.11	−9.29
旅游	3.43	23.95	−20.52	3.48	30.70	−27.22	4.33	33.01	−28.68
其他	23.84	36.25	−12.41	34.51	43.95	−9.44	43.15	59.33	−16.18
收入	140.96	11 497	25.99	155.19	114.96	40.23	222.15	166.41	55.74
直接投资	6.38	0.21	6.17	154.32	1.93	152.39	16.12	4.00	12.12
证券投资	47.11	14.67	32.44	48.60	18.24	30.36	169.37	127.63	41.74
其他投资	86.93	96.94	−10.01	96.01	93.20	2.81	36.31	34.45	1.86

资料来源: 作者根据国际货币基金组织(IMF)的计算,《国际收支统计年鉴》,第 1 卷,1998 年,第 1 部分,第 49 卷,第 406—408 页。

表 3.14 1990—1997 年美国和日本基于进出口的
服务与货物比率(十亿美元)

年份	日本(出口)			日本(进口)		
	服务	货物	比率	服务	货物	比率
1990	41.38	282.31	0.15	−84.28	−213.02	0.40
1991	44.84	308.17	0.15	−86.63	−212.08	0.41
1992	49.07	332.56	0.15	−93.03	−207.79	0.45
1993	53.22	352.66	0.15	−96.30	−213.24	0.45
1994	58.30	385.70	0.15	−106.36	−241.51	0.44
1995	65.27	428.72	0.15	−122.63	−296.93	0.41

续　表

年份	日本（出口）			日本（进口）		
	服务	货物	比率	服务	货物	比率
1996	67.72	400.28	0.17	−129.96	−316.72	0.41
1997	69.30	409.24	0.17	−123.45	−307.64	0.40
年份	美国（出口）			美国（进口）		
	服务	货物	比率	服务	货物	比率
1990	146.40	390.71	0.37	−117.05	−498.95	0.23
1991	162.54	418.58	0.39	−118.04	−491.40	0.24
1992	175.04	442.13	0.40	−116.49	−536.45	0.22
1993	184.35	458.73	0.40	−122.41	−589.44	0.21
1994	199.25	504.45	0.39	−132.45	−668.59	0.20
1995	217.80	577.69	0.38	−141.98	−749.57	0.19
1996	236.71	613.89	0.39	−152.00	−803.32	0.19
1997	256.16	681.27	0.38	−166.19	−877.28	0.19

　　资料来源：作者根据国际货币基金组织的计算，《国际收支统计年鉴》，第 1 卷，1998 年，第 1 部分，第 49 卷，第 852、405 页。
　　注：基于公式服务出口/货物出口的比率计算。

　　造成这种构成变化的因素，包括日本企业的国际化和投资收入的增加。从 1980 年到 1988 年，服务进口额增长了 2 倍，在 20 世纪 90 年代又继续增长了一半。虽然服务出口的水平要低得多，但在 20 世纪 80 年代也增长了 2 倍，这主要是投资收入。扣除投资收入，20 世纪 90 年代服务出口收入表明，在 1991 年至 1997 年期间增长约 20%，增速低于服务进口。各类投资的收入也相对下降，1991 年到 1997 年期间只增长了约一半。

美国和日本的贸易比较表明，两国服务出口的绝对水平有相当大的差距，服务进口水平有一些相似之处。 1991 年至 1997 年间，美国的服务出口几乎翻了一番，从 1 464 亿美元增至 2 562 亿美元，而日本的服务出口则从 412 亿美元小幅增至 693 亿美元。 20 世纪 90 年代，美国服务出口与商品出口的比率强劲增长，而两者在进口方面的比率则保持稳定；日本的这一比率仍与 20 世纪 80 年代类似。 在整个 20 世纪 80 年代和 90 年代，尽管商品贸易和服务贸易的绝对值发生了巨大变化，但两国在进出口方面的服务与商品贸易的比率仍然相当稳定，这表明了商品贸易仍具有重要性。 因此，在 20 世纪 90 年代，美国的商品出口从 1990 年的 3 900 亿美元增加到 1997 年的 6 810 亿美元，服务出口从 1 460 亿美元增加到 2 560 亿美元。 日本的商品出口从 1990 年的 2 820 亿美元增加到 1997 年的 4 090 亿美元，服务出口从 410 亿美元增加到 690 亿美元。

服务领域的外国直接投资

服务领域的 FDI 迅速增加是经济活动更加普遍国际化的一部分。 贸易和 FDI 的工业生产国际化，产生了对贸易、金融、会计、法律等方面辅助活动的需求。 因此，许多跨国服务公司，特别是在早期，是由制造业跨国公司设立的附属公司。 20 世纪 70 年代初，跨国公司发展了服务生产的国际化。 从那以后，服务生产的国际化发展速度超过了商品生产。 大部分跨国生产的服务是中间服务，这是服务国际化紧随工业跨国化之后的又一迹象。 服务业跨国化的增长不应被视为以工业跨国化为代价，它们是紧密相连的。

美国和日本是主要投资伙伴。 表 3.15 显示，尽管两国的起始水平和目前水平有很大差别，但过去 20 年中主要服务类别的投资都有显著增长（Survey of Current Business，1998a，b；2000）。投资增长最快的是金融业，美国在日本的 FDI 存量从1982 年的 3 亿美元急剧增长到 1997 年的 88 亿美元；日本在美国的 FDI 存量由 1982 年的 -5.7 亿美元增至 1997 年的 123.5 亿美元。显然，金融不仅仅是服务行业，这一点对我的分析很重要，我将在下一章讨论金融工具的贸易和投资。尽管日本对美国房地产的投资有波动，但在 1982 年至 1997 年期间也大幅增长，在 20 世纪 80 年代末曾达到最高水平。20 世纪 80 年代，日本对美国服务业的直接投资，增幅最大的是房地产，从 1982 年的 4 亿美元增至 1988 年的 100 亿美元。日本对美国金融业的投资存量，从 1982 年的 -5.7 亿美元增长到 1988 年的 28 亿美元。1997 年，日本在美国服务领域的 FDI 为 985 亿美元，比 1982 年增加了 920%（见表 3.16）。

表 3.15　1982—1997 年美国在日本直接投资存量：代表性
服务行业（十亿美元，基于历史数据）

年　份	批发贸易	存款机构	金融①	服务	所有服务行业
1982	1.09	0.17	0.31	0.42	6.41
1988	3.47	0.26	1.26	0.21	16.87
1997	5.63	0.57	8.84	1.18	35.57
1982—1997 年变动百分比	414.9	240.4	2 733.0	180.2	455.2

资料来源：作者根据美国人口普查局的数据进行的计算，《现行业务概览》，1998 年 10 月，第 128—1131 页，1989 年 9 月和 1983 年 10 月。
注：　① 还包括保险和房地产。

表 3.16　1982—1997 年日本在美国的直接投资存量：
若干服务行业（十亿美元，历史成本基准）

年　份	批发贸易	零售业	存款机构	金融	保险	房地产	所有服务行业
1982	6.13	0.15	1.33	-0.57	0.17	0.40	9.68
1988	18.39	0.35	3.90	2.86	不详	10.02	53.35
1997	35.49	1.21	5.27	12.35	0.62	9.34	98.51
1982—1997 变化率	479.3	700.7	297.5	1 134.5	266.3	2 257.3	918.0

资料来源：作者的计算基于美国人口普查局，《当前业务调查》，1998 年 9 月，第 82—85 页，1989 年 9 月和 1983 年 10 月。

在 FDI 大量流入的美国，服务业在 20 世纪 50 年代初就已占到 FDI 流出存量的三分之一。在 20 世纪 70 年代，一个主要的新变化是 FDI 的服务份额增长和服务构成变化。美国在交通、通信和公共事业方面的 FDI 下降，而与金融和贸易有关的服务投资增加（Whichard，1981：39-56）。1977 年至 1986 年期间，服务领域 FDI 存量几乎翻了一番，从 600 亿美元增加到 1 190 亿美元，所占份额上升 43%；服务领域 FDI 增长占了美国 FDI 增长的一半（UN Centre on Transnational Corporations，1989d：8-21）。在 20 世纪 80 年代，美国是服务领域 FDI 的最大接收国，1986 年，服务业 FDI 流入存量达 1 100 亿美元。1980 年至 1985 年期间，服务领域 FDI 增长超过任何其他部门，增加了 550 亿美元，而其他部门的总和为 450 亿美元。在对美国服务领域的外国直接投资中，6 个国家占了 80% 以上，其中日本和英国各占四分之一，加拿大、西德、荷兰和瑞

士占了另外一半。 20 世纪 90 年代末，并购活动的激增改变了
流入美国的 FDI 构成，使制造业和石油公司的收购大幅增加，
服务业在 1998 年的 FDI 流入中所占比率降至 30% 以下。 美国
FDI 流出的情况正好相反，其中 60% 在服务领域，尤其是非银
行的金融和保险。

20 世纪 80 年代，日本 FDI 迅速增长的主要原因是服务领域
的对外投资（UM Centre on Transnational Corporations，1989d：
11－14）。 1977 年到 1985 年期间，日本的 FDI 增加了 610 亿美
元，其中 57% 是在服务业；在发达市场经济国家中，这一增长为
63%。 到 20 世纪 80 年代中期，服务业在日本 FDI 存量总额中
所占的份额已经达到 50%。 1986 年，日本的对外直接投资总额
为 223 亿美元，其中 77% 投向服务领域。

生产者服务的国际交易

这里特别关注的是生产者服务的国际贸易和投资。 这方面
数据特别不适合用来衡量这类服务，因为它们往往混合了消费市
场的服务和中间品市场的服务；其次，因为所使用的统计分类，
如私人服务，往往混合了生产者服务和消费者服务。 最近对服
务贸易和投资的重新定义使计量问题进一步复杂化（见 Mann 和
Brokenbaugh，1999：53）[1]。

包括所有服务出口在内，全球前八大服务出口国是美国、
德国、法国、英国、意大利、日本、荷兰和西班牙，占经合组
织成员国服务出口总额 1 万亿美元的 70%（见表 3.17）。 美

---

[1] 有关 20 世纪 80 年代测量问题和证据的详细讨论，请参阅本书第一版
　　（第 56—62 页）。

国服务出口总额为 2 367 亿美元，几乎占 OECD 服务出口总额
的四分之一（有关生产者服务贸易的衡量方法，见表 3. 20 其
他服务）。

表 3.17　1996 年八大服务出口国（百万美元和百分比）

国　　家	服务出口	占经合组织的百分比
美　　国	236 714	23.1
德　　国	84 994	8.3
法　　国	83 533	8.2
英　　国	81 672	8.0
意大利	70 036	6.8
日　　本	67 689	6.6
荷　　兰	49 659	4.8
西班牙	44 333	4.3
经合组织共计	1 024 796	70.1

资料来源：经合组织（OECD），《国际交易统计》，1998 年。

美国在一系列服务业领域的对外直接投资，从 1988 年的 70
亿美元上升到 1997 年的 410 亿美元（见表 3. 18）。 1988 年到
1997 年期间，对外投资增长最快的领域是计算机和数据处理，
从 1988 年的 1 亿美元增长到 1997 年的 118 亿美元；狭义商务服
务的对外直接投资从 31 亿美元增长到 223 亿美元。 广告服务的
对外投资增长了 6 倍，管理和公共关系的对外投资几乎增长了
4 倍。

表 3.18　1988 年、1994 年和 1997 年美国流向外国服务业的
外国直接投资流量（行业详细信息，亿美元）

产　　业	1988	1994	1997
所有行业	326.9	612.9	860.7
批发－贸易	34.4	59.0	69.1
存款机构	16.1	27.4	34.4
金融、保险和房地产[①]	60.6	195.9	281.0
财务	10.4	65.0	82.8
保险	12.7	26.0	42.4
房地产	2.1	1.5	1.2
控股公司	35.4	103.4	154.5
服务	7.1	27.0	40.9
旅馆和其他住宿场所	0.8	2.1	2.7
商务服务：	3.1	13.9	22.3
广告宣传	0.5	2.1	3.3
设备租赁[②]	0.7	1.1	2.9
计算机和数据处理	0.1	8.2	11.8
商业服务，nec[③]	1.1	2.4	4.2
汽车租赁和租赁	—	2.0	4.5
电影[④]	1.0	1.3	2.6
健康	0.6	0.4	0.1
工程、建筑和测量	0.8	1.1	1.2
管理与公共关系	0.7	2.1	2.7
其他[⑤]	0.9	4.3	4.8
其他行业[⑥]	15.2	35.0	61.5
交通运输	2.1	4.6	5.6

续　表

产　业	1988	1994	1997
通信	0.1	7.6	15.2
零售业	5.6	10.3	12.5

资料来源：作者的计算基于美国人口普查局，《当前业务调查》，1998年 10 月，第 15 页。

注：① 不包括存款机构；② 不包括汽车和计算机租金；③ 包括房产事务、人员供应事务和其他有关事务；④ 包活电视磁带和电影；⑤ 包括汽车停放、修理和其他服务，杂项，修理服务，娱乐和康乐服务，法律服务，教育服务，会计、审计和簿记服务，研究、开发和测试服务，和以商业为基础提供的其他服务；⑥ 除所列行业外：农业、林业和渔业，采矿，建筑，电力、煤气和卫生服务。

在商务、技术和专业服务的进出口贸易方面，美国与日本、英国相比，显示出在服务出口方面的较大份额（见表 3.19）。美国对日本的专业服务出口总额，仅用了短短三年，就从 1995 年的 15.8 亿美元增长到 23 亿美元；在同一短时间内，对英国的专业服务出口总额从 15 亿美元增长到 27 亿美元。美国从日本进口的专业服务几乎没有增长，但从英国进口的专业服务几乎翻了一番，从 8 亿美元增加到 16 亿美元。在这些服务贸易中，某些服务起着主导作用。在出口方面，美国在向日本、英国提供法律服务方面明显占据主导地位。美国还在安装、维修和设备修理，以及计算机和数据分析服务等方面占主导地位。1998 年，美国其他服务业（包括会计、审计和簿记服务、卫生保健设施管理以及其他专业和商务服务）的贸易出口大幅增长，对英国的出口达到 5.96 亿美元。而促进美国从英国大量进口的，也是这类服务，从 1995 年的 3 亿美元增至 1998 年的 6.2 亿美元；同样重要的，美国从英国进口的管理咨询和公共关系服务增加了 1 倍多，1998 年达到了 1.86 亿美元。

表 3.19　1995 年和 1998 年美国与日本、英国的商务、
专业和技术服务贸易（百万美元）

	日　本				英　国			
	出　口		进　口		出　口		进　口	
	1995	1998	1995	1998	1995	1998	1995	1998
广告	39	40	293	323	57	62	91	149
计算机和数据分析服务	83	329	3	21	107	243	6	43
数据库和其他信息服务	105	141	20	12	141	305	68	46
调研、发展和测试	155	194	23	23	81	62	68	141
管理咨询和公共关系	72	87	30	37	144	186	74	187
法律服务	328	423	59	61	330	532	106	160
建筑、工程和采矿	117	128	5	42	94	355	25	45
工业工程	—	302	—	154	13	41	23	15
安装、维修和设备修理	382	441	—	16	282	322	16	185
其他服务①	—	280	266	158	250	596	324	620
共计	1 588	2 365	779	846	1 499	2 704	802	1 591

资料来源：《当前业务调查》，1999 年 10 月，第 88—91 页。

注：　① 其他服务包括会计、审计和簿记服务、农业服务、邮寄、卫生保健设施的商业艺术管理、医疗服务、杂项支出、业务租赁、人员供应服务、体育和表演艺术、培训服务以及其他商业、专业和技术服务。

译注：文中"共计"一栏中部分数据有误，按其数值加总，日本 1995 年出口应为 1 281，1995 年进口应为 699；英国 1995 年出口应为 847，1995 年进口应为 801。

尤其是在服务方面，国际交付的主要工具是国际化生产，这反过来，又刺激了产品和可贸易服务的国际贸易。建立子公司和业务分包是生产国际化的主要形式。在这一点上，大多数子公司是服务提供商，即使其母公司从事制造业。在过去几十年里，无论通过建立新公司还是通过并购，外国子公司的数量都急剧增加。随之而来，纳入跨国公司管理下的活动就增加了。有若干数据统计，可以让我们了解海外子公司的全球网络增长和规模。1998年，与国际化生产相关的总资产，全球存量约为15万亿美元（见表2.1）[1]。这一数字不包括基于跨国公司非股权控制形式下（如分包合同）从事国际化生产的企业资产。众所周知，在某些产业部门，跨国公司的这种非股权形式的控制正在增加。因此，跨国公司的国际化生产基础远远超过15万亿美元的数字，而且可能还在增长。自20世纪80年代初以来，国外子公司的销售额高于直接出口额：1998年，国外子公司的销售额为11万亿美元，而直接出口额为7万亿美元。当然，国外子公司也出口。国外子公司的出口，包括企业内贸易出口，估计占世界上国外子公司销售额的五分之一，各国的差异很大。跨国公司的公司内贸易占世界贸易的三分之一，通过跨国公司内部

---

[1] 外国直接投资的累计存量是国际生产资本基础的一个组成部分。外国直接投资的累计存量是一种衡量标准，包括跨国公司治理下的生产设施价值，以及通过外国直接投资融资的其他资产，1998年增加了20%，达到4.1万亿美元，1999年增加到5万亿美元。国外子公司的总资产价值是美国、日本和德国等国外国直接投资流入存量价值的4~5倍。但在发展中国家，这种资产价值仅略高于外国直接投资存量。这表明，与发达国家相比，发展中国家的国际生产活动更依赖母公司的资本。

非股权安排进行的贸易占另外三分之一，使跨国公司内部贸易约占世界贸易的 60%（UNCTAD 1999：第八章）。但子公司出口和生产规模与它们的相对重要性并不一定对应，因为外国直接投资可以旨在建立面向国内市场并不出口的跨国公司子公司，就像在美国的许多国外子公司那样。国际化生产与贸易紧密相连，因为附属公司进口货物和服务作为其生产的投入，而且至少在某些国家附属公司的部分生产是用于出口的。

　　到目前为止，全球国外子公司大部分设在发展中国家，大约有 24 万家，而发达国家则有 9.46 万家（见表 3.20）。另一方面，母公司的分布模式恰好相反，发达国家的母公司数量要多得多，接近 5 万家，而发展中国家只有 9 200 家。美国是母公司与国外子公司数量差异最大的国家之一，1996 年，母公司有 3 382 家，国外子公司超过 18 700 家。相反，日本与大多数国家有不同的模式，母公司数量较多，为 4 334 家，国外子公司为 3 321 家。

表 3.20　1990—1998 年代表年份按地区和经济分列的
母公司和国外子公司（数量）

区域/经济体	年　份	本国母公司	国外子公司
发达经济体		49 806	94 623
西欧		39 415	62 226
代表国家：			
德国	1996	7 569	11 445
英国	1997	1 085	2 525
日本	1998	4 334	3 321
美国	1996	3 382	18 711

续　表

区域/经济体	年　份	本国母公司	国外子公司
发展中经济体		9 246	238 906
拉丁美洲		2 594	26 577
代表国家:			
巴西	1998	l 225	8 050
墨西哥	1993	不详	8 420

　　资料来源: 联合国贸易和发展会议（UNCTAD），《1999 年世界投资报告》，"外国直接投资与发展的挑战"，第 5 页。

结论

　　国际经济交易的地理及构成发生了根本性变化。 最引人注目的是美国成为 FDI 的主要接收国，日本成为这种投资的主要净出口国。 拉丁美洲不再像过去那样是 FDI 的主要接收地（除了巴西，然后主要是圣保罗），东南亚取代拉丁美洲成为发达国家对制造业的外国直接投资的主要地点。 就其构成而言，主要变化是 FDI 中的服务业比重迅速增加，以及国际金融交易的数额巨大（将在下一章讨论）。 现在服务业投资占全球 FDI 存量的一半以上，20 世纪 80 年代的发展要求在这一期间这种投资的流量有更高的增长率。 同样，少数国家占全球服务业 FDI 的 70%。因此，国际交易重新集中在高度发达国家，美国、英国和日本在所有国际交易活动中占据很大比重。

　　就本书中进行考察的一些问题而言，有几个趋势值得关注。首先，跨国公司是服务国际化的中心，FDI 是服务贸易活动的主要形式之一。 电信发展可能增加跨境服务贸易的比重，但许多服务的性质限制了这种交付方式。 其次，就专业服务而言，在主要公司的所有收入中，国外销售占了非常大的比例，在会计和广告业服务中，这一比例远远超过一半。 这加强了大型城市的全球市场导向，这些城市是这些公司的关键地点。

20 世纪 80 年代，服务业和金融业的重要性明显上升。 服务和金融国际化生产和分布结构，在许多方面与采掘业或制造业活动有很大的不同。 后者主要生产地点往往位于较不发达国家；这些国家不太可能在专业服务和金融的国际交易中发挥重要作用，而纽约、伦敦、东京、法兰克福、巴黎等主要城市显然是这些交易的中心地点。

这些模式预示着国际投资的重新调整。 在 20 世纪 70 年代，外国直接投资在多样性的地点上大规模增加，其核心是国际化生产，随后，在 20 世纪 80 年代和 90 年代出现了资金流动大幅增加的后续阶段，其规模使前一阶段的规模相形见绌。

第四章
金融业的国际化及其扩张

　　自 20 世纪 80 年代初以来，金融业的规模、组织结构、金融产品及服务供求关系都发生了显著而迅速的变化。 这种转变的基本条件是，通过放松管制，开放国家市场；通过主要金融机构，特别是保险公司、养老基金和信托银行的日益参与，大量资金流入市场；以及迅速产生的将大量金融资产转变为可销售产品的金融创新。 总的来说，这些发展提高了金融业的交易量，加快了交易速度，并显著降低了银行贷款在金融业交易量中所占比例。 债券和股票，以及原先流动性较差的金融产品营销，成为金融业的核心组成部分。 这些趋势在 20 世纪 90 年代继续发展，创新活动主要集中在金融衍生品上。

　　自二战以来，大型商业银行一直主宰着金融行业，但它们盈利能力受到限制，这在一定程度上促成了这种转变。 禁止银行进入证券市场的规定、第三世界的巨额贷款损失以及以商业银行为主的传统业务活动，都减少了银行对 20 世纪 80 年代处于高度创新和投机阶段的金融市场的参与度。 而那些抓住金融业放松管制和国际化的机会，有能力开发新金融产品和新市场的小型投资银行迅速增加。

　　我们接下来考察金融业的数量及构成变化，其所涉及的主要问题是这一增长阶段可持续性及其产生的空间经济。 本章考察金融业转型的经验参考，特别是证券和机构投资者与日俱增的重要性、国际股票市场的形成、日本投资者在 20 世纪 80 年代的新角色以及 90 年代的重大调整。

增长的条件及组成部分

　　综合衡量国际金融活动的指标显示，自 1972 年以来，金融业一直保持着很高的增长率，1972 年至 1985 年期间，国际金融市场筹集资金年均增长 23%，而世界贸易年均增长 13%[1]，但造成 20 世纪 70 年代国际金融增长的因素与 80 年代有很大的不同。 20 世纪 70 年代，资本基金的主要来源是石油价格上涨所带来的巨额石油收入，而主要金融机构是美国的大型跨国银行，它们负责出售这些资金中的大部分。 因此，发展中国家作为国际金融的生产者和消费者，成为国际金融活动地理上的一个关键因素。 20 世纪 80 年代，国际金融增长与国际证券交易的大量

----

[1] 通过比较美国、英国和日本的资本流入和流出的总额，可以看出它们与外国直接投资的规模不同。 全球外国直接投资流量从 1980 年的 422.54 亿 SDRs（特别提款权单位）增加到 1986 年的 792.05 亿 SDRs（IMF，1987b：tab. C14）。 相比之下，全球国际证券投资的资产流量从 1930 年的 425.697 亿 SDRs 增至 1986 年的 1 539.82 亿 SDRs（IMF，1987b：tab. C15）。 负债从 1980 年的 2 万亿 SDRs 增加到 1986 年的 2.6 万亿 SDRs（IMF，1987b：tab. Bl）。

增加有关，这成为跨境借贷的主要模式；证券公司和投资银行成为金融业的重点机构；几乎所有这些资金都来自发达国家。

二战刚结束时期，并没有国际金融市场，各国政府对国内金融活动及本国公司从事任何外国业务都有一定的监管控制。第一个重要的国际金融市场是 20 世纪 60 年代发展起来的欧洲货币市场。它的产生和发展，很大程度上是由于跨国公司努力规避其国内市场管制及对国外汇回收入的征税。到 20 世纪 70 年代初，银行的国际化活动主要包括设立外国分支机构、子公司和办事处，以满足在国外经营的非银行公司的需要：为对外贸易提供融资，向国外子公司提供当地货币信贷，有时还在当地金融市场进行直接中介活动。这种参与国际化金融活动的形式与直接的海外存在有关。20 世纪 70 年代，国际银行业活动的急剧增加，大部分是由位于主要金融中心的大型跨国银行主导的。这一发展，加上电信和信息技术的进步，使得使用当地分支机构变得非常没有必要。石油输出国组织（OPEC，简称欧佩克）成员国将其收入的一大部分通过跨国银行向外提供资金的决定，使这些资金流量与过去十年相比大大增加。OPEC 的石油价格上涨以及其他事态的发展，使各国更加依赖银行资金。1976 年到1980 年期间，主要国际银行的资产增长了 95%，其中美国银行遥遥领先（Daly，1987）。正是在这个时期，离岸银行中心和欧洲美元市场成为国际金融的重要因素。这些制度安排通过规避典型的国内市场管制和限制，大大增加了银行资本的流动性。这一事态发展的结果是，主要跨国银行实力日益增强和布雷顿森林协定所包含的全球贸易体系的解体。

1982 年的第三次世界债务危机削弱了美国跨国银行在国际

金融中的主导地位，对国内金融市场放松管制也削弱了离岸银行中心的重要性。 20 世纪 50 年代和 60 年代的外国银行分支机构，以及 70 年代的离岸银行中心和跨国银行，这些曾经是国际金融活动的基本要素，到了 80 年代初已变得不那么重要了。 世界主要金融中心成为国际金融的重要组成部分。 在 20 世纪 80 年代的大部分时间里，银行在国际金融活动中所占的份额大幅下降，信用主要通过证券市场在发达国家之间流动。

在 20 世纪 80 年代，非银行金融公司主导了国际金融市场。其中最重要的是证券公司和金融服务公司，它们的业务范围很广泛： 股票经纪（投资组合管理）和投资银行（承销、组织合并和收购）。 这些金融机构既从事传统金融活动（利差作为收益来源），也从事风险承担（交易头寸、承销新股）。 这一时期，金融公司的跨国收购急剧增加。 这些趋势在 20 世纪 90 年代继续发展，并伴随着比 80 年代更强烈的投机基调和更大的并购浪潮。

这种深刻的转变，难以避免其自身的后果。 金融风险程度已升至历史高位，在 1987 年 10 月股市崩盘之前就已开始引起分析师的担忧。 这种金融增长中包含的投机性极高；也许，通过投机是这种金融大幅增长的唯一方式，期货市场和公司收购的过高价格是其缩影。 这是我在第五章中要讨论的议题。 金融在全球范围内日益一体化的出现，意味着 1987 年 10 月纽约股市崩盘、1994—1995 年墨西哥危机、1997 年东南亚金融危机和 1998 年俄罗斯危机等将会在全世界范围内产生影响。 1987 年 10 月的金融危机，或许是新金融时代的第一次全球性危机。 与随后的金融危机有所不同，这次金融危机对高度发达国家及其主要金融中心的打击最为严重。后来的金融危机给西方国家主要金融中心带来的损失要小得多，而对发展中国家的广泛经济部门及民众却带来了灾难性影响。

国际股票市场的形成

当前股票市场的国际化，完全不同于 20 世纪 80 年代以前的国际股票交易。在早期，瑞士银行长期以来一直是大量外国资本的接收方，它们收购外国股票，以补充瑞士国内有限的投资机会。在 20 世纪 60 年代和 70 年代，它们是美国股票市场的主要投资者。荷兰、比利时和卢森堡等国的银行和投资公司长期以来一直是外国存款的接收方，它们也从事这类股票交易。英国长期以来也有大量的海外证券投资。

但当时没有股票交易的国际市场，国际资本投资也相对较小，仅限于少数几个股票市场。大多数金融市场是面向国内投资者的，并受到外汇管制。公司进入外国股票市场上市的机会受到限制，也缺乏普遍的、全球化的分配机制。竞争压力和其他金融市场的日益国际化，促进了国际股票收购的快速增长。在英国，海外投资出现了强劲增长，尤其是在美国和日本放松外汇管制之后。直到 1986 年，日本投资者才开始大规模投资外国股票。日本解除外汇管制后，其大部分投资海外证券的资金都购买了债券，尤其是美国国债。

自 20 世纪 80 年代初以来，股票和债券的国际交易有了极为显著的增长。放松管制和大型机构投资者引入大量资金，促进了跨境股票投资的迅速增长，并形成了一个国际股票市场。 现在，有了一个具有高度流动性和可进入性的国际股票市场，尽管所涉及的各种国内股票市场的整合仍然十分有限。 金融创新的产生，对于这个市场的跨越国界的扩张和运作，以及使更多股票市场实现电子化整合（如纽约、伦敦、东京和其他许多市场）都是至关重要的。 股票的国际交易可能有几种类型。 就其目的而言，投资者可以利用其他国家被认为具有较好市盈率的股票市场的操作来获取投资收益，发行者则可以利用上市获得充裕的资金及新的投资机会。 直到最近，日本股票市场同时具有这两种特征；世界上许多规模较小的市场也是如此。 另外，利用国际股票市场，可能是发行人对国内市场资金有限的一种反映。 例如，如果一家意大利公司想通过发行股票来筹集大量资金，那么利用外国股票市场可能是达到这一目的的唯一途径。 最后，利用国际股票市场可能是为了避免国内股票市场的局限性、限制以及降低成本的一种方法。

我们可以从各种数据中看到这一国际股票市场的扩张和近期增长。 世界上大多数股票市场的交易量和市值都经历了快速增长，这使得它们对外国人具有吸引力。 在许多股票市场（包括日本、英国、西德和法国的），不同时期的净回报率都高于美国。 在 20 世纪 90 年代初，我们看到一种模式，即某些股票市场（经常被称为"新兴市场"）在短期内（可以缩短为 6 个月）有着世界上最高的投资回报。 20 世纪 90 年代早期的布宜诺斯艾利斯，90 年代中期的伊斯坦布尔，以及卢布危机之前不久的莫斯科等，都出现过这种情况。 但随之而来的，往往是这些市场的股票市值大幅下跌。 跨越国界的金融市场的一体化，在纳入全球市场网络时对这些市场的放松管制，以及金融资本的流动性和变现能力都促成了这种模式。 大量资本可以流入市场，也可以轻易流出。 在过去 20 年里，公司对股票市场的参与度有了很大提高，从而增大了市场容量[1]。 在美国，合并和收购以及大型公司回购股票的数量有所增加。 这意味着要筹集大量资金，为此类收购提供资金。 在 20 世纪 80 年代，企业在很大程度上选择直接通过股票市场，而不是通过银行进行收购。

20 世纪 80 年代，股票市场的资本化迅速增长，在 80 年代末和 90 年代早期的 10 年中遭受衰退之后，在 90 年代中期以及各种危机之后的 90 年代末再次加速。 1999 年，全球股市总市值超过 29.7 万亿美元，其中美国 13.9 万亿美元，或占世界总额的 49%；英国 2.6 万亿美元，占世界总额的 9%；日本近 4 万亿美元，占世界总额的 13%。 值得注意的，即使经历了长达 10 年的严重衰退，日本仍占据领先地位，这可以从欧元区成员国股市总市值为 4.1 万亿美元（占世界总额的 14%）的事实中明显反映出来（Merril Lynch，2000）。 美国、英国和日本合计占全球股市总市值的 69%。 2000 年，全球股市总市值水平比 1985 年有了巨大增长，即使只考虑当时一些最大市场，美国的市值在 1.1 万亿美元，日本的市值为 5 280 亿美元，英国的市值为 2 040 亿美元（Whittemore，1937：142 - 143）。 英国的放松管制和日本自 1986 年以来进一步放松管制，提高了这些国家的国际投资总额。 这些数据清楚显示了日本股市市值在 20 世纪 80 年代的强

---

[1] 在日本，公司通过公司间相互持股和特别投资信托提高了对股票市场的参与度。

劲增长[1]。 我们可以从个人和机构投资者购买外国股票的数量
增加中看出投资的国际化。 它们从极少的数量开始，在过去 20
年中稳步增长，最显著的增长始于 20 世纪 80 年代[2]。

　　1986 年，国际股票发行达到 320 亿美元，比 1983 年增加了
5 倍。 在这些发行的股票中，欧洲公司发行的欧元股票占五分
之一，还有将近一半是日本公司发行的股票（价值 150 亿美
元），这在当时是一个新的发展[3]。 应该指出，国际市场上新
发行的日本股票的许多投资者往往是日本人。 他们更愿意在海
外的欧洲市场购买日本新股，以避免在国内市场受到监管和限
制。 值得注意的是，长期以来一直是全球最大新股发行市场的

---

[1] 20 世纪 80 年代国际股票交易迅速扩大的另一种迹象，是关于外国在个
　　别国家购买股票的资料。 外国对日本股票的投资从 1979 的 11 亿日
　　元增加到 1985 年的 93 亿日元，1986 年的 170 亿日元（解除外汇管制
　　后），1987 年的 233 亿日元（Tokyo Stock Exchange，1988：56）。 日
　　本股票的海外销售额从 1979 年的 12 亿日元上升到 1985 年的 100 亿日
　　元，然后在 1986 年上升到 206 亿日元，1987 年上升到 308 亿日元。 日
　　本在东京证券交易所的外国股票投资从 1979 年的 360 亿日元增加到
　　1985 年的 1.3 万亿日元，1986 年的 4.2 万亿日元，1987 年的 10.9 万亿
　　日元。 日本出售外国股票的情况与此类似，从 1979 年的 440 亿日元增
　　加到 1987 年的 8.3 万亿日元（Tokyo Stock Exchange，1988：58）。 到
　　20 世纪 90 年代，上述许多方面都出现了萎缩。

[2] 过去几年在美国的大部分海外股票销售都是大公司和股东想要更大的
　　市场份额的结果。 大公司的情况就是如此，如英国电信公司和英国燃
　　气公司，当它们私有化时，就发行了大量的新股票。

[3] 20 世纪 80 年代末，增长最快的是日本的信托银行，它们通过一种名为
　　"Tokkin" 的特殊账户进行投资，在这种账户中，企业资金在税收优惠
　　的基础上进行投资管理。 鉴于日本参与股票市场国际化的时间较短，
　　外国股票在日本投资者所有持股中的份额非常小，但增长迅速。

美国国内市场，1986 年发行了价值 600 亿美元的新股，1987 年发行了价值约 540 亿美元的新股[1]。 20 世纪 80 年代国际股票市场的一大发展是，在股票发行量很大的情况下，往往在几个国家的股票市场同时发行股票。 最初这是为了发行德士古石油公司 10 亿股国际股票而制定的。 英国对大型公共设施实行私有化时，也采用了这种方法。 英国电信上市，在美国、加拿大、欧洲和日本的股市同时进行分销。 当今，世界上大多数大型企业私有化都是在一个以上股票市场上市的。

1999 年，全部股票市场总规模达到 28 万亿美元，并呈现出一些发展趋势。 首先，许多国家股票市场都出现了扩张。 其次，美国在全球资本总额中所占的份额从 1975 年的 57% 下降到 47%，不过绝对值有所上升[2]。 第三，除了在总量上的扩张外，持续向少数几个股票市场高度集中。 因此，美国、英国和日本股票市场合计所占份额从 1975 年略高于 75% 增加到 1988 年

---

[1] 当时，日本投资者对高收益债券表现出明显偏好，他们购买的大多是美元计价债券。 1986 年初，日本投资者是否会继续购买美元计价的金融工具还存在不确定性。 这种不确定性在很大程度上是由于这样一个事实，即主要的买家，如人寿保险公司、意外险公司和信托银行，已经开始接近被允许投资于外国证券的资金不超过其资产 10% 的规定。 然而，不受此限制的日本机构，如商业银行、日本公司和租赁公司等，增加了这类购买，抵消了这些机构购买活动的放缓。 如今，日本的基金经理大多是国内股票的买家和国内债券的卖家（Gallup Global Fund Manager Survey，March 13，2000）。

[2] 在美国，从 1975 年到 1986 年，未偿付的公开交易债券的票面价值和股票资本的市场价值增加了 5 倍（Salomon Brothers，Inc. various years）。 在 20 世纪 90 年代，证券市场价值相对于国内生产总值的增长持续增长。

的 85%，主要是因为日本在世界资本份额中的巨大增长，从 1975 年的 11.6% 上升至 1988 年的 41.1%。 1999 年，美、英、日合计所占份额降至 69%，同样也是因为日本所占份额的严重下降。

金融证券化

证券市场上的直接筹集资金，已影响了银行作为金融中介的传统作用。 证券化（即将各种类型的金融资产和债务转化为可销售的工具）是这种非中介化和金融市场总量大规模扩张的工具。 在此之前，这些资产一直被认为是缺乏流动性的。 在美国，金融资产证券化过程最为剧烈，证券的总价值从 1980 年的 220 亿美元增加到 1986 年的 2 690 亿美元，1998 年增加到 8 450 亿美元（Salomon Brothers, Inc. various years）。 证券化需要大量的金融创新，并使竞争水平上升到新的高度。 它还需要一个通过放松国内金融市场管制和国际化来实现的大规模市场扩张。

20 世纪 80 年代，国际资本市场的金融资产和交易总额大幅增加。 然而，商业银行的市场份额出现了大幅下降，共同基金等其他金融机构的市场份额则出现了上升。 商业银行在贷款市场的份额下降，主要原因是大公司大量发行商业票据，这一趋势最终波及中型公司。 美国非金融企业净借款数据显示，证券化融资规模增加了 1 倍多，从 1981 年的 450 亿美元增至 1986 年的 986 亿美元，几乎全部以公司债券的形式出现；相比之下，贷款则从 1981 年的 435 亿美元（几乎与证券化融资规模相同）减至

1986 年的 271 亿美元（Salomon Brothers, Inc. various years）。到 20 世纪 90 年代末，尽管贷款总额在 1996 年急剧上升至 3 452 亿美元，但仍然是国际债务证券发行价值的一半。1996 年，国际债务证券发行价值为 7 665 亿美元，1998 年为 8 450 亿美元（Bank for International Settlements Annual Report, 1999）。相类似，特别是在美国，银行在各种消费信贷（如汽车信贷）中所占份额也在下降，这是由于制造商，尤其是汽车行业的制造商，有收购金融服务公司的趋势。

就全球而言，在 1982 年第三世界债务危机爆发时，国际银行贷款在国际市场借贷资金中所占比率仍高于国际债券。1983 年，信贷已从 1982 年的 1 000 亿美元降至约 600 亿美元，1985 年继续下降至 540 亿美元。因此，信贷的相对和绝对数都有所下降。1987 年，信贷的使用再度增加，当年增加到 800 亿美元，1988 年增加到 1 420 亿美元（见表 4.1）。信贷量回升的部分原因是，许多大公司正在进行财务重组，资本市场对资金有很大的需求，并要求能及时获得所需资金。银团贷款是一种久经考验的可靠融资机制，在这种情况下，与多家银行保持密切的合作关系是一种优势。

表 4.1　1986—1996 年按工具类型分列的国际资本市场融资活动（十亿美元和百分比）

	1986	1988	1994	1996
有价证券	228.1	229.9	473.6	766.5
贷款	93.3	142.3	236.2	345.2
其他债务融资	不详	不详	4.9	4.5
非承保贷款	不详	不详	252.9	455.4

续　表

	1986	1988	1994	1996
共计	321.4	372.2	967.6	1571.6
备忘录项目：　同比 百分比变化	+13.2	+18.4	+18.2	+22.4

　　资料来源：经合组织（OECD），《金融市场趋势》，第 69 号，1998 年 2 月，第 111 页。

　　在国际资本市场上，融资总量持续增长。 国际资本市场的主要融资工具是直接债券、银团贷款和各种欧元金融工具（见表 4.2）。 1985 年，这三种金融工具占国际资本市场融资总额（2 890 亿美元）的一半以上，1997 年这一比率攀升至 80%。 根据借款国的来源分类（见表 4.3），大部分融资流向了经合组织成员国，其份额从 1984 年的 75.8% 上升到 1988 年的 91% 和 1997 年的 87%。 1997 年，近 1.7 万亿美元的国际融资总额中，57% 流向了 5 个高度发达国家。 其中，25% 流向了美国，12.6% 流向了德国，10% 流向了英国，4.8% 流向了法国，4.5% 流向了日本。 1997 年，美、英、日三国占国际市场借款总额的 50%（见表 4.4）。

表 4.2　1984—1997 年国际资本市场主要筹资工具（百分比）

	1984	1988	1993	1997
直键	29.6	35.8	45.1	30.8
中期欧元纸币方案[①]	—	4.3	13.9	23.2
银团贷款	23.2	26.7	16.7	22.1
浮动利率贷款[②]	19.4	4.9	8.5	12.1
欧洲商业票据计划	—	12.6	4.7	2.7

续 表

	1984	1988	1993	1997
股份	—	1.7	5.0	4.8
其他债券③	2.0	0.5	0.4	1.9
可转换债券	—	2.3	2.2	2.0
附认股权证的债券	5.5	6.3	2.5	0.2
其他债务融资④	14.6	3.7	1.0	0.2
"管理"贷款⑤	5.7	1.2	不详	不详
共计	100	100	100	100
备忘录项目: 总额（以亿美元计）	197.3	472.8	818.6	1 769.3

资料来源: 经合组织（OECD），《金融市场趋势》，第 69 号，1998 年 2 月，第 51 页。

注: ① 包括其他非承保贷款; ② 包括中期浮动利率大额存单; ③ 零债券，深度折价债券，特别配售和其他地方未包括的债券发行; ④ 包括多部件设施和其他后备设施; ⑤ 与重组协议有关的银团"新资金"。

表 4.3 1984—1997 年主要借款国在国际资本市场上的借款（百分比和十亿美元）

	1984	1988	1993	1997
经合组织区域	75.8	91.1	88.9	87.4
非经合组织	18.2	5.3	8.2	10.7
国际发展机构	6.0	2.9	2.9	1.9
共计①	100.0	99.3	100.0	100.0
总计（亿美元）	197.3	451.4	818.6	1 769.3
其中:				
美国	33.5	61.8	124.9	447.5
德国②	2.1	13.5	65.0	222.8

续　表

	1984	1988	1993	1997
英国	9.0	75.4	51.3	181.2
法国	12.1	28.3	58.0	84.9
日本	21.3	60.9	85.4	79.2
加拿大	8.8	21.2	38.7	42.7
澳大利亚	9.8	19.8	27.3	38.4
意大利	6.3	14.7	31.2	30.7
美国、英国和日本（亿美元）	63.8	198.1	261.6	707.9
美国、英国和日本（百分比）	32.3	43.9	32.0	40.0

资料来源：经合组织（OECD），《金融市场趋势》，第 69 号，1998 年 2 月，第 50 页。

注：① 1988 年由于四舍五入误差，总数不是 100；② 1984 年和 1988 年的数量仅为西德。

**表 4.4　1985—1997 年日本、英国和美国从国际债券发行中
筹集的资金（十亿美元和百分比）**

	1985	1988	1997
经合组织区域	229.1	372.7	716.8
其中：			
日本	21.8	54.1	41.6
英国	20.9	62.7	52.2
美国	67.7	47.5	189.3
非经合组织	—	—	85.9
国际发展机构	—	—	28.9
共计	279.1	372.1	831.6
日本、英国和美国在经合组织中的份额（百分比）	48.2	44.1	66.1

续　表

	1985	1988	1997
日本	9.5	14.5	9.7
英国	9.1	16.8	12.2
美国	29.6	12.7	44.2
日本、英国和美国在总额中所占份额（百分比）	39.5	44.2	58.9
日本	7.8	14.5	8.6
英国	7.5	16.9	10.9
美国	24.3	12.8	39.4

资料来源：以经合组织（OECD）为基础，《金融市场趋势》，第 39 号，1988 年 2 月，第 109 页。

20 世纪 90 年代，国际融资市场的一个日益明显的主要趋势是贫穷国家的债务不断增加，还本付息的数额迅速增加。发展中国家的外债净额从 1991 年的 1.27 万亿美元增加到 1999 年的 1.97 万亿美元（见表 4.5）。这些债务中大部分都是通过私人融资完成的，其规模在 1991—1999 年期间增长了 72%，达到 1.16 万亿美元，相比之下，官方融资只增长了 28%。

表 4.5　1991—1999 年发展中国家的外债和还本付息情况（十亿美元）

发展中国家[①]	1991	1995	1998	1999
外债	1 269.8	1 714.4	1 965.2	1 969.6
净债权国	22.2	29.9	58.9	64.5
净债务国	1 247.6	1 684.5	1 906.3	1 905.1
由官方资助	234.5	286.8	292.9	300.3
私人融资	674.1	990.8	1 166.6	1 162.5
多元化融资	338.9	406.9	446.8	442.2

续　表

发展中国家[①]	1991	1995	1998	1999
偿债付款	150.1	242.9	316.1	331.8
净债权国	1.8	7.1	8.5	8.6
净债务国	148.3	235.8	307.5	323.2
由官方资助	16.5	25.8	22.7	16.8
私人融资	99.5	165.2	213.5	240.9
多元化融资	32.2	44.8	71.4	65.5

资料来源：《世界经济展望》和《世界经济展望工作人员研究报告》，1992—1999 年，货币基金组织（IMF）。

注：　① 发展中国家包括非洲、亚洲、中东、东欧和西欧的不同国家。

当今全球资本市场

国内金融市场放松管制、国际资本流动自由化、计算机和电信发展等，都促进了前一节所述的金融市场爆炸性增长。自 20世纪 80 年代以来，金融资产存量总额增长速度比所有富裕工业经济体的 GDP 增长速度快 2.5 倍。货币、债券和股票的交易量也以其大约 5 倍的速度增长。然而，这是否代表着金融史上一个新阶段，或者甚至今天全球资本市场对各国经济的结构性权重是否比早些时候更大，人们并没有达成普遍共识。我在本书第一版中提出的论点主要基于 20 世纪 80 年代的数据，这在两个方面都受到了不同的批评。在本节中，我将采用 20 世纪 80 年代和 90 年代的数据重新研究这些问题。

始于 20 世纪 80 年代的金融时代，一个显著特征是金融产品创新驱动。金融史在很多方面都是金融创新的历史。但今天可能有所不同，当前阶段的创新强度和创新产品的倍增，拉长了金融工具与实际基础资产之间的距离。 例如，1997 年，北美、欧盟和日本的股票市值和证券化债务达到 46.6 万亿美元，而它们的 GDP 总额为 21.4 万亿美元，全球 GDP 为 29 万亿美元；此外，这三个国家未偿付的衍生品价值为 68 万亿美元，大约为基础资本市场规模的 146%（对于假设和测量的完整描述，参见 IMF，1999b：47）。

从 19 世纪末到第一次世界大战，国际金融市场在很多方面都与今天一样庞大。 如果我们以它在当时的国家经济中所占的份额来衡量它的数量，并以国际流动的相对规模来衡量，情况肯定是这样。 早期的国际资本市场规模庞大，充满活力，高度国际化，并有维持良好秩序的"英国治下的和平"（Pax Britanica）作为后盾。 其国际化程度可以从以下事实中看出： 例如，1920 年，穆迪评级公司对大约 50 个政府债券进行评级，在美国资本市场筹集资金。 大萧条导致了金融国际化程度急剧下降，直到最近穆迪公司才再次对 50 个政府债券进行评级。 事实上，直到 1985 年，只有 15 个外国政府在美国资本市场举债。 直到 20 世纪 80 年代，国际金融市场才重新成为一个主要因素（Sassen，1999a）。

尽管在这个问题上几乎没有达成共识，但我认为，今天的全球资本市场与一战前金本位时期的国际金融市场存在重大区别（Sassen，1996）。

第一个主要区别，与市场力量日益集中于养老基金和保险公司等机构有关。 这是我现在谈到的三个事态发展中的第一个。

机构投资者并不新鲜。 但不同的是，从 20 世纪 80 年代开始，基金的类型多样化，其资产价值迅速上升。 在美国，机构投资者的金融资产由 1990 年的 6.88 万亿美元增至 1993 年的 9.61 万亿美元和 1997 年的 15.87 万亿美元（见表 4.6）。 在英国，机构投资者的金融资产从 1990 年的 1.12 万亿美元增加到 1996 年的 2.23 万亿美元。 在日本，这类资产从 1990 年的 2.43 万亿美元增加到 1997 年的 3.15 万亿美元。 经合组织（OECD）成员国的机构投资者的金融资产总额从 1990 年的 13.77 万亿美元增长到 1996 年的 26 万亿美元，约增长了 1 倍，其中，美国就占了一半。 如今，机构投资者控制着所有资产的很大一部分。

表 4.6　1990 年至 1997 年代表性国家的机构投资者的金融资产（十亿美元）

国　　家	1990	1993	1996	1997
加拿大	332.6	420.4	560.5	619.8
法国	655.7	906.4	1 278.1	1 263.2
德国	599.0	729.7	1 167.9	1 201.9
日本	2 427.9	3 475.5	3 563.6	3 154.7
荷兰	378.3	465.0	671.2	667.8
英国	1 116.8	1 547.3	2 226.9	不详
美国	6 875.7	9 612.8	13 382.1	15 867.5
经合组织共计	13 768.2	19 013.9	26 001.2	不详

资料来源： 根据经合组织（OECD）《1999 年国际直接投资统计年鉴》，表 8.1。

除了投机性金融工具外，20 世纪 90 年代还出现了大量采用投机投资策略的机构投资者。 对冲基金是这些机构中最具投机性的；它们通过拥有少量私人客户，并经常在海外运营来规避某些信息披露和利用监管漏洞。 虽然它们并不新鲜，但它们的规模和影响市场运作的能力在 20 世纪 90 年代确实大幅增长。 据估计，到 1998 年中期，已有 1 200 家对冲基金，资产超过 1 500 亿美元（BIS，1999），这比 1997 年 10 月将近 1 500 个股票基金的 1 220 亿美元总额（UNCTAD，1998）还要多。 这两种类型的基金需要与资产管理基金区分开来。 前 10 名的资产管理基金管理着 10 万亿美元的资产。 这些基金的集中度非常高，部分原因是企业需要达到非常高的门槛，以便在当今的全球市场上具有竞争力，这促使它们进行了并购（见第七章）。

第二个主要区别，与新信息技术给金融市场带来的特性有关：瞬时传输、互联性和速度。 尽管国与国之间的净流量相对并不高，但总流量已大幅增加。 而且，对交易速度也产生重大影响。由于庞大的计算机网络，货币和证券交易变得快捷。 而且，与瞬时传输信号结合在一起的高度互联性具有指数级增长的潜力。

第三个主要区别是金融创新的爆炸式增长。 金融创新增加了在公开市场上可交易的金融工具供给。 这在不同的国家，有很大的不同。 证券化在美国已很发达，但在欧洲大部分地区才刚刚开始。 金融衍生品的扩散，进一步加强了各国市场之间的联系，也使利用不同金融工具之间价格差异进行套利变得更容易[1]。 1994 年，柜台上出售或在交易所交易的衍生品存量总额已超过 30 万亿美元，1999 年增至 65 万亿美元（BIS Annual Report，1999）。

———————

[1] 虽然货币和利率衍生品直到 20 世纪 80 年代初才出现，它们代表了当时的两项主要创新，但商品衍生品（即所谓的期货）在较早时期的某些版本中已经出现。 17 世纪的阿姆斯特丹证券交易所（当时它是世界金融之都）几乎完全以商品期货交易为基础。

金融危机

20 世纪 90 年代的大部分时间里，全球资本市场一体化曾因为促进经济增长而备受称赞，但现在却出现了东亚金融危机问题。虽然许多东亚国家的调控制度结构是虚弱的（如同被广泛记载的），但全球资本市场一体化在东亚金融危机中扮演了至关重要的角色，因为它导致了巨大的过度杠杆使用和投资者对市场波动的不稳定预期，他们在 20 世纪 90 年代初大量冲进市场，当危机来临时疯狂逃离市场，尽管一些国家经济运行是健康的，并不需要从资本市场快速撤退。债务大量积累（只有在借助外国资本的情况下）是东亚金融危机的一个关键因素。1996 年，东亚的银行债务总额为 2.8 万亿美元，占 GDP 的 130%，几乎是十年前的 2 倍。1996 年，韩国中等规模公司的杠杆贷款（以所借的钱作抵押所获的贷款）达到 620%，泰国达到 340%，其他东亚国家平均为 150%～200%。这些资金来自其他国家的资本流入，资金在 1997 年迅速撤离。

造成这种情况的主要原因是商业银行地位下降，证券业崛起（监管有限，杠杆率显著），金融业技术能力增强，资产管理基金积极开展对冲活动。银行并没有抵制证券业的过度行为，而是接受了这些经济体长期增长的预测，从而加剧了这种局面，因此增加了资本流入以及对投资风险和质量的相当普遍的忽视，然后又加入了资本外逃。此外，处于这些金融危机中心的机构，其债务被视为拥有政府隐性担保，尽管作为机构，它们基本上不受监管，因此容易出现所谓的"道德风险"问题，即缺乏市场纪律。　基于国际货币基金组织愿意救援国际银行和墨西哥破产国内银行的先例，这种损失保护的预期也鼓励了亚洲一些国家的过度冒险行为[1]。　大量获得政府债务担保的金融中介机构造成严重的道德风险问题已经不是第一次了，正如美国储蓄和贷款危机所表现的那样（Brewer Ⅲ和 Evanoff，1999）。

全球资本流动自由化和国际资本市场流动性的迅速发展，增加了金融的波动性。　资本流动削弱了所有国家，特别是发展中国家的国内政策自主权。　墨西哥和东亚危机表明，在国内金融系统监管不力、公司治理薄弱，以及（或许最重要的是）可以在国际市场上配置巨额资本对某个国家货币或银行体系不利的情况下，过多的资本流入有明显的弊端。　这些危机还表明，发展强大的国内机构投资者基础（养老基金、保险公司、投资基金）至关重要。　美国和欧盟正是有这样的基础，危机对其影响要小得多。　随着越来越多的国家实现金融体系自由化，资本流动性增强，资本流动管理变得更加复杂。

在国际层面上，东亚和俄罗斯的货币危机似乎没有像 20 世

---

[1] 另外一个因素是国际货币基金组织的政策，该政策使投资者以牺牲其他类型投资为代价，提供受国际货币基金组织保护的短期贷款变得成本更低。　这一资本标准背后的理念是，短期贷款一般被认为信用风险低，因此巴塞尔资本规定对经合组织（OECD）成员国之外银行的跨境短期贷款一年之内的风险权重为 20%，超过一年的风险权重为 100%。　这鼓励了发展中国家银行的短期贷款。　在利率较低的情况下，借款人会选择短期贷款。　其结果是积累了大量在任何一年到期的还款。　因此，巴塞尔权重风险与市场风险作为一个信号并没有很好地相互作用。　根据巴塞尔权重风险，贷款给韩国银行要比贷款给韩国企业集团更安全，因为对后者要承担 100% 的权重风险，而对银行则需要承担 20% 的权重风险。　因此，官方立场是向银行发放的贷款要多于向企业集团发放的贷款。

纪 80 年代初的债务危机那样，成为对国际金融体系稳定的系统性威胁。 但是，由于突然的调整过程，受影响的发展中国家出现衰退的风险很高。 表 4.7 列出了受影响经济体因主要危机而付出的一些主要代价。 即使在金融市场开始复苏后，失业率仍会在很长一段时间内保持在高位。 这在早期危机中的墨西哥和最近危机中的大多数亚洲国家中很快发生了。 这些危机对发展中国家的冲击比对高度发达国家更大。

表 4.7　20 世纪 80 年代末和 20 世纪 90 年代的
重大金融危机：指标和后果

1987 年纽约危机，危机中心：纽约 其他受影响的国家/市场：广泛	
主要指标/事实	重大经济和社会后果
（a） 银团贷款市场的增长： 这已成为国际融资的唯一主要来源，由 1998 年的 25% 增至 1989 年的 29%。 （b） 纽约证券交易所——最大单日跌幅： 1987 年 10 月 19 日，道琼斯工业平均指数下跌 22.6%，创历史最差纪录；1929 年的市场崩盘，市场跌幅仅为 12.8%，而 1997 年 10 月的市场崩盘，市场跌幅仅为 7.2%。 蜂拥而来的卖盘，处理能力不足，监管混乱在这一天汇合在一起。 为了确保向票据交换所成员持续提供信贷，并防止边际收款的广泛违约，美联储注入了大量信贷以保持整体流动性。 （c） 债券发行减少： 1985 年第一季度至 1986 年第一季度，以现行汇率计算的发行总额增加了 51.7%，下一年又增加了 35%。1987 年则下降超过 22%。 （d） 汇率收缩： 1987 年为 29%。	（a） 1987 年以后大银行的参与迅速增加： 在 1987 年 10 月危机之后，国际金融活动的高度持续，主要是因为大银行参与市场的增加。 （b） 兼并： 20 世纪 80 年代后期出现了对资金的大量需求（为巨额收购和合并提供资金），日本最大的银行成为主要的资金提供者。

续　表

1994 年墨西哥危机，危机中心：墨西哥 其他受影响国家：巴西、阿根廷	
主要指标/事实	重大的经济和社会后果
（a）国际储备损失：墨西哥中央银行在 1994 年 12 月试图捍卫墨西哥比索时，在几天内损失了 50 亿美元。 （b）私人资本净流动的逆转：在 1993 年至 1995 年期间，这种逆转相当于墨西哥国内生产总值的 13%。债务短期性被确定为这场危机中资本流动波动和逆转的主要决定因素。 注：这些私人资本流动主要是有价证券投资，1993 年流入总额为 230 亿美元，1995 年下降到 140 亿美元的净流出，其差额为 370 亿美元（占墨西哥国内生产总值的 13%）。 （c）银行系统脆弱性：在 1994 年，逾期贷款占银行资本总额的比率已经从 35% 猛增到 98%。在 1995 年 2 月至 3 月期间，由于越来越多的非金融公司在履行对银行的偿债义务方面遇到困难，不良贷款存量进一步急剧增加。阿根廷的类似担忧导致银行存款在 1994 年 12 月中至 1995 年 3 月底期间下降了 16%（超过 75 亿美元）。 （d）其他因素：政治不稳定，墨西哥政府为其短期债务提供资金的困难日益增加；外汇市场对墨西哥比索的严重不信任。	（a）贫穷：贫困人口总数增加 45%（1996 年 4 170 万人）。这是不平等加剧和人均国内生产总值下降的结果。 （b）增长减慢：1995 年实际国内生产总值增长率下降到 −6.2%，1995—1998 年平均为 2.6%。 注：墨西哥经济通过实际工资向下的灵活性而不是通过失业率的增加来适应危机。 （c）失业：受影响的国家，如阿根廷，1995 年失业率增加了 6%。 （d）支持银行系统的费用：1997 年，支持金融系统的财政成本估计为国内生产总值的 14.4%，将在方案实施期间的 30 年中摊销。

续　表

1997 年亚洲危机，危机中心： 泰国、印度尼西亚、马来西亚和韩国 其他受影响国家： 日本、拉丁美洲（最终是俄罗斯）	
主要指标/事实	重大的经济和社会后果
（a）　货币贬值： 1997 年 7 月 2 日泰铢的下跌，开始了新兴市场货币近期无与伦比的剧变时期。 可以确定三个阶段： ① 1997 年 7 月至 10 月初，新兴市场货币的压力仍然局限于亚洲货币，特别是泰铢、马来西亚林吉特、菲律宾比索和印尼盾。 ② 1997 年 10 月，亚洲货币承压加剧。 韩元开始严重下跌，巴西雷亚尔和阿根廷比索也承受着严重的投机压力。 ③ 1997 年 12 月，亚洲货币压力加剧。 随着有关韩国债务和储备的情况公开化，韩元承受的压力加剧，并波及其他货币——这些货币在 1998 年 1 月达到最低点。 1997 年 7 月至 1998 年 1 月亚洲及有关货币的贬值情况： 印尼盾： 81% 泰铢： 56% 马来西亚林吉特： 46% 菲律宾比索： 41% 韩元（1997 年 10 月至 12 月）： 55% 注： 在巴西，市场人士向国际货币基金组织报告，由于来自亚洲的压力，导致外汇投机者在 1997 年 10 月底攻击巴西雷亚尔，估计损失了 100 亿美元的储备。 （b）　亚洲股票市场股价指数严重下跌： 1997 年 7 月至 1998 年 2 月亚洲股票市场下跌情况： 印度尼西亚： −81.74%。	（a）　贫穷： 整个亚洲的实际人均国内生产总值下降： 印度尼西亚： 从 1997 年的 2.9% 降至 1998 年的−15.1% 马来西亚： 从 1997 年的 5.4% 降至 1998 年的−9.2% 韩国： 从 1997 年的 4.5% 降至 1998 年的−6.7% 泰国： 从 1997 年的−1.4% 降至 1998 年的−10.3% 注： 在韩国，城市贫困人口增加了 10%，达到 19.2%；在泰国，农村地区的影响更大，贫穷率从 1996 年的 11.8% 增加到 1998 年第三季度的 17.2%。 （b）　失业： 1997 年至 1998 年，马来西亚、泰国和韩国的总就业率下降： 印度尼西亚[①]： 失业人数从 1996 年的 440 万上升到 1998 年的 1 000 万 韩国： 从 1996 年的 40 万增至 1998 年的 150 万 泰国： 从 1996 年的 50 万增至 1998 年的 200 万 注： 在亚洲经济体系中，受影响最大的部门是建筑业，占总就业人数的比率从 35% 下降到 15%。 1997 年第二季度至 1998 年第四季度期间，非活动人口增加到 9%，而这一增加中 75% 是妇女。 在印度尼西亚，大约 250 万工人，即总劳动力的 3%，在第一年就因危机而失业。 制造业占所有失业人数的近一半，其次是建筑业。

1997 年亚洲危机，危机中心：泰国、印度尼西亚、马来西亚和韩国 其他受影响国家：日本、拉丁美洲（最终是俄罗斯）	
主要指标/事实	重大的经济和社会后果
韩国：-63.06% 　　马来西亚：-58.41% 　　菲律宾：-49.17% 　　泰国：-48.37% （c）资本外流：与墨西哥的情况一样，亚洲危机之前也出现了强劲的资本繁荣，在这种情况下，主要是银行贷款流动（而不是证券投资）。受影响的亚洲国家在 1997 年的情况逆转，主要是由于银行贷款由 1996 年的 400 亿美元净流入减少至 300 亿美元净流出，营业额达 700 亿美元（相等于受影响亚洲经济体系本地生产总值的 7%）。其他受影响国家的资金外流也很严重。例如，巴西在 1997 年 9 月登记的证券投资为 81 亿美元，但年底为 53 亿美元。1997 年，流向巴西的投资总额的 77% 离开了巴西，而 1996 年为 52%；此外，外汇储备损失总计 75 亿美元。 （d）亚洲金融市场普遍存在的问题：在日本，1998 年 4 月有问题的银行贷款总额为 5 920 亿美元——是澳大利亚经济规模的 2 倍。与其他主要市场形成对比的是，日本股市在 1997 年至 1998 年期间停滞不前，然后下跌。日经指数在 1997 年 11 月达到了两年来的最低点，1997 年 11 月下跌至 1996 年底价值的 25% 左右。	（c）不良贷款：银行系统继续面临高水平的不良贷款。马来西亚的不良贷款与总贷款的比率 1997 年为 19.7%，1999 年 6 月上升到 21.2%；韩国从 16.8% 到 19.2%。 （d）公共开支下降：除泰国外，所有国家的实际政府支出都有所下降。尽管卫生方案的支出相对保持不变，但在金融危机之后，教育支出相对于国内生产总值有所下降，而泰国则增加了教育支出。 （e）公司困境：除泰国以外的所有亚洲国家，无力偿还当前债务的公司所占百分比都有所上升。在印度尼西亚，银行贷款违约率从 1995 年的 12.6% 上升到 1998 年的 58.2%。在韩国，违约率从 1995 年的 8.5% 上升到 1998 年的 33.8%，马来西亚的违约率从 1995 年的 3.4% 上升到 1998 年的 34.3%。

续 表

1998 年俄罗斯危机，危机中心： 俄罗斯
其他受影响国家： 乌克兰、捷克共和国、匈牙利、爱沙尼亚、拉脱维亚、罗马尼亚、斯洛伐克共和国、巴西、墨西哥、智利、委内瑞拉、厄瓜多尔、哥伦比亚、埃及和非洲南部

主要指标/事实	重大的经济和社会后果
（a） 预算赤字： 大约 50% 的政府赤字（不包括预算外资金）是利息支出。 根据俄罗斯的新经济政策，原有债务的还本付息是通过出售政府短期债券来融资的，其中 30% 是由外国投资者在 1998 年购买的。 1997 年，俄罗斯政府的赤字为国家国内生产总值的 5.9%。 （b） 卢布贬值： 1998 年 8 月 17 日俄罗斯政府在重大国际贷款上违约后，卢布立即失去了 70% 的价值。 （c） 银行系统部分崩溃： 俄罗斯政府停止支付政府债券和债务的决定立即使一些主要国家银行破产。 过去几年在该地区特别活跃的 SBS-Agro-Bank 被暂停营业。 注： 对俄罗斯银行来说，与这场危机相关的损失估计占其资产的 40%。 （d） 国际储备损失： 严重影响了其他国家。 例如，巴西在 1998 年 8 月至 9 月期间损失了 240 亿美元的国际储备。 （e） 股票价格下跌： 1998 年 8 月，所有 23 个主要新兴金融市场的股票市场均出现下跌，跌幅从中国香港、中国内地、印度和韩国的 10% 或以下到其他受影响国家的 25% 以上不等。	（a） 俄罗斯经济增长减缓： 尽管俄罗斯在经历了 8 年的下降之后，1997 年出现了正增长数量，但 1998 年 1 月至 7 月间经济再次出现负增长。 （b） 俄罗斯固定投资下降： 1998 年前 7 个月较 1997 年下跌 5%。 （c） 通货膨胀： 在俄罗斯，8 月份的消费价格上涨了 15.2%，而 1998 年 7 月的涨幅为 0.2%。 （d） 俄罗斯货物短缺。 （e） 新兴市场经济体资本流动严重减少： 1996 年后，资本流动净额总额由 21 519 亿美元下降至 1999 年的 805 亿美元。 这一下降主要是由于在非洲的净投资下降，但也由于亚洲的净投资从 1995 年的 742 亿美元下降到 1999 年的 246 亿美元。 （f） 1994 年至 1999 年期间新兴市场经济体外债的增加情况： （占国内生产总值的百分比）* 阿根廷： 从 33.3% 增至 52.1% 巴西： 从 18.2% 增至 39.7% 智利： 从 42.2% 增至 49.5% 印度尼西亚： 从 57.0% 增至 95.5% 韩国： 从 24.1% 增至 33.0% 马来西亚： 从 38.6% 增至 55.3% 菲律宾： 从 60.4% 增至 68.0%

续 表

1998 年俄罗斯危机，危机中心： 俄罗斯 其他受影响国家： 乌克兰、捷克共和国、匈牙利、爱沙尼亚、拉脱维亚、罗马尼亚、斯洛伐克共和国、巴西、墨西哥、智利、委内瑞拉、厄瓜多尔、哥伦比亚、埃及和非洲南部	
主要指标/事实	重大的经济和社会后果
	泰国： 从 44.9% 增至 61.5% * 债务增加包括短期债务的大幅增加。

资料来源：《2000 年全球经济展望》，世界银行；《世界经济展望： 金融动荡和世界经济》，货币基金组织（IMF），1998 年 10 月；《世界经济展望》，货币基金组织（IMF），2000 年 4 月；年度报告，巴西中央银行，1997 年和 1998 年；《墨西哥危机对亚洲复苏有什么启示？》《金融与发展》，货币基金组织（IMF），第 35 卷，第 2 期，1998 年 6 月；《1997—1998 年亚洲金融危机的经济与政治》，加州大学圣地亚哥分校外交关系委员会；《1998 年俄罗斯危机》，贸发会议（UNCTAD）和联合国/欧洲经委会秘书处（UN/ECE），联合国（UN），1998 年 10 月；《大量资金流动： 原因、后果和政策反应调查》，货币基金组织（IMF）第 99/17 号工作文件，货币基金组织（IMF），1999 年；国际资本市场：《发展、前景和关键政策问题》，《世界经济和金融概览》，货币基金组织（IMF），1998 年；《老虎漂流》，《经济学人》，1998 年 3 月 7 日；《危机中的亚洲》，《金融时报》特别报道，2000 年 3 月 20 日；《金融与发展》，《亚洲金融危机的社会代价》，1998 年 9 月，第 35 卷，第 3 期，《华盛顿特区： 货币基金组织（IMF）》；Nisid，Hajari，《与时间赛跑》时间，1998 年 1 月 26 日。

① 译注："印度尼西亚"表述与前文"马来西亚"不一致，为原稿原文。

结论

20 世纪 80 年代，金融业发生了明显的变化。 20 世纪 70 年代的国际金融活动由从事传统银行业务的大型跨国银行主导。当时，这些银行控制了石油出口国的巨额盈余，并通过传统的借贷活动把这些钱贷给第三世界国家。 20 世纪 80 年代的主要金融活动是将以往通常无法出售的金融工具证券化，并由跨国银行以外的金融机构进行转换，其中大多数是投资银行和证券公司。尽管 20 世纪 70 年代的金融地理位置，欠发达国家作为资本提供者和贷款买家的关键区域被纳入其中，但 20 世纪 80 年代，高度发达国家作为资本提供者和购买者的权重急剧上升。 此外，20世纪 70 年代的监管框架促进了大银行对离岸银行中心的创建，而在 80 年代，随着高度发达国家对许多关键市场的迅速放松管制，人们看到主要城市作为金融中心的重要性日益增加，离岸银行持有的大部分资本也回流到国内。

本书分析的重要意义在于，指出了金融市场和主要金融中心在金融业重组中的重要性日益增加。 在金融市场继续履行传统信贷功能的同时，另一种类型的金融活动在主要金融市场中已大大增加。 这往往是高度投机的金融工具买卖以及尝试使用新的金融工具。 这种金融活动超出了传统上由银行为投资者和储户提供服务的范畴。 金融效用最初附属于交易物的实际需要，也就是说，贷款满足了对钱的需求。 今天，可交易性就是效用。 金融工具的交易越快，效用越大。 这些金融市场在规模、复杂性和范围上已发展到可以支持大量专业公司、大规模交易和生产越来越多金融工具的高度发达水平。 金融业更大的附加值来自金融机构的技能和资本密集型活动：做市、承销、产品开发、并购和风险管理。 从这个意义上说，将当前情况描述为"脱媒现象"（非中介化）会造成一种曲解。 实际上，这是历史上曾为主要的中介机构在 20 世纪 80年代失去了巨大的市场份额。 可以说，金融中心，而不是银行，成了中介功能的关键场所。 银行只是一种简单的中介机制，但金融市场是复杂的、竞争的、创新的和有风险的。 它们需要庞大的金融中心基础设施及高度专业化的服务。

第二部分

全球城市的经济发展

前几章讨论中呈现的金融中心模式是国际金融活动及服务交易的巨大增长。 这种金融活动越来越集中在高度发达国家（特别是美国、英国和日本），是第二个主要模式。 这表明全球经济的构成和地理格局正在发生变化。

关于城市在这一转型中的地位问题，有几个方面值得关注。生产者服务、金融交易和复杂的市场都是 20 世纪 80 年代的核心活动。 除了跨国公司总部或全球市场所代表的更狭义的地点外，从更广泛的城市类别来考虑，其作为这些活动的关键地点将在多大程度上有助于对组织和管理世界经济主要方面的理解？20 世纪 80 年代，有关学术文献对分析大公司和银行的国际活动做出了重要贡献。 然而，跨国公司及银行的活动只是部分包含了整个构成、实施和维持全球化过程的活动层面。

我们认为，伴随着向服务业和金融业转变的全球经济构成的转型，重新体现了主要城市作为特定类型的生产、服务、营销和创新场所的重要性。 此外，并购和金融交易的国际化使得城市成为"非国家化"的管理和协调、筹集和整合投资资本、形成国际房地产市场的中心。

这些明显面向世界市场的地方的存在，引发了一个问题，即它们与所属民族国家的关系。 一些文献针对自由贸易区和离岸银行中心的情况来解释这个问题，特别是它们的形成涉及明确的政策，即在东道国各种法规中享有相当大的自主权。 但从这个国际视角来看，关于城市的研究还很少。 与此相比，城市显然是一个非常不同、复杂得多的情况。 然而，带着这样一个问题来考虑城市，特别是那些主要经济部门面向全球市场并已成为大量外国投资和收购目标的城市，似乎很重要。 这些发展也提出

了它们对国家城市体系影响的问题。 一个新的学术团体开始着
手解决其中的一些问题。 我目前研究与之前分析之间的一个区
别，就是试图对一个地区或地方与其所属民族国家之间的不连续
性进行理论化。

许多生产者服务业中，明显存在日益专业化与集聚经济的特
殊组合，这是促进城市区位格局的关键动力。 因此，我们可以
将生产者服务公司的区位模式解释为这些动态结果的反映。 但
金融就不是这样了，直到最近才放松了限制公司区位选择的严格
监管。 然而，随着放松管制，区位模式应该反映企业的区位偏
好。 可以想象，在金融服务业中专业化经济和集聚经济的交集
有很大不同。 产品的非物质化特征，电子市场的发展，以及产
业的全球化，都表明它不应该受到集聚经济的影响。 事实上，
现有的证据表明情况并非如此。

在计算机和电信技术及其商业应用取得重大发展的背景下，
这些条件促进了金融创新和金融专业服务的生产及日益增长的需
求，并提高了金融中心的重要性。 此外，这些新市场的诱因及
其可能性，导致金融市场的高度国际化。 某种形式的资本市场
国际化已存在较长时间了。 20多年前的欧元票据市场形成，代
表着在其他市场都受到监管的世界上，存在着一个不受监管的市
场。 但最近的金融市场国际化代表了一种不同性质的发展。

有关主要城市经济构成及增长模式的证据充分表明金融和生
产者服务业的重要性，它们在过去20年里的增长率高于平均水
平，而且不成比例地集中在这些城市。 这一分析很重要，有助
于清楚了解这些行业的性质、增长条件、集中于主要城市的决定
因素（在鉴于电信技术的进步，可以想象空间分散化具有可行的

情况下），以及这样的区位集中的极限和其增长的限制。　风险和债务已成为金融发展的基本要素。　关于城市经济增长模式的持久性，这告诉了我们什么？　此外，我们需要考察金融创新，这是金融业在过去 20 年发展的一个关键因素。　这涉及一系列问题，在什么条件下可以进行这种金融创新，以及金融业在主要城市明显的区位集中在多大程度上与以迅速生产创新产品为特征的产业发展的一个特定阶段有关。　随着标准化的实施，区位集中度可能会减弱。

　　20 世纪 90 年代的发展，增强了一些趋势（本书第一版中讨论的）的分量。　在我所分析的问题中，最重要的是国内和全球的金融空间组织、信息技术在金融和生产者服务中的广泛运用对城市一般影响和对全球城市的特殊影响、电子市场发展与大公司总部不断迁往小城市和非城市地区，以及这些不同发展趋势对全球城市与其区域及国家经济衔接的影响和对全球城市跨国网络形成和扩展的影响。　这里的每一个问题，都是我在第一版中提出并遭到争论和批评的议题。　我已通过整合新的经验和概念来解决每一个问题，包括第五章和第六章中的修订部分，以及几乎重写的第七章。　基于我目前的研究，在第六章中增加了全新一节，介绍作为全球城市的芝加哥。　虽然芝加哥在第一版中已经有过重点描述，但它已经成为我的一些主要假设更有启发性的案例。

　　第五章重点关注生产者服务业已发展成为一种关键投入，以及金融业不仅发展成为主要服务产业，而且发展成为有自己的产品和流通领域的一个行业（一个有别于传统银行和金融服务的行业）。　第六章探讨生产者服务业的空间经济。　其目的，是要理解两个问题。 一个问题是在每个国家的国家城市体系中，生产者服务业构成是否因不同类型的城市而有所不同。 例如，与洛杉矶或芝加哥相比，纽约在生产者服务业的区位是否有所不同？英国和日本的城市也会被问到类似的问题。 另一个有趣的问题是这些主导产业的空间经济揭示了这些国家的城市体系什么东西。 第七章将这些问题带到全球层面，依次关注这两个问题。一个是纽约、伦敦和东京是否并不单纯竞争，而实际上构成一种跨国城市体系，每一个体系都在新的主导经济部门中具有不同的功能。 另一个是这三个主要金融商务中心与世界上其他主要城市的相对地位，它们彼此之间的相对地位，以及它们自 20 世纪80 年代以来是如何演变的。

第五章
生产者服务业

　　广告、会计和商务法律，在 19 世纪末或 20 世纪初就已是在使用的生产者服务业。 泰勒关于时间和动作研究，可谓管理咨询的早期例子。 这些服务在当前时期的增长及作用，与它们在前几十年有什么不同？ 关于金融，也可以提出类似的问题，因为金融长期以来一直是主要工业经济体的重要产业。 它在过去20 年的增长（特别是在国际和非银行金融领域）是否代表了一个不同的阶段？ 研究的证据强烈表明，生产者服务业和金融的特性已有了重大转变，而且这些行业在主要工业化国家经济及其国际化中所扮演的角色已有一个重大转变。 按照这些思路进行深入讨论，需要对这些行业的生产特点、它们在经济中的作用及市场进行详细研究。

　　生产者服务业可被视为一个经济系统供应能力的一部分。"它们影响经济系统的调整，以应对不断变化的经济环境"（Marshall 等，1986：16），并代表了一种"组织和裁决有偿经济交换"的机制（Thrift，1987）。 它们是更广义的中介经济的一部分。 可以想象，这些活动可以被公司内部化（很多公司都这样做），或者可以在市场上购买。 生产者服务包括金融、法律和一般管理事务、创新、开发、设计、行政、人事、生产技术、维修、运输、通信、批发分销、广告、公司清洁服务、保安和仓储。 生产者服务业的主要组成部分是一系列商务和消费市场混合的行业。 它们是保险、银行、金融服务、房地产、法律服务、会计和专业协会。 这些混合市场造成的衡量问题，只能依据以下事实被部分克服： 这些行业中的消费者和生产者市场通常涉及非常不同的公司集和不同类型的区位模式，这是我稍后将会讨论的议题。 鉴于有关数据的组织，将这些服务归入"主要是生产者服务"的类别（即主要是为公司而不是个人提供的服务）是有帮助的。 为了方便起见，我将它们称为生产者服务。

在最初分析中所形成的一个生产者服务业的独特类别（Greenfield，1966；Singelmann，1974；Singelmann 和 Browning，1980），中心概念是这些服务支持了生产，因此被称为**生产者服务**。 现在很明显，这些服务也在私营和公共部门的服务机构中被使用。 本书中所使用的，以及越来越多的学者在这个问题上所使用的**"生产者服务"**术语，不仅包括狭义的为生产企业提供的服务，还包括对所有其他类型组织提供的服务。 与消费者服务相区别的关键特征，它们是为组织（不论是私营部门的公司或政府机构）提供的服务，而不是为最终消费者提供的服务；也就是说，生产者服务是中间产出（Greenfield，1966）。 这个定义的相对简单性应该放在过去二十年来有关服务的辩论和学术背景下，稍后讨论。 在本书中，重点是放在对分析至关重要的方面。

在这里，我们试图考察这些产业的增长动态、区位模式，以及集聚、专业化和放松管制之间的关系。 这里提出了一些有趣的问题。 这些服务是否像小型和专门化制造工厂所描述的那样，形成企业间紧密联系的区域复合体（Scott，1988；Piore 和 Sabel，1984）？ 与工业中心相比，金融中心是否具有独特的生产者服务业复合体？ 服务业专业化程度如何与信息和电信技术进步相结合，以促进生产标准化和全球范围市场的扩张？ 对于这些产业的组织来说，规模经济和范围经济的潜力是什么？ 具体来说，它是否加强了集中化和/或纵向一体化的趋势？ （参阅 Noyelle 和 Dutka，1988；Daniels，1985；Marshall 等，1986）使用先进电信设施的需要如何影响这些服务的区位模式？ 最后，在这些地域聚集中，中心职能的位置是什么？

　　放松管制的问题，在许多生产者服务业中起着关键作用，但在某些方面不同于在制造业中的作用。 一些服务业在客户关系和产品特征方面有行业规范和政府监管。 这为合法的专业服务从业者创造了类似于垄断的权利，并影响这些服务的流动。 特别是在涉及多个国家的情况下，几乎没有哪个主要行业像金融业一样，监管的作用如此重要。 高度发达的监管框架的存在，是形成该行业空间组织的一个关键因素。 放松管制带来了重大的变化，特别是全球市场的形成。 世贸组织关于服务贸易的谈判和金融放松管制，是促使这些行业国际化的两种不同版本。 主要参与者： 在金融和一些主要服务行业中极具实力的公司，它们的市场份额不断增长，并有强烈的集中趋势。

　　与金融业放松管制问题密切相关的是金融创新和风险加剧的趋势。 金融创新具有双重目的： 规避管制和通过销售新产品及融资机制扩大市场。 放松管制，将越来越多的金融中心纳入全球市场，进一步促进了金融扩张。 讨论的一个焦点（在第一版中提出的）是关于金融中心相对于公司日益增长的重要性的议题。 创新、风险、数字化和全球化等提高了金融业的组织复杂性，从而增强了高度网络化的金融中心的优势。

本章的前半部分探讨了这些产业的正式分类问题，并详细分析了它们演变为当代经济组织形式的关键投入、生产特性及区位模式。 对这些不同方面的实证论述主要集中在美国、英国和日本的案例上。 在第五章的第二节，我特别关注一般讨论的生产者服务业的区位、集聚和专业化条件如何在金融业中起作用。我们考察了该行业当前阶段更广泛的组织结构，以及与金融中心相比的大型跨国银行不断变化的权重。 我们在讨论中需要更多地考虑： 一方面，银行和金融服务活动（确切地说，这些都是服务）之间需要区分到什么程度？ 另一方面，我将提出，金融活动不再被有效地理解为服务，而实际上更类似于商品生产，其效用在于金融工具的销售和转售，而不像广告或会计那样在于服务的消费。

服务分类

新古典主义和凯恩斯主义经济学长期以来忽视了商品生产和服务生产之间的一些区别，更不用说服务业之间的区别了。 对服务业的研究，基本上将其视为既非第一部门也非第二部门的剩余类别。 早在 1940 年，Clark（1940： 34）指出，第三产业的经济学仍有待于撰写。 而近 30 年后，Hill（1977： 336）可能会哀叹第三产业经济学的持续缺失。 这种忽略在经济学的许多分支中都很明显，而且部分是对服务的关键假设的结果。 服务不可贸易性的概念，可能导致了他们在贸易理论中被忽视（Corden，1985）。 Hill（1977：318-19）假设，服务不能用传统的市场交换来分析，因为它们不能以实物形式从卖方转移到买方，也不能被储存。 在城市经济分析中，制造业被普遍认为是出口或基础部门，具有乘数效应的部门，这可能使人们的注意力从服务业转移开来。 关于服务业的非生产性特征及其对经济发展的阻滞作用的观点，可能导致其在国际发展理论中被忽视（Kaldor，1966；Bacon 和 Eltis，1978）。 对服务这一范畴更为重要的理论阐述来自一些社会科学家，如美国的 Bell（1973）、法国的 Crozier（1963）和 Touraine（1969）等，他们考察了服务在高度发达经济中日益重要性的影响。

　　最近关于生产者服务业的许多研究代表了对后工业化经济概念的一种往往不知情的新产业反应[1]。 20 世纪 70 年代中期，主要工业化国家的经济危机促使人们重新审视服务业在整个积累过程中以及由此在危机中所起的作用。 许多分析人士认为，很多服务行业生产率低下，因此服务业对积累过程的负面影响是危机形成的关键因素。 这场危机及其分析也促进了对后工业化理论及其基于服务经济的更美好社会愿景的越来越多的批评和负面评价。 在随后的研究中，与更广泛的社会学观点形成了很大的距离，后者关注的是服务业对社会秩序的更大影响，并将重点缩

---

[1] 把这一组产业理解为生产者服务，可以被视为包含了一种新产业逻辑，而且，在此限定上，"无法构想出现代资本主义生产之外的发展逻辑"（Delaunay 和 Gadrey，1987：124-25，作者的翻译）。

小到这些行业在产出、地点和就业方面的特点。

在某些方面，Galbraith（1969）和 Fuchs（1968）是目前对生产者服务业概念和管理技术基础新产业分析的先驱。在《新工业国》一书中，Galbraith（1969）主要关注的是大型工业企业的重要性和首要地位，但也关注此类企业内部生产的先进服务。这些是大公司组织和营销策略所必需的服务。此外，虽然 Galbraith 没有研究后工业化时代的核心问题，但确实强调了教育家和科学家对他所研究的技术结构发展的重要性。

在这种背景下，Fuchs（1968）的分析是一项具有里程碑意义的研究。它是一种非理论的实证分析，强调服务业的特殊性，同时分析服务业之间的差异。这本书分析了服务业的增长趋势、生产率趋势、周期性行为，以及服务行业工资、利润和收入所假定的具体形式。它包括对传统测量方法的批评，并显示了它们在测量服务行业时的失败。虽然与以 Bell 为代表的后工业化理论的分析路线不同，但 Fuchs 的分析确实提出了服务工作比大规模工业生产更个性化、更少疏离感的假设。Singelmann（1974）对服务业的规范研究做出了进一步贡献，他详细描述了服务行业具有不同的经济行为和社会特征。他把第三产业划分为分配服务业、生产者服务业、社会服务业和个人服务业[1]。

Delaunay 和 Gadrey（1987）组织了一系列的研究和分析，形

---

[1] Singelmann 指出了非常重要的一点，即克拉克定律建立了第三产业就业增长与人均国民收入之间的正相关性，这一定律适用于某些服务行业，但不适用于其他行业，或者只适用于次要行业。

成了三个思想流派，他们认为这在一定程度上是互补的，这可能是 20 世纪 80 年代服务业学术研究中最复杂和最彻底的研究之一。 第一个思想流派将服务发展理解为迈向信息社会的一种理念（Machlup，1962；Porat，1976；Parker，1975）。 第二个思想流派关注我们生产的产品和生产方式的变化（Stanback，1979；Stanback 等，1981）。 第三个思想流派分析服务的产业化如何使该部门的生产率和盈利能力提高，并与积累过程相适应（Aglietta，1979；Attali，1981）。 其中一些分析试图从一个总体范畴的视角（如信息或监管）来解释最近的服务增长趋势。其他的研究，则更多是经验实证和描述性的。 他们共同关注的是正式工作结构的转换。

出于本书分析的目的，这三种思想流派的一些重要观点都是有用的。 主要关注的是正式工作结构的转换及其如何有助于扩大服务及其需求。 这里的一个重要概念是，20 世纪 80 年代服务业增长与作为中间或补充投入的服务需求增加有关，不论是对公司的直接需求、货物的分配需求，还是对人力资本的形成需求。 这里同样重要的是，消费理论解释了消费服务需求的扩大，其在早期促进了服务业的增长。 今天，服务业的需求扩张是高度细分的，并且比过去在更大程度上与购买服务的组织机构和小众市场的形成联系在一起。

其次，这一研究关注生产方式的变化，指出了一些对我的分析很重要的发展趋势。 这类概念明显地使服务变化与商品变化相辅相成，因为公司和个人消费日益多样化的商品必然需要日益复杂化的服务（Williamson，1980）。 同样，公司的规模和多样化增加了对服务的需求，这些服务或在公司内部生产，或在市场上购买（Stanback 和 Noyelle，1982；Marshall 等，1986；Daniels，1995）。 大公司转向消费服务领域的生产和销售，使规模经济和大规模生产及分销成为可能，反过来，又产生了对专门服务的额外需要，以维持这种大规模生产和分销服务系统。

Machlup（1962）、Porat（1976）和 Parker（1975）等学者在信息社会概念上的开拓性工作，对于理解当代社会的基本特征具有重要意义。 信息技术提高了生产者服务的可贸易性，产生了全新的服务类型。 Attali（1981）关于信息作为社会依赖性的研究和 Stoffaes（1981）对容易获得和便宜的信息与难以获得和昂贵的信息的区分，有助于了解生产者服务业市场的某些方面。 Delaunay 和 Gadrey（1987）对信息本身和提供信息的服务之间的区分也是如此。 后一个方面需要考察所涉及的实际活动，因此也就是工作和地点的问题。

这些分析的核心是强调服务密集型的生产方式和服务技术的现代化、产业化。 这些分析不同于传统的观念，即服务是不可储存、不可运输的，不受大规模生产或规模经济的影响（Stanback，1979）。

Castells（1989，1996）提出了有关信息技术影响的各种分析要素，并对城市和区域进程的影响提出了一个全新的概念。Castells 提出了一种新的社会技术组织模式，即"信息发展模式"，它在资本主义重组的背景下提供了当前的制度和经济组织的基本模型（另见 Graham 和 Marvin，1996，2000）。 信息技术并没有消除物质资源大量集中的重要性，相反，它重新配置了资本固定性和流动性的相互作用；这种相互作用的复杂管理给主要城市带来了新的竞争优势（Sassen，2000，2001，1999a）。

增长和专业化

服务类别的细分以及随之而来的差异化，特别是消费者服务和生产者服务之间的不同，导致重新评估传统的所谓服务特性（服务不可运输、不能储存或仓储，以及不能积累或不可出口）。后来的生产者服务研究文献（Stanback 等，1981；Singelmann 和 Browning，1980；Daniels，1985，1995；Wood，1987，1999；Marshall 等，1986）提供的重要证据表明，生产者服务比典型的消费者服务更不可能符合这些特性标准。

现在，这种服务类型区分比比皆是。Greenfield（1966）和 Katouzian（1970）的研究有助于区分与商务有关的服务、随经济发展而发展的消费者服务和随经济发展而下降的个人服务之间的差异。其他的区分是公共和私人提供的服务、蓝领服务和办公室服务，或白领服务之间的区别（Browning 和 Singelmann，1978；Noyelle 和 Stanback，1985；Gershuny 和 Miles，1983；Hansen，1994）。文献中还出现的一个重要区别是，传统观点认为服务是由需求引致的，而经济发展则需要"提供关键服务"（Tucker 和 Sundberg，1988：23–26）。在关于生产者服务业的一项最详细和重要的研究中，Marshall 及其同事（1986）指出，这些类型区分往往忽视服务业和其他部门在本质上的一体化程度，以及制造业中的许多职业是服务职业的事实。最终，服务和商品都作为最终需求的一部分被一起消费。根据这项研究，主要的区别在于所服务的市场。生产者服务主要向企业和政府而不是个人提供服务，但它们在任何部门（从农业到制造业到服务业）中都存在，这可以在投入产出表中体现出来（Sassen 和 Orloff，1998）。这一概念超越了那种由制造公司对专业服务的需求所形成的生产者服务的概念，后者是一种长期的传统观点，认为制造业是经济的基础或出口部门，由此认为服务业增长依赖于制造业及其增长。　人们已认识到，生产过程中需要服务，因此超出了消费服务的范围，而且这种过程不仅存在于制造业中，还存在于许多经济领域[1]。

　　现在有相当多的证据表明，除了大型制造公司的需求之外，还有一个更普遍的需求，即所有公司的规模日益扩大、复杂和多样化，从而产生对生产者服务的需求（Williamson，1978；Daniels，1995；Wood，1999；Marshall 等，1986；Stanback 等，1981）。　这些条件现在被视为生产者服务业增长的核心（Illeris 和 Sjoholt，1994；Moulaert 和 Todtling，1995）。　高度多样化的公司合并，进一步增加了管理复杂性和对高度专业化投入的需要。公司规模扩大及各组成部分的多样化意味着需要进行职能的分离，往往导致地理上的分散化。　结果是，公司总部的复杂化程度增加。　这些公司总部不仅仅是管理和控制中心，也是众多行业的产品开发、扩张和并购决策中心。　最后，中央总部必须作为"公司在商务环境中的定位中心"发挥作用（Daniels，1985：160，1995；参见 Stephens 和 Holly，1981）。　就法律和金融条例以及这两方面的国家和国际方面而言，这种环境已变得日益活跃和复杂。　各国政府也遇到这种日益多样化的情况，它们是生产者服务的消费者。

　　产品差异化和由此产生的市场差异化作为另一组特殊条件而

———

[1] 这种分析不同于有关出口部门和乘数效应的讨论（Blumenfeld，1955）。

出现，必须在公司的更高层面上结合起来。 更大的产品差异化，扩大了企业的营销和销售功能。 产品研发强度的增加，也对大型多元化企业的总部提出了新要求。 创新的迅速发展需要支持，以将这种创新纳入企业的生产或组织过程。 如果要采用新技术，就会产生新的组织需求（Sassen，2000）。

生产者服务业发展的一个重要因素是大型跨国公司，特别是美国跨国公司的增长。 日益复杂和成熟的美国跨国公司，在全球和国家层面运作，产生了对先进的中间服务投入的需求。 这使美国生产者服务公司在创新和服务提供方面处于领先地位，并使其在国际层面上运作。 曼哈顿成为广告、新管理模式、国际律师事务所的中心（Noyelle 和 Dutka，1988），并与伦敦和芝加哥一起成了金融软件设计中心。 会计、商务法律、广告等生产者服务都有创新。 在其他发达国家的生产服务业中也可以看到类似的模式，虽然大多没有那么创新和进取。

在战后几十年到 20 世纪 60 年代，美国公司结构是最先进的复杂组织形式之一，美国公司通常在使用复杂的中间服务投入方面处于领先地位。 这些公司所代表的组织结构与英国或其他早期帝国的大型贸易、银行和保险公司截然不同。 在战后时期，许多先进的生产者服务业，如国际法务或管理咨询等，在很大程度上被视为对更广泛的经济运行并不重要，而面向国内市场的大公司所需要的服务投入往往是在公司内部生产的。

20 世纪 70 年代末，经济活动组织及其构成的转换导致对这些生产者服务的需求急剧增加，各种组织（无论是大型跨国公司还是国内小公司，无论私人部门还是公共部门）开始使用这种中间投入。 专业化的增加和需求的增加导致了商务服务公司独立市场的快速增长。

例如，20世纪40年代，英国会计师事务所大多是小规模、单一的合伙制。大部分业务是针对私人的，面向消费者市场和小型私人公司客户。经济组织及有关会计和财务条例的变化，大大增加了对会计服务的需求，并改变了该行业的组织，大公司并购的数量急剧增加。1948年，最大的20家会计师事务所控制了证券交易所公司年报约三分之一的审计业务。1979年，这一份额跃升至近70%（Briston，1979），如今五大会计师事务所控制着国际市场的主要业务。

企业结构和规模的变化导致了对服务投入的需求，这种需求变得越来越专业化，同时也越来越广泛化，因为越来越多的企业具有这些特征，因此也就产生了这种需求。生产者服务可以在市场或组织内进行交易，从一家多分支机构的总部到分支机构或子公司。这些服务的生产，由公司内部化还是在市场上购买，取决于若干因素。其中包括公司所需某些服务的外部可获得性、专业化程度、对公司的重要程度、供应来源的替代成本、内部生产与从市场上购买之间的成本差异等（Greenfield，1966；Williamson，1978；Daniels，1995；Wood，1999）。

Stigler（1951）在服务业的经典著作中提出，市场规模扩大会促进专业化，并在此类服务的生产中实现规模经济。Stanback等（1981）指出，Stigler没有看到专业化先于实现规模经济的可能性。服务职能的日益专业化首先出现在大公司内部，这向企业家表明，这些服务是有市场的，因此我们看到专门的生产者服务业的发展。由于专业化水平提高和雇佣全职内部专家的成本提高，在公司内部提供某些高度专业化服务变得越来越困难。

Greenfield（1966）认为，专业化是推动服务外部化的关键因素。专业服务提供商能够向各种各样的公司销售其服务，并继续开发服务产品和吸收最新的服务创新。最终，大量的需求使他们降低价格出售给小公司，否则，过高的价格会抑制小公司对这些服务的购买。这进一步扩大了专业化的服务业。要发展这种市场，就必须使这种服务投入专门化，产出标准化；也就是说，这些服务可以卖给大量公司使用。投入的专门化解释了为什么这类服务存在一个由有大量小公司构成的独立市场。产出标准化和市场相应扩大表明，大公司也有可能进入这个服务市场，正如它们在消费者服务方面所做的那样，它们可能同该部门的其他公司合并。这将需要把高度专门化的职能转移到总部，并将原先的生产服务的公司降级为销售这类服务的部门。

专业服务的日益复杂化以及公司内部生产和外部购买之间的划分增加，使高度专业化的小型服务公司有可能与较大服务公司共存。大公司在领先生产者服务中获得主导地位的形式并不是纵向整合，而是由供应商和承包商组成的复杂网络。生产者服务公司参与各种类型网络，包括战略联盟、合作安排、合资企业以及较不正式的安排（Harrington，1995）。这些网络也扩展到国际层面。关于生产者服务业国际化的文献相当多（Bagchi-Sen，1997；Warf，1991；Beaverstock、Taylor 和 Smith，1999），包括会计（Beaverstock，1996）、广告（Leislie，1995；Daniels，1995）和法律服务（Dezalay 和 Sugarman，1995；Beaverstock 等，1999）等方面的专门研究文献。

现有证据表明，独立的生产者服务业增长迅速，占国民生产总值的比重不断上升。 我们知道，这些投入的很大一部分是购买的。 一些早期的研究调查了公司内部的服务就业（Miles，1985；Marshall，1979，1982）；今天的情况则是发现服务外包在增长。 这种服务外包可以涉及日常操作（如清洁和运输服务），或高度专业化。 某些办公技术的发展，既可以促进服务的内部化生产，也可以在技术及其设备迅速变化的情况下促使服务外包（Miles，1985；Wood，2000；Moulaert 和 Djellal，1995；Bryson 和 Daniels，1997）。

人们还可以识别出生产者服务增长及其专业化的另一个阶段，特别是其中最先进的阶段。 这个新阶段与 20 世纪 80 年代以来全球经济地理和构成的转变相适应。 金融市场扩张、证券化、并购和合资企业的复杂性及其规模不断扩大，以及这些业务的日益国际化，都增加了对专业服务的投入和创新的需求。 生产者服务业进入加速发展新产品的阶段。 竞争和放松管制导致生产者服务专业化和多样化的增加，以及面向全球市场的强烈导向。 这给建立国际网络带来了强大的压力，从而导致了市场集中化的压力。 在过去的 20 年里，会计师事务所、广告公司、证券公司和金融服务公司之间发生了大量的并购。 在顶级公司中，集中度和市场份额的急剧上升是显而易见的[1]。 在一些行业（如会计等），跨国公司和银行的增长一直以来促进生成大量

---

[1] 例如，安达信会计师事务所从一家主要面向美国的公司发展成为一家跨国公司，20 世纪 90 年代初在全球拥有 300 多家办事处，全球专业员工总数超过 6 万人，而在 70 年代中期，员工总数为 1.3 万人（Moulaert，1996）。

的附属公司[1]，但是，到 20 世纪 80 年代后期，明显的集中化模式是另一个数量级的。

区位和集聚

一个非同寻常的学术团体在研究企业的区位模式。 从经典区位理论的角度来看，交通便利是决定企业区位选择的关键变量之一；其次是劳动力的可获得性。 Weber（1909）在这两个因素的基础上增加了第三个因素，即集聚经济。 从传统理论的角度来看，服务不能储存或不能运输到消费点，使这些工业区位模型不适用于服务。

至多，Christaller（1966）的中心位置理论可被看作解释消费者服务区位的恰当方法，因为当地市场规模和服务活动数量之间存在很强的对应关系（Daniels，1985：71‒104）。 事实上，我们掌握的有关消费者服务的许多证据往往表明，人口分布和消费者服务之间有很强的对应关系。 Christaller 的模型假设，商品和服务的供应商是在一个具有同等购买力的农村人口均匀分布的等向性平面上做出区位选择。 该模型使建立区域内服务活动的空

---

[1] 会计行业扩张和转型的一个关键因素是大客户公司组织的变化。 不断扩大的规模和多样化，以及地理上的分散化，产生了非常具体的会计要求。 它需要在国家和国际层面提供会计服务，也需要在范围广泛的活动中提供会计服务，这些活动不是狭义上的会计，例如，为复杂的组织机构建立财务模型，并在涉及一个以上国家时需要在不同的管制制度下提供会计服务。 为一个客户提供不同区域市场的服务的能力主要是通过收购区域公司发展起来的，这是由于中小型会计师事务所的普遍存在，特别是在大型会计师事务所的出现侵蚀了独立公司的市场份额之后（Jones，1981）。

间组织成为可能[1]。 但对于那些经济基础的多样性影响区位选择的城市来说，情况就不是这样了。

在 20 世纪 80 年代，关于服务业增长是否导致集中或分散的区位模式，或关于高附加值与低附加值的服务活动或高度创新性服务与常规性服务的比较区位经济的文献不多。 Daniels（1985）用欧洲经济共同体 1973—1979 年的数据对服务区位模式的若干假设进行了检验（Keeble、Owens 和 Thompson，1932）。 这些证据支持了以下假设：消费者服务业比生产者服务业分布更均匀，且中心和外围地区之间缺乏强烈对比。 生产者服务业高度集中在中心地区，在次中心的地区则表现出逐渐减少。 最近证据还指出，中心地区与生产者服务的相对专业化之间存在强关系（Bryson 和 Daniels，1997）。 中心地区越来越侧重于生产者服务业，而外围地区越来越侧重于消费者服务业。证据还表明，一些次中心地区人口增长较快，生产者服务增长率较高，尽管这些地区的生产者服务比例相对不足，而消费者服务比例相对较高（Gordon 和 McCann，2000）。 在美国，尤其是在最近几年，我们可以在城市中看到类似模式，主要城市的生产者服务业专业化程度更高，但二线城市的生产者服务业增长率更高。 同样，这些二线城市的生产者服务业较高增长率并没有削弱生产者服务业在主要城市的高度集中。 我们将在第六章再回到这个议题上来。

因此，消费者服务分布情况所依据的许多假设，对于生产者

---

[1] Daniels（1985：75）讨论了一些实证研究，这些研究证实了消费者服务模型的有效性，特别是在农村地区。

服务来说，是不成立的，或只是在一定程度上成立。 生产者服
务业区位模式的分析，可以在有关了解其在城市集中的办公区位
研究中找到先例。 在这些研究中，有的从这种区位集中推断出
集聚经济的存在（Haig，1972；Armstrong，1972）；有的注重对
各办事处之间通信联系的研究（Gad，1975；Goddard，1975）；
更多的行为导向研究集中于决策过程对区位选择的影响
（Edwards，1982），以及基于这些证据的微观经济模型的构建
（Tauchen 和 Witte，1983）。 一般来说，办公室的区位模式被理
解为处于中心位置的办公室具有更高的竞价能力，从而产生了一
个空间层次结构，高层次办公室往往比低层次办公室更靠近中心
位置（Armstrong 和 Milder，1984）。

　　关于企业与其空间战略关系的文献主要集中在制造业上。
我想检验一些关键命题是否适用于生产者服务业，以及货物和服
务之间不同的贸易性和交付方式在多大程度上改变了关于制造业
区位选择讨论中所产生的命题。

　　最近关于纵向一体化及其解体的辩论主要集中在范围经济与
不经济的问题上，即企业将上游或下游整合在一起的程度。 范
围经济是组织成本的一个主要因素： 这些成本包括协调成本和
交易成本，前者随着企业上下游整合而增加，后者随着垂直整合
减少和市场交换增长而增加。 许多学者假设，高度纵向一体化
和资本集中化的体系正在被各种发展所取代： 更加分散化的产
业组织体系，导致企业间联系复杂；大公司使用越来越多的分包
商；专业市场为小公司（创新的和传统的）提供一些保护，使其
免受大公司竞争； 由小型公司综合网络构成的产业区
（Dunford，1989，1998）。 专业投入市场的增加以及购买这类

投入或将这些投入分包出去而不是在内部生产的好处日益增加，进一步扩大了小型专业公司的市场。 另一些学者指出，这并不一定代表了一种新的发展模式，因为灵活的专业化往往只是对经济不稳定的适应。 如果推动小型、创新和灵活企业成长的新型需求变得更加标准化和广泛化，那么支撑这些企业的产业组织条件可能发生转变和常规化，或整合为大企业。 此外，巨大的研发成本最终会迫使企业合并和成立合资企业。 那种新的发展模式的主张是假定市场关系的范围和密度增加。 但是，上述的纵向一体解体以及其他趋势可能导致更多企业间的计划和组织，而不是更大的市场密度。 在意大利北部的专门制造地区出现了新的集中形式，这是灵活专业化和市场联系密度模式的关键案例之一。 最后，美国"硅谷"或英国"剑桥"的许多小型、有竞争力、高度创新特征的产业组织，可能与电子产品生命周期的早期阶段和进入成本低的事实有关（Dunford，1989： 14－15；1998）。 因此，小公司的发展不只是一个纵向一体化解体的过程；它往往与技术突破和创新领域有关[1]。 如今，许多电子硬件生产主要由垂直一体化的公司决定，进入成本比 20 世纪 60 年代要高得多。 在生产者服务业中，我们发现电子服务明显存在三种类型的企业组织：垂直一体化企业、整合型网络小企业和独立小企业。

---

[1] 在英国，为特定的高利润专业市场提供非常专业化产品的小型创新高科技公司是剑桥高科技带的基础，但这些公司的增长和持久力存在局限性（Dunford，1989： 18；Gordon 和 McCann，2000）。 通常，小规模是公司发展的一个阶段，在基本技术变革时期是很重要的。 一些高科技公司不以生产为导向，需要不断地与研究中心互动。

生产服务业往往需要多样化的资源基础，在某些行业需要大量投资。 为了使供应商和客户的集中成为可能和可行，往往倾向于一定规模的城市区位选择。 一些早期研究（Daniels，1975；Pred，1977，1976）强调信息和知识在许多服务业（特别是生产者服务业）运作中的中心地位。 如果以信息为中心，"那么这些服务的区位可以根据信息需求、信息传播方式以及谁交换信息来解释"（Daniels，1975：113）。 由于信息的中心属性是基于空间的（Pred，1977），所以接近性成为获取信息活动的关键；也就是说信息将通过特定的地方传播。 因此，原则上可以确定不同类型的地点所提供的信息是完全不同的（Daniels，1975：113）。

生产者服务业的区位集中在一定程度上可以用这些服务业的生产特征来解释。 这些生产特征，加上这种服务在国内和世界经济活动中普遍占主导地位，有助于解释管理和服务职能在主要城市的集中，并促进主要城市的经济复苏。 生产者服务不同于其他类型的服务，大部分不像消费者服务那样依赖于邻近的买家。 因此，生产集中在合适的地点并出口国内外是可行的。 这些服务的生产得益于与其他服务的接近，特别是在有大量专业服务公司的情况下。 当这些公司靠近其他服务公司或联合生产某些服务所必需的其他公司时，它们就获得了集聚经济（Stanback和 Noydle，1982：17－18）。 这有助于解释纽约为什么 20 年来不断有公司总部外迁，但为此类总部提供服务的公司数量和就业人数却持续快速增长（Cohen，1981；Conservation of Human Resources Project，1977；Drennan，1983；Sassen，2000）。 另一种集聚经济是由大城市中心区为生产者服务业的高收入人员提供的便利设施和生活方式构成的。 简言之，生产者服务业相对独立于接近购买者，加上生产地点接近存在集聚经济，使生产集中在适当的地点并向国内外的其他地区出口成为可能。 因此，我们看到了生产这类服务的全球中心（如纽约和伦敦）以及区域中心（如丹佛和伯明翰）的发展。

　　这些总体趋势在生产者服务各个行业都有不同程度的体现。一些行业更容易进行跨境贸易，另一些行业更容易进行投资贸易（见第三章）。 例如，由于需要直接与客户打交道，广告和会计服务行业往往设立多种分支机构[1]。 各分支机构和附属机构的广泛网络使其公司总部的中心职能变得十分重要；这些分支机构不仅仅是服务网点，还担负着重要的生产职能。 另一方面，管理咨询、工程和建筑公司并不倾向于设立分支机构和附属机构，而是把所有职能都集中在一个地方。 这些服务的交付，通常可以采用物品的形式（如一幅画或一张磁盘）。 或者，可能需要专家去现场。 因此，《服务贸易总协定》和《北美自由贸易协定》对不同服务行业专业人员的跨境流动都有具体规定

----

[1] 近年来，对跨国公司服务活动区位的最重要影响是跨境数据流动方面的规章变化和技术进步（Dunning 和 Norman，1987：47；UN Centre on Transnational Corporations，1989c；Sauvant，1986）。 技术进步可能会减少对作为国际服务流动模式之一的外国直接投资的需要；这种技术进步还可通过减少跨境活动的成本而进一步促进这种投资。 欧盟内部市场自 1995 年开始实施，其中包括与服务市场相关的规定，尤其是机构的权利，以及协调欧盟内部有关人力资源流动、专业资格和其他资格的认可或跨国公司收购等方面的规定。 其中一个问题是，整个欧盟内部的服务市场是否有可能产生新的区位模式，从而改变个别成员国服务市场的空间和部门属性的近期趋势。

（Sassen，1998：　第二章）[1]。　这些区位模式也受到管制限制的影响，特别是涉及外国地点或国际贸易时。

　　Noyelle 和 Dutka（1988）认为，各国施加贸易限制的企图，也可以决定技术发展可能会被愚蠢利用的程度。　两位学者指出，计算机化和通信技术的进步"使以软件形式设计服务生产程序以及将输入和输出存储在电子存储器中变得越来越可行"（1988：　90）。　这种发展的结果，是在时间和空间上把生产和消费分开，并使生产更集中，就像商品那样；然而，我们不应低估商品和服务之间的差异（见 UN Centre on Transnational Corporations，1989d；OECD，1994；OECD，2000b）。　Noyelle 和 Dutka（1988：　91）发现了一种双重趋势，一方面是基于规模经济的集中化，另一方面是基于日常程序电脑化的分散化。　但主要的组织趋势是定制化而不是大规模生产。　这种类型的分散化所允许的是向客户提供定制化产品，只要生产任务的电脑化允许以更低的成本进行特定的适应。　这一趋势增加了总部职能的重要性，但在某种程度上不同于区位集中化的趋势。

　　在国内为客户服务的能力越来越紧密地与在国外为公司服务的能力联系在一起。　网络安排可以提供进入全球市场的途径，特别是如果服务部分地体现在需要为客户提供服务的专业人员身上。　在日益复杂和专业化的全球经济体系中，一般的专业知识

---

[1]　这些制度安排可以采取不同的法律形式。　例如，日本的新移民法允许可以进入的外国律师的数量增加。　在一个法律体系极其封闭的国家，国际律师事务所仍不常见，聘请在日本公司开展国际业务的国家受过培训的律师是获得这种专业知识的途径之一。

不一定是客户想要的（Bryson 等，1993），公司可以通过网络安排向个别客户提供高度专业化的服务，这种网络安排使大型服务公司可以同专门的供应商和专业顾问签订合同来提供这种服务。由于大型全球服务公司可以依靠特定专业公司的网络（包括必要时在特定地点的公司），这就成了准时制和就地制生产/交付的一种形式。Bryson 等（1993）指出，这给了大型服务公司在接受客户委托时的极大灵活性，无论客户的服务需求多么专业化或特定化，因为大公司可以调动其网络。这代表了全球服务提供与高度专业化内容的结合，帮助公司在市场上保持竞争地位。

Marshall 等（1986）发现，公司组织中存在的公司层级制度也是决定生产者服务业企业区位模式的因素之一。大伦敦地区及东南部地区的生产者服务业高度集中"不能简单理解为服务活动对场地租金变化或通信费用变动所作的反应"（第 227 页）。大型制造业公司把国内总部及许多行政研究和技术职能集中在伦敦地区，分支机构分布在一个更广泛的地理区域服务于当地市场的情况，可能促进生产者服务的类似企业层级，或在单一地点的生产者服务公司的情况下，这些服务位于总部及管理职能所在的地方。20 世纪 70 年代，英国其他地区的公司总部办公室雇员数量下降，可能部分与 70 年代初许多总部位于伦敦地区或东南部地区以外的省级公司被收购有关（Howells 和 Green，1986）。由于这些收购是由位于伦敦地区的公司总部进行的，它们将进一步促使生产者服务业在该地区的区位集中化，因为曾经位于省级地区的总部如今已成为总部位于伦敦地区的公司的分支机构。

在对内部和外部专业知识之间复杂相互作用的研究中，Bryson 和 Daniels（1998）发现，外部专业知识使用及其区位，在大公司和中小型企业之间存在很大差异。 大公司无论位于何处都能够获得外部的专业知识，而中小型企业则与提供更一般专门知识的当地机构联系在一起。 这标志着双重信息经济的形成。

这些条件和区位格局都有进一步扩大生产者服务企业已经大量集中的作用。 为分散化的客户提供服务的需要，实际上可能会降低其办事处追随客户到所有分散化地点的可行性，从而进一步推动服务公司的集中。 从分散化客户的角度来看，中心市场似乎变得重要，因为它是找出生产者服务公司在做什么以及与哪些公司签订合同的方式。 因此，生产者服务公司在两个方向上都面临着集中化的压力，要么遵循一种企业模式，要么选择一个中心位置，以获得集聚经济。

广泛的国际证据表明，生产者服务业的所有权和控制权日益集中于大型企业，而大型企业又因并购而日益国际化。 然而，集中化伴随着企业内部和企业之间的分工深化（技术专业化）。服务内部化生产和外部购买的专门职能之间的划分日益复杂和增加。 其结果，除了大公司及其增长外，服务部门也有大量高度专业化的小型供应公司。 因此，这里的集中化不是以垂直整合的形式，而是以供应商和承包商组成的复杂网络的形式。 焦点转移到细分市场而不是产品上。 服务的外部化与内部化并不一定代表着截然不同的长期组织趋势，以一个取代另一个；它们可以是共存的（O'Farrell 等，1992；1993）。 一些公司还决定将特定职能重新内部化，因为服务外部化也许会削弱对可能敏感的信息的控制。 生产者服务生产的外部化，深化了社会分工，并奠定了该部门自 20 世纪 80 年代以来巨大增长的基础。

技术对经济空间组织的影响使继续使用一些标准衡量越来越

成问题，这些标准衡量在许多关于这些发展对主要城市的影响的研究中仍然很明显。 其中一个衡量标准就是按照一流公司总部（依据资产或资本规模）的数量，对城市进行排名。 这些排名为我们提供各方面的信息，但并不能充分衡量是什么使一个城市成为全球城市： 它既不是城市规模本身（即使有阈值大小），也不是顶级公司总部的数量。 对于全球城市而言，这些变量中的每一个都嵌入了更复杂的逻辑中。 城市规模曾经是一个相当重要的指标，但当最大规模的城市不再必然集中最重要功能时，它就不那么重要了。 此外，如今企业规模的含义与福特主义时代不同，当时最大规模的企业确实处于经济组织架构的顶端，但基本上是全国性的企业。 旧的排名告诉我们一些关于经济活动空间化的东西。 但是，如果我们想要了解什么元素组合构成全球城市功能，就需要考虑以下问题。

表 5.1 反映了这些排名所存在的问题。 它既抓住了一些趋势，但也遗漏了一些趋势。 伦敦、纽约和芝加哥等大城市的一流公司总部至少 30 年来一直在流失。 与此同时，东京在过去 20 年里日本公司总部集中度有所上升，部分原因是在经济受到公平监管的情况下，这些公司参与全球经济仍然需要通过许多政府渠道。 因此，东京的区位至关重要。 在 1999 年的排名榜中，东京的总部数量居首位，还涉及日本对企业规模的持续担忧，现在做大企业规模已被部分用来抵御敌意收购或兼并的手段。 最重要的是理解辨别一个全球城市的标准是什么，我们从多个衡量标准中知道，伦敦和纽约是当今全球经济中关键的国际商务中心，法兰克福是一个越来越重要的国际商务中心（排名在前五名）。 然而，从世界 500 强公司在世界最大都市区的总部区位来衡量，

人们不会知道这一点。 我将在本章后面和第六章中回到这一议题的讨论（同样参见 Sassen，2000： 71 – 83 ）。

表 5.1　1984 年和 1999 年世界 17 个最大的大都市地区
　　　　　500 强跨国公司总部的数量

	1984		1999	
	人口 （ '000's ）[2]	500 强总部 数量	人口[1] （ '000's ）	500 强总部 数量
东京	26 200	34	27 200	63
纽约	17 082	59	16 400	25
墨西哥城	14 082	1	16 900	1
大阪	15 900	15	10 600	21
圣保罗	12 700	0	16 800	2
汉城	11 200	4	11 800	8
伦敦	11 100	37	7 600	29
加尔各答	11 100	0	12 100	0
布宜诺斯艾利斯	10 700	1	11 900	0
洛杉矶	10 519	14	12 600	2
孟买	9 950	1	15 700	0
巴黎	9 650	26	9 600	26
北京	9 430	0	11 400	3
里约热内卢	9 200	1	10 300	1
开罗	8 500	0	9 900	0
上海	8 500	0	13 700	0
芝加哥	7 865	18	6 900	2

资料来源： 1984 年，根据 Feagin 和 Smith，1987 年。 1999 年，提交人的计算依据是《财富》杂志，《财富全球 500 强》，1999 年 8 月 2 日，第 F－1－F－10 页；联合国经济和社会事务部人口司，《城市群》，1996 年。
　　注： ① 1996 年的人口数量；排名最初基于 1984 年的数量，并按顺序进行比较。
　　② （ '000's ）为（千人）。

技术创新的空间经济似乎遵循同样的分散和聚集模式
（Moss，1986；Castells，1989）。 Castells（1989）对此做了最全
面的分析。 他认为，电子产业正在进行的重组过程产生了一种
区位逻辑，尽管城市存在危机和经济衰退，但高水平创新中心却
在增强，将指挥并成为全球分散化生产系统的核心。 次要的
"创新环境"将继续发展，但越来越不是作为创新的功能，而是
作为创新过程的某些方面的分散化功能。 离岸生产将延续，但
伴随着常规操作自动化的强劲升级和先进制造流程的外包增加，
空间分工将继续作为信息技术产业的一个明显特征（Castells，
1989： ch. 2；1996）[1]。

公司由许多高度多样化的分支机构或部门组成的趋势，公司
规模的扩大以及多位点的趋势，都将使公司总部所获取信息的组
成部分更加多样化，并提高了这些信息的准确性和重要性。 因
此，区位有了新的重要性，有些地方将比其他地方能提供更好的
获取信息的途径。 移动作为在中心位置的替代选择，会失去与
关键资源的空间集中程度相匹配的比较优势。 市场（狭义的）
具有新的重要性——成为方便获取信息的地方，客户在那里可以
接触到各种专业公司。 某些城市中心将成为服务中心。 一些是

---

[1] 在集中的新趋势问题上，Ernst（1986）预见了一些主要电子系统公司之
间战略联盟的出现。 Castells（1989）预测，只要创新是这个行业的核
心，大公司将倾向于建立分包网络，以保持对创新的小公司的商务控
制，而不会给他们设置障碍。 创新小公司越来越依赖于在世界范围内
运作的大公司。 但是这些大公司可以保持同样的空间分工： 高度创新
的环境和分散化的制造。 Castells 指出，两者的区别在于，信息技术生
产者的空间逻辑被 "拉进了大公司的组织结构中"（Castells，1989：
125）。

高度专业化的服务（如医疗保健中心、保险中心），而另一些则是提供一般的各种专业化服务，这些集聚本身使越来越多的专业服务公司具有了经济上的可行性。 反过来，又有助于增强这些城市作为客户公司可以购买任何专门服务的市场的重要性，诱使他们在市场上购买而不是在内部生产。 外国公司和政府也可以在这些市场上购买服务。 一些城市将成为全球客户的特定市场。

金融的空间组织

本书提出的一个关键论点是，在 20 世纪 80 年代，金融业的地位及其特征经历了一场充分的根本性转变，从而提出了把金融业与其他生产者服务业归并一起的分类是否合适的问题。 在第四章中，我试图说明债务及资产加速转化为高度适销的金融工具，使许多金融市场类似于商品市场，金融工具的价值在于其转售潜力；金融市场越来越不像服务市场，服务的价值在于对买方的效用。 同样的趋势在房地产市场的某些部分也很明显，我将在第七章中讨论这个议题。 而且，在另一个方面，金融服务业与其他生产者服务业也有很大不同。 这一区别在于金融业的政府监管分量之大，远远超过其他受到高度监管的生产者服务业，如会计和法律。 在后一类服务行业中，很多规定都已包含在专业标准中。 如果不讨论监管，就不可能讨论金融业。

从主要发达国家监管框架中呈现出来的主要问题之一是，20世纪 80 年代金融业主要发展与 20 世纪 70 年代的监管框架不相适应。 与此同时，缺乏限制性规定（像西德那样）并不一定导致美国和日本等国家出现金融业扩张和国际化。 显然，在这些金融业急剧扩张及国际化的国家中，有一种更为特定的综合条件在起作用。 这似乎暗示着，具有相当不同监管框架的国家（美国、英国和日本）经历了监管改革后，留下了一个相似类型的核心金融市场和不同类型金融机构的市场领域，即使其仍嵌入到彼此不同的庞大的国内金融体系中。

在一些主要金融中心的监管框架包含各种类型和层级限制的背景下，出现了建立新金融市场的可能性。 这些国家的监管机制通常导致国内金融市场关闭。 监管主要涉及金融中介机构提供的金融工具的利率；业务范围的法定区分，特别是商业银行业务和证券市场之间的区分，吸收一些更细微的分析；将国内金融市场和国际金融市场分开进行监管，特别是外汇管制。 最终，金融市场发展与监管框架特点之间形成了一些冲突。 这些冲突导致了各种金融创新的产生，以解决问题或规避监管。

金融市场国际化以及规避限制的金融创新的产生，给主要参与者（如美国、日本和西欧）带来了压力，要求协调它们的金融监管。 在金融市场主要由各国市场组成的时代，各国金融体系的差异比快速国际化时代的影响要小。

就本章前半部分所讨论的区位问题而言，金融业是一个有趣的行业，因为至少在理论上，管制是作为一种关键的区位约束，然而，这又是一个高度数字化的产业，生产出非物质化的产品，可以超级移动，可以跨越传统边界。 这就引出了一系列非常具体的和不同于大多数其他经济部门的地理区位问题。 自 20 世纪 80 年代中期以来，越来越多的国家大幅度放松金融管制，带来了金融创新的急剧增长，促进了它在地理上和制度上的扩张，但也带来了高度的风险水平，反过来又影响了它在地理上和制度上的扩张。

推动金融全球化、数字化以及资产证券化是引导行业创新生产的关键，尤其是在金融服务业，以及其他专门服务金融的服务业——法律服务、会计、软件设计和保险。金融服务创新和风险问题所具有的意义，超出了一般生产者服务业的范畴。创新可以扩大该行业的空间组织，使其有可能进入看似禁区的市场。所谓的"新兴市场"就是这种情况。参与这些市场，需要开发一系列具体的金融工具和投资渠道。另一个因素是风险以及如何处理和感知风险的问题，这影响到该行业如何组织自身、在哪里开展业务、哪些市场融入全球资本市场等。

如今，在大幅度放松金融管制后，越来越多的金融中心合并为一个全球市场以及电子交易中心，该行业的实际空间组织可以被视为比在早期监管阶段更接近其由市场驱动的区位动态的指标。这在国际层面尤其适用，但在某些情况下也适用于国内层面，比如美国，考虑到州际银行的障碍——尽管这些障碍正在逐步拆除。金融业的区位模式运作有两个层面，一个是国内层面；另一个是国际层面。我将在接下来的两个部分中讨论这些内容，特别关注金融服务及其市场。

金融服务的国内区位模式

放松管制对国内金融服务组织产生的影响，取决于一个国家对该行业监管框架的具体情况。将放松管制后的区位模式与早期进行比较并不容易，因为关于金融服务区位方面的研究并不多（Bennett 和 Graham，1998；Parr 和 Budd，2000；参阅第六章中表 6.20 和表 6.22）。

Parr 和 Budd（2000）对英国金融服务业的空间结构与该国城市体系关系的研究，或许是最详细的研究之一。 但它们局限于金融服务作为一种生产者服务，即作为生产投入而提供给其他公司的中间服务。 Parr 和 Budd（2000）发现，金融服务有一个相当明确的区位模式。 尽管伦敦在金融服务业中占有不成比例的巨大份额，并在该行业中占主导地位，但该行业的空间组织非常复杂，涉及多个地点。 作者认为，中心位置理论（区位理论的分支之一）有助于解释所观察到的英国金融服务活动的空间结构。 但中心位置理论一般是在此基础上用来理解零售活动的地点和购物模式；为了将该模型用于金融服务业，作者引入了某些修改[1]。 对于购物而言，供给的空间分布与需求的空间分布相对应，其对应程度取决于所涉及的特定活动。 金融领域的情况，并非如此。 此外，就金融服务而言，投入成本因空间的不同而差异很大，需要将其包括在模型中（Parr 和 Budd，2000）。 与此相关的事实是，金融服务是跨城市系统运作的，在一个特定的层面内，特别是在不同的层面之间，其费用可能有很大的差别。

金融体系极其复杂，包括市场、资产和中介机构。 金融服务的组织和发展具有很强的空间维度（Sassen，1999）。 Parr 和 Budd（2000）将金融服务概念化为围绕两类终端用户组织的大量

---

[1] 关于这些修改的详细讨论，见 Parr 和 Budd（1997）。 中心位置理论的各种特性使其在金融服务中的应用变得困难，因此需要对其进行修正。 中心位置理论只能有效地应用于特定范围的经济活动，即那些面临分散需求的活动，以及供应模式与需求模式相关的活动。 这适用于许多类型的服务以及许多定位于市场的活动（相对于能源、原材料等）。

流动组成：贷款人和借款人。放贷人可以是个人、政府、公司和自营交易公司（即用自己的资产做交易的公司）。借款人投资于用于产品和服务生产的实物或有形资产——他们是发行股票或债券的公司、发行债券的政府，以及获得金融工具（如抵押贷款）的个人。金融系统将这两类终端用户联系起来，调节储蓄与投资之间的关系，将这些不同的相互作用发生在城市系统的不同层面上，有些只发生在系统的顶部，有些只发生在较低层面上，还有一些发生在多个层面上。

在金融行业中，规模经济和范围经济非常重要。20世纪90年代的并购新阶段涉及国内和国际合作伙伴，提高了这些金融公司的资本和资产水平（Sassen，1999a）。这些并购的目的，通常是让新成立的公司经营多样化，从而提高范围经济效益。由于规模和范围的变化允许金融机构在不同的市场开展业务，并将业务扩展到新的领域和地区，这些变化也会对行业的区位组织产生影响。

此外，对于该行业的高层来说，公司之间的区位依赖关系至关重要：金融服务公司与其他多种专业服务公司的网络关系使得它们受制于本地化经济（Sassen，2000）[1]。这个网络化的金融部门是生产者服务复合体的一个例子（Drennan，1977）。Parr 和 Budd（2000）发现，在金融领域，他们所谓的"活动复合"结构往往是错综复杂的，在许多情况下是双向互动，而不是

---

[1] 就制造业而言，这种动态通常在具有纵向一体化或专业化分工的工业集团内运作，即工业园区和工业集聚区（见 Parr，1999；Scott 和 Storper，1986；Porter，1990；Gordon，1999）。

简单的垂直层次结构。　在收益方面，公司之间有可能交叉推荐业务，并在活动中出现特殊的专业化；而在成本方面，有大量熟练劳动力、其他需要的专业商务服务和获取高质量信息（包括非正式信息）的优势。

　　最后，金融服务公司也受制于城市化经济，但本地化经济要重要得多。　对于其他很多行业的公司来说，情况通常不是这样的。《就业调查》（Fdoy et al, 1997）发现，受访者对伦敦金融城的金融服务与其相关活动的配套性，以及对当地智力的高度重视给予了积极评价，其他领域的大多数公司更有可能提到城市化经济，并没有特别强调本地化经济，金融城的金融服务公司似乎不是受益于公司可以接近或访问多个供应商和客户的广义城市化经济，而是部门特定收益——金融领域中的地方智力，城市中的创新环境，与多种专业知识的交互强度，以及得到通常无法获得或标准化的最新信息（Sassen，1999）[1]。

　　这些地方化经济对金融业的重要性还体现在，先进的基础设施虽然必要，但并不足够。　一个数字化行业（比如金融业）原则上可以位于任何有足够基础设施的地方，但一个领先的金融中心需要嵌入到一个相当复杂的组织层次中。　美国不同城市互联网骨干网容量（作为"连接"的一个指标）的证据表明，纽约作

[1]　在某些情况下，公司内部的经济可能会随着城市化经济和地方化经济而变得复杂，比如高度专业化的金融体系。　此外，某些类型的城市化经济往往是城市规模的函数（Gordon，1995）。　最后，在经济活动复杂的情况下，Parr 和 Budd（2000）发现，外部经济往往与活动总体的范围或规模无关，而与复杂性或精细化程度有关。　我发现这是全球金融中心的情况（Sassen，1999a）。

为美国的主要金融中心，但不一定是骨干网容量最高的城市，也不一定是骨干网容量一直增长最快的城市。当然，其中有一个阈值，但只是必要条件，而不是充分条件。尽管电信领域各种创新可能使广泛地点（包括偏远地点）的连接在技术上可行，但这只是金融中心所需要的要素组合的一部分。

毫无疑问，纽约是一个比达拉斯、旧金山、亚特兰大和芝加哥更重要的国际商务中心。然而，在1999年，它的互联网主干网容量低于这些城市，其容量增长速度也明显低于表中所列的大多数美国城市。就像前面讨论的大公司总部排名一样（见表5.2），根据互联网骨干网容量对城市进行排名也是一种误导，尽管这个指标经常被用来表示一个城市成为国际商务中心的机会。这种排名所忽视的事实是，公司要最大化，而不是简单地体验，他们可以从新的数字网络中获得好处，他们需要组织的复杂性：这是一个无法衡量承载能力的媒介状态（Sassen，2001c）。此外，这种测量方法忽略了金融等关键行业使用的私人专用线路，不使用公共接入互联网的线路（Sassen，1998：第九章）。

表 5.2 1997—1999 年主干网容量的增长（每秒兆位）

地　　名	1997	1999	增长率（相对于国家）
华盛顿特区	7 826	28 370	69.6
得克萨斯州，达拉斯	5 646	25 343	86.2
加利福尼亚州，旧金山	7 506	25 297	64.7
亚特兰大，佐治亚州	5 196	23 861	88.2
伊利诺伊州，芝加哥	7 663	23 340	58.5
纽约，纽约州	6 766	22 232	63.1

续　表

地　　名	1997	1999	增长率（相对于国家）
洛杉矶，加利福尼亚州	5 056	14 868	56.5
密苏里州，堪萨斯城	1 080	13 525	240.6
得克萨斯州，休斯敦	1 890	11 522	117.1
密苏里州，圣路易斯	1 350	10 342	147.2
犹他州，盐湖城	270	9 867	702.0
印第安纳州，波利斯	90	9 217	1 967.3
丹佛，科罗拉多州	2 901	8 674	57.4
波士顿，马萨诸塞州	1 325	8 001	116.0
西雅图，华盛顿州	1 972	7 288	71.0

资料来源：Moss，M. L. 和 A. m. Townsend，2000。《互联网骨干和美国大都市》。

在对全球信息技术咨询公司（ITC）的区位模式的研究中，这些在地方化和城市化经济中所包含的不同方面的重要性在一定程度上得到了复制。 Moulaert 和 Djellal（1995）发现，一线城市的城市环境对于 ITC 公司的区位安置点具有非常重要的意义。为优化城市环境的外部性（专业知识、专业人员的多样性、大学、专业网络、高层公共部门、会议中心、附近的高科技园区），ITC 以空间网络形式组织起来。 这些区别于传统分层、多部门或多服务的组织形式。 相反，它们根据松散耦合、横向沟通和技能间协同的原则建立了自己的专业和市场结构。 专门提供一般系统的 ITC 公司似乎从其代理机构在二三线城市建立的联系中获益颇多。 另一方面，ITC 公司是全球性的，似乎基本上在顶级城市聚集点之间有网络；当涉及系统开发时，他们倾向于与其他公司合作。

除了顶层活动外，金融服务业的空间结构将倾向于涵盖城市系统不同层次的不同类型活动。在英国城市体系中，Parr 和 Budd（2000）确定了主要集中在城市体系顶端的伦敦的一系列金融活动，如国际投资组合服务，衍生品交易，国际商品期货交易，国际股票和债券以及国际承销[1]。在后续层级中，他们确定了第二层级的 5 个中心（在别的国家可能更少或更多），集中进行以下活动：国内有价证券服务，外汇交易，国内企业融资，国内股票和债券，国内证券承销。确定了第三层级的 9 个中心，主要活动有：区域有价证券服务，外汇交易中介服务，国债交易活动，区域公司财务以及地区证券承销。最低层级有 20 多个中心，主要活动有：外汇交易代理，批发保险，次区域股票和债券代理，股权结算以及其他后台功能。他们发现，金融活动（这里的重点）在人口少于 15 万的中心可以忽略不计；对于人口较多的地方，可以组织一个高度专业化的金融中心。

数字时代：更集中而非分散化？

在国际层面上，问题有所改变，因为只有金融业组织的某些组成部分在该层面上运作（Sassen，1999；2001b）。英国的研究表明，许多支持金融业国际化的后台活动可以位于国家城市体

---

[1] Parr 和 Budd（2000）在不考虑英国城市体系长期发展的情况下，研究了英国城市体系下的金融服务业，这是 Parr（1981）讨论中的一个问题。金融服务企业的空间结构，受既有城市体系的影响较大。然而，这些服务的重要性以及它们具有某种空间组织的事实，很可能反过来对城市体系本身产生影响，尽管很难说是朝着加强现有体系的方向，还是朝着修改现有体系的方向。

系的较低层面。 我们所看到的，只是在国际层面运作的市场和管理职能。

理论上，各国加强放松管制和制定政策，旨在为金融公司创造一个有利的跨境环境，可能会极大地改变该行业的区位逻辑。这是一个数字化、全球化的产业，产出是非物质化的产品。 可以说，阻止该行业拥有非常广泛的区位选择的一个特征就是监管。 随着管制放松，这种约束本应消失。 其他因素，如在主要城市为位置而支付的溢价，将阻碍在那里选址。 随着电信的新发展，应该不需要这样的中心位置。 本书的第一版受到了许多这样的评论。

但从经验上看，经过 10 年的放松管制和远程信息技术的重大进步，全球金融行业最突出的证据是地理集中度和公司为进入主要位置中心而愿意支付的溢价。 许多金融市场的大部分业务都不成比例地集中在几个金融中心（详见第七章）。 少数中心的这种合并趋势，在国家内部也很明显。 值得注意的，在大多数国家，向一个主要金融中心合并的模式是该行业快速增长的结果，而不是原有金融中心城市衰败的结果。

随着各国解除对经济的管制，各国内部和国家间正在合并为较少的主要金融中心，而成为全球网络一部分的金融中心数量也在急剧增长。 例如，在巴西和印度放松对其金融体系管制后，圣保罗和孟买至少在一定程度上融入全球金融市场。 这种融入全球金融市场的模式，往往是这些金融中心很大程度上以失去其在国内中心时所拥有的功能为代价。 如今，领先的外国金融、会计和法律服务公司进入其国内市场，处理新的跨境业务。 这些金融中心融入全球金融市场，通常不会增加它们所能控制的全球市场份额，即使它们增加了全球市场的总量，即使它们本国市场的资本化可能大幅上升。

在主要发达经济体中，跨境交易日益重要的一个指标是债券和股票的跨境交易值占 GDP 的比率。 表 5.3 列出了几个国家的跨境交易数据。 1975 年，美国债券和股票的跨境交易值占 GDP 的比率为 4%，在新金融时代全面展开的 1985 年，美国这一比率为 35%，在 1995 年翻了两番，1998 年升至 230%。 在德国，这一比率从 1975 年的 5% 上升到 1998 年的 334%；在法国，这一比率从 1980 年的 5% 上升到 1998 年的 415%（这在一定程度上导致了推动该行业的风险水平不断上升和创新）。 只是在过去的 15 年里，我们才看到这种加速（见表 5.3）。

表 5.3　1975—1998 年债券和股票的跨境交易 *
（占国内生产总值的百分比）

	占国内生产总值的百分比					
	1975	1980	1985	1990	1995	1998
美国	4	9	35	89	135	230
日本	2	8	62	119	65	91
德国	5	7	33	57	172	334
法国	不详	5	21	54	187	415
意大利	1	1	4	27	253	640
加拿大	3	9	27	65	187	331

资料来源：国际清算银行，《1999 年年报》，1998 年 4 月—1999 年 6 月，第 10 页。

注：＊指居民与非居民之间的证券买卖总额。

为什么在金融中心的总体数量、总体规模以及电子网络迅速增长的时候，金融市场份额却如此高度集中在主要金融中心？

全球化和电子交易都是关于超越国家经济和场内交易有限领域的扩张和扩散。考虑到全球化和电子交易，人们很可能会问，金融中心为什么如此重要？

主要金融中心的日益重要在某种程度上是不合乎情理的。电子交易的快速发展，越来越多的金融活动的数字化，金融在越来越多的国家已成为领先的行业，而且它是一个产生非物质形态、可移动性增强产品的行业，所有这些都表明区位并不重要。事实上，考虑到在主要金融中心的运营高成本，地理分散化似乎是一个不错的选择。此外，在过去 10 年中，金融专家和金融服务公司的地域流动性有所增加。

的确，某些类型的金融活动已经在地理上分散化了，目的是在日益融入全球经济的国家中获得业务。与 20 年前相比，许多领先的投资银行在更多的国家开展业务。领先的会计、法律服务和其他专业公司服务也是如此。20 世纪 80 年代，所有基本的外汇批发业务都在伦敦。如今，这些业务分布在伦敦和其他几个金融中心（尽管这些中心的数量远远少于进行外汇交易的数量），但这些趋势并没有破坏上述持续集中化的模式。

在我看来，至少有两个原因可用来解释向少数几个金融中心集中而不是大规模分散化的趋势。在新版前言中，我在介绍全球城市模型的组织假设时，以通用的术语讨论了其中的一些问题。

社会连通性和中心功能的重要性。 第一个事实是，虽然新的电信技术确实促进了经济活动的地理分散化而又不失去系统一体化，但它们也加强了对公司和市场的中心协调和控制职能的重要性。主要中心集中了大量最先进的资源，使它们能够最大限度地发挥电信的效益，并管理全球运营的新条件。 甚至像纳斯达克（NASDAQ）和亿创理财（ETFC）这样的电子交易市场也依赖于位于某个地方的交易商和银行，它们通常位于一个主要的金融中心。

在我的研究中，一个越来越明显的事实是，要使新信息技术的利益最大化，不仅需要基础设施，还需要其他资源的复杂组合。 这些信息技术为先进服务企业带来的附加值大多来自外部。 这意味着物质资源和人力资源——最先进的办公大楼、顶尖的人才，以及将连通性最大化的社交网络基础设施也很重要。

在我的研究中，越来越清晰的第二个事实是关于"信息"的含义。 对于这些服务的业务操作，有两种类型的信息： 一种信息是数据，它可能很复杂，但以这些公司容易获得的标准化资料的形式出现，例如某一国家私有化的详细情况。 另一种信息更难获得，因为不是标准化的，它需要解释/评估/判断。 它需要整合一系列的基础数据和对混合数据的一系列解释，以期产生更高阶的信息。 由于数字革命，第一种信息的获取目前是全球性和即时的。 但第二种信息需要多种因素的复杂混合，不仅技术上还是社会因素——我们可以把它看作全球连接的社会基础设施。 正是这种社会基础设施赋予主要金融中心一个战略角色。原则上，连接的技术基础设施可以在任何地方复制，但社会连接则不能。

当开展重大国际交易所需的更复杂形式的信息，不管付多少钱，也无法从现有数据库中获取时，就得依靠社会信息循环以及与之相关的事实解释和推论，这些推论来自才华横溢、见多识广的专业人士[1]。 当这种解释成为"权威"时，它就成为所有人都可以获得的"信息"。 对"信息"进行推断/解释的过程，需要相当多的人才和资源的组合[2]。

简而言之，金融中心提供专业知识和社会联系，使企业或市场能够最大限度地利用其技术联系带来的好处。

跨境网络。全球金融体系已经达到了需要存在跨境金融中心网络的复杂程度，以服务于全球资本的运作。 但这个金融中心网络将越来越不同于早期版本的"国际金融体系"。 在一个基本上封闭的国家金融体系的世界里，每个国家为其经济复制了大部分必要金融功能；不同国家金融市场之间的合作往往不过是在每一个所涉及的国家里执行同一套操作，例如在清算和结算方面。 除少数例外，如离岸市场和一些国际大银行，国际金融体系是由一系列封闭的国内金融体系组成的。 金融市场的全球一体化推动了各种冗余系统的消除，并使协作变得更加复杂，提高了主要金融中心的重要性。

---

[1] 例如，正是这种投入的重要性赋予了信用评级机构的全新重要性。 其评分部分与解释和推断有关。

[2] 例如，随着全球化的发展，风险管理变得越来越重要。 由于在多个国家和市场开展业务的复杂性和不确定性日益增加，因此需要对业务操作进行大量的微调。 我们现在知道，过去 10 年里，许多（如果不是大多数的话）重大交易损失都与人为失误或欺诈有关。 风险管理的质量将在很大程度上取决于公司的高层人员，而不是简单地取决于技术条件，如电子监控。 将风险管理业务集中在一个站点（通常是公司的中心站点），现在被普遍认为是更有效的。 我们在几家主要银行身上看到了这一点：美国的大通银行（Chase）和摩根士丹利（Morgan Stanley Dean Witter），欧洲的德意志银行（Deutsche Bank）和瑞士信贷（Credit Suisse）。

跨越国界连接金融市场的新"合并"，有两种重要的形式：一是电子网络的整合，将非常有限的若干市场连接起来；二是在金融市场之间形成战略联盟。 纽约证券交易所已经建立了一个包括多伦多证券交易所和泛欧交易所在内的全球交易联盟——尽管作为世界上最大的交易所，它的策略是让外国公司上市而不是结盟。 全美证券交易商协会于 1998 年 6 月收购了美国证券交易所。 这引发了其他合并，尤其是芝加哥期权交易所（Chicago Board Options Exchange）和太平洋交易所（Pacific Exchange）的合并。 纳斯达克于 1999 年推出了纳斯达克日本（NASDAQ Japan），并寻求与法兰克福和伦敦建立类似的联系。 最引人注目的是 1998 年夏天伦敦证券交易所和法兰克福的德意志交易所的合并尝试，设立一个欧洲蓝筹股交易所，其目标是吸引全欧洲前 300 家股票。 作为回应，法国与布鲁塞尔和阿姆斯特丹建立了以巴黎为首的泛欧交易所联盟（Euronext Alliance）。

这些不同的金融中心之间不只是相互竞争，还有协作和分工。 在战后几十年的国际体系中，每个国家的金融中心原则上涵盖了为本国公司和市场服务的所有必要职能。 当然，那时金融世界比今天要简单得多。 在 20 世纪 80 年代放松管制的最初阶段，有一种强烈的倾向，认为主要金融中心之间是一种直接竞争关系，特别是在该体系中具有举足轻重地位的纽约、伦敦和东京之间。 但在我对这三个金融中心的研究中，发现早在 20 世纪 80 年代它们之间就已存在分工的明确证据。 到 20 世纪 90 年代末，这种合作或职能分工在某种程度上变得制度化：不仅是跨国金融公司之间的战略联盟，而且是金融市场之间的战略联盟。金融中心之间，有竞争、战略合作和层级分工。

金融中心的新形式

发达经济体领先行业的集中化模式和运营特征与新的流动性能力相结合，说明了这一点，即空间集中仍然是这些部门的一个关键特征。 但它不仅仅是空间集中的旧模式的延续。 今天，金融中心地位与诸如市中心或中央商务区等地理实体之间不再存在简单直接的关系。 在过去乃至最近，金融中心是市中心或 CBD 的同义词。

在全球城市模型中，有几个组织关注的是，在先进经济体，面对有最大限度扩大地理分散化可能性的主要的新的组织形式和技术时，继续保持金融中心地位的前提。 从历史上看，金融中心很大程度上被嵌入在中心城市。 新的技术和组织形式是否改变了金融中心的空间关联?

信息技术已经对经济活动的空间组织产生了显著的影响。但这种效应并不统一: 企业的区位选择差异很大。 这不仅仅是减弱了区位重要性的问题。 过去 10 年中，一些不完整证据表明，信息技术在各行各业的广泛应用使我们能够根据区位模式确定三种类型的公司。 首先，拥有高度标准化产品/服务的公司，无论位于何处，只要他们能够保持系统集成，其区位选择范围就会增加。 拥有专门产品/服务、不需要复杂的承包和分包或供应商网络的公司。 数据录入和简单的制造工作可以转移到劳动力和其他成本可能最低的地方。 总部可以从大城市搬迁到郊区或小城镇。 第二种类型是以深度参与全球经济、总部职能日益复杂的公司为代表的。 或许具有讽刺意味的是，总部职能的复杂性使其一些职能外包给高度专业化的服务公司。 这就解放了总部，只要有高度网络化的服务部门存在，总部就可以设在任何地方，并可以从生产环节的空间集聚中获益。 第三种类型在高度专业化的服务企业网络中表现得尤为明显。 虽然它们的产品和顶级专业人员具有超级移动性，但这些专业服务公司与其他同类专业公司之间业务的密集联系则是根深蒂固的，并受到交付时间压力的影响。 除了促成金融服务公司集聚优势的一些特征外，这还会使专业服务公司的网络比其产品和专业人员的流动性所显示的更具地域局限。

金融中心的空间关联可以呈现几种地理形式。 它可以是中央商务区（central business district，CBD），就像它现在仍然主要位于纽约一样，或者也可以延伸到大都市区域，形成密集商务活动节点的网格，就像我们在法兰克福和苏黎世看到的那样（Hitz等，1995）。 这个金融中心已经被电信和全球经济的增长深刻地改变了，两者不可分割地联系在一起；它们促成了一种新的中心（和边缘）地理格局。 在简化过程中，我确定了今天金融中心的四种空间形式（基于 Sassen，2000： 第四章）。

首先，金融中心虽然可以有多重空间关联，但 CBD 仍然是主导产业的战略区位，而技术和经济变革对它进行了深刻的重新配置（Graham 和 Marvin，1996；Burgel 和 Burgel，1996；Peraldi和 Perrin，1996）。 此外，在世界不同地区，特别是美国和西欧，对 CBD 进行重新配置所呈现的模式往往有明显的差异（Veltz，1996；Kunzmann，1996；Hitz 等，1995）[1]。

----

[1] 在美国，像纽约和芝加哥这样的大城市都有大型的中央商务区，这些中央商务区已经重建了很多次，因为许多城市基础设施遭到了（转下页）

其次，金融中心以密集商务活动节点网格的形式延伸到大都市区域。有人可能会问，一个以分布在更大区域的战略节点密集为特征的空间组织，实际上是否构成了一种组织"中心"区域的新形式，而不是像传统观点所认为的郊区化或地理分散化[1]。只要这些不同的节点通过数字网络连接起来，它们就代表了最先进的"中心"类型的一种新的地理关联。这是一个部分非地域化的中心空间。然而，它位于一个较古老的社会地理位置（郊区或大都市地区）以及经常被混淆。事实上，这些节点所处的实际地理区域大部分都不在数字网络的新网格之内，从这个意义上说，它们部分被外围化了。

在我的分析中，这个区域网格节点代表了区域概念的重构。区域网格非但不能消除地理上的影响，反而很可能嵌入在传统形式的通信基础设施中，特别是连接机场的高速铁路和高速公路。具有讽刺意味的是，传统的基础设施可能会最大限度地利用远程

（接上页）无情的忽视，而且美国城市的特点就是强制被淘汰。这种忽视和加速的废弃产生了巨大的空间来重建中央商务区，无论是依据城市积累制度还是在某一特定时间流行的城市经济空间组织模式的要求。在欧洲，城市中心受到的保护要多得多，它们很少有大片的废弃空间；工作场所的扩大和对智能建筑的需求必然会部分地发生在旧中心之外。最极端的例子之一是拉德芳斯的综合体，这是一个巨大的、最先进的办公综合体，位于巴黎郊外，以避免破坏城内的建筑环境。这是政府政策和规划的一个明确例子，旨在满足对优质中央办公空间日益增长的需求。在伦敦的船坞区，可以看到"中心"向迄今为止边缘地带扩张的另一种变体。在20世纪80年代，欧洲、北美和日本的几个主要城市也开展了类似的再集中周边地区的项目。

[1] Pierre Veltz（1996）的研究是对这一分析的重要贡献。也参见Mozere等（1999）。

信息技术带来的经济效益。 但在讨论通过远程信息技术来缩短地理距离时，这个问题多少被忽略了。

第三，大家看到一个跨地域"金融中心"的形成，部分是在数字空间，通过全球城市网络中的密集经济交易而形成的。 这些主要国际商务中心的网络构成了金融中心的新地理。 在全球层面上，这些最强大的新地理区域将主要的国际金融和商务中心联系在一起： 纽约、伦敦、东京、巴黎、法兰克福、苏黎世、阿姆斯特丹、洛杉矶和悉尼等。 然而，现在这种地理区位还包括曼谷、首尔、圣保罗和墨西哥城。 这些城市之间的交易强度，特别是通过金融市场、服务贸易和投资的交易强度急剧增加，所涉及的交易规模也大幅增加。 与此同时，战略资源和活动加剧了这些城市之间和同一国家的其他城市之间的集中程度，进一步凸显出这是一个跨境中心空间[1]。

实际上，大家看到的若干金融中心地理区位，一些是全球性的；另一些是大陆和地区性的。 中心城市体系连接着主要城市，其中许多城市在更广泛的全球城市体系中扮演着中心角色，如巴黎、伦敦、法兰克福、阿姆斯特丹和苏黎世。 这些城市也是更广泛的欧洲金融/文化/服务首都网络的一部分，有些城市只有一个，有些城市有几个这样的功能，它们把欧洲地区环接起

----

[1] 这些城市显著都是面向世界市场，这使人们对这些城市与其民族国家、区域以及更大的经济和社会结构之间的联系产生了疑问。 城市通常深植于本区域的经济中，实际上往往反映了后者的特点；现在仍然如此。 但在全球经济中处于战略地位的城市，在某种程度上往往会与所在地区脱节。 这与传统学术界关于城市系统的一个关键命题相冲突，即这些系统促进了区域和国家经济的领土一体化。

来，并且比巴黎、法兰克福或伦敦对全球经济的导向要少一些。
然后在若干边缘的地理分布：横跨欧洲的东西分水岭和南北分
水岭以及较新的分界线。在东欧，特别是布达佩斯，对欧洲和
非欧洲的投资很有吸引力，而其他城市和地区（特别是罗马尼亚
和阿尔巴尼亚）将越来越落后。在欧洲南部，我们也看到了类
似分化：马德里、巴塞罗那和米兰在新的欧洲层级中获得了优
势，那不勒斯、罗马和马赛则不那么受欢迎。

结论

　　生产者服务业已成为商品生产企业和服务生产企业工作过程
的主要组成部分。过去 20 年来，一系列新的生产者服务业的发
展，既是对这一中心地位的反应，也是其进一步发展的诱因。
这些作为中间投入服务的扩大使用，与经济的更广泛的技术和空
间重组有关。计算机技术和卫星数据传输的引入，已经改变了
生产商品和服务公司的工作过程，即使它们的产品并没有改变。
把曾经的生产工作和蓝领服务工作转移到计算机及其伴随的技术
工作，导致对专业服务的更大需求。如此广泛的各种中间专业
服务的供应，其本身也促进了这些服务的需求：现在公司和政
府机构习惯使用各种各样的外部咨询公司，即使这些咨询公司可
能是重复内部工作人员的工作。最后，对世界市场的参与产生
了一系列专业服务的需求，而这些服务又促进了世界市场的发
展。简言之，当前阶段的特点是，作为中间投入的这类服务占
主导地位，外国或国内公司和政府可以购买这些服务。

　　金融业已成为主要的生产者服务业之一，越来越多地参与到

经济的各个领域之中。 它促进了产品流通市场的迅速扩大。 放松管制、国际化和创新是这一发展的核心。 冒险和投机也是如此。

　　本章主要关注生产者服务业的空间组织及其与城市的关联。第一，专业化和集聚经济使城市成为受青睐的区位，特别是对这些服务中的最具战略意义和最复杂的服务。 第二，新的信息技术对这些服务的生产和分配日益重要，既促进了分散化，也促进了重新集中。 组织的复杂性使企业能够最大限度地从这些技术中获得收益；城市很可能通过密集的公司和市场网络以及紧密的社会联系来提供这样的复杂性。 第三，为从事全球业务的公司提供服务，意味着领先的生产者服务公司越来越多地在城市网络中运营，我们将在第七章中回到这一议题。

第六章
全球城市：后工业化的
生产基地

　　前几章中描述的经济活动的空间和技术转变是如何在主要城市中发挥作用。 本章的主要论点是，全球城市经济基础的产业重组并不仅仅是由制造业经济向服务业经济普遍转变的结果。除了构成其经济基础的大量活动（许多典型的城市都是如此）之外，这些全球城市的经济基础还有一个特殊的组成部分（一个根植于那些空间和技术变化的组成部分），从而使它们在当前的世界经济阶段中扮演着特殊的角色。 因此，尽管所有城市都含有一个服务业的内核，主要城市长期以来都有关键的融资功能，但这里的论点提出了一个更新颖和具体的过程。

　　这一论点可分为三个部分： 第一部分是地理分散化的工厂、办事处和服务网点，以及金融业重组，在过去十年里已发展为需要新形式的集中管理和监管的生产基地，以及金融市场的全球网络。 管理和监管的工作以及生产所需的中间投入，趋向于集中在主要城市。 第二部分是这些新形式的集中，带来控制和管理的转变轨迹： 除了大公司和大型商业银行，现在还有一个市场，那里有多样性高端生产者服务公司和非银行金融机构。相应地，我们看到，像纽约、伦敦、东京、巴黎和法兰克福这样的城市，作为金融中心与全球服务和管理中心的重要性日益增强。　第三部分是服务和金融领域产生的大量创新是经济活动转型的核心。　城市已经成为生产这些创新产品的关键地点。

　　大量关于城市和大都市区的已有文献，既解决了大城市使特定形式的增长成为可能的必要条件，也解决了相同组成部分的增长的分散化周期性过程。　许多文献强调，主要城市不断滋生出过度拥挤和出现集聚不经济的周期性循环，然后通过空间分散化得以部分解决。　在大量关于大城市与其他城市关系的文献中，往往把这一城市体系视为是以国家为基础的。　一个平衡的城市体系被认为可以促进全国范围内的增长扩散，从而确保空间一体化。

　　我们提出的问题是，经济转型是否改变了文献中关于城市、地区和国家城市体系的命题[1]。　制造业的衰落以及向以服务业为主的产业结构转变，生产者服务业迅速增长，以及服务业经济进一步集约化，在纽约、伦敦、东京这三个城市都有明显的趋向。　关于发达国家城市体系或城市等级制性质的概念化，大多源于这些经济体以国内市场为主导的大规模生产的特定历史阶

---

[1] 许多学者认为，大多数发达经济体呈现城市规模等级结构的特征，其代表了一个均衡的条件。　相反，有些人则认为，由于一体化空间经济的存在，才产生了一个城市等级结构（Christaller，1965）。　另一方面，Harvey（1973）认为剩余价值的占有和再分配是城市系统的关键属性之一。　城市等级结构或包含在城市系统内的空间经济一体化是"循环剩余价值以集中更多剩余价值过程"的表达（1973：237-38）。

段。 国际金融和服务交易的急剧增长，以及纽约、伦敦和东京作为主要国际商务中心的发展，对这三个国家各自的城市等级结构和国民经济空间一体化意味着什么？ 当城市等级结构的顶层部分面向全球市场时，城市体系各个层级的增长扩散会发生什么？ 有一个重要的批评文献，其从未接受城市等级制度中互惠交换的概念，并假设城市对其腹地具有吸取和集中盈余的作用。生产者服务业和金融业的崛起及其国际化是否会改变这一命题？相对于"跨国腹地"，纽约、伦敦和东京是否具有这样一种吸取和集中盈余的作用？

本章试图通过对生产者服务业空间经济的详细分析来研究这些问题，以明确纽约、伦敦和东京构成这些产业的区位类型。前几章考察了金融和生产者服务业（这三个城市的主要增长部门）增长的条件和限制。 本章将详细分析纽约、伦敦和东京作为生产者服务业和金融业集聚地的作用以及这种作用的局限性；这些新增长部门融入大都市区域和国民经济的形式；以及这些城市与各自国家其他主要城市之间的区别。

我们所研究的这三个国家的城市体系，具有相当大的差异性。 伦敦占英国人口的 16%，是一个高度发达国家中最接近首位的城市[1]。 美国有诸多的大城市，但没有一个城市超过总人口的 4%。 日本的主要工业中心是大阪，虽然东京是占主导地位

---

[1] 城市规模分布被认为是对城市排序规则的正常响应，第二大城市的规模是最大城市的一半，第三大城市的规模是最大城市的三分之一，以此类推。 数学上，这是通过对数正态分布来表示的。 其概念是，这样一种分布将促进全面发展，而具有首位城市的城市体系，最大的城市比其他城市大得多，并不被视为有利于发展。

的城市，但还有其他几个主要城市，尤其是大阪，曾经是日本主要工业中心。 通过这三个国家城市体系的对比以及日本城市体系中主要工业中心的存在，我们应该能够发现金融导向型城市与制造导向型城市在生产者服务业构成上的差异。 此外，将英国的城市（曾经是主要工业城市）与日本的城市进行比较，可以阐明制造业和生产者服务业之间的关系——具体地说，生产者服务业的增长是否基于强大的制造业部门。 最后，就当今的美国而言，芝加哥与纽约之间形成强烈的对比，芝加哥是美国一度领先的农业工业综合中心，而纽约则在 20 世纪 80 年代成为主要的商务中心。 芝加哥作为一个金融和商务中心，以其腹地为导向，代表了强大的区域一体化。 当这样一个区域产业综合体进入严重衰退时将会发生什么？ 是否反映在生产者服务部门的下降和/或转变上？ 芝加哥的金融市场发展在多大程度上为一种不同类型的生产者服务业发展提供了新的条件或孕育了新的功能？ 洛杉矶是外国投资的主要接收地，具有活跃的环太平洋地区的特色，以国际金融和商务中心的地位而著称，被认为是纽约的主要竞争对手。 那么，洛杉矶与纽约的相对位置是什么？

　　我将从生产者服务业角度来研究这些问题。 这里并不是描述这些城市的整体经济基础。 这将是本书第三部分对更广泛的社会经济秩序的讨论的一部分。 这里主要抓住生产者服务业这一条主线，并对纽约、伦敦和东京及其在各自国家城市体系中的地位进行比较分析。 纽约、东京和伦敦是否按照城市体系的普遍模式进行运行，沿着层级扩散增长，并促进经济的空间一体化？

　　已有证据充分表明，这三个城市的生产者服务业增长都低于各自国家的生产者服务业总体增长水平。 这种较高的国家总体增长率并没有削弱生产者服务业在主要城市不成比例的集中。这就提出了一个问题，即在已经发生了几十年的以服务业为主的城市化进程是否可能进入了一个新阶段。 当制造业和批发贸易成为经济基础的关键组成部分时，整体服务业的增长尤其强劲。由于制造业在主要城市就业中所占比重显著下降，而一种新型服务业（生产者服务业）迅速发展并成为主导部门，因此，服务业主导的城市化可能具有了不同的含义。

　　本章第一部分讨论了生产者服务业区位的一般趋势，延续了前一章的内容。 第二部分是在城市等级结构的背景下研究生产者服务业和金融。 这一研究旨在将这些城市置于各自国家的生产者服务业的空间经济中。 下一章将从全球角度来考察伦敦、纽约和东京的地位。

生产者服务业区位：国家、地区和城市

　　关于美国、英国和日本生产者服务业的地理分布和构成的现有数据显示了一些主要发展趋势。 毫无疑问，生产者服务业在这三个国家都是一个显著增长的领域。 问题在于，城市（特别是纽约、伦敦和东京）在这一增长领域的组织中所扮演的具体角色。 下面描述的主要模式，从国家层面开始，最后以这三个城市在过去十年的中央商务区层面结束（这三个国家生产者服务业分类的简要比较，见附录 A）。

　　所有三个国家的第一个明显趋势是，国内生产者服务业就业增长高于国内的总就业增长，而且高于主要城市的生产者服务就

业增长（见表6.1~表6.4）。 这就提出了一个关于不同地点的
生产者服务部门构成的问题，具体讲，生产者服务部门在一个主
要城市的构成，是否可能与其他地方有所不同。

表 6.1　1977—1996 年美国总就业人数和生产者
服务业就业人数的增长（人数和百分比）

	1977—1981	1981—1987	1987—1993	1993—1996
就业人数	74 850 402	85 483 800	94 789 444	102 198 864
总就业增长率	15.20	14.21	10.89	7.82
生产者服务业	12 238 104	15 552 713	15 785 687	17 630 321
增长率	25.80	27.08	1.50	11.69

资料来源： 作者的计算基于美国人口普查局，《县商务模式》，美国
1983 年、1989 年、1995 年和 1998 年发行。
注： 根据前一年报告的数值计算的增长率；有关生产者服务业类别中
包括的 SIC 代码清单，见附录 A。

表 6.2　1977—1996 年美国和纽约按行业分列的就业变化（百分比）

	1977—1985		1993—1996	
	纽　约	美　国	纽　约	美　国
所有行业	11	25	3.3	7.8
施工	−30	25	−3.3	15.1
制造业	−22	−1	−12.9	2.1
交通运输	−20	−20	14.2	7.7
批发贸易	14	23	−4.0	6.5
零售业	17	26	8.2	14.4
金融、保险和房地产（FIRE）	21	31	6.3	4.2
银行业务	23	36	−20.1	−1.6
保险①	−2	21	12.3	0.3

续　表

	1977—1985		1993—1996	
	纽　约	美　国	纽　约	美　国
房地产	8	33	3.9	6.5
服务	42	53	4.2	10.8
个人服务	-2	85	5.2	2.9
商务服务	42	85	9.3	23.9
法律服务	62	75	-2.6	-0.3
其他②	44	48	25.2	16.5

资料来源：作者的计算基于美国人口普查局，《县商务模式》，美国 1983 年、1989 年、1995 年和 1998 年发行。

注：①包括保险承运人、代理人、经纪人和服务；②包括行政和辅助服务。

表 6.3　1981—1996 年英国和伦敦按行业分列的
就业变化（百分比）

所有产业	1981—1991		1991—1996	
	伦　敦	英　国	伦　敦	英　国
农业	36	-11	0	5
能源和水	-37	-37	-81	-69
制造业	-48	-24	-33	-21
施工	-10	8	-24	11
交通和通信	-14	0	0	9
银行、保险和金融	36	57	36	48
公共行政和国防	2	2	-44	-30
教育/卫生/其他	-1	11	-4	11

资料来源：作者根据 1991 年英国人口普查，《工作场所和上班交通报告》，表 4 和 1981 年英国人口普查，《工作场所和运输报告》，表 5，"LRC London Workers"，第 133 页；《1991 年联合王国就业公报》和《1996 年年度就业调查》。

表 6.4 1975—1997 年日本和东京按行业划分的
就业变化（百分比）

行 业	1975—1985		1985—1997	
	东 京	日 本	东 京	日 本
农业/林业/渔业	3	10	-19	-39
建筑业	1	12	23	25
制造业	-12	4	-15	5
运输和通信	5	15	3	18
批发和零售	6	18	7	18
金融、保险和房地产	-3	56	28	32

资料来源：作者的计算基于日本政府、管理层和协调机构，《1999 年日本统计年鉴》，第 84 页和 1984 年年鉴；东京都政府，1986 年和 1997 年《东京统计年鉴》；东京都政府《东京浅论》，第二版（1984）。

注：东京年份范围为 1985 年至 1996 年。

20 世纪 70 年代末到 90 年代中期，这是生产者服务业快速增长的时期。在美国，尽管总就业人数从 1977 年到 1981 年增长了 15%，从 1981 年到 1985 年增长了 8%，但同期的生产者服务业就业人数则分别增长了 26% 和 20%。同样，在日本，我们看到，国内总就业增长与那些有个别数据的生产者服务业就业增长之间存在相当大的差距。日本国民就业总额从 1977 年到 1981 年增长了 5%，从 1981 年到 1985 年增长了 4%。而服务业就业人数从 1977 年到 1981 年增长了 17%，从 1981 年到 1985 年增长了 15%。如果我们只考虑金融保险房地产（Finance Insurance Real Estate，FIRE）部门，1975—1985 年的就业增长率为 27%。在英国，1978—1985 年期间就业总数下降了 5%，而服务业就业增加了 41%，FIRE 部门就业增加了 44%。

　　第二种趋势是纽约、伦敦和东京的生产者服务业就业比率至少比全国平均水平高出三分之一，是全国的 2 倍（见表 6.5）。但单个部门就业比率的差距相当小，1985 年东京的银行、金融和保险业就业比率为 4.2%，日本为 3%；1997 年纽约为 8.8%，美国为 3.4%。　对于商务服务也存在这种情况，但其比率更高一点。　因此，1984 年，英国商务服务业就业占总就业的比率为 5%，而伦敦这一比率为 10.2%。　东京缺乏单独的商务服务业指标，无法进行比较。　值得注意的是，伦敦和纽约在此期间都失去了相当数量的保险业就业，而金融业则增加了就业。　因此，它们的保险业就业比重与全国平均水平的差距要小得多，特别是伦敦，这一差距越来越小。　此外，更多有关生产者服务业的分类数据显示，主要城市的一些服务行业就业比率与全国相比的差异要大得多。　我将在本章后面再回到这两点（见附录 B 和 C）。20 世纪 90 年代，伦敦和纽约的商业银行增加了失业人数，但它们在金融服务业获得了就业人数。　通过兼并、收购和倒闭，银行业经历了一场剧烈的重组。　到 20 世纪 90 年代末，银行业就业人数减少才趋于稳定。

表 6.5　20 世纪 80 年代和 20 世纪 90 年代英国及伦敦、美国及纽约、日本及东京代表性服务业的就业份额（百分比）

年份	城市/国家	生产者服务占就业的百分比				
		银行业金融	保险	房地产	商务服务业	城市的就业合计占全国的就业总量
1981	伦敦	4.5	1.9	0.6	8.1	15.7
	英国	2.1	1.1	0.3	4.3	—

续　表

年份	生产者服务占就业的百分比					
	城市/国家	银行业金融	保险	房地产	商务服务业	城市的就业合计占全国的就业总量
1984	伦敦	4.8	1.7	1.0	10.2	16.6
	英国	2.4	1.1	0.6	5.0	—
1999	伦敦[a]	8.4	—	2.2	—	15.4
	英国	3.4	1.0	2.5	12.0	—
1981	纽约	10.2	3.4	3.0	8.3	3.9
	美国	3.4	2.3	1.3	4.1	—
1985	纽约	10.7	3.2	3.1	9.4	3.7
	美国	3.5	2.2	1.4	5.3	—
1997	纽约	8.8	3.8	7.2	8.5	2.9
	美国	3.4	2.2	1.3	7.6	—
1980	东京[b]	4.2	—	1.8	—	10.2
	日本[c]	2.8	—	0.7	—	—
1985	东京[b]	4.2	—	1.9	—	10.2
	日本[c]	3.0	—	0.8	—	—
1997	东京[b]	5.7	—	2.5	—	13.7
	日本[c]	3.9	—	—	—	—

　　资料来源：作者的计算基于英国数据；1981 年英格兰和威尔士人口普查；1984 年英国《就业普查》；《就业公报》（英国）95 号，10 号历史补充第 2 期（1987 年 1 月）；英国国家统计局，1999 年劳动力市场趋势。 美国数据：美国人口普查局，《县商业模式》，1981、1985 和 1999 年美国和纽约问题。 日本数据：日本政府，管理和协调机构，1988 年和 1999 年《日本统计年鉴》。

　　注：a 包括用于保险和养老金融资的金融中介；b 包括银行业、金融业和保险业（1980 年、1985 年和 1997 年）；c 包括银行业、金融业和保险业（1997 年），它还包括房地产。

　　第三种观察到的趋势是，相当多的生产者服务行业的就业份额很小，但综合起来对这些城市的就业分布产生了显著影响。除了上面讨论的服务行业，还有管理咨询、广告、工程和其他高度专业化的服务行业。纽约和伦敦的证据显示，纽约生产者服务业（包括 FIRE 部门）就业人数在 1981 年的所有私营部门就业总数中约占三分之一，1997 年占 27.5%；伦敦在 1984 年为32.8%，1999 年为 30.8%（见表 6.6）。

表 6.6　1971—1999 年纽约和伦敦生产者
服务业就业份额(百分比)

	生产者服务业在城市就业总量中所占比率	生产者服务业在全国就业中所占比率	城市在国民生产者服务业就业中所占比率
伦敦			
1971	28.0	16.0	40.3
1981	31.0	15.7	34.1
1984	32.8	16.6	32.6
1999	30.8	4.7	25.1
纽约			
1977	29.8	4.2	8.3
1981	32.9	3.9	7.8
1987	37.7	3.7	7.8
1997	27.5	2.9	15.5

资料来源：作者的计算基于就业、收入和生产力部门，英国国家统计局劳动力市场趋势 1999 年的国家统计，2000 年 2 月 T. B16；1977，1981，1987，1998 年美国人口普查局，《县商务模式》，美国和纽约的问题；《人口就业普查》（英国），1971 和 1981 年的问题；《就业公报》（英国）95，第 10 号历史补充，第 2 期（1987 年 1 月）

同样，虽然生产者服务行业在国内总就业中所占实际份额很小，但其就业的区位模式使这些城市在这类服务的空间经济中占有相当大比率。　因此，1985年纽约生产者服务业就业占全国总就业的7.2%，而国内生产者服务业就业的这一比率仅为3.7%。　伦敦的生产者服务业就业集中度还要高。　如果采用区位商衡量，差异会变得更加明显。　以生产者服务业在国家就业中的总体份额为基础的就业区位商显示，1977年至1985年纽约生产者服务区位商系数为1.9，1997年下降到1.78；1971年伦敦区位商系数为2.04，1999年为1.72（见表6.7）。　比较某一特定行业，如房地产（东京也有关于该行业的数据），也有同样高的区位商（见表6.8）。　纽约在1977年为2.42，1997年为2.18；伦敦在1971年为2.0，1999年降至1.61；东京则在2.0的水平上浮动。　在其他个别生产者服务行业中，区位商系数的轻微下降也很明显，但考虑到纽约、伦敦和东京的服务业绝对增长，区位商系数下降并没有对这些城市中许多生产者服务行业的高度集中造成重大影响。

表 6.7　1971—1999 年纽约和伦敦生产者服务业区位商

	区位商
伦敦	
1971	2.04
1981	1.85
1984	1.96
1999	1.72
纽约	
1977	1.98
1981	1.99
1985	1.92

续　表

	区位商
1993	1.85
1997	1.78

资料来源：见表 6.5 和 J. Howells 和 A. E. Green，《位置，技术和工业组织在英国服务》计划进展 26，1986 年，第 2 页。

注：以国际商为单位计算。

表 6.8　1971—1999 年纽约、伦敦和东京房地产区位商

	区位商
伦敦	
1971	2.00
1981	1.59
1984	1.75
1999	1.61
纽约	
1977	2.42
1981	2.22
1985	2.20
1997	2.18
东京	
1971	2.00
1981	2.33
1984	2.28
1995	2.07

资料来源：作者的计算基于就业、收入和生产力分工，国家统计局 1999 年《劳动力市场趋势》，2000 年 2 月 T. B16；1977，1981，1995，1997 年美国人口普查局，《县商务模式》，纽约问题；1977，1981，1985，1999 年《日本统计年鉴》；1984 人口普查（英国）；就业宪报（英国）95，2 号历史补充，编号 2（1987 年 1 月）；1971 年和 1981 年英格兰和威尔士人口普查；东京都政府《1997 年东京统计年鉴》。

注：纽约市，房地产是指 SIC6530，代理和管理 5 个行政区。

　　第四个观察到的趋势是，与整个大都市地区的生产者服务业发展相比，在其中心位置上发展起来的生产者服务业可能具有类别的差异性。 关于生产者服务业区位的一个重要问题，是与当地劳动力市场的关系及其位置。 同样，当我们考察这三个国家的国家层面数据时，我们发现在关键区位有着明显的集中和超级比重。 在这些关键区位的实际分布是什么？ 可以想象，生产者服务业在某些地区的区位集中并非一种模式。 在这样一个区域内，它可以是地理上的集中或分散。 此外，在高度集中的区域内，可能有或可能没有伴随地理分散化的公司分散化。 最后，在具有地理上分散化的生产者服务业高度集中的地区，就其生产者服务业部门的构成而言，该地区内的不同区位之间可能有或可能没有很大的差异。

　　英国的情况可能是一个最极端的例子，即国内生产者服务业就业高度集中于一个地区，而在该地区内呈现明显的地域分散化以及该地区中心与外围地区不同的产业构成。 伦敦地区（大伦敦和大都市外围地区）被认为是英国经济中成功部门的主要所在地（Gordon 和 McCann，2000）： 金融、信息、一般商务服务、奢侈品消费和服务，以及医疗保健产品。 相对于整个国家而言，该地区的许多服务部门就业区位商均高于全国平均水平，包括印刷、出版和录音媒体复制；某些类型的批发；空运、铁路和海运以及配套服务；金融和保险；信息技术/计算机服务；专业服务；其他商务服务；中央行政及其代表机构。 这些活动在伦敦市中心和邻近的行政区最为集中，其次集中在希思罗机场附近，并沿着 M3 和 M4 走廊延伸到雷丁（Reading）和贝辛斯托克（Basingstoke）。 还有一个更局部的走廊，主要是盖特威克机场附近的相关活动。 这一模式的例外，是伦敦的外东部和大 OMA 的泰晤士河沿线（见 Dunford 和 Fielding，1997）。

这些专业服务部门的区位各不相同。 在市中心区之外，信息技术/计算机服务、批发和航空运输等部门将倾向于占主导地位；而在市中心区，主要是货币/金融、管理或文化服务等部门。 外围地区也有制造业基地，包括电子或制药等高科技行业，总体上专业化程度较弱（Gordon 和 McCann，2000；Dunford，1989）。 Gordon（1995）利用 TeCSEM 集团对全国几个城市地区的区位敏感部门的调查数据，发现伦敦市中心地区特别显示出一系列独特的行业以及这些行业中的特殊功能（管理和直接服务提供）。

以纽约为例，采用更广泛的地区和时间分析框架表明，在 20 世纪 50 年代，曼哈顿已经有一个不成比例的 FIRE 部门就业的集中（Hoover 和 Vernon，1962），而当时更广泛的地区则经历了金融就业份额的下降[1]。 如今，纽约更大的大都市会区包括纽约州和新泽西州的几个县。 曼哈顿虽然仍是这一区域的核心，但若干主要的新趋势变得明显，并与 20 世纪 80 年代的主要趋势形成鲜明对比。 20 世纪 90 年代，该地区新增近 20 万个就业岗位，在所有主要行业普遍实现了强劲增长，同时制造业下滑速度有所放缓。 一些区位商数高于全国平均水平的行业（商务和金融服务、零售和旅游、咨询、广告和计算机服务等）出现了就业强劲增长。 曼哈顿的专业化服务进一步加

---

[1] 有关 1970 年代和 1980 年代各种空间组织的详细讨论，请参阅本书第一版（第 136—138 页）。

强，1996 年至 1998 年，华尔街证券业以每年超过 6% 的速度增长，引领了 FIRE 部门就业增长。 自 1992 年以来，纽约证券业从业人数增长了 27%。 纽约的商务服务就业在 1997 年增长了 8.6%，1998 年增长了 6.5%；咨询和管理服务公司就业在 1997 年和 1998 年分别增长了 3.9% 和 7.9%；律师事务所就业增长了 4.3%。 就像伦敦及东南地区的情况一样，一个重要的问题与区域一体化有关： 这种增长的构成部分是否与该地区的其他经济部门相关，更具体地说，是否与曼哈顿过去 10 年的主要增长部门相关？

　　第五个观察到的趋势是，在这些城市的中央金融商务区，这些产业的集中度极高（见表 6.9）。 对这三个城市的中央金融商务区的确定，在定义和现有证据的地理分布方面都存在问题。一个合理的近似方法是把曼哈顿作为纽约的中央金融商务区、把金融城作为伦敦的中央金融商务区，把千代田、中央、港区加上新宿（新的主要商务中心）作为东京的中央金融商务区。 伦敦金融城的地理面积远远小于其他两个城市的中央金融商务区。曼哈顿是金融、保险、房地产以及商务服务最集中的地区，1997年，曼哈顿约占纽约所有 FIRE 部门的 92.2%，商务服务业的82.1%。 这意味着曼哈顿 FIRE 部门的集中度比 1970 年的 86%有所增加。 另一方面，曼哈顿的商务服务业集中度比 1970 年的88.1% 略有下降。 但这两大部门在曼哈顿的就业比率都有所上升，FIRE 部门就业率从 1970 年的 17.8% 上升到 1985 年的23.5% 和 1997 年的 22.8%，商务服务行就业率从 8.4% 上升到11.2%。

表 6.9　20 世纪 70 年代、80 年代和 90 年代曼哈顿、伦敦金融城和东京中央商务区（CBD）代表性行业的份额（百分比）

	金融保险与房地产（FIRE）		商务服务	
	占伦敦 FIRE 就业比率（百分比）	占伦敦全部就业比率（百分比）	占伦敦商务服务就业比率（百分比）	占伦敦总就业比率（百分比）
伦敦				
1971	48.7	41.2	11.2	3.4
1981	44.8	37.6	20.2	19.6
1995	20.7	38.3	＊＊＊	＊＊＊
	FIRE		商务服务	
	占纽约 FIRE 就业比率（百分比）	占纽约总就业比率（百分比）	占纽约商务服务就业比率（百分比）	占纽约总就业比率（百分比）
曼哈顿				
1970	86.0	17.8	88.1	8.4
1985	89.8	23.5	85.3	12.7
1993	90.7	22.3	81.4	10.2
1997	92.2	22.8	82.1	11.2
	FIRE		商务服务	
	占东京 FIRE 就业比率（百分比）	占东京总就业比率数（百分比）	占东京商务服务就业比率（百分比）	占东京总就业比率（百分比）
东京 CBD				
1980[2]	49.4	9.9	33.0	21.8
1997[1]	40.9	9.2	28.0	28.9

资料来源：　作者的计算基于英国国家统计局 1995 年《年度就业调查》；1970、1985、1993、1997 年美国人口普查局，《县商务模式》，纽约问题；东京都政府网站 1983 年《东京日间人口调查》：东京地铁政府，1997 年《东京统计年鉴》，第 108—111 页。

注：　① 总服务报告；东京中央商务区（central business district，CBD）包括千代田区、中央商务区和港区；② 1980 年，新宿也包括在内。

　　伦敦金融城 FIRE 部门就业的集中度是下降的，从 1971 年的 48.7%下降到 1995 年的 20.7%。 FIRE 部门就业人数占金融城总就业的比率也有所下降，从 41.2%降至 38.3%。 这可能与相关部门较大扩张以及 FIRE 部门活动延伸到新开发的港区及其他邻近地区有关。 20 世纪 80 年代初，伦敦金融城 FIRE 部门就业比率的相对下降，也部分归因于许多保险业活动的转移，这一趋势在纽约也很明显。 1986 年放松管制后，特别在 20 世纪 90 年代，伦敦金融城的金融部门发生了明显转变，1997 年，FIRE 部门就业人数占金融城总就业的比率急剧上升至 78%。 与此相反，金融城 FIRE 部门就业占伦敦 FIRE 部门总就业的比率很低，这清楚表明了它在伦敦总就业中的比率非常小，这与伦敦的人口规模所带来了巨大的零售金融业有关。 由此，我们看到，伦敦与金融城的经济基础构成非常不同，因为金融城是高度专业化的。 相比于曼哈顿与纽约之间的经济基础构成的差异，这里表现出来的差异要大得多。 这个位于伦敦市中心的高度专业化的空间，现已经扩展到了市中心区之外，部分延伸到了码头区，也延伸到了周边的行政区。 这种扩展的关键因素之一，是本章后面描述的信息技术部门。 伦敦的金融业发展，从本源上是由新金融工具及相应软件的发展所驱动的，与纽约和芝加哥一样，伦敦也是金融软件创新的地方之一。 随着信息技术的进一步发展，这个金融部门发展出若干专业化部门，特别集中在与金融城相邻近的一些城镇。 金融城的商务服务业集中度从 1971 年的 11.2%上升到 1981 年的 20.2%，其占金融城总就业的比率从 3.4%上升到 19.6%。

　　就东京的情况而言，目前可获得的资料还不够完整。 东京中央商务区的正式定义是千代田、中央、港区加上 1980 年新增

的新宿（现在被公认为新的主要商务区）（见附录 B）。 1980
年，这四个区的 FIRE 部门就业占东京 FIRE 部门总就业比率的
49% 以上。 但其 FIRE 部门就业占这四个区总就业的比率仅为
9.9%，这表明整个东京的大部分第三产业活动都集中在这一地
区。 现有的资料尚不足以对该地区的商务服务进行结构分析。
如果不包括批发和零售服务，东京 33% 的服务业集中在该中央商
务区，其占中央商务区总就业的 21.8%。

　　显然，在过去十年中，整个生产服务业迅速发展，这些国家整
体生产服务业发展比纽约、伦敦、东京这些城市更快。 但这三个
城市在国内就业和生产者服务业中仍然占有不成比率的份额。

城市层级的新元素

　　从这些趋势中产生的两个重要问题涉及其他主要城市在生产
者服务业空间经济中的地位，以及这些服务业在不同类型城市的
具体构成。 这三个国家的城市体系存在明显差异。 20 世纪 90
年代，伦敦占全国就业比率的 14.3%（见表 6.10）。 东京紧随
其后，占全国就业比率的 10.19%（见表 6.11）。 而在美国，因
为有若干大城市，它们在全国就业中所占的比率要小得多，其中
四个最大城市占全国就业的比率仅为 2% 到 3%（见表 6.12）。
此外，在英国和日本，最大城市与随后其他城市之间的不连续程
度也有很大差异。 在英国，第二大城市在全国就业的比率远远
落后于伦敦，伯明翰只有 1.99%，爱丁堡只有 0.81%。 而在日
本，第二大城市占全国就业的比率约为东京的一半；名古屋及其
辖区为 5.7%，大阪府及其辖区为 6.87%。

表 6.10　1971—1998 年英国主要城市占国民就业份额（百分比）

	1971	1981	1991	1998
伦敦	16.01	15.71	14.30	15.55
伦敦金融城	1.39	1.40	1.05	1.22
伯明翰	2.14	2.21	1.99	1.97
曼彻斯特	1.34	1.30	1.08	1.13
利物浦	1.31	1.11	0.84	0.79
格拉斯哥	—	1.65	0.95	1.44
爱丁堡	—	1.04	0.81	1.11
英国就业总人数（N）	23 732 610	22 619 190	23 418 860	23 351 900

资料来源：作者的计算基于英国国家统计局，1991 年人口普查，《地方当局和工作场所的关键统计数据以及到工作地点的交通报告》，1998 年，《年度就业调查》。

表 6.11　1980—1995 年日本主要城市占国民就业的份额（百分比）

	1980	1985	1990	1995
东京（东京都）	10.24	10.17	10.19	9.84
名古屋（爱知县）	5.47	5.58	5.70	5.75
大阪（大阪府）	6.84	6.86	6.87	6.81
日本就业总人数（N）	55 749 000	58 113 000	61 682 000	64 142 000

资料来源：作者的计算基于日本政府，管理和协调机构，1982、1986、1993 和 1998 年，《日本统计年鉴》的资料。

表 6.12　1977—1997 年美国主要城市占国民就业的份额（百分比）

	1977	1985	1993	1997
纽约市（5 个县）	4.2	3.7	3.0	2.9
曼哈顿	2.7	2.6	1.9	1.8
洛杉矶（洛杉矶县）	4.1	4.2	3.7	3.4

续　表

	1977	1985	1993	1997
芝加哥（库克县）	3.4	3.0	2.4	2.3
休斯敦（哈里斯县）	1.4	1.7	1.4	1.4
底特律（韦恩县）	1.2	1.0	0.7	0.7
波士顿（萨福克县）	0.6	0.6	0.5	0.5
美国就业总人数（N）	64 975 580	85 483 804	94 789 444	105 299 123

资料来源：作者的计算基于美国人口普查局，《县商务模式》，美国问题，1983、1989、1995 和 1998 年的数据。

注：仅限私人部门就业；纽约市包括纽约、里士满、国王区、皇后区和布朗克斯县。

由此产生一个问题，英国制造业衰弱使伯明翰和曼彻斯特等城市地位下降，在多大程度上可能影响了整个城市体系。另一方面，大阪和名古屋在日本的重要性仍然反映了工业高产出的阶段，尽管基础工业的关键部门在缩小，而且把装配厂迁移海外的趋势在增长[1]。在日本，曾经的基础工业部门的瓦解并不明显，而在英国和美国，这种情况在 20 世纪 70 年代达到了顶峰。在此期间，主要增长部门都集中在伦敦，这种集中程度远高于纽约和东京，进一步加剧了伦敦与英国第二大城市之间的不连续性。

第三个问题是制造业的非生产性就业。曼彻斯特、名古屋或底特律等工业地区的许多生产者服务工作在多大程度上主要是与制造业有关，以及它与集中在纽约、伦敦和东京等城市的生产

---

[1] 到 1960 年，东京、大阪和名古屋已成为重要的国际城市，是资本、劳动力和经济增长的重要地点（Ishizuka，1980）。Hattori 等（1980）认为，由这三个城市组成的城市群是国际范围内集中化和运营的关键。

者服务工作是否相当不同？ 此外，纽约、伦敦和东京与制造业相关的生产者服务与工业城市的生产者服务又有何不同？

为了解决其中一些问题，并了解纽约、伦敦和东京在其国民经济中所处的地位，下面对各大城市生产和服务业的区位格局进行详细考察。

在英国，一般的生产者服务业，特别是商务服务业的区位商显示出相当大的不平衡。 尽管在过去30年里，伦敦以外的生产者服务业增长率较高，其构成也在发生变化，但伦敦及其地区在这些服务业中仍然占有不成比例的份额（Marshall 等，1986；Gordon 和 McCann，2000；Wood，1996）。 伦敦生产者服务业区位商已从1971年的2以上下降到1984年的1.96和1999年的1.72（见表6.7）。 然而，它仍然大大高于国内其他城市的平均水平。 此外，它的构成可能会非常不同。 早期最全面的研究是Marshall 等人（1986）做的，他们发现，英国大多数城市和大都市区的区位商都低于1，从而表明伦敦是高度集中的。 使用Peter Wood 在 Marshall 等人（1986）研究基础上发展起来的分类和1981年的人口普查数据，可以看到，英国生产者服务业的410万个工作岗位，其中在伦敦有121.9万个，另有32.9万个在伦敦大都市区。 伦敦地区占有国内生产者服务业工作岗位的三分之一。 分类数据显示，伦敦占制业非生产性就业人数的34%，占生产者服务业就业人数的43%。 生产者服务业就业第二大集中地是西北部，占10%。

英国整体生产者服务业快速增长并没有改变其在伦敦高度集中的格局，这种现象在美国和日本也很明显。 20世纪90年代，伦敦以外地区的生产者服务业增长率通常高于伦敦。 然而，伦敦的生产者服务业高度集中仍然存在，尽管有所减少。因此，伦敦生产者服务业占全国生产者服务业就业的比率从1971 年的40%下降到1981 年的34%，1999 年的25.1%，然后一直保持在这个水平上（见表 6.6），这一比率还是明显高于伦敦就业占全国总就业的比率。此外，伦敦地区的特殊性还体现在其所占比例特别高的特定行业，至少其中一些行业可能仍集中在伦敦。最后，即使没有过多的集中，伦敦在国内生产者服务业空间组织中也扮演着独特的角色。Allen（1993）指出，专业化的商务服务有助于服务业的"区域化生产方式"，这种生产方式日益把英国东南部地区与其他部分区分开（Dunford 和 Fielding，1997）。

英国东南部地区与其他地区之间的差异主要是由于生产者服务业，而不是制造业的非生产性就业。虽然东南部地区过量的生产者服务工作是由生产者服务业提供的，但制造业集中度较高的地区，制造业非生产性就业的集中度也相对较高。这些地区的生产者服务业就业比重偏低。然而，Marshal 等人（1986）围绕这一问题进行的综合性研究（尽管关注的是 20 世纪 70 年代和 80 年代的早期情况）发现，东南部地区（这一生产者服务业的主要地区）制造业每 1 000 名工人中的制造业非生产性工人，也比国内其他地区有更高的集中度。部分原因是该地区以研发为导向的小型公司大量出现（Hall 等，1987；Banks 等，1997）[1]。另一方面，在制造业主要集中地区，制造业实际提供的就业岗位比预期

---

[1] 其他证据表明，大量的商务服务公司都从事小型、低成本的业务，比如保洁服务，因此它们更愿意设在城市的低成本地区。

中的要低（Marshall 等，1986）。　因此，41%的非生产性就业以及 47%的生产者服务就业集中在伦敦大都市区。　但是，制造业的非生产性就业占该地区所有生产者服务就业的 18%，是全国最低的[1]。　这种差异提出的一个问题，英国制造业就业岗位的严重减少导致除伦敦以外以制造业为主的城市就业严重下降，是否与这种生产者服务就业比率明显偏低有关。　这在多大程度上是制造业空间重组（日常办公工作被转移到规模小而低成本的城市地区，中心职能被转移到伦敦）的结果？

伦敦比整个东南部地区有高得多的区位商。　部分是由于城市化效应：　人口规模造成更大的聚集和对所有服务业，特别是那些中间投入很大的服务业（保险、银行、金融）的中心地位的影响[2]。

在英国，伦敦主要从事衍生品交易，尤其是与外汇和大宗商品相关的衍生品交易，作为投资组合服务或基金管理活动。基于区域性股票和债券交易的投资组合服务，则由伦敦及另外五个中心（格拉斯哥、伯明翰、曼彻斯特、布里斯托尔和纽卡斯尔）提供的（Parr 和 Budd，1998）。　其中的差异性与各种因素有关，尤其是所提供服务的市场区域，就伦敦而言，它是全球性的市场区域。　一些金融服务活动也呈现在多个层面

---

[1] 这意味着，考虑到在制造业中获得非生产性就业的衡量指标存在困难，仅考虑生产者服务业可能就足以考察主要城市的生产者服务业就业。

[2] 同样，大伦敦地区以就业为基础的区位商数也低于以人口为基础的区位商数，而通勤显然是一个重要因素。　Daniels（1985）认为，通勤效应不应被夸大，因为不同的失业程度、男性和女性的工作率，以及可用技能和需求技能之间的匹配等可能也有一些影响。

上，反映了特定金融服务活动构成的一个层次结构，例如，外汇交易集中在次级金融中心，而外汇衍生品交易则集中在伦敦。

邻近伦敦的城市，可能意味着失去某些类型的金融服务（这些金融服务通常是在次级金融中心提供的），因为这类金融服务也倾向于搬到伦敦（Parr 和 Budd，1998）。因此，伯明翰尽管是一个次级金融中心，却不提供英国公司的融资，其通常是提供这种服务的。类似的情况，还有东南部地区的金融中心，由于靠近伦敦，这些地区的"操作层面"企业也倾向于迁往伦敦。后台办公的活动（如股权结算）越来越多地以离散活动形式在索森德、布来顿、伯恩茅斯等地进行，而通常不在更高层级的金融中心进行。这种地理分散化是由于公司决定将某些常规的、标准化的活动放在低成本地区的分散经营而产生的。这些活动通常没有或只有很少的聚集经济。

Coe 和 Townsend（1998）对 OMA 西区生产者服务集中度的研究发现，形成金融、商务和计算机服务等集群的重要因素是由于存在共同的区位逻辑，而不是任何本地化甚至分区域的联系。在他们所研究的城市群中，相关的城市群似乎位于更东南部的区域 [直径约 150 英里（1 英里＝1 609.344 米）]；他们也确实发现，正式的商务联系很可能涉及该地区以外的商务伙伴。在大都市区域层面上，很少有证据表明产业复合体或强大的社会网络可以作为群集的解释。在这方面，伦敦地区是一个相当极端的例子，但重要的是，它表明社会网络模式不是实现灵活性或创新性的先决条件。

在一项关于中小企业如何获得生产者服务的研究中，Bryson

和 Daniels（1998）发现，他们大多使用小型、独立的服务公司[1]。 此外，这些服务公司中的大多数都与他们的客户在同一个地区： 46%的服务公司位于距他们客户 20 英里以内的地方，74%的服务公司和他们的客户是在同一个地区的。 例如，中小企业大多数聘请当地的会计师，它们要么是个体从业人员，要么是只限于在本地开展业务的小型会计师事务所。 其他证据表明，大公司不论其位于何处，都会寻找最好的服务公司（Bryson，1997a），而中小型企业则寻找当地的服务公司，因为在购买商务服务方面要考虑其成本和不完善市场等因素。 如果公司需要的是一种非常特殊的专业知识，而该地区又无法提供，或者如果公司在外地有相关的人际关系，那么就会超出当地范围去寻找相关服务的购买。

伦敦以外地区的中小企业对外部服务的本地依赖程度从西北部的 66%到北部的 29%不等。 在伦敦地区，东米德兰和东英吉利对非本地服务公司的依赖程度最低： 分别为 54%和 55%，原因是伦敦和东南部地区服务公司的相对可获得性。 它们是部分纳入伦敦信息网络的地区。 对于那些位于商务服务较少地区的公司来说，情况再次发生了变化。 一项对威尔士中部制造业公司使用商务服务的研究发现，61%服务供应商位于该地区最大城镇 100 英里以外的地方（Hitchens 等人，1994）。

这有多重含义，超出了寻找最佳服务公司的可能性。 因

---

[1] 这一研究基于英国商务连接倡议的数据，该倡议是政府为克服中小企业在获取广泛的综合建议、支持和信息服务方面的孤立性而进行的一项尝试。 它成立于 1996 年年底，形式是一个独立的商务支持中心的全国网络（90 个伙伴关系中的 260 个网点）。

此，Bryson 和 Daniels（1998）利用弱人际关系与强人际关系的概念（Granovetter，1986）提出假设，弱人际关系给企业带来商务服务的乘数效应并没有在这些中小企业中产生，这进一步使它们处于不利地位。在接受调查的中小企业中，64%的受访者表示，个人关系、朋友和业务上熟人帮助他们找到了外部服务公司，而这些联系大部分都来自当地（Bryson 和 Daniels，1998：271－73）。

证据表明，这些小型的本地咨询服务公司的知识库是有限的——他们花费大量的时间服务现有的客户和寻找新的客户（Keeble 等，1994）。资源丰富的顶级咨询服务公司在伦敦和英国东南部的存在，进一步加剧了这一趋势。在伦敦的中小企业中，93%的企业聘用位于东南部地区的咨询服务公司：它们与总部位于伦敦的咨询服务公司之间，价格存在显著差异。

伦敦地区的另一个主要组成部分是不断增长的信息技术软件行业。伦敦金融城通过金融服务，特别是金融软件开发，成为伦敦 IT 经济的主要驱动力。伦敦金融城在金融软件开发方面仍处于全球领先地位。通过吸引大批才华横溢的 IT 专家，金融城促进了伦敦和更大的东南部地区更广泛行业的兴起。其次，IT 驱动的子经济集中在若干毗邻的行政区，被称为城市边缘再生区。其中一个问题是：这两者之间是否相互关联。

从行业产生的附加值和 IT 功能在价值链中的地位来看，金融服务处于首位。由于衍生品交易的发展，以及为了有效竞争而需要复杂的金融软件产品和备份系统，这种情况尤其如此。金融服务业软件开发的前沿领域吸引了来自整个国家和欧洲的顶尖人才。如今，其他城市，尤其是法兰克福，转而开始从伦敦招聘 IT 专业人员。 1997 年的最新数据显示，就居住模式而言，伦敦占英国 IT 员工总数的 18%。 加上东南部地区，其比率达到 46%。 考虑到英国管理和专业人员的居住模式，这个比率在伦敦上升到 20%，加上东南部地区达到 55%（ITNTO，1998）。 大多数居住在东南部地区的人员实际上要通勤去伦敦工作（Corporation of London，1999a；Dunford 和 Fielding，1998）。

大量人才的供应，加上相当一部分部门的特别灵活的工作条件，促进了知识驱动型 IT 部门中其他分支机构的发展。 伦敦，尤其是金融城，已经成为金融和商务服务相关软件的全球 IT 技能中心。 纽约和芝加哥是这方面的另外两个领先城市，而法兰克福发展迅速，确实从伦敦招募了相当数量的 IT 人才。 据估计，法兰克福银行中约 50% 的 IT 员工是英国的合同员。 巴黎和阿姆斯特丹也正在成为重要的全球 IT 技能中心。 一些估计认为，伦敦金融城相对于其他欧洲金融中心的 IT 竞争优势，在最近的 11 年已经下降到只领先 6 个月的水平（Corporation of London，1999a：20）。

第二种分化产生于这个部门的各子行业的构成。 当我们撇开金融驱动的 IT 因素，一个更紧密的地理区域出现了，位于伦敦的中西部地区，哈默史密斯、富勒姆连同卡姆登、伊斯灵顿作为所谓内容产业（尤其是多媒体产业）的高度集中的关键地区。 IT 部门的这些子行业之间的差别化并不很大程度上取决于技术本身，而是取决于应用这些技术的特定重点和内容。 金融软件、出版和商务服务主要集中在伦敦金融城内东部及其边缘地区，多媒体集中在西部地区以及 Soho 和伦敦市中心的主要区位。

需要注意的，即使是在伦敦，知识驱动型 IT 行业的空间集中度也很重要，因为这再次证明了集聚效应的重要性以及更为复杂的地点概念对我们经济体中的最先进部门至关重要。

总而言之，无论是在英国还是在其大都市区，伦敦的生产者服务业高度集中都在继续。伦敦大都市区的城镇和城市中，生产者服务业比例在大多数情况下都高于全国水平。这表明，这个范围更广的区域在全国生产者服务业的迅速增长中占了一部分。然而，尽管在1971—1981年期间，这些城市的生产者服务业增长率明显高于伦敦，但伦敦在绝对数量上占有压倒性优势。值得注意的，20世纪70年代早期，伦敦大都市区的生产者服务业相对分散化较为明显，从1978年开始，伦敦大都市区外的生产者服务业增长率相对下降而伦敦的增长率相对上升。这表明，东南部地区（周边城镇、非大都市区、南部和东南部制造业城镇）经历了各方面的生产者服务业明显增长，要归功于由伦敦主导的更大经济综合体的存在。如果是这样的话，它将呈现一种经济子系统的不同形式，这种子系统具有不同的组成部分：该地区的高科技和本地化生产者服务业，以及伦敦面向全球市场的生产者服务业。这就可以解释为什么其他区域和区域内节点的生产者服务没有增长，相反，往往出现下降。因为这些地区的经济基础是截然不同的，它们的中心节点（曾经是强大的制造业中心）也在严重衰退。

因此，伦敦与国内其他地方之间存在着根本的不连续性，前者的生产者服务高度集中，而其他城市（除了伦敦大都市区的一些较小城市外）的集中度明显偏低。从狭义的生产者服务（限于基于办公室的服务，如保险、金融服务、银行等）来看，在顶级城市的集中度更高，而在随后层级城市的集中度较低。

　　伦敦的生产者服务业集中度，明显高于美国甚至日本的主要城市。 美国的一些主要城市（特别是纽约、洛杉矶和芝加哥），生产者服务业分布相当分散化（见表 6.13）。 显然，生产者服务业在美国这三个城市中是高度集中的。 虽然其中一些行业在过去十年中可能有所下降，但总体而言，最集中的还是纽约。 芝加哥和洛杉矶也有相当多的生产者服务业集中，但它们远远落后于纽约。 1977 年，纽约占国内生产者服务总就业的比率为 8.3%，1985 年下降到 7.2%，1997 年下降到 4.2%。 芝加哥的这一比率也同样下降，从 1977 年的 4.2% 下降到 1985 年的3.5% 和 1997 年的 3.1%。 另一方面，底特律、波士顿和休斯敦分别保持着 1%、1.2% 和 1.7% 的比率，在 1977 年至 1997 年期间几乎保持不变。 洛杉矶的这一比率从 1977 年的 4.6% 下降到1997 年的 3.7%。 纽约占国内失业的比率从 1970 年的 6% 下降到 1997 年的 4.2%。

表 6.13　1977—1997 年美国主要城市在国内生产者
服务业的就业份额（百分比）

	1977	1985	1993	1997
纽约市（曼哈顿）	8.3	7.2	4.4	4.2
洛杉矶（洛杉矶县）	4.6	4.6	4.0	3.7
芝加哥（库克县）	4.2	3.5	3.2	3.1
休斯敦（哈里斯县）	1.7	1.8	1.7	1.5
底特律（韦恩县）	1.0	0.8	0.6	0.6
波士顿（萨福克县）	1.2	1.2	0.9	0.9
美国生产性服务业就业总量（N）	9 804 104	12 328 104	15 785 687	17 630 321

　　资料来源： 作者的计算基于美国人口普查局，《县商务模式》，美国问题，1983 年、1989 年、1995 年和 1998 年数据。

当我们把关于各种生产服务业增长率和就业比重的资料进行分类时，除了少数重大例外情况外，总体格局倾向于保持不变，但各行业之间的高度集中程度和增长水平往往差别很大。 也许对纽约来说，最明显的高度集中表现在 FIRE 收入占国内 FIRE 收入的比率（见 Orr，2000）。 纽约旳这一收入比率从 1983 年的 14%（考虑到当时纽约在国内 FIRE 就业中所占的比率为 9%，这已经是过高比率了）上升到 1999 年年初的 18%。 在纽约 FIRE 收入比率上升的同时，这一就业比率在 1999 年年初降到了 2% 以下。 这一 FIRE 收入比率与就业比率之间的差距越来越大，部分原因是银行部门急剧改组大大减少了该部门就业。 它还表明，金融服务公司达到了巨大的盈利水平。 在纽约大都市区范围内，尽管这一 FIRE 收入比率（从 1983 年的 18% 上升到 1999 年初的 20%）与就业比率（从 13% 下降到 10%）之间的差距较小，但这些趋势依然存在。

按区位商方法来分析这些资料，突出了这些生产者服务业在主要城市高度集中的程度，但在行业类型及其集中程度上有相当大的差异（见表 6.14 ~表 6.16）。 纽约、旧金山和波士顿的金融和银行业的区位商，比其他任何城市都要高得多。 这些区位商数的差异，清楚描述出一个远远超出平均集中度的市场，并揭示了一个行业高度专业化的空间组织。 洛杉矶的数据低估了其集中度，因为它们涵盖了所有的县，这些县与它的主要城市的联系远没有其他县（如芝加哥的库克县）那么紧密，同时不包括主要商务区。 庞大的产业综合体和活跃的港口是该地区生产者服务业增长的核心，但与洛杉矶的金融活动相比，它们往往会产生对不同类型服务的需求（Cohen 和 Zysman，1987）。 1997 年，洛杉矶的区位商数为 0.94，各大银行在过去 10 年中的流失非常明显。

表 6.14　1977—1997 年美国代表性城市的区位商

	总就业人数	银行/金融	保险	房地产	商务服务	法律服务
纽约（5 个县见注）						
1977	2 714 385	2.81	1.56	2.42	2.01	2.25
1981	2 941 325	2.98	1.43	2.22	2.02	2.19
1985	3 081 000	3.04	1.45	2.20	2.20	2.31
1987	3 122 583	3.23	1.32	2.05	2.05	2.25
1993	2 876 495	2.93	1.20	2.34	1.28	2.42
1997	3 038 719	3.05	1.33	2.48	1.13	2.49
洛杉矶（洛杉矶县）						
1977	2 647 263	1.12	1.00	1.12	1.48	1.26
1981	3 173 460	1.16	0.93	1.33	1.41	1.29
1985	3 345 520	1.09	0.87	1.18	1.28	1.34
1987	3 546 343	1.04	0.84	1.18	1.23	1.35
1993	3 495 246	1.07	0.87	1.16	1.22	1.50
1997	3 588 831	0.94	0.86	1.12	1.22	1.34
芝加哥（库克县）						
1977	2 189 598	1.22	1.54	1.25	1.39	1.18
1981	2 247 119	1.40	1.51	1.29	1.33	1.34
1985	2 187 992	1.41	1.51	1.22	1.41	1.42
1987	2 213 434	1.39	1.50	1.27	1.20	1.47
1993	2 314 172	1.55	1.34	1.28	1.30	1.48
1997	2 395 111	1.53	1.28	1.42	1.27	1.63

续　表

	总就业人数	银行/金融	保险	房地产	商务服务	法律服务
旧金山（旧金山县）						
1977	490 748	2.79	2.94	1.47	1.91	2.64
1981	508 861	2.35	1.76	1.32	1.91	2.80
1985	520 167	2.66	1.72	1.88	1.72	3.13
1987	503 859	2.54	1.69	1.69	1.69	3.56
1993	487 834	2.64	1.50	1.59	1.49	3.63
1997	516 816	3.22	1.23	1.61	1.37	3.30
休斯敦（哈里斯县）						
1977	925 257	0.92	0.84	1.43	1.83	1.01
1981	1 256 765	0.63	0.93	1.20	1.65	0.95
1985	1 215 870	1.13	0.79	1.60	1.38	1.14
1987	1 156 357	1.04	0.89	1.78	1.41	1.25
1993	1 511 905	0.88	0.81	1.30	1.43	1.26
1997	1 366 579	0.82	0.81	1.35	1.63	1.31
底特律（韦恩县）						
1977	797 342	1.22	0.65	0.41	0.89	0.89
1981	738 866	1.02	0.71	0.51	0.82	1.12
1985	698 986	0.93	0.93	0.47	1.05	1.05
1987	730 372	0.14	0.82	0.35	0.94	0.94
1993	699 466	0.81	0.97	0.50	0.83	0.94
1997	751 145	0.69	0.95	0.55	0.87	0.86
波士顿（萨福克县）						
1977	382 548	1.84	3.20	1.25	1.85	2.52
1981	452 289	1.81	3.12	1.25	1.74	2.62

续　表

	总就业人数	银行/金融	保险	房地产	商务服务	法律服务
1985	486 045	2.08	2.68	1.75	1.55	2.86
1987	498 241	2.24	2.59	1.90	1.55	2.93
1993	485 365	2. 71	1.92	1.83	1.12	3.16
1997	525 783	3.50	2.01	1.53	1.12	3.30
亚特兰大（富尔顿县）						
1977	348 168	1.11	1.67	1.67	2.04	1.67
1981	394 565	1.13	1.89	1.70	1.70	1.70
1985	459 524	1.05	1.93	1.58	1.75	1.75
1987	487 170	1.23	1.75	1.40	1.58	1.75
1993	553 470	1.55	1.60	1.51	1.71	1.70
1997	645 595	1.55	1.40	1.50	1, 84	1.76

　　资料来源： 美国人口普查局，《县商务模式》，1997 年。
　　注： 纽约市包括 5 个县（纽约、布朗克斯、里士满、皇后区、国王区）。

表 6.15　1993—1997 年纽约、洛杉矶和芝加哥商务服务和工程/管理服务的区位商

行业类型	SIC代码	纽约市		洛杉矶		芝加哥	
		1993	1997	1993	1997	1993	1997
广告	7310	5.1	4.9	1.5	1.6	3.6	2.9
征信	7320	0.4	0.7	1.0	0.8	2.0	2.4
邮寄、复印、速记	7330	2.3	2.1	1.7	1.6	2.1	2.2
建筑服务	7340	1.5	1.1	0.8	0.8	1.5	1.6
人力资源服务	7360	0.8	0.8	1.2	1.3	1.4	1.6
计算机与数据处理	7370	0.8	0.9	1.0	0.9	1.6	1.8

续　表

行业类型	SIC 代码	纽约市		洛杉矶		芝加哥	
		1993	1997	1993	1997	1993	1997
杂 项 商 务 服务	7380	1.5	1.4	1.5	1.5	1.9	1.8
工程/建筑	8710	0.8	0.7	0.9	0.8	1.2	1.3
会 计、审 计、簿记	8720	2.0	1.8	2.4	2.9	1.4	1.7
研 究 和 测 试	8730	1.3	1.1	1.1	1.2	1.8	2.0
管 理 公 共 关系	8740	1.6	1.5	1.2	0.9	1.9	2.1

资料来源：作者的计算基于美国人口普查局，《县商务模式》，1997 年。

注：纽约市包括 5 个县（纽约、布朗克斯、里士满、皇后区、国王区）；芝加哥包括 3 个县（库克、杜佩奇、莱克）。 SIC 为标准产业分类。

表 6.16　1993—1997 年纽约、洛杉矶、芝加哥和美国商务服务和工程/管理服务就业变化（百分比）

行业类型	SIC 代码	美 国	纽 约	洛杉矶	芝加哥
广告	7310	17.1	7.8	10.2	−12.2
征信	7320	9.2	81.9	−23.8	25.3
邮寄、复印、速记	7330	23.6	3.8	6.5	18.4
建筑服务	7340	7.5	−24.1	9.2	5.7
人力资源服务	7360	59.7	41.8	55.6	68.2
计 算 机 与 数 据 处理	7370	50.8	55.8	28.8	54.6
杂项商务服务	7380	25.8	11.9	9.0	12.2
工程/建筑	8710	11.7	−10.4	−0.7	9.6
会 计、审 计、簿 记	8720	19.6	4.2	33.7	34.5

续　表

行业类型	SIC 代码	美　国	纽　约	洛杉矶	芝加哥
研究和测试	8730	13.0	-12.7	14.7	15.6
管理公共关系	8740	42.0	25.7	-1.7	45.3

　　资料来源：作者的计算基于美国人口普查局，《县商务模式》，1997 年。

　　注：纽约市包括 5 个县（纽约、布朗克斯、里士满、皇后区、国王区）；芝加哥包括 3 个县（库克、杜佩奇、莱克）。 SIC 为标准产业分类。

　　我们需要提出的一个问题是，这些城市的产业构成是否存在显著差异。 我们需要知道波士顿在国际银行和金融方面是否像纽约和洛杉矶一样专业化，如果是的话，是否属于同一类型的国际金融。 其次，考虑到波士顿的就业基数小得多，人数不到 50 万，相比之下，纽约为 300 万，洛杉矶为 300 万，芝加哥为 210 万，银行业的绝对规模很可能与纽约大相径庭。 底特律曾经是美国最重要的制造业城市，如今在房地产业中所占比例出人意料地低，表明该城市在制造业方面的亏损严重。 鉴于底特律仍是主要汽车制造商的大本营，值得注意的是，它在商务服务、法律服务、房地产和保险方面的集中度较低。 这种情况让人想起英国，那里一些曾经是主要制造业中心的城市，也是生产服务业集中度较低。 需要考察的一个问题是，底特律在多大程度上像那些英国城市一样，主要是一个以制造业为导向的生产者服务业。最后，旧金山、波士顿和纽约的法律服务极其集中。 这在多大程度上与其较高的银行和金融区位商有关？ 我们将在第五章中讨论这种关联。

　　对美国三个主要城市及其某些特定生产者服务业进行更深入的分析，我们可以看到，1993 年至 1997 年，每个行业的百分比变化很大（见表 6.16）。 在这三个城市中，人力资源服务和计算机及数据处理两个行业的增长率都非常高，从纽约的 42% 到芝加哥的 68% 不等。 芝加哥这些行业如此高的增长率表明该城市的结构调整，从由福特公司主导转变为由专业服务部门主导，专业服务部门在过去 10 年里迅速增长。 这反过来又带来了一个更加灵活和更开放的劳动力市场。 与全国水平和其他两个城市相比，纽约的征信服务增长率非常高。 芝加哥的管理公共关系部门的增长率是最高的，这可能再次表明该城市经济正在重组。在这三个城市的生产者服务业中，1997 年区位商最高的是纽约和芝加哥的广告服务；尽管自 1993 年以来有所下降，但在绝对量上并非如此，而且这些区位商都远远高于一般水平。 在 1993年，特别是在 1997 年，芝加哥若干行业有非常高的区位商，包括建筑服务、研究和测试等。 鉴于这三个城市在人员资源服务方面的高增长率，值得注意的，除芝加哥以外，其区位商数与全国水平相比并不是特别高，从而表明这是一个全国性增长部门（见表 6.15）。

　　一方面，在专业化的类型和水平上，纽约的服务公司是否与其他主要城市（尤其是洛杉矶和芝加哥）不同。 例如，Mollenkopf（1984）的研究表明，20 世纪 80 年代纽约的企业法律服务在国际专业知识方面具有较高的专业化水平和比较优势。洛杉矶和芝加哥的大公司扩大了市场，并在纽约及区域增长中心开设了分支机构。 另一方面，纽约的大公司已在其他主要的外国国际金融中心以及华盛顿特区（作为国际交易链上的重要环节）设立了分支机构。 在纽约，这些企业法律服务的增长源头是投资银行业务的兴起。 纽约提供了美国企业法律服务的三分之一的就业机会和该行业 50% 的利润。 曼哈顿、洛杉矶和芝加哥的律师事务所总数从 1988 年的 2 479 家急剧增长到 2000 年的 5 050 多家。 虽然拥有海外分支机构的律师事务所数量从 128 家增加到 188 家，但它们在纽约和洛杉矶的份额有所下降，却在芝加哥翻了一番。 1988 年，曼哈顿有 78 家这样的律师事务所，洛杉矶有 39 家，芝加哥有 11 家（见表 6.17）。 到 2000 年，这些数字分别为 100 家、45 家和 43 家。 这里有若干原因。 首先，高端国际律师事务所越来越集中，因此，对许多律师事务所来说，开设外国分支机构的成本未必可行。 此外，律师事务所还可以通过其他方式在外国为其客户提供服务，主要是通过与当地律师事务所签订各种提供服务的协议和直接出口法律服务（见第三章）。

表 6.17　1988—2000 年曼哈顿、洛杉矶和芝加哥
有外国分支机构的律师事务所

| | 律师事务所总数 | | 外国分公司 | | | |
| | | | 数　量 | | 占　比 | |
	1988	2000	1988	2000	1988	2000
曼哈顿	1 147	2 425	78	100	6.8	4.1
洛杉矶	765	1 597	39	45	5.1	2.8
芝加哥	567	1 028	11	43	1.9	4.2
总数	2 479	5 050	128	188		

资料来源： 作者的计算基于 1988 年版和 2000 年版的《马丁代尔-哈贝尔定律》（Martindale-Hubbell Law Directory）。

在许多先进服务业，专业化水平有所提高。 例如，大公司现在倾向于使用若干专门律师事务所。 同样，管理咨询发展的核心，是面向机构投资者的高水平专业化。 因此，尽管波士顿

和洛杉矶等城市曾经拥有与纽约竞争的管理咨询部门，但金融业的变化为纽约创造了一个特殊的角色，并推动了该行业的大幅增长。这种高度专业化带来了对其他服务和资源组合的需要和依赖。在生产过程中，企业之间有高度的联系。这些公司可以服务于广泛分散的地区、国家和国际市场，但在生产方面则要求有高的集聚经济，于是纽约就成为一个理想的区位，尽管其运营成本比其他城市更高。

芝加哥，这个曾经是强大的中西部农业工业综合体的金融、营销和保险中心，它的生产者服务业由于直接关系到为农业工业综合体提供服务，其构成在多大程度上完全不同于纽约或洛杉矶，以及这一综合体的衰落和期货市场的发展在多大程度上通过金融把芝加哥重新导向世界市场？纽约的生产者服务部门是面向世界市场、高度国际化的，在公司和国际市场之间的轴心提供服务或进行交易。芝加哥的情况似乎要差得多。芝加哥的大型出口导向型公司通常具有高度垂直一体化和必要服务的普遍内部化生产。现在，我们可能正在看到一个独立的生产者服务业的兴起，该地区的外国投资和期货市场增长推动了它的发展（Sassen 和 Testa，正在进行中）。

很明显，这些服务业已经在芝加哥发展起来了。芝加哥的生产者服务业比例介于纽约、洛杉矶、波士顿与休斯敦、底特律之间。1977 年至 1988 年，芝加哥若干专业服务行业的平均年增长率比纽约要好（见表 6.18）。两者不同之处在于某些行业组的比率增长程度。从表 6.19 可以看出，1981 年芝加哥 FIRE 的就业份额为 6.1%，纽约为 11.5%；到 1996 年，两者分别上升到 10.3% 和 23.2%。这种差异的部分原因是否可以用芝加哥对正在衰落的农业工业综合体的重新定位以及金融业的全球重组对每个城市不同影响来解释（Abu-Lughod, 1999）。结果是，大量外资银行和金融公司集中在纽约，已经把芝加哥甩在后面。

表 6.18　1977—1996 年纽约和芝加哥生产者服务业
就业增长率（百分比）

SIC 代码	行　业	1977—1985 增长百分比		1985—1987 增长百分比		1993—1996 增长百分比	
		纽约	芝加哥	纽约	芝加哥	纽约	芝加哥
6000	银行业	15.4	11.9	5.6	−0.2	−20.1	−3.9
6100	信贷机构	49.3	25.4	9.4	15.1	0.4	−7.7
6200	证券和商务经纪人	73.0	74.0	33.1	12.8	25.4	14.5
6300	保险公司	−9.0	−11.5	−1.6	3.9	17.1	−11.1
6400	保险代理人/经纪人/服务	33.5	15.0	0.1	15.8	−0.8	12.6
6500	房地产	7.6	3.7	3.7	14.4	3.9	6.1
6700	控股和其他投资机构	−8.6	77.0	4.0	7.0	36.4	−4.8
7300	商务服务	47.0	51.3	8.3	−5.6	9.3	17.9
8100	法律服务	58.7	67.5	14.6	17.9	−2.6	1.9
8600	协会组织	4.7	4.3	8.6	3.2	−6.1	2.1
8900	其他分类服务	38.6	32.9	14.4	10.4	254.5	20.3

　　资料来源：作者的计算基于 1983、1989、1995 和 1998 年美国人口普查局，《县商务模式》，美国问题的数据。

表 6.19　1981—1996 年纽约和芝加哥在代表性行业就业的百分比

	1981		1985		1996	
	纽约	芝加哥	纽约	芝加哥	纽约	芝加哥
制造业	16.0	28.4	14.0	20.9	8.1	17.6
TCU[①]	6.5	5.4	6.5	5.8	6.2	7.0
FIRE[②]	11.5	6.1	12.4	7.4	23.2	10.3
服务业	23.3	21.2	26.5	24.5	43.5	37.1

　　资料来源：作者的计算基于 1983、1985、1995 和 1998 年美国人口普查局，《县商务模式》，美国问题的数据。
　　注：① 运输、通信和公用事业；② 金融、保险和房地产。

　　为了将这三个主要城市放在一个更广泛的产业综合体中进行比较，我在 FIRE、商务服务和法律服务的基础上增加了通信服务（SIC 48）（见表 6.20）。 1985 年，纽约的总就业人数比率为 31%，明显高于洛杉矶（17.8%）和芝加哥（20.3%）。 但总体而言，它们都高于国内整体水平（15.1%）。 到 1996 年，纽约总就业人数比率下降到 28.5%，而在洛杉矶，尤其在芝加哥却是上升的。

芝加哥：全球城市

　　芝加哥是一个值得关注的有趣案例，因为它正在经历一个相当深刻的转变。 在一个多世纪时间里，它是一个巨大的农业工业综合体的中心，并有一个以制造业为基础的城市经济。 甚至，它的金融市场也有自己的源头，并以这个综合体为中心。 过去几十年，这些行业曾经占主导地位的地区和城市经济都面临巨大的衰落。 芝加哥的主要金融市场正面临潜在的根本性转

表 6.20　1985 年和 1996 年美国及纽约、洛杉矶和芝加哥信息产业就业（数量和百分比）

1985

SIC 代码	行　业	芝加哥（库克县）		洛杉矶（洛杉矶县）		纽约市②		美　国	
		总就业	人　数	总就业	人　数	总就业	人　数	总就业	人　数
4800	通信服务	1.5	31 697	1.9	61 928	2.4	71 340	1.6	1 282 616
6000	FIRE	10.2	223 501	8.0	268 379	17.3	521 402	7.4	6 004 136
7300	商务服务	7.4	162 264	6.8	226 246	9.4	283 906	7.4	4 272 200
8100	法律服务	1.2	26 092	1.1	37 542	1.9	58 729	0.8	685 456
	信息产业总就业人数	20.3	443 554	17.8	594 195	31.0	935 377	15.1	12 244 408
	总就业业（全行业）		2 187 992		3 345 520		3 017 996		81 119 257

1996

SIC 代码	行　业	芝加哥（库克县）		洛杉矶（洛杉矶县）		纽约市		美　国	
		总就业	人　数	总就业	人　数	总就业	人　数	总就业	人　数
4800	通信①	1.4	31 964	1.2	43 093	1.6	47 579	1.3	1 375 879
6000	FIRE	10.3	242 435	7.1	245 592	14.5	439 497	7.0	7 194 274
7300	商务服务	9.3	218 434	8.6	297 837	7.1	215 826	7.1	7 224 569
8100	法律服务	1.5	25 498	1.3	45 239	2.1	63 078	0.9	959 809
8700	建筑管理服务	3.7	86 609	3.9	136 927	3.3	101 322	2.9	2 994 928
	信息产业总就业人数	26.1	614 940	22.2	768 688	28.5	867 302	19.3	19 749 459
	总就业业（全行业）		2 358 437		3 470 070		3 038 719		102 198 864

资料来源：作者的计算基于 1983、1989、1995 和 1998 年美国人口普查局，《县商务模式》，美国同题的数据。

注：① 包括电话通信，电报通信，广播电视和通信服务；② 包括皇后区，康氏，布朗克斯，里士满和纽约的曼哈廷。

FIRE 为金融、保险和房地产。

变，一方面它们曾经在全球期货市场占据的多数份额能否继续保持，另一方面它们在组织结构上面临的挑战。

著名城市学家 Janet Abe-Lughod 在《美洲全球城市》一书中详细分析了芝加哥从昔日的福特主义重地转变为一个在大多数关键领域急剧衰落的过程。 从 1967 年到 1982 年，该城市失去了46%的制造业工作，四分之一的工厂倒闭（Squires 等，1987；Sheets 等，1984）。 在 20 世纪 80 年代，该地区的大部分工业综合体关闭了（Markusen 和 Carlson，1989）[1]。 更大范围内的大都市区曾持续增长，但制造业工作岗位减少了18%，多家工厂关闭（Abu-Lughod，1999：324；Betancur，1989）。

整个 20 世纪 90 年代，芝加哥持续地去工业化。 然而，她发现，这不仅仅是制造业工作岗位和企业的普遍流失，还有服务业工作岗位的流失。 1991 年至 1992 年，芝加哥失去了 31 000个服务业岗位，而郊区却增加了 19 000 个此类岗位。 在这些流失中，有近一半是先进生产者服务。 与此不同，纽约在制造业工作岗位大幅减少的同时，生产者服务领域却实现了增长。 此外，芝加哥的金融市场正在失去就业机会，市中心的写字楼空置率在 20 世纪 90 年代早期达到 20%以上，非住宅建筑投资也在下降（BOMA/Chicago，1999）。 与芝加哥形成鲜明对比的是，在严重的经济危机下，曼哈顿的写字楼空置率最低时为 18.8%，而在 20 世纪 80 年代则出现了大量的过度建设和经济繁荣。

Abu-Lughod 得出的结论是，尽管芝加哥的金融市场在专业金

---

[1] Markusen 和 McCurdy（1989）发现，缺乏联邦国防合同，特别是在研发方面，是制造业流失的一个关键原因。

融服务方面可能仍然保持重要地位，但这座城市可能缺乏成为全球城市的临界质量——在这方面，它可以作为全球城市的研究和理论化的一个反面例子。

但在我的认知和基于一个更大研究项目的第一阶段成果（Sassen 和 Testa，在进行中；Global Chicago，2000）中，我发现，到 20 世纪 90 年代末，芝加哥确实进入了一个新的经济发展阶段，这在总量指标上反映并不是很明显，尽管今天只要走在芝加哥市中心你就能感受到。 与此同时，非优势部门的劳动力失业率很高，贫困程度很高，工作岗位的流失和企业倒闭也很严重。 此外，主要公司的总部撤离仍在继续。 它让我想起对 20 世纪 70 年代后期和 80 年代早期的纽约研究，当时的专家学者和政策分析师们都认为，纽约这座城市完了： 所有的总量指标都显示亏损，刚刚经历了一场财政危机以及基础设施严重老化。 然而，在我所研究的特定领域——生产者服务业（包括高级服务业和产业服务业）中，我发现了其增长，并开始阐述我的全球城市模型。

可以说，Abu-Lughod 所考察的芝加哥 20 世纪 90 年代中期并不代表长期衰退阶段的结束，衰退仍在很多方面继续，但是一系列新的核心经济活动的出现则迄今几乎未被察觉（Sassen 和 Testa，在进行中）。 许多旧指标，不论是制造业工作岗位及其企业数量，还是某些类型的服务工作数量，都不能捕获和反映新的经济阶段。 我认为，这也同样适用于拿一些员工数量指标来衡量金融市场规模，这只是反映工作岗位流失；而且这个行业的劳动力数量可能不再像以前那样是一个有用的指标。

另一个经常用来描述芝加哥衰落的指标是芝加哥在全球期货

市场中所占的份额。 这一指标也不如以前那样有用了，因为当前全球金融市场特性之一是网络化，通过在网络中增加新的中心是一个主要金融中心得以实际增强的方式之一（见第五章；Sassen，1999）。 我认为，实际交易数量和交易市值比占全球市场份额更重要，因为它们对更广泛的城市经济具有乘数效应。在过去几年里，芝加哥金融市场的实际交易量和交易市值都急剧增长。 此外，我认为，交易水平作为这些市场对整个城市经济影响的指标，可能比作为全球市场份额的指标更有用，因为它代表了芝加哥需要完成的工作，从而创造了额外的就业机会。 只要了解了芝加哥需要执行的实际工作，就能了解该城市金融市场的特殊功能。 另外，总的交易市值或多或少能反映公司和专业人员的收入水平，尽管非常不精确，但能反映城市经济的再循环，即使是非常局部的（更详细的讨论见 Sassen 1999a）。 表6.21 列出了 1985 年和 1996 年纽约、芝加哥和洛杉矶的 FIRE 及代表性服务行业区位商。

表 6.21 1985 年和 1996 年纽约、芝加哥和洛杉矶的
FIRE 及代表性服务行业区位商

	1985		1996	
	FIRE	服务[①]	FIRE	服务[②]
纽约[③]	2.334	1.783	2.055	1.146
洛杉矶	1.084	1.266	1.005	1.227
芝加哥	1.380	1.307	1.460	1.286

资料来源： 同表 6.19。
注： 包括商务、法律服务和通信（查看表 6.20 的注①的描述）； ② 包括商务、法律、工程、管理服务和通信； ③ 见表 6.20 中注②。

关于这座城市的转型，有一些有趣的证据。 例如，在过去

的 15 年里，总部在芝加哥的财富 500 强公司大约失去了一半。1980 年芝加哥上市的 50 家最大的上市公司中，有一半已经被收购（被州外的公司收购）或转移到州外。 这个过程还在继续。从 1998 年 3 月开始，因收购而改变了芝加哥主要公司所有权的有： 美国阿莫科石油公司（Amoco）、美瑞泰科（Meritech）、第一芝加哥银行（First Chicago）、废物管理（Waste Management）、莫顿国际（Morton International）、内陆钢铁（Inland Steel）。 还有很多大公司（西尔斯、摩托罗拉）都成了被收购的目标。 与此同时，没有很多新的大公司总部迁入。 这是一个引人注目的流失故事[1]。

　　然而，对增长和衰退趋势更详细的考察表明，尽管芝加哥的大型企业客户已经搬走，但其先进的生产者服务业仍在继续增长。 它们一直在为这些目前去外地的客户提供服务，而且随着它们在全球进出口市场的参与度提高，中西部地区公司对其的服务需求也在不断增长。 例如，尽管这些主要公司的总部都离开了芝加哥，但安达信会计师事务所以芝加哥为基地的 4 000 名员工的运营收入却以每年 10% 至 15% 的速度增长，其中越来越多的业务来自外地公司[2]。 位于市中心的一系列生产者服务公司

---

[1] 非常重要的一点是，主要部门的重组，从主要的公司总部到大、小服务公司网络的离去，对各种情况有重大影响。 慈善和公民捐赠以及领导能力也在流失，同样流失的还有内部劳动力市场，那里有初级工作和晋升机会，通常还有薪酬更高的管理及文书工作。

[2] 在衍生品、税务管理、诉讼和信息技术方面，Arthur Anderson 是一家领先的公司（参见第五章）。

也呈现出类似的趋势[1]。

东京

日本各主要城市在全国就业中所占比例（见表 6. 22）的情况，介于美国和英国之间的模式。 主要城市的生产者服务业就业比率大致处于中高水平，同时这些比率有所下降的趋势。 因此，东京的金融和保险就业比率从 1977 年的 17% 下降到 1981 年的 15%，1985 年的 14.2%，1995 年的 13.7%。 在房地产领域，东京的这一比率从 1977 年的 26% 下降到 1985 年的 23%，1995 年的 21.6%。 尽管东京在 20 世纪 80 年代的国内就业份额有所下降（1985 年东京占国内全部就业的 10%），但这些生产者服务行业在东京的集中度还是很高的。 但到 1995 年，东京占国内全部就业的比率上升到 14%，而在金融保险和房地产中的偏高比率则有所下降[2]。

---

[1] 例如，一家成立于 15 年前的信息技术咨询公司（Whittman-Hart）发展迅猛，仅 1998 年一年的总收入就增长了 68%——这是对其服务需求的一个衡量标准；这一增长主要是在总部加速撤离的情况下发生的。 过去十年中，为迁移离开此地的大陆银行和其他类似公司提供服务的主要律师事务所——梅耶尔布朗＆普氏律师事务所（Mayer Brown 和 Platt）的业务增长了 33%（有关总部与其公司服务之间关系的更详细讨论，见 Sassen，2000：71 - 83；Lyons 和 Salmon，1995）。

[2] 东京作为经济中心的中心地位还体现在其日间人口多于夜间人口，后者在过去几年里不断减少，而前者则继续增加。 从 1975 年到 1980 年，23 个特别区的日间人口有所增加。 1980 年，从其他县流入东京的人口总数为 210 万，其中 95% 是来自相邻三个县（埼玉县、神奈川县和千叶县）往返于工作地点和学校的通勤者。 流入构成了中央商务区的三个特别区（千代田、中央和港区）的工人有 230 万人，是这三个特别区 34 万夜间人口的 6.8 倍。 所有 23 个特别区的日间人口是 1 061 万，而夜间人口是 835 万。 就东京整体而言，日间人口为 1 349 万，夜间人口为 1 160 万。

表 6.22　1985—1995 年日本代表性年份内主要城市代表性
生产者服务业占全国就业份额（百分比）

	金融保险	不动产	服　务
	城市份额（百分比）		
东京（东京都）			
1985	14.2	23.0	12.5
1990	14.5	22.5	12.5
1995	13.7	21.6	11.9
名古屋（爱知县）			
1985	4.7	4.3	4.8
1990	4.7	4.2	4.8
1995	4.9	4.5	4.9
大阪（大阪府）			
1985	8.2	11.3	6.6
1990	7.4	10.7	6.5
1995	7.3	10.7	6.6
	国民就业（'000's）		
1985	1 742	485	11 924
1990	1 969	693	13 887
1995	1 975	707	15 932

资料来源：根据 1986、1993 和 1998 年日本政府、管理和协调机构、日本统计年鉴。

为了了解生产者服务业在东京及其在日本城市体系中的地位，必须看到制造业作为该国经济活动和主要出口的关键事实（见表 3.12）。这意味着东京的生产者服务业结构将不同于纽约和伦敦。第二个重要的不同点，东京主要是国民经济的指挥中心，在国际服务职能方面并不是很强（Hill 和 Fujita，1995；

Teranishi，1991）。　虽然它仍然是主要的资本输出国，也是世界上管理资产最集中的城市之一，但它处理的大部分资本和资产都来自日本（Kamo 和 Sasaki，1998）。　20 世纪 80 年代，东京的金融市场在全球崛起，但从未像伦敦和纽约那样发展全球功能（Matsubara，1995）。　第三个重要的区别是，东京在发展全球城市的能力（更宽泛地说，发展嵌入全球城市体系的能力）过程中，日本政府发挥了关键作用。　这意味着，纽约和伦敦的许多活动是在私营部门进行的，而东京及日本的许多活动一般是由政府机构处理的（Kamo，1998；Kamo 和 Sasaki，1998）。　这里讲的活动，包括全球城市功能所需的专门服务活动。　名古屋的生产者服务就业占国民就业的比率与其占全部服务业的比率大致相当，在 4%～5%，变化波动较小。　大阪的金融和保险就业占国民就业的比率为 8%，房地产为 12%，与其所有服务业占国民就业的 6.5% 相比，呈现较高比率。　在所观察的三个时间点上，这些比率水平几乎保持不变。　金融、保险和房地产一直是东京以外地区人口快速城市化以及工业产品出口增长的核心组成部分。把消费者市场和商务市场分开是不可能的。　在今后几年内，随着日本城市化的消退，以及更大比例的直接出口被海外生产取代，生产者服务业构成及其区位很有可能会发生变化。

　　表 6.23 给出了日本主要城市的区位商。　20 世纪 80 年代中期，东京的金融区位商数（1.82）与伦敦一样高，房地产区位商数（2.28）与纽约差不多。　1995 年，东京的金融和房地产区位商分别跌至 1.39 和 2.20。　与日本其他主要城市相比，东京在这些领域呈现高度集中，而名古屋则呈现集中不足。

表 6.23　1985—1995 年日本代表性年份内主要城市的金融和
服务业区位商（百分比）

	金融保险	不动产	服　务
	区位商		
东京（东京都）			
1981	1.49	2.33	1.23
1985	1.82	2.28	1.23
1995	1.39	2.20	1.21
名古屋（爱知县）			
1981	0.88	0.85	0.86
1985	1.00	0.78	0.87
1995	0.85	0.79	0.84
大阪（大阪府）			
1981	1.20	1.60	0.86
1985	1.56	1.66	0.96
1995	1.07	1.58	0.97

　　资料来源：作者根据 1986 年、1993 年和 1999 年日本政府、管理和协调机构、日本统计年鉴做出的计算。

　　呈现的第二个趋势是，自 1977 年以来，金融和保险业在这三个城市的高度集中程度趋于增强，表明在主要中心的区位集中。　与英国不同，日本金融、保险和房地产区位分布遵循城市层级制度模式；在日本，东京与次级主要城市之间的不连续性较少，尽管这种不连续性趋于上升。　这里再次提出一个至关重要的问题，一个强大的制造业部门的存在，对于解释生产者服务业在几个主要城市（而不是一个城市）的强势表现有多大意义？第二，东京与其他两个主要城市在高度集中的生产者服务部门构成方面是否存在不连续性？　大阪的生产者服务业高度集中在多大程度上源于一个非常强大的制造业基础，从这个意义上说，它与东京 FIRE 部门的一个重要增长来源有很大不同吗？　在这种情况下，日本的结构实际上与英国相似，后者之所以显得结果不同，只是因为制造业的衰落严重影响了以制造业为主的城市中的生产者服务业增长。　这将支持我提出的假设，即当今金融业的关键组成部分不再以服务于生产为导向。

更详细的数据显示，日本国民经济活动越来越多地集中在东京。　自 20 世纪 80 年代以来，日本其他主要城市的企业往外转移的速度加快。　根据日本国家税务总局的数据，从 1985 年到 1989 年，有 3 万家日本公司将总部迁至东京。　1986 年对 1 050 家大型外国公司进行的调查发现，78% 的公司将其日本分支机构或子公司设在东京。　东京的外国公司从 1985 年的 997 家增加到 1995 年的 1 282 家；在周边的三个县（千叶、神奈川县和埼玉县），从 44 家上升到 115 家（Japan National Tax Agency，不同年份）。

由东京都政府根据日本管理与协调机构的数据进行分析的结果显示，在 20 世纪 90 年代中期，东京有三分之一的服务公司从事商务服务，而国内这一比率为 20%；东京商务服务的就业比率为 45%，而国内这一比率为 30%（TMG，1999）[1]。

Terasaka 等人（1988：166）指出，尽管人们预期电信能力发展会降低东京中央办公室密度，但在 20 世纪 80 年代，东京中

---

[1]　其他迹象显示，20 世纪 90 年代末，在资本总额超过 10 亿日元的日本企业中，有 52% 都在东京。

心区的总部数量迅速增加。 1969 年，在主要证券交易所上市的公司总部，56.5% 在东京，20.3% 在大阪。 相比之下，1981 年对日本企业机构的普查发现，在日本所有办公室中，只有 23.1% 集中在东京。 这表明，在东京高度集中的是某些类型的公司。资本超过 50 亿日元的公司中，有近 57% 位于东京；相比之下，资本在 1 亿至 10 亿日元的公司中，这一比率只为 38%；资本在 1 亿至 50 亿日元的公司中，这一比率为 53%。

Terasaka 等人（1988）引用的日本国土厅的一项调查发现，在接受调查的总部设在东京的公司中，56.3% 的受访者表示将总部设在东京的主要原因是增加投资资本和金融投资；45% 的受访者表示，设立一个中心位置是必要的，这样可以监管分支机构和工厂，而且通常要跨越广泛的地理区域进行监管；41.7% 的受访者认为，是为了获得商品和营销渠道；36.4% 的受访者提到便于从商务机构获取信息；31.8% 的受访者提到为了从行政机构获取信息。 因此，有人可能会说，除了筹集资金和投资资本的金融方面外，解决信息经济方面的问题仍是把总部设在东京的相当重要的原因，尽管地价、工资和薪水以及其他成本都很高。

20 世纪 80 年代，东京的外国公司数量也有所增加，无论是绝对数还是在日本设有办事处的外国公司所占比率。 日本财务省发现，1974 年，279 家外国公司在东京开设了办事处，其中 150 家是非制造业公司。 到 1984 年，在日本的外国公司总数为 2 256 家，其中 63% 的办事处位于东京中心区，22% 的办事处位于东京的其他 23 个区。 只有 15.6% 位于东京以外的地区。 在东京，金融公司和银行的集中度极高。 1997 年，外国公司在日本的投资占 GDP 的 0.6%。 自那以后，越来越多的公司进行了大量投资，导致 1998 年外国投资数量翻了一番。 这些公司包括通用金融、美林证券、电信、家乐福和雷诺等（Sassen，1999）。

Rimmer（1986）比较了东京、大阪和名古屋的工业产出、批发产出、零售销售、银行存款和银行贷款后指出，大阪在全国工业产出中所占的份额（以县而非市的水平衡量）从 1960 年的 23.4% 下降到 1980 年的 16.4%。 尽管东京的份额也从 28.3% 下降到 26.5%，但它仍然是最主要的集中地。 名古屋提高了工业产出，但未能提高银行存款和银行贷款中的份额，批发的份额下降。 名古屋是一个工业城市，是一个"公司城镇"，而不是一个国际商务中心。 另一方面，大阪是东京以外的主要经济中心，许多地理学家认为，东京和大阪是日本城市体系中的关键点。 到了 20 世纪 90 年代中期，这些城市的经济活动规模都发生了变化。 最引人注目的是，出口额的大幅增长和股票交易量的急剧下降。 这三个城市的总体位置分布变化不大，东京至今仍是主要城市。 这三个城市的出口额都有所增长，其中东京的绝对出口额最高，是大阪的 2 倍，比名古屋高出 50%。 如果加上横滨、东京地区的出口值就会翻一番。 如此庞大的贸易量，需要大量的生产者服务来处理加工出口和装运的工作，包括法律和会计服务。 东京和大阪在主要银行业务中的份额都有所下降，从 1988 年大阪占银行总存款的 13% 和东京占银行总存款的 38% 分别下降到 9% 和 25%，部分原因是全国城市地区的增长。 尽管东京的股票份额从 1988 年的 86% 下降到 1997 年的 83%（OPIAID，1999），但东京仍然是股票交易的主要市场。

结论

　　在美国、英国和日本，生产者服务业的空间经济伴随着其在国内普遍的迅速增长而呈现高度集中的区位，尽管国内生产者服务业总体增长率一般较高，但仍然趋于在主要城市高度集中。这种模式引发了一系列问题。　一是关于不同类型区位的生产者服务业构成。　有证据表明，纽约、伦敦和东京与其他城市之间存在着明显的差异，这三个城市的生产者服务业高度集中，而且有面向全球市场的强烈导向。　英国的其他主要城市，此类服务的集中程度往往不足，在国际金融业中处于边缘地位。　在日本，大阪的生产者服务业有较高的集中度，但一项更详细的分析显示，在 20 世纪 80 年代和 90 年代，东京在全球市场导向的所有主要行业（从公司总部到股票交易所和外国公司）的集中度都有所上升。　在美国，几个主要城市的生产者服务业集中度明显较高，是国际金融的重要场所。　但对生产者服务业构成进行更详细的考察表明，在 20 世纪 80 年代，纽约巩固了它作为美国主要国际金融和商务中心的地位，并在若干方面超过了洛杉矶。

　　生产者服务业的区位分布，在一定程度上遵循这些国家中公认的城市等级制度。　在英国和日本，最大的集中区位是处于等级体系的顶级城市，伦敦和东京；在美国，有几个主要城市，但纽约显然是主要的生产者服务中心。　因此，尽管有类似于城市等级的模式，人们也可以发现存在严重的不连续性。　最极端的例子是伦敦：它集中了英国 31% 的生产者服务业工作，而许多老工业中心的城市，生产者服务业比例不足；伦敦占了英国就业的 16%，而其他主要城市各占不到 2%。 这种增长似乎不是沿着城市层级扩散，而是在增长路径上有玥显的发散性。 伦敦高度集中的生产者服务业和强烈的全球市场导向，不仅是伦敦的增长引擎，也是伦敦东南部地区的增长引擎；英国那些老工业中心的制造业衰退，已摧毁了其关键的生产者服务业。 最具活力的部门在伦敦及其地区的不成比例的集中，可能已经改变了英国城市体系的性质。 同样，在日本，东京越来越集中的主要部门、公司总部、大型贸易公司和银行以及最先进的制造业，使东京与第二大城市大阪（曾经在日本最强大的工业中心）之间拉开了更大的差距。 在美国，芝加哥曾经是中西部大型工业中心的主要城市，现在已让位纽约和洛杉矶。

　　主要经济部门的全球市场导向，是否像对发达经济体所理解的那样，有助于改变城市体系的性质？ 本章讨论的证据表明，基于全球市场导向的增长导致了国家城市层级的不连续性。 也许，越来越明显的是，大规模生产和大规模消费的中心地位是在这些国家建立平衡的城市体系和国家一体化的一个关键因素。日本在多大程度上是由于其他主要城市持续的制造业实力而使城市体系的不连续性较小？ 英国在多大程度上是由于其他主要城市制造业衰落而使目前的不连续性趋势显著？ 美国是否会以不同的方式缓慢呈现日本的这种显著趋势？ 这一趋势的迹象，可能是所有主要总部、贸易公司、外国银行、外国公司和金融市场都越来越集中在东京，大阪作为主要工业中心的地位也逐渐下降。 大阪在金融市场的份额也有所下降。 电信在工作组织方面的重要性日益增加，可能进一步加强战略职能集中化趋势，即使日常工作趋于分散化。

主要城市的主要生产者服务业（如广告、银行和金融以及法律服务）的比例往往过高。 然而，曾经是主要工业中心的城市，特别是在英国和美国，现在严重衰落，这些服务业的比例往往不足。 这表明，与金融中心相比，工业中心存在着不同类型的生产者服务业复合体。 另一方面，金融中心的生产者服务业复合体大部分是面向全球市场的出口功能增长，正如第五章对特定生产者服务更详细分析所显示的那样。 这可能表明，生产者服务高度集中问题很大程度上与主要城市作为这些服务的合适生产基地及其市场有关，而不是与为城市经济基础服务的需要有关。

自 20 世纪 70 年代以来，生产者服务业的全面增长可以看作工作组织安排方面的一个重大转变。 这种转变或许正是服务经济的本质所在。 人们通常把服务经济与消费者服务业的大幅增长等同起来。 然而，消费者服务的增长与大规模生产扩大，以及人口城市化和郊区化密切相关。 也许，把消费者服务业增长视为以大规模生产和大规模消费为中心的经济发展阶段的产物，而不是向服务型经济的转变更为恰当。

由于经济和管理框架的复杂性，私营和公共部门的许多组织都需要各种中间服务投入。 计算机化、信息技术和电信的发展，改变了工作的组织形式。 这些都是跨行业、跨地区的发展，各类组织机构和地区的服务投入的总体增长就体现了这一点。 这种总体发展构成了向服务经济的真正转变。

在这一章中，我们看到纽约、伦敦和东京在各自国家的城市体系中已经超越了其他城市。 那么，其他国家的主要城市呢？

是否有证据表明国际金融和服务流动的增长对面向世界市场的主要城市都产生了类似的影响？　具体来说，全球市场导向是否造成了国家城市体系的更多不连续性，并促成了城市间跨国依存的新形式？　我们看到全球城市体系或跨国汉萨同盟的必要性了吗？　我们不能在这里回答所有问题。　尽管民族国家在世界上的地位趋于弱化，但建立纽约、伦敦和东京以外的城市之间的相互依赖并不容易，这似乎是一个越来越引人注目的问题（Sassen，1996，2001b）。　我们将在下一章开始研究这些问题。

第七章
全球城市体系的元素：
网络和层级

　　纽约、伦敦和东京长期以来都是商务和金融中心。 自 20 世纪 70 年代末以来，它们所发生变化的是商务和金融部门的结构、规模以及工作性质。 在较早的时期，为数有限的大型企业总部和少数大型商业银行主导了一个市场，其特点是管制水平高、通货膨胀低、增长率适中且可预测。 20 世纪 70 年代的高通胀、欧洲市场企业借贷者的增长，以及第三世界债务危机改变了这样的状况。 今天，大量的企业构成了商务和金融部门的核心。 这些公司在私营部门的办公室增长和大量经济交易中占很大比例。 20 世纪 80 年代金融业重组带来了根本性变化，监管减少、业务更加多样化、竞争更加激烈、大型商业银行失去市场份额、交易量大幅增加。 本章试图将第四章、第五章中介绍的金融市场信息映射到主要城市上，以便将纽约、伦敦和东京置于更广泛的分析框架中。 金融在这些城市的国际交易中的中心地位，以及金融业巨大的货币价值（这让所有其他行业相形见绌），要求我们考察这些城市与其他主要城市之间的相互作用。

除了极少数例外，城市体系研究通常假设民族国家是分析的单元，城市体系与民族国家是联系在一起的（Walters，1985；Chase-Dunn，1985）。但在某些情况下，一个民族国家可能包含多个城市体系；而在另一些情况下，一个城市体系可能包含多个民族国家。Hall（1966）在《世界城市》里程碑式研究中所描述的情况，也没能充分解释今天把纽约、伦敦、东京与其他城市连接起来的理由。除了 Hall（1966）、Friedmann 和 Wolff（1982）提出的这些城市在全球层面上发挥中心位置功能外，这些城市还以独特的系统方式相互关联。纽约、伦敦和东京之间，特别是在金融和投资方面的相互作用，表明它们构成一个体系的可能性。这些城市不仅仅是为同一项业务而相互竞争，而且是为了建立在这些城市所代表的三种不同类型的地理区位之上的一种经济体系。

资本的国际流动促进了不同地理区域之间的具体联系，并改变了这些区域在世界经济中发挥的作用。有几种国际交易地点的类型是很突出的。大家最熟悉的是出口加工区和离岸银行中心；其他的可能还需要指定或识别。我们这里的问题是，主要城市在多大程度上是这样一个国际交易的地点，尽管这显然是一个更为复杂的地点。

这些城市包括多种国际市场、外国公司的主要集中地和向世界市场销售的生产者服务，它们是国际房地产市场的关键地点。这些活动的高度集中，在这些基本上属于国内大型城市区域的中心构成了国际化空间。在前一章，我们研究了纽约、伦敦和东京的这些集中的特征，以及它们与各自国家城市体系的关系。这里首先要提出的问题是，这三个城市如何相互联系，如何与全球市场相联系？ 20 世纪 80 年代的典型观点认为，纽约、伦敦和东京是相互竞争的，并通过提供连接 24 小时的市场覆盖范围而加剧这种竞争。 对集中在这些城市的金融和服务市场的多样性进行分析后，我们发现，它们之间存在一种系统联系（而非竞争）的可能性，即一种以全球为基础的城市体系。 第二个要提出的问题是关于纽约、伦敦和东京相对于其他主要城市的地位，特别是西欧重要的金融中心，如巴黎和法兰克福，以及亚洲的其他主要中心，如香港。 这些城市都是具有强烈全球导向的金融中心。

趋向网络系统

在第二章，我简要阐述过一个观点，即资本流动性不能简单地归结为流动，也不能归结为促进流动的技术。 更确切地说，我们继续称之为固定资本的多种要素实际上是资本流动性的要素。 所有资本形式中最具流动性和非物质化的证据表明，这一论点适用于全球金融。 在第五章，我介绍了两组动态因素来解释这一结果——社会连接对于复杂的全球业务的重要性，以及跨境网络的增长。 这里让我来详细介绍。

跨境金融业务所造成的特殊类型的复杂性，以及该行业扩张的一种机制是将越来越多的解除管制的金融中心纳入全球市场的事实，促成了金融中心之间分工的出现。 领先的金融中心可能仍将是全球金融体系的一个特征，因而其层级结构也将继续存在。 而且，大多数金融中心作为促进国家财富在全球范围内流通的角色也需要发展各自国家经济的特定功能，即特定的金融市场。　这增加了全球金融体系的复杂性，原因是专业化金融市场的倍增，以及随着该体系扩大和纳入越来越多的国家而增加的不确定性。　在这种背景下，金融中心网络作为一个复杂的组织结构发挥作用，使每个金融中心在扩大其全球业务并容纳越来越多外国金融机构的同时，也能最大限度地提高效率、透明度和（功能性）信任度（见 Sassen，2001）。

　　世界上许多国家的国际金融中心日益发挥国内资本与国外资本进出流通的门户作用。　这些金融中心越来越多地纳入全球市场是全球金融体系扩展的一种形式：　每一个金融中心都是该国财富与全球市场、外国投资者与该国投资机会之间的纽带。　投资来源地和目的地的数量总体呈上升趋势。　这种门户功能现在是，而且很可能继续是它们融入全球金融市场的主要机制，而不是把流入与流出的资本打包在一起的金融创新的产物。　这些复杂的业务操作，往往是由顶级的投资、会计和法律等服务公司通过其子公司、分支机构、直接进口这些服务或其他形式的转让来执行的。　因此，在这些作为门户功能的金融中心确实出现重要的金融创新，如布宜诺斯艾利斯和墨西哥，但通常是由领先的全球金融服务和相关的法律和会计服务公司所设计的。

　　这些全球金融市场的门户，同时也是金融危机动态的门户：资本流出与其流入一样容易和迅速。　曾被认为"国家"资本的资金，现在也很容易加入逃亡大军：　例如，1994 年 12 月的墨西哥危机期间，第一批逃离墨西哥市场的资本不是外国的，而是本国的；1998 年 9 月初，巴西的资本外逃，每天约 10 亿美元，并非全部是国外资本。

　　在我看来，全球一体化的金融体系不仅仅关乎国家之间的竞争。 特定金融中心之间专业合作的努力有所增加。 伦敦、纽约或法兰克福金融中心的持续增长，在一定程度上是全球金融中心网络的作用。 它们之间在某些方面存在着竞争，但也存在着日益复杂的交易和战略联盟系统，这些系统不能归入竞争的概念。在这方面，东京与香港的例子很有启发性。 我的观点是，对金融市场和个别金融公司来说，击垮东京和香港金融中心几乎没有任何好处。 而直到最近，东京和香港还被视为与西方主要金融中心竞争的两个主要对手。

东京仍然是一个重要的资本来源。 自 1996 年以来，日本金融体系新一轮放松管制导致以基本非流动性形式存在的约 13 万亿美元资产的"释放"。 这可能对全球金融市场产生重大影响。 1998 年以来，越来越多的美国和欧洲金融机构一直在全部或部分收购日本金融部门的公司，这一事实表明，东京将比1991 年经济危机以来更积极地参与全球资本市场。 东京在全球金融体系中将继续扮演重要角色，而且将越来越多地通过外国中介。

香港从一开始起就是一个不同世界之间的重要交汇点，一直是中国企业与世界各地企业、世界各地与中国，以及海外华人企业之间的战略交流节点。 只有在投资者对中国内地的兴趣全部消失，或者上海能够复制香港所代表的资源组合的情况下，香港才会失去这一历史性角色。 但在不久的将来，这两种情况都不太可能发生。 如今，尽管它的市场份额有所下降，但香港仍然是拥有最先进的服务集中地之一，与伦敦、纽约、法兰克福和巴黎相差不远。

最后，电子网络的数量及其范围都在增长，但这并不一定意味着金融中心就不再需要了。　更确切地说，电子网络将加强这些金融中心以战略或功能联盟形式连接的交易，最显著的例子是1998年7月法兰克福和伦敦交易所之间联合的尝试，以及2000年初巴黎、马德里、阿姆斯特丹和法兰克福之间建立的联盟。这样的联盟很可能演变为类似公司的跨国合并和收购。　电子交易也将提供一个全新的模式，即一个金融市场（如法兰克福的德意志欧洲期货交易所）可以在屏幕上进行许多世界其他金融市场的操作，或者通过一个经纪公司（如菲茨杰拉德公司）可以有其显示在屏幕上的美国国债期货的价格（在时1998年9月）供美国各地交易员使用。

但电子交易并不能消除对金融中心的需要，因为金融中心汇集了执行复杂操作和为全球公司和市场提供服务所必需的多种资源和人才。　法兰克福的电子期货网络实际上嵌入在金融中心网络之中。　纳斯达克正计划在美国以外广泛开展业务，首先是与日本企业集团软银（Softbank）组建了一家合资机构，设立了纳斯达克日本（Nasdaq Japan）。　经纪商康托·菲茨杰拉德（Cantor Fitzgerald）与纽约期货交易所结成联盟，为其处理美国国债期货的电子化交易。　不能把金融中心沦为只是交易所。　交易所只是一个复杂得多的架构的一部分，它们在该架构中构成了复杂得多的结构。

扩张和集中

不同类型的证据都倾向于表明，在融入全球市场的金融中心数量扩大的同时，所有资产的不成比例的份额继续集中在少数的主要金融中心。　股票市场的股本总额是一个指标，它既反映了提高股本总额水平的股票市场数量的增加，也反映了市场中不成比例的份额持续集中在 5~7 个主要金融中心。　20 世纪 80 年代是出现这种扩张与集中的新动态的关键十年，这种动态在 20 世纪 90 年代继续存在，尽管 1987 年开始出现了几次危机（见表 7.1）。

表 7.1　1987—2000 年代表性年份全球的主要股票市场的
资本总额（十亿美元）

国家和地区	1987	1993	1997	2000
美国	2 871	5 136	11 309	15 370
日本	2 896	3 000	2 217	4 692
英国	728	1 152	1 996	2 894
德国	255	463	825	1 447
法国	185	456	674	1 442
意大利	128	136	345	702
加拿大	244	327	568	763
瑞士	165	272	575	676
澳大利亚	132	204	697	415
中国香港	84	385	413	583
各国和地区总和	7 688	11 531	19 619	28 984
发达国家和地区总和	8 114	12 316	21 312	31 593

　　资料来源：作者基于 1988 年 1 月、2000 年 1 月摩根士丹利资本国际观点的计算；1998 年国际金融公司，《新兴股票市场》（Factbook），第 17 页。
　　注：表示 1987 年的西德；由于省略了一些国家或地区，因此上市国家或地区总数不等于上市国家或地区总数；表中包含了国内上市公司的年终总市值。

　　最剧烈的变化发生在东京股市。　20 世纪 80 年代初，它与纽约股市相比还小，基本上跟随纽约股市的波动。 20 世纪 80 年代后半期，东京成为世界上最大的股票市场，对其他市场波动的反应也不那么剧烈了[1]。 这种金融力量的转移很大程度上是大量的国民财富集中在日本。 1985 年，日本的国民资产价值为 19.4 万亿美元；到 1989 年底，这一数字已经增长到 43.75 万亿美元。 从 1984 年开始，东京股票市场的日经 225 指数就超过了道琼斯指数。 1988 年，这种差异迅速加剧，东京股票市场开始被视为领头羊。 1987 年危机后的跌幅要小得多，而且很快恢复到以前的增长率。 它成功地为日本经济提供了稳定的低成本资本池。

1987 年，东京证券交易所上市的公司为 1 499 家，而纽约证券交易所和伦敦证券交易所分别为 1 516 家和 2 101 家。 在东京和纽约，分别有 52 家和 59 家外国股票上市，而伦敦有 584 家。此后，东京失去了许多这样的上市公司。 以外国公司所占的上市席位衡量，各主要金融中心的国际化程度各不相同。 伦敦是最国际化的，而东京的国际化程度远低于大多数欧洲主要金融中心。 1997 年，伦敦证券交易所上市的外国公司有 526 家，其次是纳斯达克（Nasdaq）454 家，纽约有 356 家，三者占全球主要证券交易所（3 032 家外国公司）的 44%（见表 7.2）。

---

[1] 从 1987 年开始，东京股市被越来越多地认为是一个值得效仿的模式，一个强调稳定的模式，不同于纽约所代表的模式。 东京股市在 1987 年和 1989 年的跌幅要小得多（纽约股市：下跌 7%；东京：下跌 2%）。它在 1989 年闭市时，较上年增长 31%，基本上没有纽约股市明显的大幅波动。 然而，到 1990 年 1 月，1989 年年底在纽约发生的股市价格暴跌冲击了东京股票市场。

表 7.2　1997 年在主要证券交易所上市的外国公司（数值和百分比）

	上市的外国公司数量	百分比份额
伦敦	526	17.3
纽约	356	11.7
纳斯达克	454	15.0
瑞士	212	7.0
德国	—	—
斯德哥尔摩	16	0.5
巴黎	193	6.4
布鲁塞尔	140	4.6
东京	60	2.0
其他	1 075	35.3
总共	3 032	100.0

资料来源：　1997 年伦敦证券交易所。

　　资产管理的集中度虽然不如股票市值的集中度那么显著，但也非常明显。 根据 Thomson Financial（1999）的数据，1998年，全球管理的 14.9 万亿美元资产中，约有 11 万亿美元集中在25 个城市，其中 10 个城市就管理着 9.3 万亿美元（见表 7.3）。很明显，即使没有重要的交易所，一个城市也可以成为主要的金融中心，就像波士顿，1998 年它以管理 1.5 万亿美元的资产而排名第三。 这些投资地理分布显示出一种明显的集中模式（见表 7.4）。 1998 年，伦敦作为主要的金融中心，在其管理的资产中，最大的单一集中的非国内股票是欧洲股票，为 3 722 亿美元，紧随其后的是 1 891 亿美元的美国股票。 同样，在纽约管理的资产中，最大的单一集中的非国内股票是欧洲股票，为 1 119

亿美元。　东京管理的资产中，最集中的非国内股票是 805 亿美元的美国股票和 592 亿美元的欧洲股票。　这三个城市资产管理的国内股票显然比较集中，在它们管理的总资产中所占比例最大。

表 7.3　1998 年按机构股本持有量排名前 10 位的城市(十亿美元)

排　　名	城　　　市	总　价　值
1	伦敦	2 177.6
2	纽约	2 008.4
3	波士顿	1 469.4
4	东京	1 117.4
5	旧金山	614.9
6	苏黎世	491.4
7	洛杉矶	436.0
8	巴黎	420.4
9	宾夕法尼亚	313.5
10	芝加哥	312.5
	总和	9 361.5
	排名前 25 城市的总和	12 116.5

资料来源：　基于汤姆森金融投资者关系，《1999 年国际目标城市报告》，第 3 页。

**表 7.4　1999 年按机构投资者股票持有量计算的
排名前 10 的大城市(十亿美元)**

城　　　市	美　　国	拉丁美洲	环太平洋	欧　　洲
伦敦	189.1	—	150.5	372.2
纽约	—	10.6	21.2	111.9
波士顿	—	4.1	11.3	68

续　表

城　　市	美　国	拉丁美洲	环太平洋	欧　　洲
东京	80.5	—	—	59.2
旧金山	—	1.9	3.1	11.8
苏黎世	80.8	—	19.5	217.7
洛杉矶	—	4.0	17.6	45.6
巴黎	42.2	—	15.7	83.7
宾夕法尼亚州	—	0.6	2.3	3.4
芝加哥	—	0.4	1.8	10.7

　　资料来源：基于汤姆森金融投资者关系，《1999 年国际目标城市报告》，第 3 页。
　　注：为欧洲城市列出的价值是基于非国内欧洲股票；表示原始数据来源中没有列出数据。

　　最后，正如前面关于生产者服务讨论所指出的，纽约和伦敦是会计、广告、管理咨询、国际法律服务、工程服务、信息产品和服务以及其他商务服务的主要生产者和出口商。它们是这些服务最重要的国际市场，而纽约是世界上最大的服务出口来源。东京正逐渐成为国际服务贸易的重要中心，超越了其最初仅限于出口大型国际贸易公司所需服务的作用。

　　先进生产者服务业的领先公司发展了庞大的跨国网络，其中包含特殊的地理和机构联系，使客户能够更加方便地使用同一供应商提供的越来越多的服务。子公司和市场的全球化整合需要使用先进的信息和电信技术，这些技术在成本中占很大的比例——不仅是运营成本，而且可能是新产品的研发成本或现有产品的改进成本。对规模经济的追求，解释了最近并购的增加，巩固了一些非常大的公司在这些行业中的地位。这些公司在为全球公司提供服务中已经成为能够控制国家和世界市场很大份额的公司。 在会计和广告服务领域尤其明显。 一流会计师事务所具有一个基于声誉的巨大优势: 由这些会计师事务所进行审计,可以提升被审计公司的地位,激发潜在投资者的信心,并让政府监管机构放心。 跨国广告公司可以向全球特定的潜在客户提供全球广告。

在某些生产者服务领域,日本更有可能在世界市场上获得重大份额(Rimmer,1989;Ocaji,2000;第三章表 3.12、表 3.15和表 3.18)。 例如,日本在建筑和工程服务领域占有世界市场的重要份额,但在广告与国际法律服务等方面并不占优。 看一下与时俱进的日本建筑工程的国际合同就能说明问题。 截至1978 年,在前 200 名国际建筑承包商中,美国占 60 家,日本占10 家。 到 1985 年,美国和日本各占了 34 家。 就像在韩国一样,20 世纪 70 年代中东石油出口国家的大规模建设项目对日本建筑工程服务的国际化至关重要。 亚洲共有 61 家建筑上市公司,其中日本和韩国占了 50 家。 另一个有趣的现象是日本海外建筑工程的地理分布。 1978 年,日本海外建筑工程的 87%是在中东和其他亚洲国家;到 1985 年,其在亚洲的份额下降到47%,而北美的份额达到 24%,其中大部分在美国(Rimmer,1988)。 1984 年,美国成为日本工厂、办事处和银行落户的主要所在地。 日本在美国的建筑承包业务的增长,与这一发展直接相关。 20 世纪 90 年代,格局再次发生变化,日本海外建筑工程三分之二的业务是在亚洲(Ocaji,2000: 2)。

根据 1986 年和 1997 年世界前 50 家商业银行和前 25 家证券公司的累积资产和收入,全球 12 大金融中心的排名,再次显示了纽约、东京和伦敦的突出地位(见表 7.5)。

表 7.5　1986 年和 1997 年按前 50 家商业银行和前 25 家证券公司的收入和资产排名前 12 的大金融中心（百万美元和数量）

序	按收入排名						
	1986				1997		
排名	城　市	收入	公司数量	排名	城　市	收入	公司数量
1	东京	6 424	22	1	纽约	19 027	14
2	纽约	5 673	16	2	伦敦	14 363	7
3	伦敦	2 934	5	3	巴黎	6 936	7
4	巴黎	1 712	6	4	夏洛特	5 786	2
5	大阪	1 261	4	5	旧金山	3 493	3
6	法兰克福	1 003	3	6	阿姆斯特丹	3 416	2
7	苏黎世	826	2	7	法兰克福	2 846	4
8	阿姆斯特丹	739	3	8	北京	1 917	4
9	巴塞尔	415	1	9	慕尼黑	1 396	3
10	香港	392	1	10	布鲁塞尔	1 074	1
11	洛杉矶	386	1	11	阿姆斯特丹/布鲁塞尔	1 003	1
12	蒙特利尔	354	1	12	乌德勒支	980	1
				20	大阪	-3 282	2
				21	东京	-18 049	15

序	按资产排名				
	1986		1997		
排名	城　市	资产	排名	城　市	资产
1	东京	1 801.4	1	东京	3 467.5
2	纽约	904.8	2	纽约	2 525.3
3	巴黎	659.3	3	巴黎	2 071.0

续　表

排名	城　市	资产	排名	城　市	资产
4	大阪	557.6	4	伦敦	1 650.7
5	伦敦	390.3	5	法兰克福	1 435.6
6	法兰克福	306.8	6	北京	1 162.0
7	阿姆斯特丹	193.4	7	大阪	892.4
8	慕尼黑	133.4	8	阿姆斯特丹	713.8
9	名古屋	123.9	9	慕尼黑	667.6
10	旧金山	109.2	10	夏洛特	470.3
11	神户	107.1	11	杜塞尔多夫	326.3
12	香港	90.8	12	旧金山	288.9
序	按收入资产比率排名				
	1986			1997	
排名	城　市	收入资产比率	排名	城　市	收入资产比率
1	伦敦	0.752	1	多伦多	26.628
2	纽约	0.627	2	夏洛特	1.230
3	洛杉矶	0.617	3	旧金山	1.209
4	多伦多	0.591	4	伦敦	0.870
5	苏黎世	0.524	5	圣路易斯	0.768
6	蒙特利尔	0.520	6	纽约	0.754
7	巴塞尔	0.489	7	布鲁塞尔	0.529
8	香港	0.432	8	阿姆斯特丹	0.479
9	阿姆斯特丹	0.382	9	乌德勒支	0.469
10	东京	0.357	10	阿姆斯特丹/布鲁塞尔	0.368

续　表

排名	城市	收入资产比率	排名	城市	收入资产比率
11	法兰克福	0.327	11	巴黎	0.335
12	巴黎	0.260	12	慕尼黑	0.209

　　资料来源：作者根据 1987 年 9 月 29 日和 1998 年 9 月 28 日的《华尔街日报》《全球金融与投资年度特别报告》（ *Global Finance and Investment Annual Special Report* ）进行计算。
　　注：证券公司和银行按多夫琼斯指数排名；大多数数量是根据 1997 财政年度计算的结果，截至 12 月 31 日，各报告年度的汇率为百万美元。

　　到 1986 年，就累积资产而言，东京已经成为世界领先的银行中心。众所周知，日本银行是按照资产增长而不是利润增长的标准来运作的。在法国，特别是几家主要银行国有化之后，银行资产高度集中在几家最大银行。美国银行资产的集中程度比大多数主要工业化国家都要低。大阪以 1985 年的 3 667 亿美元和 1986 年的 5 576 亿美元资产排名第四。作为主要工业城市的大阪是日本第二大证券交易所，1986 年排名第五，但 1997 年排名第 20 位。无论从累积资产规模还是股市规模来看，大阪显然远远落后于东京。在 1986 年的收入排名中，东京仍高居榜首，其次是纽约和伦敦、巴黎和大阪。1997 年的数据显示了一个重大转变。虽然东京在资产方面仍位居榜首，纽约和巴黎紧随其后，但在收入方面则跌至第 21 位，年收入为负 180 亿美元，列入榜单的公司数量由 1986 年的 22 家减少到 15 家。这很大程度上是日本银行业危机的结果。1997 年，巴黎的收入排名第三，紧随其后的是美国北卡罗来纳州的夏洛特和旧金山。在收入-资产比率排名上，除了绝对规模之外，其他因素显然也会产生影响。因此，多伦多、夏洛特和旧金山在收入-资产比率排行榜上的排名都高于其他城市。

　　1988 年，世界上最大 100 家银行的 50% 和 25 家最大证券公司几乎全部分布在纽约、伦敦和东京；到 1997 年，这两个数字分别跌至 28 家和 19 家（见表 7.6 和表 7.7）。 如果我们考虑最大 100 家银行的资产、资本和收入方面，资产占比的降幅要大得多，从 60% 降至 35%，而资本占比从 49% 降至 42%，收入占比从 63% 降至 45%。 其中，值得注意的变化是，这十年中东京的大银行资本几乎翻倍，即使其数量下降了一半以及收入为负（表上损失 200 美元——其低估了这些银行的实际损失，估计损失要达到 6 000 亿美元[1]）。

表 7.6　1988 年和 1997 年纽约、伦敦和东京占全球 100 家最大银行的份额（百万美元和百分比）

| | | 1988 | | | | | |
	公司数量	资　产	前 100 的占比	资　本	前 100 的占比	收入	前 100 的占比
日本	30	4 862 509	45.64	484 759	36.51	12 420	28.94
纽约	12	933 037	8.76	113 744	8.57	8 942	20.83
伦敦	5	605 019	5.68	55 531	4.18	5 655	13.18
总和	47	6 400 565	60.08	654 034	49.26	27 017	62.95
前 100 的总和	100	10 653 417		1 327 891		42 919	

————————

[1] 最近的几次银行合并，如 1999 年 10 月宣布的住友银行和樱花银行的合并，将进一步提高日本顶级银行的资本基础。 第一劝业银行和富士银行以及日本工业银行宣布合并后，将成为一家占据日本大型企业贷款市场 30% 以上份额的机构，这些企业包括钢铁制造商、建筑公司、零售商、石油公司、化工企业和水泥制造商，这些都是在日本受到高度保护的行业。 合并后的银行持有 9.6 万亿日元的交叉持股，成为日本股市最大的投资者，持有 103 家上市公司至少 10% 的股份。

续　表

	1997						
	公司数量	资　产	前 100 的占比	资　本	前 100 的占比	收入	前 100 的占比
日本	15	4 569 260	21.32	916 377	31.81	−20 462	n/a[2]
纽约	8	1 361 993	6.36	169 022	5.87	13 654	23.09
伦敦	5	1 505 686	7.03	130 587	4.53	12 900	21.81
总和	28	7 436 939	34.70	1 215 946	42.21	24 508	44.90
前 100 的总和	100	21 429 890		2 880 772		59 137	

资料来源：作者根据 1989 年 9 月 22 日的《华尔街日报》《世界商务》和 1998 年 9 月 28 日的《华尔街日报》做出的计算。

表 7.7　1988 年和 1997 年纽约、伦敦和东京占全球 25 家
最大证券公司的份额（百万美元和百分比）

	1988				
	公司数量	资　产	前 25 的占比	资　本	前 25 的占比
东京	8	153 587	29.65	40 825	42.91
纽约	12	303 479	58.58	47 543	49.98
伦敦	4	57 321	11.07	4 622	4.86
总和	24	514 387	99.30	92 990	97.75
前 25 的总和	25	518 017	100	95 130	100
	1997				
	公司数量	资　产	前 25 的占比	资　本	前 25 的占比
东京	6	236 712	11.86	36 827	14.10
纽约	11	1 586 737	79.50	200 615	76.81
伦敦	2	41 396	2.07	9 501	3.64

续 表

	1997				
	公司数量	资　产	前 25 的占比	资　本	前 25 的占比
总和	19	1 864 845	93.44	246 943	94.55
前 25 的总和	25	1 995 782	100	261 180	100

资料来源：作者根据 1989 年 9 月 22 日的《华尔街日报》《世界商务》和 1998 年 9 月 28 日的《华尔街日报》做出的计算。

注：根据道琼斯全球指数确定的资本排名；基于 1997 财年结果的数量。

就证券公司而言，最引人注目的事实或许是纽约的资产绝对值增长。从 1983 年的 3 030 亿美元增加到 1997 年的 1.58 万亿美元，这在一定程度上是过去十年中发生的大型并购活动的结果。第二个有趣的事实是，尽管日本经济严重衰退，但顶级证券公司的资产增长了 70%，而在全球最大的 25 家证券公司中，它们的资产占比还不到 12%。

如果把纽约的顶级银行资产增长与顶级证券公司资产增长进行比较，可以看出纽约是一个拥有大量实力雄厚的证券公司的重要金融服务中心，纽约的这些证券公司的资本和收益在全球前 25 位证券公司中几乎占到 80%。如果把伦敦的顶级银行资产增长与顶级证券公司资产增长进行比较，我们就能知道，伦敦在相当程度上是一个银行业中心，并且拥有不在最大银行之列的大量金融服务公司。也许最令人震惊的是，尽管这三个城市的顶级证券公司从 24 家减少到 19 家，但它们在全球前 25 位证券公司中仍然占据了超过 90% 的资产和资本。

当我们通过比较商业银行来自外国人的存款和向外国人贷款

的数字时，就会发现，日本和美国在债务方面发生了显著的变化
（见表 7.8）。 20 世纪 80 年代，美国的外国负债总额急剧增
长，从 1982 年的 2 540 亿美元增长到 1989 年的近 7 000 亿美元；
尽管其增长强劲，但外国资产方面的增幅要小得多。 20 世纪 90
年代，美国的外国负债水平急剧下降。 日本的外国负债和资产
增加最多，外国负债从 1982 年的 1 000 亿美元增加到 1989 年的
8 450 亿美元以上，资产方面的绝对值也有类似的增加。 20 世
纪 90 年代，日本的外国负债降至约 7 000 亿美元，而资产进一步
增长至近 1 万亿美元。 伦敦作为重要的国际银行中心的地位，
在其高负债和高资产中显现出来，到 1998 年，外国负债和资产
都远远超过 1.1 万亿美元。

表 7.8　1992—1998 年美国、英国和日本的
商业银行的外债和资产（十亿美元）

	1992	1995	1998
美国			
负债	247.3	302.2	380.7
资产	125.4	34.1	242.1
英国			
负债	475.2	713.1	1122.6
资产	460.6	686.9	1145.4
日本			
负债	713.4	734.2	693.6
资产	625.3	1069.7	943.5

资料来源：作者根据 1999 年 6 月的 IMF 和国际金融数据的计算。
注：根据国外资产和国外负债。

　　表 7.9 列出了按全球 50 大保险公司资产排名的前 20 个城市。 其中，日本的资产价值很高，为 1.4 万亿美元，而比它大得多的经济体美国也只有 1.6 万亿美元。 东京的资产为 8 960 亿美元，而纽约为 5 440 美元。 伦敦占有英国总资产 7 070 亿美元的三分之二以上。 大阪的资产为 5 049 亿美元，慕尼黑和巴黎的资产均略高于 4 000 亿美元。 与金融服务相比，保险公司的创新性和投机性要差得多，这使得一系列城市脱颖而出，它们的范围和多样性远远超过了按金融服务公司和股票管理公司排名的主要城市。

表 7.9　1997 年按 50 大保险公司累计资产
排名前 20 位的城市 (百万美元)

城市（按国家列出）	排　　名	总 资 产
美国		1 609 468
纽约	2	543 740
纽瓦克	7	259 482
哈特福德	9	228 275
波士顿	13	107 827
宾夕法尼亚	14	106 411
布卢明顿	15	103 600
克利夫兰	16	96 001
哥伦布	19	83 214
诺斯布鲁克	20	80 918
日本		1 400 603
东京	1	895 659
大阪	4	504 944

续　表

城市（按国家列出）	排　　名	总 资 产
英国		707 370
伦敦	3	527 929
爱丁堡	17	92 888
诺里奇	18	86 553
其他国家		
慕尼黑	5	409 762
巴黎	6	407 930
苏黎世	8	238 924
里雅斯特	10	40 724
海牙	11	134 618
阿姆斯特丹	12	120 849

　　资料来源：作者根据 1989 年 9 月 22 日的《华尔街日报》《世界商务》和 1998 年 9 月 28 日的《华尔街日报》做出的计算。

　　注：根据道琼斯全球指数确定的资本排名；基于 1997 财年结果的数量。

　　在许多方面，纽约、伦敦和东京都是不同类型的主要商务和金融中心，而东京可能是其中最与众不同的一个。 这在 20 世纪 90 年代变得更加明显，当时其对整个亚洲地区的影响力有所下降，尽管其作为资本出口商的地位依然重要。

　　东京的跨国控制区域在地理及构成上的变化有几个明显的阶段： 20 世纪 70 年代和 80 年代早期，东京的主要控制区域是在南亚和东亚的商品和商业交易（Rimmer 和 Black，1982），那一区域过去是，现在仍然是中心力量。 然而，到 20 世纪 80 年代，它与美国在交易量、合资企业和收购方面的联系变得更加紧

密，其次是与西欧的联系。 20 世纪 80 年代末，东京开始通过
其证券公司来加强其与东南亚的金融联系和投资，日本也想通过
东京的银行在东欧进行大规模投资。 20 世纪 90 年代的经济衰
退深刻改变了东京在更广泛地区的影响力格局。 在今天的全球
经济中，东京最重要的象征是资源的大规模集中，随着放松管制
的推进，其中许多资源的流动性很快大大增强。

　　20 世纪 80 年代，东京向世界表明，它正在成为主要的国际
金融中心。 但它从未像纽约和伦敦那样彻底放松对经济的管
制，从而使外国公司无法达到其可能希望的盈利水平。 20 世纪
90 年代中期，日本政府推出了一系列新的放松管制措施，但并
没有使东京进一步国际化。 因此，东京的外资企业数量变化不
大，从 1988 年的 1 093 家增加到 1996 年的 1 187 家，1999 年下
降至 925 家。 这些外国公司的雇员人数从 1988 年的 25 066 人增
加到 1996 年的 32 406 人，1999 年下降至 30 681 人。 外国公司
及其雇员的产业部门分布清楚表明，大量的外国公司和大约一半
的员工是在金融领域，而这个领域在 20 世纪 90 年代经历了较大
发展，从 1988 年的 184 家外国公司及 10 493 名员工增长到 1999
年的 241 家外国公司及 18 336 名员工。 外国公司减少，大部分
是在其他服务领域（TMG，2000）。

国际交易中的主要货币

　　一国货币成为主要的国际货币，是有好处的。 首先，该国
不需要赚取外汇来支付进口。 因此，贸易平衡不那么重要，国
内经济政策可以更容易地适应贸易逆差。 其次，该国对汇率波

动不那么敏感，因为贸易和资本交易大多以本国货币计价。　再次，该国作为主要金融国际中心的角色得到了促进，尽管这一角色也因资本市场国际化水平的高低而有所不同。　但这种主要国际货币的地位，也有相应的代价。　向世界其他地区提供流动性，往往意味着经常账户或长期资本账户出现赤字。　然而，这一赤字不能超过一定的门槛，因为这会削弱主要货币的作用，这不仅是对该国自身的威胁，也是对全球经济体系的威胁。　维持汇率体系稳定与平衡的需要，也意味着货币政策并非不受试图保持这种稳定的约束。　最后，作为金融市场高度国际化时期的主要货币，意味着外国实体可以大量持有这些货币，从而使国内货币控制的效果有所下降。

与成为主要国际货币相关的成本，要求一个国家在资本市场国际化时期拥有强大经济实力和在世界贸易和金融中拥有强大地位。　美元今天仍然是主要国际货币，尽管其他货币（尤其是日元、德国马克和瑞士法郎）在 20 世纪 80 年代开始获得更多的市场份额。　当时，美国由于预算赤字和贸易赤字居高不下，越来越无法维持强劲的经济。　1985 年之后，美元迅速贬值就是明证。　20 世纪 90 年代初，美国经济开始强劲复苏。

美元作为一种国际货币，在国际金融体系中仍然发挥着重要作用。　但这种作用已经减弱。　1984 年，在国际货币体系中，美元的份额下降到 65%，德国马克份额上升到 12%，日元份额上升到 5%。　1985 年，国际债券的 61% 仍以美元计价。　尽管布雷顿森林体系协定废除使得实施多储备货币体系以取代美元本位体系成为可能，但美元仍然是主要的国际货币。　其他货币（如德国马克）将在世界贸易和金融领域得以更广泛使用的预期，只是部分得到了实现。现在，预计欧元将发挥更大的作用。

随着日本在世界贸易中的地位越来越强，国际金融市场的参与也越来越多，日元在 20 世纪 80 年代成为重要的第二国际货币。然而，日本经济对全球经济高度敏感，比如外国对其产品需求的下降或石油价格的上涨。日本经济对汇率和金融市场的变化也高度敏感。20 世纪 80 年代，作为日本主要贸易伙伴的美国，也成为日本主要投资的接受国。1975 年到 1986 年，美国在日本出口中所占的份额从 20% 增加到 36%，在日本外国投资中所占的份额从 28% 增加到 45%。大多数日本证券投资都是以美元作为计价工具。

日元在国际市场上使用的增加，是日本放松管制和实施欧洲日元市场的结果。日本经常账户的巨额盈余、国内储蓄和私人部门收入带来的大量可用资金，以及日元的低价值，这些都有助于增加日元在国际资本市场上的使用。1985 年，在日本的外国公司发行了价值约 70 亿美元的日元债券；日本银行向外国借贷者提供了 140 亿美元的日元信贷；发行了价值 80 亿美元的欧洲日元债券。在短短 5 年时间里，日元从一个非常小的角色变成了世界资本市场上居于第二或第三的主要货币。

在当前交易领域，日元与美元和德国马克相比，作用仍然很小。例如，鉴于发行国际债券的主要货币，美元显然处于领先地位（见表 7.10）。在这类债务的存量中（1998 年年底为 4.3 万亿美元），几乎一半是美元，超过 20% 是欧元，约12% 是日元。以 1998 年创纪录发行的 6 780 亿美元的国际债券为例，美元的地位就更高了，几乎占总发行量的三分之二，而 1993 年的比率不到六分之一，相当于当时的日元份额。尽管这些年来日元在绝对水平上一直在增长，但它的份额却在下降。

表 7.10   1993—1998 年国际债券发行的主要货币
（十亿美元和百分比）

	十亿美元						变化比	尾盘库存
	1993	1994	1995	1996	1997	1998		
美元	28.6	66.5	69.0	261.7	332.0	411.1	1 337.4	971.9
日元	29.3	86.0	81.3	85.3	34.6	−29.3	−200.0	487.5
欧元	82.6	80.2	84.3	135.8	139.0	220.3	166.7	1 173.8
其他货币	48.3	20.9	28.5	54.4	67.8	75.5	56.3	682.9
被列货币的总额	188.8	253.6	263.1	537.2	573.4	677.6		
	百分比							
	1993	1994	1995	1996	1997	1998		
美元	15.1	26.2	26.2	48.7	57.9	60.7		
日元	15.5	33.9	30.9	15.9	6.0	na		
欧元	43.8	31.6	32.0	25.3	24.2	32.5		
其他货币	25.6	8.2	10.8	10.1	11.8	11.1		

资料来源：作者根据 1998 年 4 月至 1999 年 6 月国际结算银行的计算，1999 年的年度报告，第 8 页。

国际房地产市场

从 20 世纪 80 年代开始，纽约、伦敦和东京等城市的中心城区房地产价格急剧上涨，反映了经济空间组织的新阶段及城市在其中的角色。 随着金融和商务中心网络的扩张，我们看到，世界范围内越来越多的城市房地产出现了类似的急剧增长。 过度投机于房地产，加剧了 20 世纪 80 年代与 90 年代之交的衰退。但总的来说，20 世纪 80 年代的大部分房地产价格上涨是由新的经济急剧增长支撑的，90 年代纽约和伦敦的房地产价格出现了波动。 随着被纳入全球金融和商务中心网络，一批全新的城市正在经历中心城区土地价格的大幅上涨。 表 7.11 中，最值得注意的是，都柏林、斯德哥尔摩和马德里。 而且，圣保罗、布宜诺斯艾利斯和孟买等城市也出现了这种增长。 20 世纪 90 年代，许多主要城市的商业地产价格都大幅上涨。 以 1994 年一个城市的房地产价格为指数，可以清楚看到，许多城市房价都有所上涨，老城区房价则稳定下来，东京的房价在 1980 年至 1991 年的大幅上涨后持续下跌（见表 7.11）。

表 7.11　1995—1998 年名义和实际的房地产价格（指数 1994＝100）

	名义价格				实际价格			
	1995	1996	1997	1998	1995	1996	1997	1998
纽约	100	109	125	150	97	103	115	135
东京	83	72	66	59	83	72	65	58
法兰克福	97	97	97	105	95	94	92	98
巴黎	89	83	88	102	88	80	83	96
米兰	100	91	88	111	95	84	79	98
伦敦	107	112	128	132	103	106	118	117
多伦多	91	84	87	100	89	81	83	94
马德里	100	118	128	183	95	109	116	162
阿姆斯特丹	109	118	128	156	107	114	121	144

续　表

	名义价格				实际价格			
	1995	1996	1997	1998	1995	1996	1997	1998
悉尼	102	106	113	118	97	99	105	109
苏黎世	99	90	87	84	97	88	84	81
布鲁塞尔	100	106	109	109	99	102	104	103
斯德哥尔摩	129	137	163	185	126	133	158	179
哥本哈根	107	107	119	124	105	103	111	115
奥斯陆	108	115	131	119	105	111	123	110
赫尔辛基	105	107	111	121	104	105	108	116
达布林	112	134	169	241	109	128	160	222

资料来源：1998 年的国际结算银行的年度报告。

　　主要城市中金融公司、服务公司的集中及高收入工人数量的快速增长，促进了高价格房地产市场的快速增长。特别是主要公司和市场集中在纽约和伦敦，提高了这些城市区位的重要性，并成为大规模建设项目发展的关键因素。外国公司作为这些城市的投资者、买家和用户的积极参与，促成了 20 世纪 80 年代国际房地产市场的形成，并随着城市网络的发展而扩大。

　　在这一过程中，一个明显的情况是 20 世纪 80 年代纽约和伦敦中心城区的土地价格似乎越来越与整体国民经济状况无关。此外，对空间的投标仅限于特定地点，并不一定波及这些城市的所有可用空间。出价很高（通常是外国的）的投标者显然愿意为中心地段支付极高的溢价，而对不那么中心的地段毫无兴趣。这导致了被认为是边缘地区的"复兴"过程，并将其重建为"中心"地区：曼哈顿中城的西部和伦敦的旧码头被改造为主要的办公区域。　就在几年前，这些地区还被定义为城市中不受欢迎、被遗弃、不可使用的部分。　时代广场及其周边地区的大规模重建方案是复原这一公司办公用途的核心。　此外，他们还聘请了一批令人惊叹的国际知名建筑师，将一度"荒废"的区域改造成高档豪华的办公场所。　高收入工人（包括外国公司的雇员）的集中，也带来了空间需求的扩大，并对已开发的城市土地进行相应改造，用于新的住宅用途。　在这个过程中，出现了许多遍及这些城市的次中心区，整个社区也发生了一些根本性变化：　曼哈顿的旧仓库成为时尚的 Soho 可能是这些转变中最为成功的案例，这里聚集着著名和/或富有的居民、奢侈品商店和艺术画廊，还有大量不那么有名气甚至贫困潦倒的艺术家，以确保其"波西米亚"氛围。

　　尽管这些城市的写字楼和房地产市场都存在强烈的扩散效应，但也存在可能不那么引人注意的不连续性。　中心地段和"象征身份地址"的写字楼或住宅的价格都非常高。　虽然这些城市的大都市区域房价总体上都在增长，但中心城区与其他区域之间存在相当大的差距。　随着与市中心距离拉大而价格逐渐下降的概念，不适用对土地价格梯度的描述。　在 20 世纪 90 年代初的危机之后，我们看到这些趋势在纽约和伦敦重新出现；以及在其他城市开始出现。　在每座城市，靠近市中心的地方、过去和现在都有一些贬值的区位，这是一个始于两次世界大战期间伦敦郊区化以及战后东京和纽约郊区化的长期过程。　我们将在第九章更详细地讨论这一问题。　土地市场的运作，存在相当大的不连续性。　这也有助于解释被遗弃的空地与高密度空间共存的原因，特别是在纽约。

越来越多的城市中心区成为国际房地产市场的一部分；反过来，这些市中心区在 20 世纪 80 年代发展起来的国际房地产市场中占据了很大一部分。 机构投资者进入金融市场是促进国际房地产市场扩张的一个重要事实。 机构投资者一直在寻求将其所持股份国际化。 经营国际业务的公司在越来越多的主要中心扩大了持股。

但要形成一个国际房地产市场，似乎还必须具备其他条件。市场的多样性，特别是主要市场的存在，提高了主要金融中心的土地价值。 正是这些市场及其投资者高度国际化的特征，使这些房地产市场与拥有理想建筑存量的其他主要城市区别开来。纽约、伦敦、东京成为大型建筑项目的舞台，来自各国的建筑师在这三个城市进行建设，进一步提升了这三个城市的价值、国际知名度和差异性。 反过来，这也成为一个信号，表明一个城市已经准备好进入全球体系并承担全球城市功能。 现在有越来越多研究文献记录了这一过程（Huybrechts，2001；Ciccolella 和 Mignaqui，2001；Schiffer，2001；Parnreiter，2001）。

这个新的国际房地产市场的一个重要特征是，金融业在很大程度上既是城市中心城区房地产开发的所有者，也是房地产开发的融资者。 这加强了房地产市场的周期性趋势。 在国际房地产市场中最集中和最专业化的伦敦金融城例子中，我们可以观察到这些所有权及其占用的动态。 从结构上讲，金融城的房地产市场特点之一是有大量的金融服务公司，它们既是物业的占用者，同时也是物业的所有者（Baum 和 Lizieri，1999）。 这进一步加强了两个部门之间已经很强的联系，并放大了两个部门受到的波动（Fainstein，2001）。 1997 年，金融服务业在金融城拥有超过

27%的房地产所有权，物业占用达 50%。　与金融服务相反，房
地产及建筑部门拥有的房地产所有权比例较高，但物业占用的比
例很小，因此削弱了其所有权对金融城房地产市场的影响（见表
7.12）。　按国别分类的所有权表明，无论从绝对数还是从各个
行业的比例来看，超过三分之一的所有者都不是英国人（见表
7.13）。　金融服务占用的 52%的物业，其所有权者是英国人。
在房地产公司、保险和养老基金占用的物业中，英国人拥有所有
权的比例更高。　德国、日本和美国的公司是这些物业主要外国
所有者[1]。

表 7.12　1997 年伦敦金融城不同部门的不动产所有和占用情况（百分比）

所有者	占用者						
	金融	保险	房地产	商务服务	公共慈善业	其他	所有合计
金融	20.2	2.4	0.2	3.4	0.4	1.0	27.5
保险	5.3	1.6	0.3	4.8	0.2	1.6	13.8
房地产	19.2	3.2	0.5	10.4	1.0	3.2	37.7
商务服务	0.1	0.2	0.0	2.4	0.0	0.3	3.0
公共慈善业	3.7	0.8	0.2	4.5	2.2	1.2	12.7
其他	1.4	1.1	0.0	1.4	0.0	1.3	5.2
占用合计	49.9	9.4	1.3	26.9	3.8	8.6	100.0

资料来源：Baum, A. 和 C. Lizieri, 1999，"谁拥有金融城？　伦敦金融
城的办公室所有权与海外投资"《房地产金融》，16（1）：67 - 100。

---

[1] 外国拥有房产比率最高的是日本，占表内所列的其他类型房产的
65%；紧随其后的是美国，占金融服务房产的 34%。　德国占房地产公
司房产的 15%。

**表 7.13　1997 年伦敦金融城拥有不动产所有权的
机构类型和国家（百分比）**

	保险 & 养老基金	房地产 公司	金融服务 公司	其他公司	公共 & 慈善机构
英国	85	70	52	12	100
德国	1	15	7	0	00
日本	4	12	0	65	0
美国	4	0	34	0	0
其他欧洲 国家	0	0	3	0	0
其他	7	3	4	23	0

　　资料来源：Baum，A 和 C，lizieri，《谁拥有金融城？ 伦敦金融城办公室所有权与海外投资》，《房地产金融》，1999，16（1）：67－100。

　　那些领先的国际中心的房地产投资回报率是最高的。 虽然日本投资者对纽约房地产收购引起了很大关注，但许多国家的公司已经在这三个城市买下了房产。 它们已经成为跨国性的地方，在那里来自世界各地的主要建筑师将建造一座或多座主要建筑。 新的交易方式，特别是新的机构投资方式（如财产单位信托）、新的融资方式（如财产租赁），以及由投资银行和买卖抵押贷款的经纪人操作的日益增长的次级抵押贷款市场，进一步加强和发展了这个市场（Daly，1987；Feagin，1988；Fainstein，2001）。 建筑成为商品，可以作为商品在一个独立于国民经济且更宽松条件的市场中买卖和转售。 东京的情况有些不同，尽管有新的立法，但由于房地产所有权的高度集中、政府监管以及公司内房地产交易的普遍做法，仍然像过去一样。

　　20 世纪 80 年代，金融投机活动明显加剧了传统房地产强周期性趋势，特别是在大城市。 英国理查德·埃利斯公司报告指出，20 世纪 80 年代中期，当这些金融中心正在经历急剧扩张时，伦敦金融城中心位置的一流商务楼的净租金达到每平方米 33 英镑，曼哈顿中城达到 38.75 英镑，曼哈顿下城达到 27.17 英镑，东京市中心达到 37.10 英镑（Richard Ellis，1985）。1985 年之后，房地产价格进一步上涨，东京达到前所未见的高位，特别在 1989 年末，顶级商业用地的价格达到了每平方码（1 平方码 = 0.836 1 平方米）21 万美元（关于 1985 年开始急剧上涨至 1987 年的详细信息，见附录 D）。2000 年，曼哈顿中城每平方英尺（1 英尺 = 0.304 8 米）的价格为 110 美元，伦敦金融城为 58 英镑，东京市中心为 4.1 万日元（Richard Ellis，2001）。

20 世纪 80 年代，这三个城市的主要建设项目规模庞大，投资巨大，并有众多一流的金融、工程、建筑和其他专业公司共同参与。纽约炮台公园城（Battery Park City）建在曼哈顿下城一个 92 英亩（1 英亩 = 4.047 平方米）的垃圾填埋场上，拥有 600 万平方英尺的商业用地和 14 000 个住宅单元。世界金融中心是该建筑群的一部分。时代广场再开发项目占地 13 英亩，包括大量的办公大楼、一个剧院区以及商店。与炮台公园城一样，时代广场的开发项目也是在该城市曾经贬值的区域内植入了一个豪华综合体。

伦敦有两个欧洲最大的城市再开发项目。金丝雀码头（Canary Wharf）占地 71 英亩，位于伦敦码头区内有悠久历史的犬之岛（Isle of Dogs），是一个由写字楼和住宅组成的大型豪华综合体，拥有非常精心设计的公共空间和公园，以及约 1 000 万平方英尺的商业空间，主要用于满足伦敦金融业的需求。伦敦的第二个主要项目是国王十字车站旧铁路场院的重建。目前这是整个英国和欧洲最大的市中心再开发项目。 该项目占地 125 英亩，位于伦敦西区北部边缘未使用的铁路用地上。 20 世纪 90 年代，伦敦小规模城市再开发项目成倍增加。

20 世纪 80 年代，东京启动了约 40 个大型再开发项目。 其中最大的是东京滨水开发项目，现更名为"彩虹城"。 将提供 42 000 人的住宅和 70 000 人的办公场所。 该项目为城中之城，位于 442 公顷的填海开垦地（TMG，2001）。

结论

在纽约和伦敦，为东道国公司和在东道国经营的跨国公司办理业务的外国服务和金融公司日益增多，但在东京，则有所起伏。 从这个意义上说，我们可以把纽约、伦敦，还有东京，看作金融和服务活动的跨国中心。 虽然政府在涉及这些安排的批准及其合法性方面是重要参与者，但美国、英国已解除对外国直接投资的限制，日本正逐步取消这方面限制，以及对金融市场放松管制，创造了一个完整的经济活动舞台，其中政府只有最低限度的参与。 从这个意义上说，我们可以把这些城市看作国内和外国公司经营的跨国经济空间。

20 世纪 80 年代，纽约、伦敦和东京成为其他各种跨国活动的关键区位。 国际房地产市场的形成和公司所有权和控制权的日益跨国化就是例证。 在 20 世纪 90 年代，这些都具有表明一种独特形式经济活动国际化的一些特征，超越了传统的外国直接投资和收购。 这部分是因为收购和投资的规模，部分是因为日益增长的跨境交易制度化。

有人可能会问，这些收购是否与美国 20 世纪五六十年代在拉丁美洲的投资和收购不同。 但我认为，后者不同于我们在这里所研究的，因为它们发生在一个明显的政治不平等的背景下，当时美国明显占主导地位，美国政府是经济交易的中心元素。所有权和收购的跨国化（在美国特别明显）则是一个完全不同的过程，国家参与日益减少，资本的国籍问题也有了新的含义——例如，当日本汽车生产商在墨西哥北部建立了为其在美国的工厂生产廉价汽车零部件的配套厂，而在美国的工厂生产出口到欧洲的汽车。 正如我在早期的一本书（Sassen，1988）中提出的一个假设，美国在 20 世纪 80 年代作为一种国际制造业区的出现。今天，特别是纽约，已成为金融交易和法律交易的国际区，这是众多经济活动跨国化安排的一部分。

国际金融交易的大规模扩展、进入全球网络的股票市场整合以及生产者服务的国际市场的增长，已成为许多主要城市经济基础的一部分。 但纽约、伦敦、东京、巴黎、法兰克福或香港等城市在这些交易和市场中占据了不成比例的份额。 我们也看到了这些中心区域使用上的变化，住宅和酒店空间的份额越来越大。 在这些城市中，主要生产者服务公司的集中度很高，各种商品和货币市场的集中度也很高。 这类城市在国际金融交易中占了不成比例的份额，1998 年伦敦的跨境国际银行贷款占全球总量的 20%，场外交易衍生品占全球总量的 36%。 今天，纽约股票交易所占全球股票市场总市值的 59%；1998 年，纽约证券业为国内外企业筹资达 2.5 万亿美元。 越来越多的全球城市跨境网络，构成了全球经济组织结构的一个关键组成部分。

第三部分

全球城市的社会秩序

接下来两章将讨论与这种特殊增长形式相关的社会秩序。根据标准的经济准则衡量，这种增长形式是非常成功的，它利用了当今最先进的技术，并利用了大量受过高等教育的人力资源。可以想象，世界经济的主要城市中，这种核心的主导产业将对提高这些城市中大部分劳动力和其他人口的生活质量和工作质量产生全面影响。还可以想象，这些行业产生的利润和税收，即使我们只考虑基于土地开发价格的税收，可以使这些城市的政府帮助支持那些未能分享这个新的经济秩序的群体。这样的条件应该会促进这些全球金融和商务服务中心的工人和其他人的整体福利。最后，受过高等教育的专业人员和服务人员阶层的扩大，原则上可以代表一种知识型劳动力的增长。

显然，没有简单的方法可以证明这一点。只有一些迹象，例如收入和职业分布、贫困流行程度和贫困发生率的变化，这种类型的增长对其他经济部门的影响，以及维持企业和金融服务经济操作的工作范围，从高薪职业到低薪职业和从白领服务到蓝领服务。

这些城市的经济发达部门确实处于中心地位，而且举足轻重；但这并不是这些城市中的所有的公司和工作。其中一个问题涉及发达行业与不发达行业之间的关系。可以想象，一个城市主要经济部门的增长可能会带来以下不同的影响：① 对较不发达经济部门的就业和工资方面的影响，可能是中性的；② 在现有或提高的工资和就业水平下，促进其他部门的增长；③ 在就业和工资水平恶化的情况下，促进其他部门的增长；④ 限制、阻碍或减少了其他部门的增长。对这些不同结果的精确考量，要么是不可能的，要么本身就需要专门论述。此外，这些结果往往是由多种因素导致的；增长行业可能增加或减少各种影响因素的权重，但它们不太可能成为导致某一特定结果的唯一原因。产业前向和后向联系或投入产出表的分析，也不能克服这些问题及提供令人满意的测量。这就提出了一个问题，即高增长部门对城市其他经济及人口影响的考量是否有效。

我认为，可以用一种通常使用的方式来解决这个问题，而且仍然可提供一个有意义的答案。后工业化核心部门的成功，是否有助于减少大量人口的贫困和边缘化？今天的主要全球金融和服务中心比二十年前不那么"先进"的经济发展时期（制造业仍然占三分之一的工作和电信革命还没有完全在经济中扎根）是否更少的贫困和边缘化？

在本书第一版，我对全球城市中更广泛的社会空间配置进行了解释。在 20 世纪 90 年代，我看到了各种趋势的不同变化，其中一些趋势要么出现了逆转，要么没有继续下去。对我们来说，最重要的是强化城市空间碎片化的动力学参数及其影响全球城市空间新秩序的可能性。这些参数包括生产者服务业通常在城市中的持续增长和在这些城市中相关的高收入专业工人的扩张，全球城市中非正规经济的持续增长，金融和先进生产者服务业在全球城市整体收益分配中的重要性，全球城市地位对低收入阶层的影响，以及对移民的持续作用。

从历史上看，大城市是富人与穷人、久居家庭与暂住人口、移民与临时工的显著集中之地。这些情况是否受到全球城市经济基础转型的影响？繁荣的后工业化经济核心为这些城市的大量企业创造了巨额利润，为政府创造了巨额收入，这种存在是否体现在我们所期望看到的大城市中贫困和短暂性人口的减少上？

人们与这种增长联系在一起的社会动力是什么？ 这种增长是否包括大量的工人和公司，以及是否会循环并在什么样的条件下进行？ 我们知道，二战后制造业增长对其他部门产生了很强的乘数效应，从而促进了制造业地区的整体增长。 今天的后工业化发展也具有同样效果吗？ 简而言之，一个繁荣的后工业化城市经济会减少穷人、失业者、临时工和低收入工人的数量吗？ 它是否代表了将越来越多的人纳入合理的良好工作条件意义上的社会和经济发展之中？

第八章
就业和收入

　　本书第三部分的开头就提出了一个公认的富有挑战性的研究问题。 本章将直接阐述这些城市的总体经济基础，重点放在每个城市的就业和收入分配上。 其范围远远超过了这些城市中作为特定的全球城市组成部分的内容。 这是为了知道这些分配的变化，并推断出这些新部门及其职业如何适应更广泛的城市结构。 此外，很大一部分变化起到了影响这三个城市及其国民经济的更大结构调整进程的作用，但这些进程可能与全球化没有什么直接关系。 本章试图确定城市居民劳动力的职业和收入分配是否反映了一个繁荣的高利润经济核心的存在。

三个城市，同一个故事

　　在过去 20 年里，这三个城市都经历了产业和职业结构的变化。 除在第六章阐述的金融和生产者服务业增长外，与此同时，纽约和伦敦总体就业水平以及这三个城市的制造业部门就业在 20 世纪 70 年代也出现了明显下降。 20 世纪 70 年代中期，纽约和东京都经历过严重的财政危机，迫使政府采取严厉措施，尤其是削减政府部门工作岗位和服务。　在伦敦，财政危机导致政府部门就业和服务的长期萎缩。　让我用一些数据来加以说明，并在下面作更详细阐述。

　　表 8.1 列出了纽约、伦敦和东京在 1977 年、1985 年和 1998 年的就业水平。　由表 8.2 可见，纽约 1970 年至 1980 年的就业人数从 370 万下降到 300 万；制造业工作岗位减少 35%；总部办公室工作岗位减少 41%；所有办公室工作岗位下降 15%；大量公司总部向外迁移。　除此之外，纽约的许多基础设施老化陈旧，1975 年和 1976 年发生严重的财政危机。

表 8.1　1977—1998 年纽约、伦敦和东京的人口和就业(个数和百分比)

	1977	1985	1998
纽约			
人口	5 618 000	5 748 000	7 380 906
就业人口	3 056 000	3 225 000	3 004 200
就业人口百分比	54.4	56.0	40.7
伦敦			
人口	7 012 000	6 767 500	7 122 000
就业人口	2 652 600	3 476 000	3 489 000
就业人口百分比	52.1	51.4	49.0
东京			
人口	11 663 000	11 828 000	11 794 000
就业人口	5 620 000	5 910 000	6 310 000
就业人口百分比	48.2	50.0	53.5

　　资料来源：根据 1998 年的《纽约州统计年鉴》，第 23 版；英国国家统计局，政府精算部，《伦敦聚焦 1999》，第 20 页；管理和协调机构，日本政府，1999 年日本统计年鉴。

表 8.2　1975—1998 年纽约、伦敦和东京各年份制造业和
服务业就业分布（占总就业的百分比）

纽　　约	1977	1985	1996
制造业	21.9	15.4	9.0
第三产业（代表性部门）	63.7	73.8	80.3
批发/零售	19.4	20.2	19.3
金融保险房地产	15.9	17.3	17.0
服务	28.4	36.3	44.1
伦　　敦	1977	1985	1996
制造业	22.0	16.0	8.4
第三产业（代表性部门）	73.0	78.5	88.5
批发/零售	13.5	20.5	15.4
金融保险房地产	9.9	18.2	11.7
服务	49.6	39.8	61.4
东　　京	1975	1985	1996
制造业	25.1	22.0	16.9
第三产业（代表性部门）	54.5	59.8	62.8
批发/零售	27.5	28.4	26.1
金融保险房地产	6.4	6.1	6.7
服务	20.6	25.3	30.0

　　资料来源：1977 年、1985 年和 1996 年的美国人口普查局，《县商务模式》，纽约问题；1987 年春季的大伦敦委员会，劳动力市场报告；1980/1981（1981）的伦敦劳动力市场评论；1997 年欧洲联盟，区域趋势；英国，年度就业调查，1996 年国家统计局；1980 ⊨日本人口普查；日本政府，管理和协调局，1986 年和 1999 年日本统计年鉴。
　　注：百分比加总不到 100，由于下列行业未包括在内：农业、林业、矿业、建筑、电力、燃气、供水、供热、交通与通信和政府。

　　伦敦的就业人数从 1961 年的 430 万下降到 1985 年和 1998 年的 350 万。 失业人数从 20 世纪 60 年代中期的 4 万增加到 1985 年的 40 万，增加了 10 倍。 如果把未登记的失业人数计算在内，这个数字还会上升。 其中大部分失业是由公共部门从 20 世纪 70 年代末开始大规模裁员造成的。 制造业工作岗位也大幅减少，从 1961 年的 140 万个下降到 1985 年的 57.2 万个，占全部工作岗位的比重还不到五分之一；1996 年，制造业工作岗位进一步减少，使其在全部工作岗位的比重下降到 9%。

　　东京的就业人数在 20 世纪 70 年代相当稳定，1985 年和 1998 年分别增加到 590 万和 630 万。 虽然东京制造业就业绝对规模减小比伦敦和纽约小得多，但制造业就业比率也有所下降，从 1970 年的 30% 下降到 1985 年的 22% 和 1998 年的 17%。 然而，这种下降的实际组成部分与纽约和伦敦有所不同。 除了旧的传统制造业区域的衰落外，还有政府指导下的高污染工厂，尤其是化工厂的疏解。 20 世纪 70 年代中期，东京的财政赤字达到了 1 010 亿日元，创下了历史最高纪录。 1979 年，东京都知事成立了一个委员会来解决财政危机[1]。

---

[1] 预算支出与总收入的比率多年来一直在增加，并于 1975 年达到赤字水平。 在 1978 年严重赤字之后，东京政府成立了一个委员会，该委员会促成了一项财政复兴计划的实施，该计划在 1982 年年底将开支降低到收入的 90%。 该建议如下： ① 削减东京都政府的人员编制名额上限，修订工资表；② 审查都市政府的项目，促进受益人合理分担费用；③ 东京都政府与其他各市辖区之间的行政责任和财政负担的合理分担；④ 通过在东京等大城市增加和扩大应税税源，改革财政资源配置调整制度，通过促进国家政府的财政援助来维持东京的治安，以及完善各种税收和财政制度。 与纽约政府一样，东京都政府将 （转下页）

在这三个城市都出现财政危机和政府部门裁员的背景下，再加上纽约和伦敦的总体就业水平绝对下降，我们需要对前一章所讨论的特定行业的高增长率进行反思。 对这些城市的总体经济基础进行考量，显示出一种既有明显下降又有显著增长的模式，特别是纽约和伦敦，东京的情况较轻。

纽约

1960 年以来，若干主要事实主导着纽约的经济发展过程。首先，制造业大幅下滑，失去了 50 多万个工作岗位。 其次，总部及办公室的工作岗位大量流失。 第三，财政状况迅速恶化，最终导致 1975—1976 年的财政危机。 第四，在财政危机后的经济整体衰退中，金融和生产者服务业出现了快速增长，从 1977 年开始集中在曼哈顿，20 世纪 80 年代初加速增长。

1950 年和 1960 年，纽约的就业人数稳定在 350 万左右，20 世纪 60 年代末增加到 380 万人。 但 1969 年之后，就业率持续下降，在财政危机后的 1977 年，就业率达到最低水平（为 300 万，包括政府部门职位）。 从那时起，两大趋势变得显而易见。 一个是制造业持续衰退，尽管在特定的部门和时期有小幅增长；另一个是生产者服务业迅速增长，在 20 世纪 70 年代与 80 年代之交进入加速增长。 1987 年，纽约的就业人数为 360 万，这是基于生产者服务业增长的重大复苏。 但纽约经济显然已经

（接上页）大部分精力集中在第一项措施上，裁减了 9 225 名员工，此外还削减了服务，对消费者服务征收费用，并削减或取消了补贴。1979 年赤字首次减少，1981 年出现盈余，这是 20 年来大都会政府首次没有赤字。 因此，东京的财政恢复比预定的 1982 年提早一年完成。从 1979 年的 1 010 亿日元赤字到 1981 年的 310 亿日元实际盈余。

转型，制造业严重萎缩，金融和生产者服务业蓬勃发展，就业岗位只比 1969 年的峰值少了 20 万个。

1950 年，纽约的制造业提供了 100 万个工作岗位，1960 年为 90 万个，1970 年为 80 万个，1980 年为 50 万个，1987 年为 38.7 万个。 从 1969 年到 1987 年，纽约失去了一半的制造业工作，失去了超过一半的制造业总部办公室工作。 与此相关的批发和分销工作岗位严重减少。 尽管纽约从来没有像伦敦那样是一个重要的制造业中心，但制造业曾经是这个城市经济的中心。 因此，Hoover 和 Vernon（1962）在其里程碑式的研究中预测，1956 年到 1985 年，制造业工作的绝对数将实际增加，预期该地区将增加 80 万个制造业工作岗位。 但与其预测相反，该地区失去了 60 万个工作岗位和纽约失去了 50 万个工作岗位。 纽约拥有多元化的制造部门，除家具和服装等较为传统的消费制造部门外，还包括重要的电气工程和机械产品制造部门。 在纽约之外，延伸到新泽西州的更广阔的纽约大都市区有一个庞大的工业综合体，其中包括化学和仪器制造，以及为军事供应商生产零部件的各种工厂。 纽约的港口及配送设施是这个工业综合体发展的重要元素，并使其成为总部的关键区位。

纽约制造业生产的平均工资确实从未达到国内最高水平，因为缺乏如钢铁、汽车、航空等重点行业；但纽约制造业生产的平均工资一直增加也是事实，1970 年达到最高的相对水平——是全国平均小时工资的 101.2%。 工资水平的下降是反映制造业变化程度的一个指标，1982 年，纽约制造业工资水平已降至全国平均水平的 87.6%。（洛杉矶也出现过类似的相对衰落。 与纽约截然不同，洛杉矶的制造业是以航空航天和电子行业为主；尽管如此，小时工资从 1970 年全国平均工资的 108% 降至 1982 年的 100.7%。与纽约一样，如果把血汗工厂和家庭工坊包括在内，这个工资水平会低得多。）

制造业工作岗位流失不仅仅是因为工厂关闭或往外迁移，还因为制造公司总部往外迁移。1965 年，纽约有 128 家公司总部；1976 年为 84 家，1986 年仅剩下 53 家（Drennan，1987：25）。而在《财富》500 强榜单尚未出世之前的 1917 年，根据穆迪工业指数及年报数据显示，500 家最大的工业企业中，有150 家公司总部设在纽约（Conservation of Human Resources Project，1977：38 - 40）。这些公司总部的流失，包括向郊区和外地迁移、被其他公司收购，以及由于重新归类或规模改变而不再进入榜单的公司。此外，也新增加了 28 家公司总部，多数是将总部迁至纽约的公司，或因规模改变或重新归类而加入榜单的公司（Conservation of Human Resources Project，1977：40）。很明显，在 20 世纪 70 年代，制造公司总部的区位选择变得更灵活了。东北和中北部 10 个最大的老都市区的数据显示，1957 年，它们总共有 302 家财富 500 强企业总部。根据穆迪工业指数的数据，自 1917 年以来，它们一直保持着这一水平，当时它们拥有 316 个这样的公司总部。但到 1974 年，只剩下 237 家公司总部（Conservation of Human Resources Project，1977：38）。

纽约制造业衰落的原因与伦敦一样：在工业需求不断增长的时期，已没有足够的空间和空间种类；州际公路系统发展进一步导致城市中心区位相对优势下降，并促进了制造业、批发贸易、卡车运输和仓储向城市之外的流动；某些制造部门的弱势，削弱了在土地和资源方面与其他经济部门竞争的能力。此外，影响老工业区发展的一般因素是： 国际竞争日益加剧，工厂现代化投资不足导致生产率下降，技术发展使在低工资国家或国内低工资地区设立生产和组装线成为可能。 简言之，由于国际、政治、经济和技术条件的变化，导致工厂和公司总部大量集中在伦敦和纽约等城市的各种因素，在 20 世纪 60 年代末逐渐失去了相关性和重要性。

相比之下，服务业（不包括 FIRE）就业人员从 1950 年的 50 万人增加到 1987 年的 100 多万人，FIRE 部门就业人员从 30 万人增加到 50 多万人——这个数字包含了这段时间保险业工作岗位的急剧减少。 1987 年，金融和生产者服务业创造了超过 100 万个就业岗位，完全逆转了制造业的发展轨迹。 其他主要行业部门，也都没有如此显著的变化。 批发和零售业就业人员从 70 万人下降到 60 万人，交通和公用事业就业人员从 30 万人下降到 20 万人。 建筑业就业岗位在 1980 年减少到 7.7 万个之后，1987 年得以恢复，几乎达到了 1950 年的高位水平，即 12 万个就业岗位。 政府部门就业人数从 1950 年的 37 万人增加到 1987 年的 60 万人。

在 1975 年至 1976 年财政危机之后的几年里，总体就业水平继续下降，但一些行业出现了显著增长。 1977 年到 1980 年，整个白领行业就业增加 17%，甚至在某些行业更高，计算机服务就业增长超过 50%，管理咨询和公共关系、工程和建筑、会计、保安服务、证券等行业的就业增长在 20%～30%（ U. S. Department of Labor，Bureau of Labor Statistics various years）。 在这一时期，金融、保险、房地产就业增长 7.7%，通信媒体就业增长 9.4%，商务服务就业增长 24.7%。 此外，教育服务和研究机构就业增长8.9%，娱乐、文化和旅游就业增长7.4%，社会服务就业增长3.9%（U. S. Department of Labor, Bureau of Labor Statistics, various years），如表8.3所示。

表8.3　1977—1997年曼哈顿各行业就业变化（百分比）

	1977—1985	1993—1997
法律服务	62	−2
商务服务	42	17
银行业	23	−13
零售业	17	16
批发商	14	−1
不动产	6	6
运输业	−20	−4
制造业	−22	−18
建筑业	−30	5
保险业	−2	10

资料来源：依据1977、1985、1993和1997年美国人口普查局，《县商务模式》中发布的纽约大都会的问题。

注：银行业包括存款机构和非存款机构；保险业包括保单员和代理商。

如果把曼哈顿、纽约和美国的私营部门行业分布进行比较（见表8.4）可以看出，最显著的差异在FIRE部门（1984—1996年美国商务部、人口普查局）。20世纪80年代和90年代，曼哈顿FIRE部门的就业比率为23%；这个比率在纽约下降到17%，在整个美国下降到7%。第二组差异在制造业和零售业。1984年，美国制造业的就业比率为24.8%，相比之下，纽约和曼哈顿的这一比率分别为16.4%和14.6%，其中很多人是在制

造业公司的办公室工作。 到 1996 年，全美、纽约和曼哈顿的这
一比率分别下降至 18%、9% 和 8%。 但在制造业中，与其他主
要城市相比，一个有趣的明显反差是曼哈顿从事服装业的工人所
占比率超过全美水平。 从零售业来讲，1996 年，曼哈顿的这一
就业比率只有 10.8%，相比之下，纽约乃至全美都超过了 20%。
显然，这并不是说曼哈顿的零售设施不足，而是由于其他部门
（如 FIRE 行业）就业比率明显过高。 还令人感兴趣的是，虽然
全美法律服务的就业比率不到 1%，但在曼哈顿的这一比率要高
出 3 倍之多。 而商务服务方面的反差相对较小，1996 年，全美
商务服务的就业比率为 7%，而曼哈顿的这一比率为 11%。"其
他服务"（包括酒店、博物馆和娱乐服务等）在曼哈顿的就业比
率从 1984 年的 11% 上升到 1996 年的 16%。

表 8.4　1984—1996 年美国、纽约和曼哈顿按行业
划分的就业分布(百分比)

	美　国		纽　约		曼哈顿	
	1984	1996	1984	1996	1984	1996
建筑业	5.3	5.1	3.7	2.8	2.0	1.3
制造业	24.8	18.2	16.4	9.0	14.6	8.1
运输业[①]	6.0	5.9	8.1	7.7	6.9	6.2
批发业	6.7	6.5	7.6	6.7	8.0	6.8
零售业	20.6	21.0	12.5	22.3	9.9	10.8
FIRE	7.4	7.0	17.4	17.0	23.6	23.2
总服务业	26.0	35.0	33.4	44.1	33.9	43.5
商务服务	4.9	7.1	8.9	8.3	11.6	10.8
法律服务	0.8	0.9	1.9	2.3	2.6	3.4

续　表

	美　国		纽　约		曼哈顿	
	1984	1996	1984	1996	1984	1996
个人服务	1.3	1.3	1.0	0.9	0.7	0.7
卫生保健服务	7.9	10.8	8.1	13.9	4.9	8.2
教育服务	1.9	2.1	3.2	4.2	3.1	4.3
其他服务②	9.2	12.9	10.3	14.4	11.0	16.2

资料来源：1984 和 1996 年美国人口普查局在《县商务模式》中发布的有关美国和纽约的问题。

注：由于没有列出其他类别，百分比总数不为 100。这些类别包括农业、林业、渔业、矿业和非分类机构；① 非分类机构包括通信和公共事业；② 其他服务包括酒店及其他住宿业、汽车维修及车库、社会服务、杂项服务，维修服务、电影及娱乐服务、博物馆、动植物公园及杂项服务；纽约包括 5 个行政区：纽约市/曼哈顿、国王区、皇后区、布朗克斯和里士满。

　　根据许多标准的衡量，纽约是一个单一劳动力市场，但在不同行政区之间，尤其是在曼哈顿与其他四个行政区之间存在明显差异。有人可能会说，对于某些行业，我们面对的是独立的市场，或者说，独立的子市场。按行政区划分的经济活动分布表明了一些趋势。首先，所有的活动都不成比例地集中在曼哈顿（高达 60%）。当我们考虑某些类型的活动时，这种不均衡变得更加突出。最明显的是曼哈顿的 FIRE 和商务服务更加集中，总共占其全部就业的 35%，而其他行政区的这一比率约为 10%。第二个不同之处是其他四个行政区的零售活动所占的比率较大，1985 年，其就业人数约占 17%，而曼哈顿的这一比率只有 10%。这些趋势以及制造公司总部办公室和制造业工作岗位的减少，都预示着纽约经济的重组。1950 年，纽约制造业提供了近三分之一的工作岗位，服务业提供了七分之一的工作岗位。 到 1980 年，这些数字发生了逆转。 办公室工作岗位，尤其是公司总部的办公室工作岗位减少了，1969 年（最高就业率）到 1980 年之间减少了 41%（Ehrenhalt，1981： 46）。 1970 年到 1977 年，生产者服务就业人数下降了 9.4%。 从 1977 年到 1982 年，它们增长了 19%。 到 1996 年，纽约生产者服务行业的就业超过三分之一，而制造业的就业比率从 1977 年的 22% 进一步下降到 1996 年的 9%。

截至 1998 年，在纽约-新泽西地区的所有区域中，纽约就业绝对增长是最大的，占该地区就业增长的近一半。 这与 20 世纪 70 年代和 80 年代的模式正好相反，当时纽约-新泽西地区的就业增长速度远高于纽约。 自 1992 年以来，纽约贡献了该地区近一半的服务业就业新增长。 与过去趋势不同的是，该地区的所有三个组成部分从 1991 年到 1998 年都以类似速度增长，而在 20 多年前，纽约一直处于落后状态。

伦敦

自 1960 年以来，有三个事实主导着伦敦的经济发展过程：第一，到 1985 年，这个曾是重要轻工制造业中心的城市失去了 80 万个制造业工作岗位；第二，伴随约 20 年的经济停滞不前，就业和人口持续减少；第三，从 1984 年开始，以金融和生产者服务业为基础的经济快速增长进入新阶段，其就业人数在 1985 年超过制造业。 那一年，伦敦经历了 25 年就业净减少后，首次出现就业人数净增加。 仅仅在 15 年时间里，伦敦发生了从制造业到服务业的显著转变。 1971 年，伦敦 27% 的工作在制造业，68.6% 的工作在服务业。 到 1986 年，制造业就业比率下降至 15%，服务业就业比率上升为 80%。 在 20 年时间里，伦敦的就业结构发生了明显变化，经济基础发生了结构性调整。

伦敦的就业人数从 1961 年的 430 万下降到 1971 年的 390 万，1998 年又下降到 300 万（U. K. Office of Population 和 Surveys，1963，1983；UK Office of National Statistics，1999）[1]。1983 年，就业人数降至战后最低水平，为 340 万人；1985 年后开始增加（据就业部门的估计）。与纽约一样，伦敦就业人数下降主要是制造业工作岗位减少，从 1961 年的 140 万减少到 1981 年的 68 万，1985 年的 50 万。1985 年到 1988 年，又减少了 10 万个制造业工作岗位。英国其他地区也是类似情况，制造业工作岗位从 1961 年的 1 070 万下降到 1982 年的 580 万和 1985 年的 530 万。在二战后的 20 年里，伦敦大约有三分之一的劳动人口从事制造业工作。根据 Buck、Gordon 和 Young（1986）对伦敦经济的详细研究，在战后的几十年里，伦敦的制造业总体结构良好，工资水平相对较高，引入了大量技术和工艺，以及具有相对较高的专业化水平。伦敦在若干制造行业中占有全国相当大的产出份额。

与任何大型制造业一样，伦敦制造业衰落的原因很复杂。有一些是西方大多数传统工业国家具有的共性原因：国际竞争日益加剧，工厂现代化投资不足导致生产率下降，以及外汇汇率在某些情况下和某些时候不利于制造业出口。也有一些特殊原因，主要是空间不足和土地价格高。Fothergill 和 Gudgin（1982）认为，伦敦制造业衰落一定程度上是由于工业生产对大规模空间的需求增加时，城市空间不足限制了其扩张。纽约制

---

[1] 1961 年的数字做了调整，以便与就业普查的数字相比较。参见 Buck、Gordon 和 Young（1986）。

造业衰落的分析人士也提出了同样的观点。 这似乎部分解释了
Buck、Gordon 和 Young（1986）的发现，伦敦制造业工作岗位减
少与国内制造业就业变化呈负相关。 在控制了基于全国就业变
化率的预期变化后，他们发现，伦敦在全国非衰退时期失去的工
作岗位相对更多，而在全国衰退期间失去的工作岗位则相对较
少。 这表明，伦敦制造业就业减少一定程度上是其特有增长限
制所造成的。 值得注意的是，伦敦制造业工作岗位减少很大程
度上并非因为就业机会从伦敦转移出去了。 据估计，工厂倒闭
导致约 20 万个工作岗位的减少（Greater London Council，1986：
46‑47），而迁往伦敦以外的地区，特别是在东南部地区，也造
成了伦敦制造业工作岗位的减少。 在同样的分析中，Buck、
Gordon 和 Young（1986）发现，伦敦一些较弱的制造行业越来越无
法在伦敦投入成本较高的条件下竞争，这一趋势再次与纽约一些行
业的情况相似。 与纽约一样，伦敦在 20 世纪 60 年代和 70 年代经
历了低薪制造业工作的快速流失，尤其是服装和家具行业。 我在
伦敦实地考察时发现，过去几年，伦敦这类行业出现了很小的扩
张，尤其是服装和皮革配饰。 虽然它的规模小得多，而且受到限
制，但与纽约情况差不多。 20 世纪 70 年代末，纽约一些制造行业
开始重新扩张，不过与 1970 年以前的情况有所不同。

　　最后，与纽约一样，尽管伦敦制造业总体持续下滑，但如今
仍有若干相当强大的制造部门。 它们是高工资、高附加值的产
业，如印刷业（与伦敦的金融和生产者服务主导产业紧密相
连）、以 M4 走廊为基础的高科技产业，以及通信产业。 大伦敦
地区的全职体力劳动者的平均工资高于国内平均水平。

　　对伦敦及英国不同行业的就业变化进行比较可以看出，自

20 世纪 70 年代末以来，整个国家的就业减少是非常严重的。1978 年到 1985 年，英国及伦敦的就业率分别下降了 5% 和 4%。整个国家制造业工作岗位下降 24%。伦敦的公共服务岗位减少 10%，而整个英国只有 3%。除制造业和公共服务外，20 世纪 70 年代，伦敦其他主要行业也失去了工作岗位，如建筑、公用事业、交通和通信以及经销行业。1973 年到 1983 年，这些部门减少了 21.8 万个工作岗位。与纽约一样，在经历了几十年增长后，伦敦公共服务部门就业人数出现下降。公共服务部门就业增长一直持续到 1976 年，但从那以后就一直被削减。地方政府和中央政府的公共服务部门都遭受了严重的裁员。另一方面，伦敦建筑业工作岗位下降了 21%，而英国国内下降 24%。

伦敦服务业工作岗位总数基本保持在 260 万个，英国其他地区服务业工作岗位从 1 310 万个增加到 1 360 万个。在伦敦服务业就业岗位总数保持不变的背后，一些行业（尤其是交通和通信行业）的工作岗位出现了下降，而银行、保险和金融业的工作岗位出现了增长。1987 年到 1997 年，一些曾高增长行业出现了下降：金融就业下降 5%，大伦敦地区航空运输及其他运输也下降 5%。在这 10 年中，其他商务服务就业增长率最高，为 38%；信息技术服务、研发和电信服务也有 14% 的显著增长。然而，这两类产业就业增长率在东南部地区更高，分别为 53% 和 39%，在全国分别为 46% 和 34%（Gordon，1999）。

对最近几年趋势比较详细的分析显示：20 世纪 80 年代，某些行业就业发生了极为显著的变化（见表 8.5）。1981 年至 1987 年，商务服务就业增长 30%，个人服务就业增长 20%，银行和金融就业增长 13%。相比之下，一些关键制造行业就业增

长出现严重下滑[1]。 这些趋势在 1991—1999 年继续存在，但
商务服务和批发贸易的工作岗位大幅上升（在早期出现减少之
后），而银行和金融的工作岗位大幅下降。

表 8.5　1981—1987 年和 1991—1999 年伦敦各行业就业变动情况（百分比）

	1981—1987	1991—1999
商务服务	30	95
私人服务	20	26
银行业和金融业	13	5
保险业	0	e
批发业	−8	57
建筑业	−21	−24
电气工程	−22	——
鞋和服装	−30	——
机械工程及车辆	−37	——

　　资料来源： 作者的计算基于大伦敦议会 1987 年春季的《劳动力市场报
告》；伦敦劳动力市场回顾，1980/81（1981）；1991 年 2 月《就业公报》的
表 1.4；英国国家统计局 2000 年 2 月《劳动力市场趋势》中的 T. B. 16。
　　注： 由于 1981 年至 1999 年报告结构的改变，有些资料无法取得；e 保
险业被包括在银行业和金融业中。

　　当我们比较英国、伦敦和金融城的行业就业分布时，最明显
的是银行和金融保险业，1981 年三者的就业比率分别为 7.8%、
15.9% 和 71.7%；1999 年则为 18.7%、32.2% 和 82.7%（见表
8.6）。 在制造业就业分布中，英国国内的比率要远远高于伦敦
及金融城。 另一个显著的差异在零售和批发领域，英国和伦敦

————————

[1] 请参见 Massey（1984），以了解这些数据所处的复杂背景。

的这一就业比率约为16%，而金融城只有3.2%。 另外，在其他
服务领域，它们之间的差别非常明显，1981 年，英国国内这一
就业比率超过了27%，1999 年下降到0.7%，但金融城的就业比
率却上升到10.8%。 由此可见，形成这些行业就业比率水平的
关键因素是金融及其相关服务在金融城不成比例的集中，这将带
来金融城其他行业就业比率降低以及卫生和教育服务等就业比率
相对偏低，而这些部门在全国范围内的就业比率往往是较大的。

表 8.6　1981—1999 年英国、伦敦及金融城按行业划分的就业分布(百分比)

	英　国		伦　敦		伦敦金融城[1]	
	1981	1999	1981	1999	1981	1999
农业、林业、渔业	2.2	1.3	0.0	0.1	0.0	0.0
能源及供水	3.1	0.6	1.6	0.2	0.9	0.0
制造业	27.0	16.7	19.2	7.4	10.9	2.2
建筑业	7.0	4.5	4.5	2.9	0.8	0.9
全部服务业	60.5	76.4	74.6	89.3	87.3	96.6
批发和零售	19.2	16.9	19.2	15.9	8.4	3.2
交通和通信	6.5	6.0	10.4	8.5	—	4.4
银行、金融保险和房地产[2]	7.8	18.7	15.9	32.2	71.7	82.7
金融中介	—	4.2	—	8.7	—	53.3
商务服务	—	14.6	—	23.5	—	25.0
其他服务[3]	27.0	0.7	29.1	6.6	7.2	10.8

资料来源： 英国国家统计局，《劳动力市场趋势 2000》。
注： ① 伦敦金融城的数据来自 1995 年，这是最新一年的数据。
② 1981 年，商务服务和房地产没有分类，而是包括在银行、金融保险和房
地产中； ③ 其他服务包括（部分列表，完整列表见来源）专业组织、工会
活动；新闻机构活动；游乐园、广播、电视；文艺创作、翻译。

空间分散化也影响到服务业，而这只是技术发展的部分结果。 20 世纪 70 年代和 80 年代初，伦敦在全国保险业和银行业的就业比率大幅下降。 除了高端服务功能倾向于留在伦敦外，总部办公室的大部分机构往外搬迁了（U. K. Department of Employment，1986，1987a；Greater London Council，1986）。 这让人想起在纽约发生的类似情况。

造成这些变化的原因，有些是主要城市中心普遍存在的，而另一些则是伦敦特有的。 工作组织的转变，特别是大规模生产和规模经济的增长，促进了部分生产过程的郊区化。 其中一些情况是大家熟知的： 寻找更便宜更好的住房、更便宜的企业用地、更少的土地使用规定、更低的工资和更少的工会组织。 伦敦的人口和就业机会减少，是一种在一段时间内随波动而扩大的发展，并包含若干不同的过程。 20 世纪 70 年代，东南部地区成为一个新的增长地区，人口和就业机会有所增加（不包括伦敦），而伦敦则有所减少。 1971 年到 1981 年，东南部地区增加了 34.6 万个工作岗位，而伦敦则减少了 41.4 万个工作岗位。尽管东南部地区许多制造部门减少了工作岗位，但电气工程和建材等制造部门工作岗位却增加了。 该地区大多数其他经济部门也都增加了就业，而且就业增长率往往高于伦敦的增长率（U. K. Department of Employment，1986，1987b）。

1987 年到 1997 年，东南部地区、大伦敦地区和英国的就业变化模式有一些明显差异。 在某些行业，东南部地区比伦敦更接近全国平均水平。 例如，零售业就业，东南部地区和英国国内分别上升 16% 和 18%，而大伦敦地区则上升了 5%。 航空运输、金融、专业服务和其他商务服务的就业情况也是如此。 总体而言，东南部地区和英国国内上升 5%，而大伦敦地区则下降 1%（参阅 Gordon，1999）。

东京

在过去 30 年，塑造东京经济发展过程的一个关键因素是政府在促进和推动 20 世纪 80 年代城市重建方面发挥了强大的作用（Saito，1999；Kamo 和 Sasaki，1998）。 东京发展成为一个全球城市，关键是实施旨在促使活动扩散到东京以外的多极化、自主可持续发展战略（第三个综合开发计划）的转向在东京选择性集中全球经济功能的政策，比如金融、信息服务和媒体等发展战略（第四个综合开发计划）（Saito，1999）。

东京的就业水平自 1970 年以来一直相当稳定。 制造业工作岗位的减少远没有纽约和伦敦那么严重，FIRE 的就业也没有像纽约和伦敦那样迅猛增长。 要想确定这种差异在多大程度上是由时间因素造成，在多大程度上是由不同经济基础造成，并不容易。 金融和生产者服务业的快速发展，纽约始于 20 世纪 70 年代末，伦敦始于 20 世纪 80 年代初。 或许，东京的这一进程是 20 世纪 80 年代中期之后才开始，而且还要经过很多年之后，才会像现在的伦敦和纽约那样势不可挡。

20 世纪 80 年代中期，东京发生了一场深刻转变，但这一转变并未体现在总体就业数据中。 随着中央商务区高层建筑的快速建设，城市中心区的许多老工业区随之拆除和解体。 但这与纽约和伦敦主导经济的转型是两种截然不同的进程。 东京植根于一个为广大地区提供服务、贸易和文秘工作的庞大经济基础之上。 东京有 590 万劳动力，远远超过伦敦和纽约。 以东京为中心的地区有 1 700 万人口。 与纽约大都市区人口 1 800 万、伦敦大都市人口 1 200 万相比，其差别不大，不同之处在于东京在整个地区的中心地位，每天有 240 万通勤者，其中大多数是上班族。 在描述更广泛的经济基础的数据中，城市中心地区明显的深刻转变则被忽略了[1]。

在 30 年时间里，东京的劳动力增加了 1 倍多，1950 年达到 560 万。 1960 年下降到 450 万，1970 年上升到 560 万，在 20 世纪 70 年代中期下降后，1985 年上升到 590 万，1998 年上升到 630 万。 然而，劳动力的职业和产业分布发生了重大变化。1970 年，东京 560 万工人中，30.2% 在制造业，26.3% 在批发和零售行业，5.4% 在金融、保险和房地产行业，21.3% 在狭义的服务业。 1980 年，这一比率在制造业变化最为明显，降至 23.5%，在狭义的服务业中攀升至 22.7%。 其他大多数行业就业比重几乎没有增长，这在一定程度上反映了 1985 年东京的财政危机，我们看到了金融和生产者服务业复合体的整合（Tokyo Metropolitan Government，1987a）。

在 1985 年至 1990 年的高速增长年份，工人人数急剧增加了 72 万；相比之下，从 1990 年到 1995 年，工人的数量只增加了 13 万。 1975 年到 1995 年，东京的职业结构显示，专业人员无

---

[1] 东京的人口增长率在 20 世纪 60 年代中期开始下降。 那时，迁出东京的人数已经开始超过迁入人数。 人口的大量减少是由于居住的郊区化，而不是实际离开该地区；因此，通勤者的数量增加了。 但在 20 世纪 70 年代，由于财政危机和东京整体经济的衰退，就业人数也出现了实际下降。 1967 年以后，由于郊区化的缘故，净移徙率开始为负，因此不断有来自都市地区以外的人涌入。 东京人口的郊区化和市外人口的迁入导致了都市人口的大幅增长，从 1955 年的 740 万（占全国人口的 8.1%）增至 20 世纪 80 年代初的 1 800 万（占全国人口的 15%）。

论是实际数量还是在劳动力中所占比率都持续增长，尽管增长率有所下降（Machimura，1998）。1975 年到 1985 年，管理和服务类工作快速增长，专业人员增长率最高为 55%，1985 年到 1990 年下降至 17.5%，1990 年到 1995 年下降至 8%。1975 年到 1995 年，体力劳动者数量急剧下降，这主要是由于制造业的衰落。

在制造业总体数据的微小变化背后，是该部门的重大重组。一方面，旧的工业区正在解体，政府还指导性地促进东京南部的化学和钢铁综合体的许多大型工厂搬迁，这一进程始于 20 世纪 60 年代。另一方面，过去 10 年制造业出现了两种增长趋势：一是在老工业区和东京市中心其他地区，以手工艺为基础的小批量工厂再度兴起，尤其与时装和设计师市场有关的行业，从服装到家具。二是专业化、高技术产业的增长。这些公司中，有许多曾是某一特定公司的分包商：现在它们变得更加自主，在一个高度专业化的市场上销售，大型企业在那里购买自己内部无法提供的零部件和研发。还有一些公司，主要在电子相关行业，基本上是为老的生产线开发新产品。东京高科技制造业的核心，是为简单大规模生产线开发新产品和技术。它是一个重要的产品开发和测试中心。这些产品中有许多最终会大批量生产，但东京的工厂也越来越多地接受小批量高度定制化生产的合同。

东京制造业整体衰落的部分原因是重化工业的工厂减少。这些行业在 20 世纪 50 年代达到了最高的增长水平。在此期间，大型化工厂沿着东京湾发展，成为该地区经济基础的重要组成部分。从那时起，东京政府就开始限制并基本上不允许建造这类工厂。20 世纪 50 年代，日本政府通过推动 1952 年《工业替代法》和 1959 年《工业限制及其他法案》试图限制和调整东京和大阪的工业发展。

二战前，工厂的主要选址在东京东部的低地，旧的下町区，因为它的起源是一个工人阶级的地区。 这一地区里有小型工厂、作坊以及工人住宅，通常是二至四层楼的建筑。 当时，这一地区位于东京中央商务区之外，因而地价更便宜，可用土地也更多。 通过河流和运河，该地区可获得较好的服务。 西南地区也有类似的特点，靠近东京和横滨港口，在东京湾提供方便的海上运输。 它成为大规模新工业综合体的所在地，最终造就了位于东京和横滨之间的川崎市，成为日本最大的工业园区。 第二次世界大战后，新的工厂和工业区在东京市区以外的地区，首都地区的东部和北部得到了发展。 工厂搬迁到西部人口较少的地区，即最不发达的多摩地区，这在第二次世界大战之前就已经开始了，但大部分增长是最近出现的[1]。 其中一些搬迁导致了新的工业郊区的形成。

尽管东京制造业在 1961 年达到顶峰，此后一直下降，到 1998 年占其所有工作岗位的 17%，但更大的东京地区，就像美国的洛杉矶地区一样，拥有庞大的工业综合体。 随着 20 世纪 80 年代城市结构调整，制造业成本压力急剧增加，土地使用日益转向高水平的服务业（Kamo 和 Sasaki，1998）。 20 世纪 80 年代，以东京为主导的整个关东工业区拥有超过 500 万的制造业工人，

---

[1] 多摩地区的工业城市有东村山、稻城、昭岛、青梅和日野。 东京多摩地区还包括了一些以白领为主的城市，如多摩和清濑，以及东京郊区最繁忙通勤铁路沿线的国立、小金井、国分寺和武藏野。

占日本全部制造业工人的三分之一，占日本所有工厂的
36.2%[1]。 它拥有先进的高科技产业，并与国家重点地区联系
紧密。 东京大约一半的工业是金属、加工和机械产品。 东京南
部地区和多摩河沿岸的多摩地区拥有很大一部分日本最重要的企
业。 由于政府的限制，东京南部地区大多数工厂都是中小型
的。 但大多数中小型工厂采用了先进的生产技术。 该地区中小
企业主要分为三类： ① 专业化的高新技术加工；② 未采用新
技术或最低限度采用新技术的旧式加工；③ 主要是为老工业开
发新产品的电子相关行业[2]。

　　根据 Murata（1980，1988）的说法，东京作为一个创新和新
产品开发中心，有着独特的作用。 东京的制造业面临两个问
题： 一是除了大型制造企业的管理外，经济和政治职能大规模
集中对土地使用及其价格造成了巨大压力。 Murata（1988）提
出，日本必须强化制造业的替代中心，大阪作为曾经是日本的主
要制造业中心，应该是发展所需配套基础设施的主要候选城市。
二是在仍然有着很多工厂建筑的内城老工业区里，高层住宅和写
字楼日益扩张，在这两个非常不同土地用途及相关人口的不同部

---

[1] 以东京为主导的关东地区，拥有日本三分之一的专业技术工人、经理、
　　行政人员以及文员。 关西地区（以大阪为主）的相应数据在 15% 到
　　23% 之间。 有趣的是，关东地区生产工人的集中度明显高于关西地
　　区： 前者为 28%，后者为 14.5%。
[2] 东京的电子产业在整个日本的电子产品生产中所占的份额很小： 占全
　　国计算机制造业的 30%，集成电路制造业的 13%，机器人产业的
　　10%。

门之间造成越来越紧张的关系。 高昂的地价和高密度建设[1]，以及越来越多的高价竞标者，限制了制造业发展。 工业用地的生产力远低于商业用地；但东京工业用地的生产率是大阪的 2 倍，是许多较小地区的 7 倍。 然而，与纽约和伦敦一样，东京的制造业无法与其他土地用途的部门进行竞争。

　　在此背景下，有趣的是印刷出版业和服装业的发展。 前者与金融和生产者服务业的发展相关；后者与追求时尚、大量高收入群聚效应的存在、具有相当一部分不同消费模式的年轻工人、不断增长的日本设计服装出口市场等相关。 20 世纪 70 年代，印刷业、纺织业和服装业趋于衰落（Ide 和 Takeuchi，1980）。 纺织品和一些印刷出版业务被转移到海外。 服装生产被转移到日本和海外的低工资地区。 过去几年，东京印刷和出版业的快速发展与纽约和伦敦的发展相似。 我将简要阐述一下服装业，因为鉴于这一发展的近况，目前尚无普遍可用的数据。

　　东京都政府未公开发布的数据显示了按行业细分及描述的服装配饰业分布情况及其空间组织。 在东京（墨田）有一个特别的区域，是服饰产品开发、设计和测试的关键地点。 这些公司大多是大中型企业，在某种程度上相当于纽约所谓的"制造商"——"生产"自己名牌服装，但越来越多地将生产转包给其他企业的大型企业。 原宿（Harajuku）和青山（Aoyoma）是这个行业的信息和设计中心，也是时尚精品店和时装秀的聚集地。这部分是由大小不等的公司组成。 批发活动集中在日本桥

――――――
[1] 东京的平均密度为每平方千米 14 000 人，而纽约为 9 000 人。

（Nihonbashi）。　上述这些地点都处于城市的中心区域。　这些大公司现在有海外生产，特别是在新工业化国家和大洋洲。　小公司往往在东京和日本较不发达的地区（如北海道）拥有生产设施，那里的服装生产急剧增长。　然而，大量与时尚相关的服饰都是在东京生产的。　未公布的数据清楚显示，最大的工厂集中地是在东京的东部和北部地区，那里有许多传统的工业区。　仅东京的东部地区（葛饰、江户川、墨田、江东、足立）就有8 000多家公司，包括外套、针织产品、装饰品、箱包、装饰配件和其他相关行业的制造商。　在东京以北更远的地方，还有4 000家服装及配饰工厂位于台东（Taito）和荒川（Arakawa）的工业区。　东京西部和南部的几个区，也有这些企业的集中。　简而言之，就像纽约和伦敦一样，20世纪80年代，与时尚相关的服装制造业在这些城市的后工业化核心地带发展起来。

1977年到1985年，东京生产者服务业就业总体上增加了71%（Japan Ministry of Labor，1986a）。　某些行业的增长率极高，信息、研发和广告等行业显著增长134%；房地产增长124%；法律服务增长30.7%；会计服务增长43.1%；其他生产者服务增长超过93%；其他专业服务增长超过99%。　1986年到1996年，FIRE就业增加了25%以上。

东京作为服务中心的程度，可以从以下事实推断：20世纪90年代末，服务行业占东京所有就业人口的60%以上。　东京的办事员、行政人员、技术人员、零售人员和服务人员所占比例明显高于国内整体水平，并有进一步增长的趋势（Tokyo Metropolitan Government，1987b，1999；Japan Economic Planning Agency，1988）。　日本国内劳动力的行业分布表明（见表

8.7)，在 1985 年的 5 800 万从业人员中，约有四分之一在制造业、批发和零售业，只有 3.8% 在 FIRE 行业。东京劳动力的行业分布与此最大的区别在农业、批发和零售、FIRE 和服务业。当我们将东京中央商务区与日本作为一个整体进行比较时，这些差异变得更加明显（见表 8.8）。

表 8.7　1975—1995 年日本就业的行业分布(千人/百分比)

	1975		1985		1995	
	N（'000's）	国家	N（'000's）	国家	N（'000's）	国家
农业和林业	7 354	13.9	5 418	9.3	3 512	5.5
所有总的非农化业	45 619	86.1	52 695	90.7	59 889	93.4
矿业	132	0.2	95	0.2	61	0.1
建筑业	4 729	8.9	5 300	9.1	6 631	10.3
制造业	13 245	25	13 811	23.8	13 556	21.1
能源、交通和通信①	3 686	7	3 870	6.7	4 254	6.6
批发及零售业②	11 372	21.5	13 453	23.1	14 618	22.8
金融、保险	1 383	2.6	1 742	3	1 975	3.1
房地产	372	0.7	485	0.8	707	1.1
服务	8 741	16.5	11 924	20.5	15 932	24.8
政府	1 959	3.7	2 015	3.5	2 155	3.4
所有行业	52 973	100	58 113	100	64 142	98.8

资料来源：日本政府，管理和协调厅《日本统计年鉴》，1986 年和 1999 年。

注：① 包括电、气、热、水；② 包括饮食场所；由于四舍五入的原因，百分比加总并不总是等于 100。

**表 8.8　1980 年和 1997 年日本和东京按行业
划分的就业分布(百分比)**

	1980			1997		
	日本	东京	CBD	日本	东京	CBD
农业和林业	9.6	0.6	0.0	5.5	0.5	0.0
矿业	0.2	0.0	0.1	0.1	0.0	0.1
建筑业	9.9	8.3	6.1	10.3	8.7	5.8
制造业	24.7	23.5	19.1	21.1	16.9	10.6
能源和水供应，交通和通信	6.9	6.7	8.2	6.6	6.5	6.5
总服务	47.6	60.5	66.1	51.8	62.8	77.0
批发和零售	22.5	28.5	29.6	22.8	26.1	31.9
军火业	3.4	6.0	9.9	4.9	6.7	11.5
服务	18.1	22.7	21.8	24.8	30.0	29.9
公共服务	3.6	3.3	4.8	3.4	5.6	3.7

资料来源: 作者的计算基于东京市政府《漫话东京》第二版，1984
年；日本政府管理和协调厅《日本统计年鉴》，1999 年；东京都政府《东京
统计年鉴》，1997 年，第 108—111 页。
　　注: 中央商务区包括千代田区、中央区、港区和新宿区。

　　1997 年，东京中央商务区 32% 的工作岗位在批发和零售
业，而日本和东京的这一比率分别为 23% 和 26%；中央商务区
11.5% 的工作岗位在 FIRE 行业，而日本和东京的这一比率分别是
4.9% 和 6.7%。 日本 21% 的工作岗位在制造业，而中央商务区的
这一比率为 10.6%，并且大部分是行政部门而不是生产部门。 到
20 世纪 90 年代末，东京中央商务区超过 77% 的工作岗位都在服务
业，标志着东京从一个制造业城市转变为一个服务业城市。

　　在东京中央商务区 77% 的服务工作中，专业化、面向世界市
场的服务所占比率远远高于整个国家或大东京地区。 新宿的服

务业主要是面向国内市场，以大量零售为主；而千代田区则以公司总部和主要的国际业务为主。

表 8.9 列出了 1978—1985 年和 1986—1996 年东京各行业的就业变化。

表 8.9   1978—1985 年和 1986—1996 年东京
各行业就业变化（百分比）

	1978—1985	1986—1996
农业	−39.3	−36.2
矿业	−9.4	−35.4
建筑业	−3.0	16.2
制造业	−6.7	−129
电力及其他公用事业	0.9	6.4
运输和通信	1.4	14.8
批发业	16.4	8.9
金融、保险业	7.1	25.7
房地产	24.8	29.5
服务业	33.7	37.2
政府	−2.1	6.9
总就业/所有行业的变化	11.0	129

资料来源：作者的计算基于 1997 年出版的《东京都政府》，第 108—111 页。

收入

在这三个城市中，有关收入的现有资料差别很大，而且很少是详尽无遗的。　如果要对纽约、伦敦和东京的收入分配细节特征进行严格的比较分析，似乎不太可能。　在仔细识别了可用信息之后，为了本研究的目的，通过对每个城市的收入进行描述性分析，显然可以比通过标准化测量获得更为深刻的见解，尽管标准化测量有利于进行比较分析，但这样做的代价是丧失了所有的细节和特异性。当我们主要强调每个城市与其国内的差别，而不是这三个城市之间的差别时，这种描述性分析似乎更加有用。　出于同样的原因，我决定在使用相关收入数据时保留原货币单位；保持每个国家和城市的原始数据格式；并包括不一定在所有这三个城市都可以获得的信息类型。

　　如上一节所述，我们主要为了分析这些城市在经济基础发生显著转变期间的不同行业和职业的工资与薪水的变动轨迹，其核心内容是不同职业和行业薪酬水平之间的相对变化。　我们知道，工资和薪水确立，被嵌入在一系列广泛的经济和政治过程中，但这里不可能详细分析这些过程；因此只是简要讨论其一般背景，并在此背景下分析关于收入方面的详细信息。

　　如今，对于大多数高度发达国家收入不平等日益加剧这一事实，人们已经达成相当坚定的共识。　尽管起点和演变方式不同，但大多数（而非所有）经合组织国家的收入不平等都有所加剧。　研究发现，收入不平等增长水平与初始的收入不平等水平没有关联，这标志着一种新的动态的存在。　一些国家，如英国，经历了至少与美国一样的收入不平等加剧[1]。　美国的收入

[1] 第二组国家的收入不平等虽然没有美国那么高，但也有大幅增长：其中有加拿大、澳大利亚和以色列。　日本、法国、荷兰、瑞典和芬兰等收入不平等的增长相对较小，但在 20 世纪 80 年代末，收入不平等的增长逐步明显。　在许多北欧国家，初始的收入不平等水平非常低，因此即使是收入不平等增加了，也使它们处于与美国完全不同的水平。

分布的底部阶层还出现了收入绝对下降。 其他国家则没有出现这种情况，尽管日本和英国出现了收入相对下降的情况（OECD，1993：表5.2）。 在所有被考察的国家中，美国和英国的最高收入群体的收入增长最快。

Gottschalk 和 Smeeding（1997）在其跨国收入与收入不平等研究中发现，20世纪80年代，除了德国和意大利，几乎所有高度发达经济体的壮年男性工资不平等都有所增加。 长期以来，德国一直存在一个集中的企业工资设定和谈判协商安排，而意大利的特点是大量的高质量中小型企业，大规模的工会化工厂和公共部门就业保护。 他们发现，美国和英国的不平等程度最为严重，收入不平等加剧程度要高于家庭收入不平等加剧程度。

20世纪80年代，美国围绕国内收入不平等加剧问题展开了激烈辩论，结果，美国的专家认同了收入不平等增加的事实，尽管对其发生的原因尚有一些分歧（Howell，2000）。 今天，争论的焦点集中在原因分析上。 Levy 和 Murnane（1992）回顾了20世纪80年代有关美国在工资率和年收入方面存在实质性收入不平等的研究文献。 人们一致认为，这种收入不平等是解释家庭收入不平等的重要因素（Danziger 和 Gottshalk，1995；Blank，1994）。

表8.10是对五个国家收入分布情况的一个概括性衡量[1]。

―――――――

[1] Gottschalk 和 Smeeding（1997）在最初研究中提出了9个国家的证据，其中 LIS（卢森堡收入研究）数据库提供了年龄在25岁到54岁之间的男性和女性的年度税前收入的一致性数据。 有个体经营收入家庭的工人被排除在外。 LIS 使用国家统计数据来源，并在各国采用一致的衡量标准和概念。

所选百分位的收入以收入中位数，即第 50 百分位（P50）的比例来衡量；还有两个额外的度量，其中一个是顶部百分位，即第 90 百分位（P90）与底部百分位，即第 10 百分位（P10）之间关系的度量，另一个是第 80 百分位（P80）与第 20 百分位（P20）之间关系的度量。这些关系是衡量整体收入不平等的指标。

表 8.10　1980—1992 年（选择性年份）OECD 代表性国家的收入分布（中位数和第十分位数比率的百分比[a]）

国家/年	全年，全职员工[b]				所有员工[c]			
	P10	P90	P90/P10	P80/P20	P10	P90	P90/P10	P80/P20
男性								
澳大利亚（1989）	56.8	160.6	2.8	1.9	54.0	161.6	3.0	1.9
加拿大（1987）	38.0	174.9	4.6	2.3	36.3	176.0	4.7	2.6
荷兰（1987）	71.5	172.8	2.4	1.4	69.3	168.7	2.4	1.7
英国（1986）	61.4	188.1	3.1	2.1	60.7	186.3	3.1	2.1
美国（1991）	33.6	193.1	5.7	3.0	28.1	203.7	7.2	3.5
女性								
澳大利亚（1989）	49.2	156.3	3.2	1.9	23.2	183.0	5.7	3.4
加拿大（1987）	34.7	179.1	5.2	2.6	27.9	181.8	6.5	3.2
荷兰（1987）	72.6	173.5	2.4	1.7	29.9	185.1	6.2	3.1

续　表

国家/年	全年，全职员工[b]				所有员工[c]			
	P10	P90	P90/P10	P80/P20	P10	P90	P90/P10	P80/P20
英国（1986）	64.9	181.0	2.8	2.0	34.6	223.0	6.4	3.5
美国（1991）	40.0	190.0	4.8	2.5	17.7	206.0	11.6	4.0

　　资料来源：Gottschalk 和 Smeeding，1997 年，基于卢森堡收入研究数据库。

　　注：a 年龄 25 至 54 岁，生活在零自雇收入家庭的人士。工资是扣除雇主缴纳的社会保险费（工资税）的收入部分，但为扣除雇员工资税的总收入；b 全年：一年工作 50 周或以上；全职：每周工作 35 小时以上；c 所有非零工资和工资收入的工人。

　　通过上述两个关系的度量，美国和加拿大的男性与女性劳动力之间的收入分配最不平等。但是应该指出，加拿大的非劳动挣得的收入形式比较多样，特别是通过公共保健服务的福利。对男性劳动力来说，收入不平等很大程度上是由于收入分布中处于底层的收入水平相当低；对于女性劳动力来说，主要是低收入和高收入之间不同寻常的差距。德国和荷兰是收入分配最平等的国家，尽管随着这两个国家实施关键的制度改革，特别是对劳动力市场的部分放松管制，收入分配正在发生变化。

　　在所有被考察的国家中，美国的收入不平等加剧最为严重。美国也是 20 世纪 80 年代初期所测量的初始不平等程度最高的国家。1975 年到 1992 年，美国全职男性劳动力每小时收入的 P75 百分位增长了 10%，P90 百分位增长了 14%；P10 百分位和 P25 百分位则分别下降了 3.2% 和 5.1%。与其他 9 个国家相比，美国最低百分位的收入相对于中位数的比率更低，而且按美元和购买力平价计算，他们的绝对收入在这些国家中也是最低的。 其他 9 个国家以美元计算的最低百分位的收入都比美国高[1]。

学者中所存在的分歧，是对这种不平等日益加剧的解释。现有大量研究试图找出各种影响因素，以了解收入分布的变化（文献评论，见 Howell，2000)。 这些研究使用了一系列变量来解释不平等加剧的部分原因，但没有得出一个因果关系的结论性解释。 这一变化的部分原因是由人力资本投资带来更高回报，在既定小时工作的情况下，1989 年大学毕业生收入要高出43%；由于大学毕业生往往是全职、全年的工作，实际上要高出54%（Gottschalk and Smeeding，1997：645)。 英国、美国和日本的教育投资回报都有所增加。 然而，数据也显示出不同技能群体的工资差异（Macurdy 和 Mroz，1995)。 因此，在给定受教育水平的情况下，收入分布顶部的人员收入增长，而底部的人员收入下降。 所有被考察的国家都经历了不同技能群体收入不平等的过程。

如果说有一个对收入不平等影响最为一致的因果关系，那就是技术（有关评论，见 Howell，2000)。 尽管分析师们声称这是

---

[1] 20 世纪 80 年代中叶（在放松监管之前)，德国 P10 百分位的收入是美国收入中位数的 51%，而美国 P10 百分位的收入是其中位数的 34%。另一方面，美国 P90 百分位的工人收入是所有国家中最高的。 美国收入不平等的加剧意味着其底层民众的生活水平实际上低于其他 14 个国家（收入中位数低于美国）底层民众的生活水平（See Gottschalk and Smeeding，1997)。 即使是那些收入中位数仅为美国中位数 70% 的国家，其收入最低百分位的生活水平也比美国高。 而在收入最高百分位上，美国 P90 百分位的平均收入水平高于其他所有国家的一半。

唯一可用来说明不同行业和不同技能群体以及行业和技能群体内部普遍存在收入差异的解释，然而，即便是由技术引发的技能需求的原因，也无法解释整个收入的分配情况。此外，这种解释被发现存在严重问题，包括专业文献中持有这种解释的测量和解释问题。Howell（2000）在详细审阅有关这个问题的专业文献后，指出其存在的主要问题，包括重要的时间界限问题，因为大多数这方面研究是对 20 世纪 70 年代技术变化对收入分配影响的测量，而收入不平等加剧应该以 20 世纪 80 年代的时间段来测量（Howell，2000）。

通过这种类型的研究，更难确定的是经济结构和产业结构变化、跨境贸易和投资增长、放松管制，以及工会作用削弱和最低工资标准下降等对收入不平等的影响（Danziger 和 Gottschalk，1995）。一些研究估计，工会作用削弱和最低工资标准下降对收入不平等增加的影响占到 30%（Fortin 和 Lemieux，1997）。根据 Gordon（1996：206）的研究，最重要的影响因素与管理决策和实践有关。

对于低工资工作增加的原因，有相当大的意见分歧。最广泛的争论发生在美国，长期以来，美国的中产阶层一直被认为是一个不断扩大的阶层。在美国，对 20 世纪 80 年代收入分配的一些分析认为，收入不平等加剧是人口结构变化的结果，特别是随着婴儿潮一代的长大成人，越来越多妇女加入劳动力大军。妇女和青年是传统上收入低于成年白人男性的两类工人（Lawrence，1984；Levy，1987）。Harrison 和 Bluestone（1988：第五章）发现，这些人口结构变化并不能解释收入分配中日益加剧的不平等。相反，在每个群体（白人女性、年轻工人、白人成年男性等）中，收入不平等都有所加剧。 行业部门变化对收入不平等加剧的影响只占五分之一，收入不平等增加的其余大部分发生在行业内部，因此，与人口结构的群体一样，行业内部的收入不平等也有所增加（参见他们 App. Tab. A. 2 的18 个有关人口、部门和地区的因素）。 他们解释了工资和工作时间的结构调整对收入不平等加剧的影响（Chaps. 2 和 3）。虽然在英国和日本都没有类似的研究，但这些结果似乎至少在那里也存在。 在英国和日本，妇女的劳动参与率有所提高。但是，就像美国一样，当过去主导行业出现下滑以及 20 世纪80 年代主要增长行业中的工资水平要么高于平均水平，要么低于平均水平时，这种人口结构变化不能成为低工资工作增长的唯一来源。

第二个主要趋势是，一些高增长服务行业具有低薪和高薪工作高度集中的特点。 这在纽约和伦敦表现得最为明显。 在东京，表现不是很明显。 工作过程的技术变革是上述趋势的基础之一，其通过对大量中等收入工作的提升或降低，进一步加剧了收入两极分化。 机械化和计算机化把技能转化为机器，把某些操作从车间转移到管理办公室；由于计算机化，许多中层管理工作被淘汰，许多文秘工作被降级为常规的文字处理工作。 如果再加上全年非全职工人的增加，这种收入不平等就变得更加明显。

对于这里的分析来说，最重要的是主要产业中劳动者和雇主之间以社会契约为特征的制度框架的瓦解。 这一契约建立在大规模消费的基础上： 工人工资是生产方程式的一部分，因为它是实现利润的关键因素。 以面向出口市场的产业为例，如纽约和伦敦的生产者服务业，这样的契约是不可能的。　这种制度框架的衰落，是在若干服务行业快速增长的背景下发生的。　20 世纪 80 年代，美国、英国和日本的增长行业（FIRE、贸易、商务服务）产生了大量低薪工作，由于工会因素的影响，男性工人在收入不均增加中占 20%，但对女性收入不平等的影响很少（Freeman，1994；Fortin 和 Lemieux，1997）。

　　那些拥有大量工会组织和集中工资制定的国家能够限制收入不平等的增长（Freeman 和 Katz，1995；Fortin 和 Limieux，1997）。　德国、意大利和北欧国家的情况就是如此（OECD，1994b）。　美国的工会化率下降，英国的工资谈判变得不那么集中。　在许多 OECD 国家，很大一部分工人都有集体谈判和集中设定工资的权利。　这在一定程度上解释了收入不平等程度增加的原因[1]（参见 Katz，Loveman，Blanchflower，1995，关于日本的案例）。

　　鉴于 OECD 国家之间制度设置的巨大差异，很难确定即使这些制度被削弱，在多大程度上阻止了收入不平等加剧或者导致收入不平等加剧（Gottschalk 和 Smeeding，1997：656–57）。　这些限制市场力量影响的制度的存在，意味着这些国家没有一个像今

---

[1] 工会成员并不一定代表集中工资制定的全部范围。　在法国，1980 年集体协议覆盖了 85% 的劳动力，但只有 17.5% 属于有工会组织（OECD，1994c：Table 5.8）。　工资的议价权是分散的，但有严格控制的最低工资标准。　在日本，工会成员很少，而且大部分都是公司工会，但工资的制定是通过一个全国性的 Shunto 进行集中协调，这个 Shunto 制定的指导方针是公司层面谈判的基础（见本书的第一版）。　许多集中制定工资或工会覆盖率高的国家在 20 世纪 80 年代见证了这些制度的衰落。

天的美国和英国那样存在高度的收入不平等。 通过底层收入下降和顶层收入增加的不平等程度的比较分析，也能很好证明这一点。 因此，在法国，制度约束是强大的，以防止底层收入下降，我们看到，即使顶层收入有更大增长，即 $P90$ 增长快于中位数和 $P10$，但守住了底层收入增长的底线。 在德国、芬兰和其他实行最低工资收入增长线的国家，也可看到类似的结果。 如果没有这样的下限，就加剧了顶层收入增加和底层收入下降的不平等，就像美国的情况一样。

推动低工资工作增长的一个主要趋势，是增长部门兼职工作的高发。 在美国，40%的销售工作、30%的服务工作和 17%的 FIRE 工作是兼职工作。 1983 年到 1993 年，兼职工人比率较高的部门，其总体就业增长率较高，这是 20 世纪 80 年代之前所没有的现象（Fallick，1999）。 Fallick（1999）在其他高度发达国家也发现了类似模式。 在日本，1982 年到 1992 年，非全日制就业增加 80%，特别在农业、销售、服务和制造业（Houseman 和 Osawa，1995）。 截至 1998 年，30%的销售工作、24%的服务工作和 18.7%的 FIRE 工作都是兼职工作；妇女在非全时劳动力中所占的比率越来越大，从 1980 年的 19%增加到 1998 年的 36.5%（Management and Coordination Agency，1998）。

鉴于每个部门往往包含一系列的职业技能，另一组结构性因素表现为依据它们是否主要包含高技能或低技能工作的部门分类以及这些部门在经济中的就业增长率。 以城市为例，表 8.11 显示，1993 年到 1997 年，纽约的低技能行业就业增长 23%，而高技能行业就业增长 11.7%（见表 8.11）；芝加哥这两类行业的增长均在 25%左右；洛杉矶的低技能行业就业增长约 11%，高技能行业就业增长 14%。一个推论是，美国这三个领先的全球城市在这两类行业的就业都有显著增长，其中纽约的收入不平等状况最为严重。

表 8.11　1993—1997 年美国、纽约、洛杉矶和芝加哥：商务服务和工程/管理服务业就业情况（百分比）

	美　国	纽　约	洛杉矶	芝加哥
非专业职业 （SIC：7320，7330，7340，7360，7380）	25.2	23.1	11.3	26.0
专业职业 （SIC：7310，7370，8710－8740）	25.7	11.7	14.2	24.6

　　资料来源：作者的计算基于 1997 年美国人口普查局《县商务模式》。
　　注：纽约包括 5 个县（纽约、布朗克斯、里士满、皇后、国王）；芝加哥包括 3 个县（库克、杜佩奇、莱克）。

　　接下来三小节详细介绍纽约、伦敦和东京的收入分配情况，我们应该在更大的背景下阅读。

纽约

　　国家层面上衡量的收入不平等增长，在纽约地区也相当明显（见表 8.12、表 8.13）。尽管从 20 世纪 90 年代中期开始强劲的经济增长，但从 1979 年到 1996 年，纽约-新泽西地区的收入不平等程度增长了 50% 以上（Federal Reserve Bank of NY，1998）。这一收入不平等的增长程度与国内其他地区相似。但在 20 世纪 90 年代，纽约的收入不平等现象明显加剧。以全年全职工人（包括男性和女性）收入的最高和最低百分位数计算，收入不平等程度增长 50%，这是两端各不相同收入增长趋势的结果。

表 8.12　1979—1996 年选择性年份纽约和美国百分位的
收入增长：全年、全职工人（百分比）

	男　　性			女　　性		
	1979—1996	1979—1989	1989—1996	1979—1996	1979—1989	1989—1996
美国						
第 90 百分位	10.1	9.4	0.6	27.7	17.8	8.4
第 10 百分位	−20.6	−13.9	−7.8	−13.6	−11.6	−2.3
纽约-新泽西地区[a]						
第 90 百分位	25.7	19.2	5.4	37.5	32.1	4.1
第 10 百分位	−21.0	−6.7	−15.3	−7.0	0.4	−7.4

　　资料来源：纽约联邦储备银行，《收入与不平等：纽约-新泽西地区》，《当前经济与金融问题》，第 4 卷，第 1 期，1998 年 7 月 9 日。
　　注：a 表示都市区，包括纽约市和威彻斯特、罗克兰、普特南、拿索和萨福克县。

表 8.13　1979—1996 年全年全职工人的收入不平等
（P90 百分位收入与 P10 百分位收入之比）

	男　　性			女　　性		
	1979	1989	1996	1979	1989	1996
美国	3.6	4.6	5.0	2.9	3.9	4.3
纽约-新泽西地区[a]	3.4	4.3	5.3	3.0	3.9	4.4
纽约市区	3.7	4.6	6.8	3.0	4.0	4.8
纽约州[b]	3.3	3.6	4.3	2.5	3.5	3.6

　　资料来源：1998 年 7 月 9 日纽约联邦储备银行，《收入和不平等：纽约-新泽西地区》，《经济与金融时事》，第 4 卷，第 1 期。
　　注：a 表示都会区为纽约市和韦斯特切斯特、罗克兰、普特南、拿索和萨福克县；b 不包括纽约市区。

　　1979 年到 1996 年期间，年龄在 25 岁到 64 岁之间的全职男性工人，最高百分位的实际收入增长了 26%（从 6.37 万美元到

8 万美元），而最低百分位的实际收入下降了 21%（从 1.9 万美元到 1.5 万美元）。 女性收入的趋势也差不多，最高百分位的收入从 3.93 万美元增加到 5.4 万美元，而最低百分位的收入从 1.32 万美元减少到 1.23 万美元。 纽约－新泽西地区最高百分位的收入增速比全国（10%）更快；最低百分位的收入降幅与全国（21%）相似。 在 20 世纪 80 年代，纽约－新泽西地区最低百分位的收入降幅实际上比全国更小些。 这将证实根据 1990 年人口普查数据对大都市地区收入进行的一些详细分析，这些分析发现，收入较低百分位的工人和家庭与全球城市比在工业中心或等级较低城市有更好的境遇（Elliott，1999；Drennan 等，1996）。20 世纪 90 年代，这种情况似乎发生了逆转，尽管从 20 世纪 90 年代中期开始出现了强劲增长，该地区的收入差距变得比全国更大。 1989 年至 1996 年，全职男性工人最低百分位的收入降幅高于全国水平，而最高百分位的收入增速远远快于全国水平。

纽约大都市区是该地区这一收入不平等的最大源头。 纽约大都市区全年全职男性工人最高百分位和最低百分位的收入之比，从 1979 年的 3.7% 上升到 1996 年的 6.8%，也就是说，1979 年最高百分位的收入几乎是最低百分位的 4 倍，1996 年已几乎达到 7 倍（见表 8.12），而该地区的其余地方处于国内平均水平。 纽约的收入不平等程度较高，主要是金融服务业推高了处于最高百分位的那部分人收入。 1989 年到 1996 年，纽约最高百分位的收入增长 8%，国内平均水平只增长 0.6%。 同一时期，纽约最低百分位的收入下降 27%，国内平均水平只下降 7.8%（参见 Brauer，1998；Orr，Rosen 和 DeMott，1998）。 曼哈顿仍然是该地区的核心，它是该地区 42% 工资和顶级 FIRE 部门

73%工资的来源（NY and NJ State Departments of Labor，2000）。

1996年和1997年，纽约-新泽西地区的私营部门工资分别提高7.4%和7.7%（NY and NJ State Departments of Labor，2000）。商务和金融服务、零售和旅游、咨询、广告和计算机服务行业的工资都有强劲增长。FIRE部门的发展为该地区提供了很高收入的工作，克服了20世纪90年代初的损失和衰退；根据纽约和新泽西州劳工部的数据，自1994年以来，在所有主要行业中，FIRE部门的收入增长率最高。1996年到1998年，华尔街证券业每年平均增长超过6%，导致了FIRE行业的就业增长。1992年以来，纽约证券从业人数增长27%。如今，与20世纪80年代情况不同，华尔街被视为纽约及该地区增长的关键引擎。

纽约的私营部门工资在1997年和1996年分别增长了8.4%和8.3%。1997年，纽约每份工作的平均工资上涨5.5%，达到43 500美元（年薪），这是连续第三年涨幅超过5%。曼哈顿每份工作的平均工资近6.3万美元（年薪）。与1992年相比，曼哈顿与排位第二的距离拉得更远了。它拥有该地区薪酬最高的工作，华尔街的平均薪酬最高，为17.53万美元（年薪）。1997年，证券业工资总额增长17.5%（NY and NJ State Departments of Labor，2000）；该行业还包括了一些低收入的工作（见表8.14和表8.15）。

表8.14　1996—1998年纽约按职业和行业划分的
中位值小时工资（美元）

职　业	职业代码	制造业（代表性行业）				服务（代表性行业）			
		SIC23	SIC25	SIC27	SIC35	SIC37	SIC72	SIC73	SIC87
管理和行政	100003	36.69	32.64	40.49	41.17	38.93	18.09	38.77	45.27
专业/辅助 & 技术	200003	26.09	18.65	21.39	23.09	22.43	11.69	24.07	21.89

续　表

职　业	职业代码	制造业（代表性行业）				服务（代表性行业）			
		SIC23	SIC25	SIC27	SIC35	SIC37	SIC72	SIC73	SIC87
销售及相关	400003	27.86	18.86	19.06	22.53	21.35	8.29	17.76	14.78
文书和管理支持	500003	12.20	9.72	12.82	14.08	12.22	9.32	11.48	14.39
服务	600003	8.87	7.80	8.88	8.88	9.41	6.96	8.59	11.59
生产/建造/运行维护/材料管理	800003	7.29	10.35	11.94	12.01	12.79	7.14	9.42	13.73

职　业	职业代码	金融、保险和房地产							
		SIC60	SIC61	SIC62	SIC63	SIC64	SIC64	SIC67	
管理和行政	100003	44.03	50.14	55.99	40.99	45.80	30.88	40.42	
专业/辅助 & 技术	200003	26.24	21.04	27.79	26.16	24.75	19.56	25.75	
销售及相关	400003	20.64	15.94	25.92	15.59	19.57	21.53	26.22	
文书和管理支持	500003	12.21	13.45	16.47	14.84	15.52	13.96	16.18	
服务	600003	11.72	14.80	14.27	13.57	21.08	14.50	13.61	
生产/建造/运行维护/材料管理	800003	13.03	14.98	16.54	14.18	15.79	15.22	15.66	

资料来源：作者根据纽约州劳工统计局 1996 年 7 月 8 日的 OES 调查得出计算结果。

注：SIC 代码和描述：SIC 23 服装和其他纺织产品；SIC 25 家具及固定装置；SIC 27 印刷和出版；SIC 35 工业机械设备；SIC 37 运输设备；SIC 60 存款机构；SIC 61 非储蓄机构；SIC 62 证券及商品经纪人；SIC 63 保险公司承保人；SIC 64 保险代理人、经纪人和服务；SIC 65 房地产；SIC 67 控股及其他投资服务；SIC 72 个人私人服务；SIC 73 商务服务；SIC 87 工程及管理服务。

制造业主要职业组的中位数小时工资与金融业相比较，后者的工资要高得多，工资最高的是金融产品和证券经纪部门的管理和行政职位，其次是非储蓄机构（见表 8.14）。 这是在 1996—1998 年期间唯一超过时薪 50 美元的职业/行业。 我们知道，在最高的职位上，这些收入都被低估了，因为它们不包括一系列非工资形式的补偿，这些补偿比其他薪资水平较低的职业要多得多。 对于专业技术职业、销售和文书职业来说，制造业和金融业的薪酬水平差异消失了。 按照建造和运营职业分类的服务职业和蓝领服务工作，金融业的工资都比制造业高，这一趋势逆转了本书第一版早些时候讨论的一些发现。 在狭义服务业中，除了工程和管理服务（SIC 37），其他的工资与较低水平的制造业相当。 这对于商务服务（SIC 73），尤其明显。 与其他行业相比，个人服务行业（SIC 72）所有层次的薪酬水平都要低得多。

表 8.15 详细分析了这些收入趋势。 在所选择行业的最高和最低工资的职业中，我们可以看到，服装行业（SIC 23）经理和高管的平均小时工资水平超过 44 美元，而最低职业工资为 7.40 美元；在这个行业中，中位数工资并不适用于最高职业收入。 虽然证券和金融产品经纪人的中位数工资是 23.20 美元，但最高的是 50 美元，最低的（电话接线员）是 8.29 美元。 该行业的平均工资略高。 在个人服务业，中位数工资为 7.81 美元，最高的是计算机科学家（超过 40 美元），最低的是交通运输及相关行业的工人（5.57 美元）。 在商务服务业，中位数工资为 13.59 美元，最高的经理和高管为 55 美元，最低的材料装订操作员不到 6 美元，是表 8.15 所示的行业群体中职业薪酬差距最大的行业。

表 8.15　1996—1998 年纽约按职业和代表行业划分的工资范围（美元，数量和百分比）

代表性 SIC	平均工资（美元）	中位数工资（美元）	按工资幅度划分的分项数量（美元，数量和百分比）						列出的总职业
			$50 以上	$40—50	$30—40	$20—30	$10—20	$10 以下	
SIC23—服装及其他纺织品（合计）	12.34	8.22							
总经理和高级行政人员（最高时薪）	44.55	*****	3	1	14	11	51	43	123
其他纺织及相关行业（最低时薪）	7.40	5.74	2.4%	0.8%	11.4%	8.9%	41.5%	35.0%	
SIC62—证券和商品经纪人（合计）	28.68	23.20	7	2	16	35	82	11	153
管理和行政（最高时薪）	46.02	55.99	4.6%	1.3%	10.5%	22.9%	53.6%	7.2%	
电话接线员（最低时薪）	10.18	8.29							
SIC72—个人服务（合计）	10.38	7.81	0	1	4	9	39	54	107
其他计算机科学及相关（最高时薪）	38.71	42.08	0.0%	0.9%	3.7%	8.4%	36.4%	50.5%	

续　表

代表性 SIC	平均工资（美元）	中位数工资（美元）	按工资幅度划分的分项数量							列出的总职业
			$ 50 以上	$ 40—50	$ 30—40	$ 20—30	$ 10—20	$ 10 以下		
所有其他运输及相关工人（最低时薪）	5.40	5.57								
SIC73—商务服务（合计）	17.65	13.59								
总经理和高级行政人员（最高时薪）	44.96	55.04	2	3	17	43	88	61	214	
			0.9%	1.4%	7.9%	20.1%	41.1%	28.5%		
材料装订操作人员，包装（最低时薪）	6.75	5.95								
SIC87—工程和管理服务（合计）	24.40	20.06								
财务经理（最高时薪）	47.96	*****	4	3	11	57	96	15	186	
			2.2%	1.6%	5.9%	30.6%	51.6%	8.1%		

资料来源：作者根据纽约州劳工统计局 1996 年 7 月 8 日的 OES 调查得出计算结果。每个 SIC 的第一行是由纽约州劳工统计局列出的所有行业中该行业的平均工资。第二行是平均工资最高的职业；第三行是平均工资最低的职业。工资范围列出了在 SIC 范围内属于上述或所列范围的职业的数量和百分比。

注：*****表示值大于 60 美元。

　　此外，通过按工资范围划分职业类别的数量，我们可以看到该部门的构成。　例如，在每小时工资 10 美元至 20 美元的范围内，证券和金融产品经纪人的职业密集度显然最高，在工资 20 美元至 30 美元的范围内，它们的职业密集度位居第二。　一个部门的职业数量并不能说明在这些职业/收入领域有多少人受雇。在商务服务业，工资在 10 美元至 20 美元之间的职业有 88 个，工资在 10 美元以下的职业有 61 个。　在纽约的两个高增长行业（即证券和金融产品经纪人以及商务服务行业）中，显然有一个低收入职业的高度集中。

　　总之，按照城市的职业、行业和工作地点以及职业和就业机构类型划分的详细收入数据表明，制造业和非制造业之间、曼哈顿与其他行政区之间，以及生产者服务与其他服务行业之间存在明显的收入差异。

伦敦

　　在英国，来自最新的收入调查（英国劳工部 1985 年，1985c 年和 1999 年）的证据也表明，在一些最具活力的部门，尤其是金融和专业服务部门，收入不平等比传统制造业更严重。　证据还表明，伦敦这些行业的薪酬水平高于整个英国，而且存在男女差异。　由于关注的是一国内部差异，我们保留了以下原始数据中以英镑表示的薪酬水平。　表 8.16 提供了 1979 年至 1999 年成人全职每周平均收入的数据，其中包括不同性别和体力与非体力工作。　尽管与所有其他群体相比，非体力劳动的女性收入有相对增加趋势，但在这一时期大部分时间里，男女之间以及体力和非体力劳动之间的收入差别仍然存在。　如果加上一个地理变量，我们会发现，无论是体力还是非体力劳动者，无论男性还是女性，伦敦金融城平均工资水平都是最高的，其次是威斯敏斯特（见表8.17）。

表 8.16　1979—1999 年伦敦成人全职平均每周收入（英镑）

年份	体力劳动		非体力劳动		所有职业	
	男性	女性	男性	女性	男性	女性
1979	97.9	60.5	129.0	76.3	115.5	73.3
1985	183.8	118.3	264.7	160.0	233.2	154.4
1990	270.6	175.3	440.6	270.7	383.1	258.9
1997	351.0	232.6	614.0	402.7	541.3	386.3
1999	366.7	242.1	645.9	420.1	558.4	422.8

资料来源：基于伦敦教育当局出版的《伦敦劳动力市场趋势——事实与数据》（1987 年 7 月）；英国国家统计办公室《新收入调查 1990》的 E 部分：按地区分析，表 108－113；《新收入调查 1995》的 E 部分：按区域分析，表 108－113；《新收入调查 1997》的 E 部分：按区域分析，表 1－4，A部分：精简分析，表 22－23；《新收入调查 1999》的 E 部分：表 A22、A23、E1、E2、E3 和 E4。

注：平均收入不包括那些因缺勤而影响工资的人。

表 8.17　1985 年和 1995 年英国按地区计算每周平均的总收入（英镑）

	男　性			
	1985		1995	
	体力劳动	非体力劳动	体力劳动	非体力劳动
伦敦	197.1	291.3	376.9	664.6
伦敦金融城	248.7	340.0	387.6	880.9
威斯敏斯特	185.8	306.4	342.2	808.8
东南部其余地区	175.8	247.2		——
整个东南部地区	184.7	270.0	347.1	546.5
英格兰和威尔士	174.6	245.5	335.4	528.9
英国	174.4	244.9	335.0	525.5

续　表

	女　性			
	1985		1995	
	体力劳动	非体力劳动	体力劳动	非体力劳动
伦敦	—	175.8	261.2	439.1
伦敦金融城	—	204.6	—	535.8
威斯敏斯特	—	185.4	254.3	482.4
东南部其余地区	—	145.0	—	
整个东南部地区	—	160.8	235.7	359.4
英格兰和威尔士	—	146.4	222.5	349.4
英国	—	145.7	221.9	346.9

　　资料来源：英国就业部门，《新收入调查1987》的E部分：按地区和年龄组的分析；英国国家统计局，《新收入调查1995》的E部分：按区域分析，表108-113。
　　注：破折号表示没有数量；平均收入不包括那些因缺勤而影响工资的人。

　　表8.18显示了1999年伦敦及英国按职业和性别划分的收入情况。最明显的，伦敦所有主要职业的收入显著高于国内平均水平，专业和体力职业的收入也显著高于国内平均水平。在伦敦，专业和相关的辅助管理和行政职业的收入水平是最高的。

　　1986年和1999年，伦敦所有职业群体和男女劳动者的平均收入都高于英国整体水平。在职业群体中，专业和相关管理职业的男性收入在伦敦和英国都是最高的（见表8.18）。总体来说，女性的收入也是如此，但有一项例外：排名第二的职业类别（包括教育和福利相关的职业）1999年的平均收入高于排名第一的职业类别。1986年和1999年，无论在性别上还是在地区上，唯一最低收入的职业是餐饮、清洁、美发和其他个人服

表 8.18　1986 年和 1999 年英国与伦敦按职业和性别划分每周的平均收入（英镑）

职业人群	1986 伦敦 男性	1986 伦敦 女性	1986 英国 男性	1986 英国 女性	1999 伦敦 男性	1999 伦敦 女性	1999 英国 男性	1999 英国 女性
专业及相关配套管理	399.8	281.3	3 282	237.7	821.2	564.6	657.3	461.4
教育、福利、健康等相关专业	293.6	204.5	261.2	183.6	692.7	557.3	584.3	477.2
文化、艺术和体育	357.8	243.8	283.7	213.0	—	527.5	—	408.8
科学、工程、技术及类似专业领域	304.2	214.7	267.0	178.1	550.0	479.1	461.1	397.1
管理（一般管理除外）	315.6	222.1	265.5	176.1	499.1	373.3	432.6	307.9
文书及相关工作	2 092	168.6	181.4	137.0	335.4	336.1	299.1	267.3
销售	229.2	145.7	200.8	114.2	385.5	290.6	353.0	245.2
保安、维护服务	263.5	—	239.0	211.0	461.1	431.7	424.1	404.8
餐饮、清洁、美发等个人服务	169.0	131.9	147.0	108.2	306.8	255.1	259.4	213.5
材料加工（金属除外）	201.6	—	190.2	119.2	370.4	—	319.5	—
制造及修理（金属及电器除外）	232.6	—	193.5	111.3	484.4	—	411.6	347.7
金属及电气加工、制造、修理及相关	229.6	—	539.0	130.3	367.8	—	334.9	216.7
印刷、制作、检验、包装等相关工作	200.3	127.5	179.3	122.2	395.9	245.5	341.6	234.6
所有全职员工	255.0	169.3	207.5	137.2	584.4	422.8	422.4	326.5

资料来源：英国国家统计局的《新收入调查 1999》；英国就业局的《新收入调查 1986》。

务，这些职业的工人收入比其他职业群体低得多，其中女性收入明显比男性更低。

在各主要职业中，呈现出来的最大收入差异是，1999 年伦敦金融城从事专业及同类职业的男性每周收入为 821 英镑，而英国整体餐饮业和清洁行业的女性每周收入为 213 英镑。 这一差距明显高于 1986 年的水平。 在这两个年份里，每个区域内男女收入差别最小的是保安和维护服务，这往往是受到相当管制的职业。

按性别、地区和行业组织的收入数据表明，1999 年收入最高的非体力劳动都是男性职业，伦敦的 FIRE 和商务服务业居于首位，每周收入为 932 英镑（这个行业组的国内平均周收入水平为 686 英镑），远高于居第二位的交通和电信服务业（662 英镑）（见表 8.19）。 女性收入最高的非体力工作是伦敦的 FIRE 部门，为 516 英镑；其次是杂项服务，为 471.9 英镑。 在所有这些行业中，英国的女性平均每周收入远远低于 400 英镑。 如果不包括伦敦的话，英国的女性平均每周收入实际上还要低一些。 将表 8.18 和表 8.19 并列在一起可以清楚看出，即使在特定的行业组和职业组内，伦敦的男性和女性劳动力收入与英国整体水平的差别也很大。 也许最明显差别的行业是 FIRE 部门，最明显差别的职业组是专业及相关管理职业。

另外一些趋势也表明，伦敦与整个国家的收入水平存在差异。 相比之下，伦敦的男性工人更有可能从事兼职工作，而女性工人情况则相反。 但在这两种情况下，伦敦与英国总体上是有区别的。 了解伦敦收入分布的另一个重要因素是劳动力年龄，因为年轻人往往从事收入较低的工作。 1988 年到 1998 年，

表8.19　1999年英国和伦敦按性别、代表行业和体力/非体力劳动划分的平均周收入（英镑）

| | 伦敦 | | | | 英国 | | | |
| | 男性 | | 女性 | | 男性 | | 女性 | |
	体力劳动	非体力劳动	体力劳动	非体力劳动	体力劳动	非体力劳动	体力劳动	非体力劳动
电气工程	……	n.a.	……	……	……	603.5	……	366.4
食品、饮料和烟草制造业	n.a.	574.4	n.a.	n.a.	n.a.	n.a	n.a.	n.a.
建筑业	435.6	512.7	……	……	354.6	508.5	……	306.5
批发和部门代理商	314.2	……	228.8	332.3	299.4	444.7	215.3	276.5
酒店和餐饮	254.7	n.a.	……	……	230.5	404.5	180.5	278.6
零售、汽车修理及零配件	n.a.	662.6	n.a.	n.a.	n.a.	n.a.	n.a.	n.a.
交通和通信	424.3	932.1	393.4	453.3	359.6	530.0	311.5	352
银行、金融、租赁及商务服务	……	545.5	……	516.3	377.9	686.1	……	378.0
专业科技服务**	337.0	621.6	252.8	448.8	285.2	485.3	223.0	386.3
杂项服务	366.1	665.5	……	471.9	300.8	497.2	197.4	359.7
所有的制造业	413.8	660.2	237.1	462.1	354.6	541.6	231.7	341.5
所有非制造业服务	360.4	664.6	264.4	436.9	313.0	518.5	215.7	347.6
所有行业	376.9		261.2	493.1	335.0	525.5	221.9	346.9

资料来源：英国国家统计局《新收入调查1999》。
注：**指1999年教育部门新员工调查。n.a.＝暂无有效信息；……＝不在样本中。

伦敦劳动力中，年龄在 25 岁到 34 岁之间的劳动力比率上升了 5%，而年龄在 16 岁到 24 岁之间的劳动力比率下降了 9%。

1979 年至 1993 年的最新收入调查数据发现，英国及伦敦的收入不平等程度都有相当大增长（见表 8.20 和表 8.21）。 大多数群体的实际收入都有所增长，但最高收入群体的收入增长明显高于其他群体。 因此，伦敦收入百分位之间的不平等程度急剧上升，尽管底部百分位的收入有所增加。 类似的趋势在 20 世纪 80 年代的纽约也很明显（Elliott，1999；Drennan 等，1998）；但 20 世纪 90 年代的情况并非如此，当时底部百分位的收入是下降的（见表 8.13）。

表 8.20　基于十分位数的 1979 和 1993 年每周总收入变化的度量（按照 1993 年 4 月数值的中位数收入变化重新估值的收入）

分位数	1979 年每周个人总收入（英镑）	群组规模		组规模的百分位变化 1979—1993
		1979	1993	
大伦敦区				
1	66.41	10　　10	12.9　12.9	2.9　　2.9
2	116.5	10	7.7	−2.3
3	159.11	10	7.7	−2.3
4	188.65	10	5.8	−4.2
5	216.93	10	6.4　64.1	−3.6　−15.9
6	243.08	10　　80	6.9	−3.1
7	280.04	10	7.2	−2.8
8	320.38	10	8.6	−1.4
9	397.39	10	13.8	3.8
10		10　　10	23.0　23.0	13.0　13.0

续　表

分位数	1979 年每周个人总收入（英镑）	群组规模		组规模的百分位变化 1979—1993
		1979	1993	
英国				
1	49.51	10　　10	13.5　　13.5	3.5　　3.5
2	87.38	10	10.2	0.2
3	128.15	10	9.3	-0.7
4	161.3	10	8.9	-1.1
5	192.23	10	8.1　　68.6	-1.9　　-11.4
6	222.64	10　　80	8.0	-2.0
7	255.4	10	7.7	-2.3
8	296.7	10	7.0	-3.0
9	364.1	10	9.4	-0.6
10		10　　10	17.9　　17.9	7.9　　7.9

资料来源：Hamnett. C. 和 M. Cross，《伦敦的社会两极分化和不平等：收入证据，1979—1995》，第 667 页。

表 8.21　伦敦和英国收入的两极分化：1979—1995 年新收入调查
（1979 年数据根据收入中位数增长进行了调整）

收　入	大伦敦区			英　国		
	1979	1995	变化率%	1979	1995	变化率%
男性全职工人						
底部十分位数	10.0	12.5	2.5	10.0	18.0	8.0
中下四分位数	25.0	24.1	-0.9	25.0	31.8	6.8
中位数 50%	50.0	36.8	-13.2	50.0	36.7	-13.3
顶部十分位数	25.0	39.1	14.1	25.0	31.5	6.5
中上四分位数	10.0	22.5	12.5	10.0	16.9	6.9

续　表

收　入	大伦敦区			英　国		
	1979	1995	变化率%	1979	1995	变化率%
女性全职工人						
底部十分位数	10.0	10.6	0.6	10.0	19.1	9.1
中下四分位数	25.0	21.5	−3.5	25.0	31.6	6.6
中位数50%	50.0	36.3	−13.7	50.0	35.6	−14.4
顶部十分位数	25.0	42.2	17.2	25.0	32.8	7.8
中上四分位数	10.0	21.8	11.8	10.0	18.1	8.1

资料来源：Hamnett. C. 和 M. Cross，《伦敦的社会两极分化和不平等：收入证据，1979—1995》，第669页。

Hamnett 和 Cross（1998）将这些发现解释为，虽然收入不平等有所加剧，但不能说是社会两极分化有所加剧，因为所有群体的实际收入都增加了。这种解释是以一种特殊定义的两极分化为基础的，在这种定义中，形成两极分化的条件是收入顶部和底部的规模都必须增长，而收入中间层的规模缩小。

1979年到1995年，伦敦与东南部其他地区以及英国其他地区之间的平均收入差距实际上在扩大。全职男性每周平均收入在英国增长35%，在东南部地区增长39%，在大伦敦地区增长57%。女性全职工人的平均周收入，尽管绝对值上仍低于男性，但增长百分比实际上要高一些，在英国增长56%，在东南部地区增长59%，在伦敦增长73%。这种情况也适用于女性兼职工人，伦敦的女性兼职工人收入增长更快，到1995年，比整个英国的女性兼职工人高出25%。在所有类别中，伦敦的平均工资增长更快。因此，到1995年，伦敦与国内其他地方的收入差距扩大了。收入中位数也是如此。

东京

东京的实际工资水平，有略微低于日本整体水平的趋势。然而，自 20 世纪 80 年代以来，全职工人平均收入的绝对差距变得相当明显。 1977 年至 1998 年期间平均收入的数据表明，20 世纪 90 年代，这一差距增加了约 25%（见表 8.22）。 相比伦敦、纽约与其国家整体水平之间的收入差距，东京与国内整体水平的收入差距要小得多。 值得注意的是日本的失业率在 2000 年初达到了战后最高水平（4.9%），将近 350 万人失业；此外，从 1999 年到 2000 年，体力劳动工人减少了 21.3 万人，这表明了产业结构和职业结构的调整，因此日本可能开始会在某些方面逐步与西方国家相似。

表 8.22　1977—1998 年日本和东京的平均月收入（日元）

	东　　京	日　　本
1977	260 821	219 620
1981	330 622	279 096
1987	468 137	390 114
1995	513 369	409 000
1998	542 742	416 000

资料来源： 东京都政府，东京都的劳动和工资趋势（月度报告），1977 年 4 月，1981 年 4 月，1987 年 4 月；同上，《东京统计资料》，1984 年（1985 年）；东京都政府，《东京统计年鉴》，1997 年，第 342 页；日本政府，管理和协调局，《日本统计年鉴 1999》。

注意： 东京的收入统计是从 1997 年开始的。

按行业和性别划分的平均月收入表明，在 1988 年（经济高速增长的时期）和 1997 年（经济衰退的时期），金融和保险业的男性工人收入最高。 男性工人收入居第二位的行业包括制造业、能源和房地产。 与纽约和伦敦女性工人收入情况一样，东京各行业的女性收入也明显低于男性。 女性平均月工资最低的行业是农业、建筑业和制造业。 1997年，女性收入最高的行业是服务业、金融和保险业。 1988年到1997年，在 FIRE 部门，男性与女性劳动力之间的收入差异没有太大变化；在零售业和批发业，两者收入差异有所缩小（见表8.23）。

东京的人均工资收入往往是国内水平的1.4~1.5倍。 1985年到1991年，这一差距进一步扩大；1991年以后，随着经济衰退的开始，这一差距又回落到以前的水平。 在东京，房地产价格上涨被认为是导致收入差距拉大的一个特别重要因素，因为业主们以过高的价格将房子卖给了大型开发商，这些开发商将小块土地集合起来，建造更大规模的建筑。 1983年到1987年，东京平均房价翻了一番，其中东京某些地区的房价更是飙升。 大部分增长和投资集中在城市的中西部地区。 这意味着在城市有价值的区域（包括一些农田）拥有哪怕一小块土地的人，与那些没有土地的人的收入差距就会成倍增加（详见附录，20世纪80年代土地价格暴涨的详细情况）。

Machimura 的详细分析显示，东京内部的收入差异相当大（见 Machimura，1999）。 人均工资收入最高的是千代田区，最低的是足立区。 1975年到1991年，这两个区的相对位置（一个在收入分配的顶端，另一个在收入分配的底部）没有变化，但在绝对水平上有一些急剧变化。 1975年，千代田区的人均工资收入是足立区的2.3倍，到1991年，这一差距已增加到3.13倍。此外，虽然在这一高增长时期足立区的收入水平与东京的收入中位数相比变化不大，但千代田区的收入水平却明显高于东京的收

表 8.23　1988—1997 年东京都按行业和性别划分的平均月收入（日元）

行　业	所有工人		男性工人		女性工人		男女收入比率	
	1988	1997	1988	1997	1988	1997	1988	1997
农业	318 889	678 789	355 208	—	167 815	—	0.47	—
建筑业	323 946	598 261	347 987	437 000	173 481	246 400	0.50	0.56
制造业	302 359	550 923	347 559	436 300	164 246	256 100	0.47	0.59
能源①	397 359	674 041	436 376	—	211 401	—	0.48	—
交通运输	323 546	527 292	335 569	—	215 859	—	0.64	—
零售和批发②	283 216	510 441	341 060	400 700	170 519	258 400	0.50	0.64
金融保险	365 605	651 289	459 421	527 400	251 163	280 400	0.55	0.53
房地产	358 933	500 122	406 613	456 300	216 222	258 900	0.53	0.57
服务业	288 326	519 529	335 069	425 600	193 964	294 400	0.58	0.69
所有行业（平均）	311 132	542 742	356 686	431 000	199 183	273 700	0.56	0.64

资料来源：东京地铁，政府官员，东京都的劳动和工资趋势（月度报告），1988 年 4 月和《东京统计年鉴》，1997 年。

注：① 能源包括电力、天然气、供热和水；② 零售和批发包括饮食场所。

— 表示没有按性别分类的这些行业的数据。

入中位数。

1985 年到 1990 年收入急剧增加以及 1991 年之后收入减少的主要地区是 CBD 地区（千代田区、中央区、港区）、新的副中心新宿和涩谷，以及高品质居住的世田谷区和目黑区。

根据 1975 年至 1995 年的收入变化情况，Machimura（1999）又确定了另外三种类型的地区。 第二种类型的地区在较高水平上保持收入稳定： 人均工资收入高于东京平均水平，但与第一种类型的地区不同，其收入变化与东京平均收入变化类似，包括文京区以及两个居住区（杉并区和中野区）。 第三种类型的地区是收入保持稳定，处于中等水平（即东京的平均水平）： 这是东京西部近郊地区的情况。 第四种类型的地区在整个期间也保持收入稳定，但收入水平较低。 东京的北部和东部代表了第四类地区： 在 20 世纪 80 年代后半期经济高增长的高峰期，其平均收入实际上低于东京的收入中位数。

东京家庭收入百分位数显示，1979 年最低百分位的收入占全部收入的 3.5%，最高百分位的收入占全部收入的 23%。 1989 年，这一比率分别为 3.1% 和 25%。 中位数以下百分位的收入占全部收入的比率减少，而中位数以上百分位的收入占全部收入的比率增加。 1979 年，收入顶部与和底部之间的差距是 6.6；1989 年，上升为 8。 尽管东京收入分布变化在总体方向上与纽约或伦敦相同，但这些变化程度远没有纽约或伦敦那么明显。自 1991 年后，东京收入不平等程度开始下降，到 1994 年降至 7.3，但仍高于 1979 年的水平。

根据 Machimura（1999）的分析，助长或导致收入不平等加剧的主要因素是产业结构变化（而非部门内职业转变）所导致的专业职业的增加。 第二个因素是非制造业部门的体力工作增加，这可能会增加高增长部门的低收入工人。 他发现，在1975—1995 年期间，低技能和高技能工作都在增加。 自 1991 年后，文职人员的比例有所下降，而服务人员的比例有所增加。在 20 世纪 90 年代，出现增长的职业是专业人员、销售、服务和低技能体力劳动群体。 Machimura（1999）的结论是，无论经历20 世纪 80 年代的经济高速增长还是 90 年代的经济衰退，专业职业的增长是一个长期趋势。 在这方面，东京类似于纽约和伦敦。 在 20 世纪 80 年代的经济高增长时期，白领和蓝领的工作都增加了（参阅 Tachabanaki 和 Yagi，1995；Bauer 和 Mason，1992）。

收入及其不平等

今天，我们有大量关于主要城市工资收入和家庭收入不平等趋势的详细研究。 在我写本书（第一版）的 20 世纪 80 年代，这类研究还不太多。 美国和英国每十年一次的人口普查为这些趋势提供了非常重要的信息，并使我们能够澄清争论中的一些关键问题，这些问题是由我提出的全球城市收入不平等加剧的假设所引起。

本节探讨争论中出现的两类问题： 一是全球城市内部收入不平等和两极分化问题；二是全球城市与其国内其他城市之间的收入不平等问题。 现有数据不允许我们把日本的情况包括在第二个问题分析上，我们也难以超越 Macliimura（1999）在上一节对东京收入情况的详细分析。 本章前几节中关于这三个城市的收入不平等的一些资料，与下面的讨论相关，应该作为其中一部分。

　　一些学者强调收入不平等与两极分化的区别，并认为，当其中一个不存在的情况下，另一个可能存在。　在本书的第一版，我区分了收入及其不平等与两极分化。　我所强调的，不仅仅是日益增长的收入不平等，而且也是一个社会形态的定性转换，即收入顶部的新专业人士阶层工作及家庭的世界与收入底部的劳动者工作及家庭的世界之间差距日益增大的新兴社会形态。　我关注的，正是如何将收入和收入分配数据反映的事实与它们所塑造的更复杂、更社会学的现实区分开来。　全球城市的高层次专业劳动力的特点是，他们的工作和生活方式有别于早期城市富人中的少数精英或更广泛的中产阶层。　在这些城市中，他们的数量足够多，而且他们对城市生活的偏好也很高，他们作为一个高收入阶层，重新书写了城市景观的一部分。　同样，低收入阶层也被部分地重新构成一种独特的社会形态。　我并不关注中产阶层规模减小是否以收入两端的增加为代价，尽管让我信服的证据表明，中间收入层面的职业和收入分配情况发生了重大调整，上层收入增加，下层收入下降。　这种重新组合可以在保持整个中间收入层面规模基本不变的情况下发生。　我再次关注的，是新出现的社会形态的可能性。　简而言之，我没有使用这两个变量来解释相同的收入及收入分配。

　　还有其他的方法，试图说明这些区别。　也许，Klosterman（1996）提出的方法是最清晰和有用的。　他对两极分化下了简明的定义，即收入与收入分配的顶部和底部是否真的以牺牲中间部分为代价而增长。　按照经合组织的说法，Klosterman（1996）把收入不平等视为收入水平或收入之间的差距程度，把两极分化视为不同收入或收入水平的群体在一段时间内的绝对和相对规模的变化。　但这仍然留下一个悬而未决的问题，即我们如何衡量每个收入群体的规模随着时间推移而变化。　Kloosterman（1996）将收入群体划分为三类（25%的最低收入群体、50%的中等收入群体和25%的最高收入群体），经过通胀率调整后，测量这些收入群体在接下来年份中所发生的比率变化。　如果中间群体的收入比率缩小，而其他两个群体的收入比率增加，就会出现两极分化。　Harrison和Bluestone（1988：121–23）将收入群体划分为三大类：　一类是收入至少是中位数2倍的群体；另一类是收入低于中位数一半的群体；以及收入处于这两个截止点的中间群体。　如果第一类与第二类群体的收入差距加大，就会出现两极分化。

　　Hamnet和Cross（1998）在对伦敦的研究中使用了Klosterman的模型，发现只有处于收入分布前四分之一的群体规模增长了25%。　中间收入50%的群体规模缩小了21%，较低收入的群体规模缩小了4%。　在他们的解释中，这种现象不属于两极分化，而只是收入差距扩大。　他们还发现，收入顶部的第10分位数和第9分位数有更强劲的增长，同时最低的10分位数也有下降。我认为这是对两极分化理论的支持。　但Hamnet和Cross（1998）并不认为这是两极分化的例子，因为收入顶部规模增长是底部的15倍；换句话说，即使底部规模扩大，也不足解释为两极分化；只有当底部规模也像顶部那样增长到15倍左右，才表现为两极分化。

　　第二个问题是全球城市收入分配及两极分化与国内其他城市的情况相比如何。　目前，这方面最好的研究主要是对美国的分析。　Drennan等人（1998）在基于1990年人口普查数据对美国城市及其收入不平等的研究中发现，经济活力带来高增长（特别是生产者服务业增长）的城市，会增加低收入人群的平均收入。这些城市所有群体的收入都有所增长，因此收入中位数也有所增长。 这一积极效应也适用于黑人（包括纽约的黑人），收入中位数上升了。 主要城市，尤其是纽约的收入增幅最大。 相比之下，以制造业为中心的城市，收入中位数下降，经济停滞。 在这方面，底特律和克利夫兰等城市表现最差，通常是最低10分位的收入水平下降，黑人的收入中位数也下降了。

1990年人口普查得出的一个与全球城市模型相关的重要发现是，20世纪80年代，美国各地区人均收入出现了几十年以来的首次分化，这是在数十年收入水平不断趋于收敛之后发生的。1979年到1989年，九个人口普查地区中，有七个出现了分化，这在前一阶段是不存在的。

这里一个有趣方面是，基于市场的模型预测收入趋于收敛，尤其在一个国家内部。 很长一段时间以来，美国的情况就是如此。 但到20世纪80年代，这一强劲而持久的趋势发生了逆转[1]。 一些研究人员已注意到这一点（特别是Garnick，1990年对20世纪80年代的分析）。 有些人将其解释为经济转型的冲击，最终将会结束（Carlino，1992）。 但Garnick（1990）持不同观点，认为预测区域收入趋于收敛的标准解释不再有效。Drennan等（1998）用城市以专业化服务为核心以及商品和服务

---

[1] 在美国，一个在20世纪70年代就已显现，并在80年代仍在继续的重要趋势，就是制造业的分散化和在制造业集中地区的许多工厂关闭。相比之下，生产者服务业并没有特别分散化；相反，它们在整个国家的城市中都实现了高速增长。

贸易的重要性解释了为什么会出现收入趋于发散以及标准市场模型不再起作用。 他们发现，向生产者服务业的转移解释了部分收入差异，因为这些服务业主要是一个城市专业化。 他们关注城市并发现，那些生产者服务最专业化的城市在 20 世纪 80 年代的收入增长最好。 此外，相比于其他城市，这些城市的黑人收入增长率也最高。

Drennan 等（1998）发现，经过几十年的收入趋于收敛后，20 世纪 80 年代不同地区的家庭收入中位数也出现了分化。 两位作者以制造业和生产者服务业为研究对象，分析了不同地区的家庭收入中位数的增长情况。 1979 年和 1989 年，家庭收入中位数增长最高的三个区域，也是生产服务业在区域生产总值中所占份额最高的三个区域。 他们发现，在 1979—1989 年期间，一个地区的生产者服务专业化程度高于制造业专业化程度，更有利于家庭实际收入中位数的增长。 1979 年，在生产者服务业中，每 1% 的地区生产总值（GRP）份额就会使该地区 1979 年至 1989 年的实际收入中位数增长 2.8%。 制造业也有这种正面效应，但影响较小，仅为 0.5%。

由于生产者服务业集中在城市，两位作者分析了 20 世纪 80 年代 51 个最大城市全部家庭和黑人家庭的收入中位数的增长。他们发现，在 20 世纪 80 年代初，更专注于生产者服务业发展的城市的收入增长要比更专注于制造业的城市好得多。 黑人家庭的结果，与全部家庭的结果非常相似。 在对 20 个城市更详细的排名中，结果显示，1979 年到 1989 年，波士顿和纽约的全部家庭以及黑人家庭的实际收入中位数增幅最高。 这在 20 个城市之间差距很大，其中波士顿增长 39%，底特律下降 20%。 黑人家

庭收入中位数增长也显示出同样大的差异。 纽约排名第二，家
庭收入中位数在 1979 年到 1989 年期间增长 33.7%。 1979 年，
波士顿和纽约的生产者服务业占总收入的比率分别为 27% 和
35.6%，在 20 个城市中是最高的。 1989 年，这一比率在纽约、
波士顿和芝加哥分别升至 48.4%、37% 和 26%。 相比之下，
1989 年，底特律和克利夫兰的生产者服务业占总收入的比率分
别为 13.5% 和 14%。

　　这一研究得出的结论是，生产者服务业的区域专业化导致了
地区家庭收入高于平均收入水平的向上分化。 这让他们反驳了
这样一种假设，即以制造业为基础的经济能够创造更好的收入分
配，并为低收入人群中的大部分创造更好的条件。 但这与他们
的研究结果相矛盾。 他们发现，一个城市制造业收入份额的增
加，对家庭实际收入的增加，将大于生产者服务业收入份额的同
等增长。 尽管生产者服务业单位占比增加带来的收入增长水平
低于制造业单位占比带来的收入增长水平，但由于没有哪个城市
的制造业收入占比出现这样的增长，所以生产者服务业带来的收
入增长实际上更多。 这也意味着，在制造业收入占比减少的情
况下，生产者服务业的收入占比需要有更大的增长，才能抵消制
造业收入占比减少造成的收入中位数的下降。

　　与此并非不相关，但又截然不同的是，城市层级中的位置问
题，特别是该位置是否对收入和收入不平等有影响。 与其他变
量相比，这一点还没有得到足够的研究，除了少数例外（参见，
例如，Sheets 等，1987；Nelson 和 Lorence，1985，我在本书的第
一版中讨论过）。 在最近一项研究中，Elliott（1999）检验了城
市地位的影响和城市系统在塑造这些结果中的作用，包括对个体

特征变量的控制。 这使得他不仅能够确定哪些城市实际上拥有最高的低收入就业率，而且还能确定随着时间推移城市等级内部差异在多大程度上持续存在，以及这些差异多大程度上在不同社会群体之间保持着系统有序的秩序。 他使用了 1950 年至 1990 年的公共微观数据样本（PUMS）以及 Noyelle 和 Stanback（1989）的城市类型学（该类型学允许识别城市区域的制造或服务导向，而不仅仅是规模）。 他确定了 105 个大都市劳动力市场的位置，可以追溯到 1950 年到 1990 年[1]。 1990 年人口普查数据显示，大都市劳动力市场中，收入低于个人贫困线的工人人数比 1970 年增加 35%。 1970 年到 1990 年，所有类型的大都市地区都经历了低收入就业率的增长，但增长最高的是制造生产中心，增长最低的是度假地区和全球城市。

在控制了种族和性别变量后，也产生同样的结果。 他将纽约、芝加哥、洛杉矶和旧金山归类为全球城市，这四个城市的低收入就业率一直低于国内城市体系中层级较低的城市。 零售业是对增加低收入就业做出最大贡献的部门，1970 年至 1990 年，零售业为每一类型大都市地区增加了最多的低收入就业，其次是卫生和教育服务、生产者服务和消费者服务。 最后，非常简单地说，就个体特征而言，无论种族和性别，处于城市体系顶端的

---

[1] Elliott 使用了 Nord 和 Sheets（1987）开发的大都市非充分就业的指标：受雇工人（在选定年份至少工作了一周）的工资和薪水不超过个人贫困线的 1.25 倍（1990 年为 8 064 美元）。 他所依赖的绝对收入阈值不会随时间或空间而改变，除非考虑到全国消费者价格指数的变化。 他使用的数据都是与商业周期高峰期相吻合的年份；因此，低收入人群的就业率很可能处于低位。

城市个体，低收入就业的机会最小。

他得出结论，像全球城市那样处于城市体系顶层的城市，低收入就业的发生率较低。他认为，这一发现驳斥了我的论点，即新形式的经济增长加剧了收入不平等。然而，一个重要问题似乎是这些城市中低收入就业的构成：在经济停滞的边缘制造业中心，经济增长并不是一个重要变量，因此低收入就业的增加几乎是默认的，很可能是经济衰退的结果。全球城市的关键在于，它们是巨大活力部门的所在地，但我们在许多增长部门中看到低收入就业岗位的增加。经济停滞的经济体中，低收入就业相对增幅最大，这一事实本身并不构成对高增长行业在增长时期比以往增长行业创造更多低收入就业岗位的反驳。此外，在纽约这样的城市，平均家庭收入大幅增长，增长部门充满活力，低收入工作增长显然是与经济停滞的边缘城市有不同的组合因素。最后，在如此不同的地区，使用全国个人贫困线来确定低收入就业进行比较分析是有问题的。因为，众所周知，纽约的生活成本指数要高得多，因而个人贫困线也许应该提高。然而，如果我们控制当地生活成本这一变量，即使全球城市中低收入工作的比例低于周边城市经济体，这种结果仍可能是与全球城市内部日益加剧的收入不平等相吻合的。

尽管如此，这项研究在一系列问题上具有很大启发性，其中许多问题我在此还未能谈及。也许最重要的是，与其他城市相比，全球城市地位并不一定代表底层社会的劣势，这是我在第一版中假设的。它为解释全球城市发生的事情增加了更广泛的背景。Elliott（1999）和 Drennan 等（1996）的研究表明，与其他类型的城市相比，对于低收入工人来说，生活在一个全球城市中并不是那么糟糕。　这些经济体的动态特征对这类工人产生了一些积极影响，即使在全球城市中，他们与高收入阶层之间差距急剧增加。

结论

关于收入和就业的数据通常都很成问题，城市的相关数据可能更成问题，因为最好的数据集往往是在国家层面而不是在城市层面。　本章并不是对这三个城市进行一个直接的比较（鉴于数据的可用性及其不同类型，这是一个相当危险的任务），而是分析每个城市的就业和收入以及产业、职业、收入和性别的相对地位转变的主要趋势。

纽约、伦敦和东京的就业和收入趋势大致相似。　这三个城市都经历了制造业工作岗位的减少和生产者服务业高于平均水平的增长，尽管时间和程度各不相同。　在这三个城市中，金融业的平均工资最高，但男女之间的收入差距很大。　就业增长最快的职业是金融专业和服务行业，前者的薪水最高，后者的薪水越来越低。　在这三个城市，兼职工作增加了，尤其是在增长部门；兼职工作中，女性占很大比例；现有证据表明，兼职工作的报酬往往比全职工作低。

20世纪80年代出现的一些趋势在纽约和伦敦表现十分明显，在东京也开始变得明显了，尽管程度还较轻。　几十年来，纽约就业增长首次超过了郊区和更大的大都市地区，其中金融业引领了就业增长。　该行业收入增幅也远高于该城市及地区的其他行业。　在伦敦，我们看到类似的模式，与英国其他地区相比，伦敦就业增长速度更快，收入水平更高。 1998年，伦敦平均周工资收入比英国整体高出28.7%。 尽管东京增长动力要弱得多，但与日本其他地区的收入差距依然很大。 其次，纽约和伦敦内部收入不平等也在加剧，但东京却不是这样。 更详细数据显示，收入五分位底部的收入呈增长趋势，但顶部与底部之间的收入不平等也在加剧。 这表明，全球城市的活力可以为低收入群体创造更多机会，同时也使收入分配的上层群体更加富裕。

当我们比较二战后和今天的主要增长部门时，可以看到它们在职业和收入分配上的显著差异。 如今，领先行业创造了更高比例的高收入工作和低工资工作。 工人在传统制造业中享有的福利受到侵蚀，以及工会组织弱化和高薪工作大量裁员和工厂倒闭，进一步导致收入不平等的加剧。 这种情况在美国和英国尤其严重，而现在的日本也开始发生了。 最后，向服务经济的转变带来的低工资工作比例，要远远高于基于制造业的强劲经济。总的结果，收入两极分化加剧。

第九章
经济转型的阶层及空间极化

前一章所讨论的就业和收入的统计数据，只是提供了当前经济体制下纽约、伦敦和东京以生产者服务和金融为主导的社会经济状况的部分描述。 它们忽略了无法通过这些数据体现出来的那部分经济和社会秩序，尤其是低估或者根本就没有统计的临时和非正式劳动力市场的就业以及家庭工坊情况。 这些统计数据也不能描述就业和收入所在的特定劳动力市场。 最后，就业和收入统计数据并不能反映出这些城市普通人口的具体生活条件。

我想通过对纽约、伦敦和东京的社会经济条件所假定的具体形式考察来解决这些更广泛的问题。 贯穿这一分析的是主要增长部门与这些城市经济基础的其他组成部分的关系问题。 这一尝试旨在对构成和重建这些城市社会秩序（无论是部分或全部）的关键因素的识别，并在上述章节所讨论的主要增长部门情况的基础上，进一步提出这个社会秩序表达方式的问题。

第一部分讨论这种先进的高增长产业的新经济核心对这些城市其他经济部门组织的影响。 具体地说，高增长部门的存在是否助长似乎正在衰退或落后的经济部门的扩张（这些部门不符合我们的后工业化经济的形象）？ 作为新经济核心特征的高端白领行业，在多大程度上需要接近广泛的工业服务，而在这些城市中，工业的土地利用并不具有竞争力？ 第二部分讨论前一章所述的主导产业中收入极化加剧是如何在社会上形成的；也就是说，这仅仅是收入分配的变化，还是与高收入和低收入工人增加相关的新的社会形式？ 这一转变中产生的社会地理学是什么？

第三部分考察临时和非正式劳动力市场增长的证据。 全球城市中，是否存在激励临时和非正式工作扩张的条件，或者相反，这些形式的工作是否因为一个繁荣的后工业化核心的存在而缩减？ 临时和非正式工作是一个多少有点自发性的领域，不受主要经济部门约束条件的影响，这基本上是一种早期经济时代的残余，或者，在纽约和伦敦，可能与来自第三世界的移民有关？

充分理解劳动力市场的问题，尤其是在纽约，在一定程度上也包括伦敦，需要把移民、种族划分和人种的因素纳入其中。第四部分讨论纽约和伦敦的移民和黑人工人以及东京的非法新移民的现有证据。 逐一考察纽约始于 20 世纪 70 年代的第三世界移民新阶段，伦敦早期的亚洲和加勒比移民，以及东京最近的亚洲工人移民。 这些移民的到来，是出于偶然吗？ 他们是否生活在一个与全球城市的社会和经济秩序基本脱节的世界里？ 或者相反，他们就业的重要成分是由经济极化造成的？

主导产业整体效应

研究主导产业与其他经济部门的关系问题，以及更具一般意义的当前先进服务体制下城市的社会经济状况，我们可以确定至少有三类主要理论： 一类是一般经济发展理论；另一类是城市经济的经济基础或出口部门的模式及其乘数效应；第三类是后工业化经济的社会学模型。

　　根据一般经济发展理论，随着经济的发展，市场和市场关系将被推广到社会中越来越多的制度领域。 就劳动力市场而言，这意味着越来越多的工人以及一般处于工作年龄的人融入正式的工作关系中。 这一过程是政府意图和监管能力更广泛扩展的一部分。 二战后快速增长时期的特点，确实是主要工业化国家实现了高水平的经济发展，越来越多的工人进入正式劳动力市场。 一系列的监管措施确保了大多数工人有全职的、全年的工作，通常还有失业保险和退休金等福利。 在扩大这种正式工作关系中，工会发挥了核心作用。 福特主义是这种劳动力市场模型的最制度化的版本。 随着发展进入更高阶段，这一进程将继续下去。 根据这一论点，人们可以预期，发达国家的主要城市肯定具有高度发达和正式劳动力市场所涵盖的工人份额大幅度扩大的特征。 非正式工作的增长被解释为发展滞后，或者是经济发达部门的外生因素；例如，非正式劳动力市场可以看作是通过第三世界移民输入的。

　　基本产业与非基本产业的模型解决了基于城市的经济活动的问题（Mayer, 1969；Alexander, 1954）。 城市的基本产业是指那些生产数量大于内部消费的产业，因而生产也用于"出口"。正是这种出口活动（包括国内和国际）成为产生乘数效应的工具，因为它有助于扩大为基本产业服务的其他经济部门。 出口为城市提供了额外收入的外部来源，并引起对居住人口所需服务以外的额外辅助服务的需求。 非基本经济部门的扩张，基本上是再生产；它不能产生新的增长。 一直被视为基本产业的制造业，在当前时代是否仍然如此，引发了许多争论。 关于服务业作为城市基本部门的经典观点，是由 Blumenfeld（1955）和 Tiebout（1957）提出的。 这一概念似乎特别适合于作为生产者服务生产和出口主要中心的城市。 我认为，本书考察的这三个城市的高出口水平和极高的出口价值，应具有相当高的乘数效应，并对这些城市的广泛行业产生明显的好处。

后工业化模型在其原创和丰富的系统阐述中，假定了一个主要转变，即受过高等教育的劳动力的扩张和以知识产业为中心将导致整体生活质量提高和更加关注社会目标而不是狭隘的经济目标。 概括其全部观点是不可能的，而且鉴于大家对 Bell（1973）著作的普遍熟悉，也没有这个必要。 为了讨论的需要，重要的是 Bell 关于服务增长的层级概念，第一类服务与工业相关，尤其运输和配送，后一类服务与更高质量生活相关。 对于 Bell 来说，服务发展后一阶段更具集体或公共性质，因为它们响应的需求类型及许多这些服务提供的公共性质。 此外，具有科学基础的理论和技术知识的卓越地位，使后工业社会成为一个以知识为基础的社会。 社会的中心问题不再是资本或工业工作的组织，而是科学知识的组织。 这意味着专业技术阶层不仅规模扩大，而且成为后工业社会的生命中枢。 这是一个异质性和分层化的阶层，从教师和卫生工作者到工程师和科学家。 但其核心是后者，即工程师和科学家。 这是一个开明的精英阶层，其政治活动可以在改变社会秩序方面发挥重要作用。 工作的转变，在公司和权力组织中也很明显。 提供卓越的服务将促使小规模服务公司增加，因为专业知识更为重要，有助于使公司和工作组织更加人性化和社会化。 这代表了企业和社会管理从经济思维模式转向社会思维模式。

　　如果我们把生产者服务业和金融业视为知识产业，那么很明显，这些产业增长迅速，已成为发达经济体的主导部门。 正如我们在这三个城市看到的，高收入的中产阶层化在很多方面确实代表了从中受益人群的生活质量提高。 这里首先提出的重要问题是，低薪工作增加、临时和非正式工作增加是否与这些先进的、更高形式的增长联系在一起。 第二，先进服务业的中小型企业快速增长是否改变了这些经济体的集中度？ 前几章提出的证据表明，经济高度集中化仍在继续，尽管形式上与 20 世纪六七十年代大型制造业跨国公司和大型跨国银行为主导的经济活动不同。 除了这些大公司外，现在还有大量相对较小的公司，它们共同对投资和经济活动行使着巨大的控制权，特别是在纽约、伦敦、东京这些城市。最后，我们在这些城市中所看到的拥有边际收益和大部分低工资工作的小公司的大量增加是如何与发达经济部门联系在一起的？

　　根据前面几章提出的证据，一个中心问题是，这些模型在多大程度上最终源自一个已经结束的历史时期，这一时期的特征是趋向于投资品经济部门的增长。 美国在第二次世界大战后，英国在两次世界大战期间开始了人口郊区化，以及日本的人口快速城市化，与此有关的是消费品和投资品部门、建筑业以及其他工业的急剧增长。 在美国和英国，经济增长中心都是一系列满足人口需求的工业。 二战后，日本工业加速增长的领域是基础工业，最终是消费品出口；然而，同样加速的人口城市化（世界上速度最快的城市化之一）意味着住房建造和装修，以及公共服务和商品的提供也成为日本的中心。 当前，增长主要集中在金融和生产者服务的生产上。

　　不同类型的经济增长，促进了不同类型的社会。 二战后，经济增长的特点是中产阶层和正式劳动力市场的大量扩张。 英国和日本的中产阶层虽然不像美国中产阶层那样富裕，但从根本上来说，这种扩张所采取的历史形式，特别是资本密集、标准化和郊区化，促进了正式劳动力市场关系的普遍化，并对工作的非正式化起到了抑制作用。 在制造业、保险业和银行业，垂直一体化的大型企业提供了精心设计的内部劳动力市场，为员工提供了晋升的可能性、可观的工作保障和各种附加福利（Edwards，1979）。 日本的终身工作制不仅像人们经常断言的取决于文化，而且还取决于类似于复杂的内部市场的条件，这种内部市场为工人调换工作岗位提供了可能。 伴随这一过程的社会形式，特别是当他们塑造日常生活的结构时，便复制和进一步诱导了中产阶层文化。 庞大的中产阶层有助于形成促进标准化生产的消费模式，有利于形成来自大型工厂或大型办公室的更高层次的工会化或其他形式的职工福利，反过来，又有利于中等收入的工作。 今天，许多明显的模式都有助于促进小规模、较少标准化、日益散乱的就业关系。

　　高级管理及服务活动日益成为经济核心，需要与向服务型经济普遍转变和制造业衰落联系起来看。 新的经济部门正在重塑就业供应。 然而，在经济的新部门和旧部门中，组织工作的新方法也是如此。 20 年前在车间里进行的工作过程以及现在被划分的生产工作，已经被机器/服务或工人/计算机/工程师的组合所取代。 曾经全部在单一服务零售机构中整合的活动，现在被划分为服务提供网点和中央总部。 战后几十年里，在垂直一体化的大型企业中开展的大量活动，如今越来越多地被小规模、灵活的专业化和分包取代。 简而言之，主要城市就业供应的明显变化是新部门发展和新旧部门工作重组的结果。

这些趋势在① 城市空间组织，② 消费和更一般的社会生产结构，以及③ 劳动力市场的组织中呈现出不同形式。 我将进行逐一讨论。

社会地理

上述简要引用的理论模型往往符合高度发达国家主要城市空间配置的流行观念。 一个关键因素是人口郊区化，与中产阶层扩大有关，也被理解为经济发展中的生活质量提高。 第二个因素是工作的持续郊区化： 在早期阶段，由于中心城区已经不再适合建造大型机械化工厂，所以工厂郊区化；而最近，现代电信技术使得办公场所的郊区化成为可能。 与此同时，在西方城市中，内城日益被赋予一种作用，即成为那些在郊区买不起房子的低收入居民被迫留下来的中心地区。 以纽约和伦敦为例，市中心越来越多地集中了少数族裔居民居住的公共住房。 由于郊区化和市中心的发展，大城市中大量中产阶层的持续存在被蒙上了一层阴影。 一般来说，老城市的人口在 20 世纪 60 年代和 70 年代减少了。 人口、经济和技术因素都强化了大城市的社会空间结构，这在很大程度上植根于一直持续到 20 世纪 60 年代的战后发展。

下面对这些城市的社会空间模式的讨论，旨在发现主要变化及新空间概念的基础[1]。 一些新兴的学术文献正在产生关于这

---

[1] 我处理这些问题的分析策略是区分城市的"地形"表现和城市中全球动态的空间化。

些问题的新知识（Marcuse 和 van Kempen，2000；Allen，1999；Gregory 和 Urry，1985；Soja，1989；Massey，1984；Scott 等，2000），这在前面几章中也讨论过。此外，目前正在重新探讨技术对经济空间组织的影响（Castells，1989，1996；Graham 和 Marvin，1996，2000；Garcia，2001）。

　　本书所讨论的各种转变是否产生一种新的社会地理，或者它们是否被现有社会形态的空间模式所吸收？基于社会经济特征的空间差异性是城市的基本特征，通常表现为土地利用的变化。这里所关注的是与过去 20 年经济转型有关的变化，特别是产业、职业和收入分配变化更加具象化的社会空间形式。这些社会空间形式是城市空间与新兴主要产业主导的大城市经济之间关系的一种表达。对各种类型公司和家庭空间分布的详细描述，不一定能体现这种表达。物理结构固有的刚性，限制了空间转换。这些城市经济的巨大规模，限制了主导产业的总体影响。因此，这里的尝试是捕捉一种非连续性（断裂），举例说明主要增长趋势改变了哪些地区的既有格局，或者大规模衰落使哪些地区的全新土地利用或社会空间形式成为可能。从这些过程中产生的独特的社会空间形式，是高级住宅区和贵族化商业、大规模建设项目（第七章中描述的），以及贫困和自然衰落空间集中的急剧增加。这里提出的一个问题是，在以生产者服务和金融为主导的城市中，我们是否在空间和制度安排层面上看到了一个新的地方综合体的形成：一个由豪华办公楼和住房、大规模的建设项目，以及之前都是中低收入家庭和中等盈利公司地盘的城市区域占用等组成的综合体。

　　这些城市经历如此巨大的变革，已有几十年之久。尽管政治制度和规划传统不同，这三个城市在过去一段时间均经历过国家主导的大规模空间重组（Fairstein 和 Fainstein，1983；Savitch，1988；Ishizuka 和 Ishida，1988）。 尽管有着不同的形式和不同的参与，但与伦敦一样，纽约也经历了由国家主导的重建发展时期（Fainstein 和 Fainstein，1983，1985）[1]。 在总规划师 Robert Moses 的指导下，推进公路和桥梁快速现代化发展，实施贫民窟清拆乃至社区改造，以及进行公共住房建设项目，使相当一部分工人和中产阶层受益。

在两次世界大战期间，伦敦通过住房建设及制造企业往外迁移，外围地区得到大规模发展；公共住房主要建在伦敦内城，导致低收入家庭的集中，就像纽约一样。 伦敦内城最终接纳了许多战后时期的亚洲和加勒比移民。 当时的伦敦，被认为是过度拥挤和人口过多；它的扩张，被视为威胁到外围地区的平衡发展。 1934 年出台的城市绿化带政策，便是其中的一个回应。Abercrombie 的 1944 年大伦敦计划试图通过集中开发所谓的新城和控制农村土地开发来加强城市绿化带。 两次世界大战期间及

---

[1] Fainstein 和 Fainstein（1983）区分了战后美国城市发展中的三种地方政府类型及三个阶段。 从 1940 年代中期到 1965 年，重点放在最初由各国政府赞助的大型发展项目上。 这一时期的特点是政府的大力参与和民众的很少反对。 接着是"特许制度"，这一阶段一直持续到 20 世纪 70 年代中期。 这一阶段的主要问题是处理 20 世纪 60 年代末和 20 世纪 70 年代初由少数群体和社区组织领导的城市斗争方面给予的特许权。最后一段时期包括现在，以商业利益为主导，以强调财政稳定为特征，同时维持先前特许制度所产生的一些制度和计划。 根据 Fainstein 和 Fainstein（1983）的研究，纽约比美国大多数其他城市更早进入指导阶段，但其他城市也遵循这一模式。

战后时期，是伦敦及其周边地区的主要规划时期，其标志是人口和工作岗位从伦敦往外迁移、设置城市绿化带和新城建设，以及内城日益严重的物质设施及经济衰败。

在东京，从 20 世纪 50 年代末开始，城市规划和管理政策的核心内容是通过发展绿化带来控制东京通勤人口和工业的集中。1963 年《国家首都地区发展计划》所呼吁的工业疏散，是为了进一步控制东京的发展。 然而，超出预期的人口和制造业的高度集中，迫使东京大规模扩张，导致城市绿化带计划废除。 在 1968 年的计划中提出了郊区发展的概念。 20 世纪六七十年代，随着郊区住房和交通运输系统的大规模建设，东京人口和制造业向郊区分散化的趋势持续推进。

在这三个城市中，试图通过分散化来遏制人口增长的努力，因市中心的迅速衰落（由于人口和就业的减少）而化为乌有。这三个城市在战后时期（尽管所处的阶段略有不同）普遍存在一种观念，即如果不加以控制，城市就会过度发展。 规划的目的，是通过分散人口和就业来调节这种增长。 即使在市中心人口开始减少时，这种观念仍然盛行（参阅 Buck、Gordon 和 Young，1986： chaps. 2 - 3）。

20 世纪五六十年代，大量白人居民涌向郊区，而南部黑人和波多黎各人大量涌入市中心，这对纽约的转变至关重要；20 世纪 70 年代乃至今天，市中心流入的移民被大量来自南美、加勒比盆地和亚洲的新移民所取代。 城市人口构成的根本转变，改变了公共住房的意义。 白人选民不再支持公共住房政策，认为这主要使黑人受益（Fainstein 和 Fainstein，1983）。 这个城市的种族隔离大大增加。 城市更新计划最终导致更严重的种族隔离，因为摧毁了大量地区的各种较小的黑人社区，为高速公路、大规模的公共住房或中产阶层住房腾出空间。 更大的居住隔离也加速了白人向郊区的迁移，从而进一步加剧了居住隔离。1940 年，纽约的白人占 94%。 1985 年，这一比率下降到 49%。

在两次世界大战期间，伦敦工人的住房拥有率不断上升，外围地区的制造业不断扩张。 与许多老城市一样，市中心的失业率长期高于平均水平，临时就业发生率也相当高。 郊区人口和就业的增长，往好了说，让市中心这些状况没有改变；往坏了说，富裕人口和更好工作的流失，导致市中心衰败。 此外，在战后时期，伦敦金融城持续衰落（这一进程始于两次世界大战之间），越来越以金融为导向，而不是以贸易为导向。 大英帝国进一步衰落和国际金融体系崩溃导致了伦敦金融城的衰落。 它对伦敦经济的重要性远不如战前，当时的国际贸易和银行业是英国经济的核心。

在东京，年轻人持续从市中心迁往郊区导致 20 世纪 80 年代城市政策变化：在一个由于大规模建设高层办公楼而导致土地价格飞速上涨的时期，构成中央商务区的三个行政区（千代田区、中央区和港区）通过新的住房建设以吸引人们（尤其是年轻人）迁入（Nakabayashi，1987）。 这表明，在政府的市中心概念中所关注的一个重要元素：不能因为缺乏足够数量的居民而使一些城区到了夜间成为"死城"，不能像二战后的美国把重点放在人口郊区化以及继续认为市中心不适合家庭生活。 因此，在这方面，日本更接受欧洲的市中心概念。

制造业工作岗位及其相关人口的流失进一步侵蚀了东京市中心的服务业和商业的基础。 行政区政府非常重视促进稳定的居住基础，包括工作年龄的年轻人、居住建筑、社区商业和消费服务。 他们认为，人口减少将影响各种活动，并导致这些地区迅速恶化。 此外，由于人口减少，这些行政区的地方政府还将在政治上失去权力。

20 世纪 80 年代，伦敦、纽约和东京的市中心区逐渐专业化，成为具有一定规模和与早期明显不同特点的公司和住宅的高价地段。 对于这三个城市来说，大型、高成本的豪华写字楼和住宅区的发展至关重要，正如第七章在国际房地产市场和新兴产业扩张的背景下所讨论的那样。 但随着这些发展，市中心所集中的贫困以及物质设施严重衰败也在继续和巩固。 越来越多的城市区域被用于高价重建和再开发，也导致无家可归者的急剧增加，特别是在纽约，也包括伦敦以及规模小得多的东京。 这三个城市一直都是高收入居民的集中地，但没有达到像现在这样的规模，也没有像现在这么明显，也没有像现在那样形成一种复杂的消费习惯和生活方式，使其他人根据收入情况可以进入城市中的精品店、高级餐厅、全部或部分购买修茸一新的住房或新公寓。 此外，这三个城市长期以来都有大量的穷人。 但是，分割和空间不均匀的程度已不像前几十年那样的典型。

中产阶层化最初被理解为由外来中产阶层对市中心破旧或低收入住房进行改造。 20 世纪 70 年代末，这一过程开始出现广泛的概念化，到 80 年代初，新的学术研究发展了一个更广泛意义上的中产阶层化概念，与空间、经济和社会结构的调整过程联系起来（Hamnett，1984；Holcomb 和 Beauregard，1981；Smith N，1982）。 Smith 和 Williams（1986）指出，20 世纪 70 年代末，中产阶层化概念作为住宅改造的含义可能是对这一个过程的适当理解，但在 20 世纪 80 年代早期，住宅改造越来越明显只是中产阶层化的其中一个方面，中产阶层化是与发达资本主义的深刻转变相联系：向服务业的转变和与之相关阶层结构的转变以及向提供消费和服务机构私有化的转变。中产阶层化是这种转变的一个可见的空间组成部分。这在滨海地区的重建、市中心酒店和会展中心的兴起、大型豪华写字楼和住宅的开发以及时尚、高价的购物区等方面表现得很明显。

当住家也被视为工作场所（无论无偿的家务劳动还是有偿的产业家庭劳动）时，那么城市的产业地理就有了新的含义。正如 Harris（1988）所指出的，有一种无偿工作的地理。我还要补充一点，还有一种非正式工作的地理（Sassen，1988）[1]。就不同的社会经济、种族和人种家庭嵌在不同的关系中而言，阶层和种族可能具有不同的模式。高收入家庭将倾向于从事有偿家务，基于城市的新型双职工家庭也是如此。低收入的移民家庭，通常是有偿的产业家庭劳动和大部分无偿的家务劳动的工作场所。郊区和城市的中产阶层家庭，也许越来越成为一个日益增多的有偿家务（保姆和每周来一次的清洁工）和有偿工作（文字处理、自由职业工作等）的工作场所。这就产生了一系列关于劳动力市场领域的标准描述和定义的问题。它还表明，对于在家从事文书工作的低收入移民和中产阶层郊区妇女来说，"劳动力市场"可能是一个与标准定义中包含的完全不同的实体（Sassen，

---

[1] Harris（1988）指出，虽然有许多关于工作地点对居住地影响的研究，但更普遍的是住宅变化的决定因素，如中产阶层化（Hoover 和 Vernon，1962；Ley，1986），很少有人注意到城市的社会地理是如何影响工作地点的。

1995）。 在纽约，有越来越多的人被分隔在黑人居住区，而郊区的通勤黑人越来越少，这可能也改变劳动力市场的地理位置。

要完整描述每个城市的社会地理，本身就需要写一本完整的书。 下面的讨论着重于每个城市的特殊过程。 在纽约，已经有很多关于郊区发展的论述，所以我们将主要讨论曼哈顿空间重组，一个关键区位的一些最明显变化的考察。 就伦敦而言，关键因素仍然是伦敦与东南部其他地区的关系；我们关注的是，伦敦经济基础转变以及金融地位急剧上升在多大程度上削弱了这种关系，或创造了与东南部地区融合的新形式。 就东京而言，人们关注它郊区的大规模蔓延扩张、城郊住宅社区以及大量往返于市中心的通勤者的议论。 这种向郊区扩张的单调景象被两方面发展彻底打破： 一个是大规模建设（即第七章所讨论的问题）；另一个是内城的发展。在这里，我们将关注这个意想不到、鲜为人知的内城发展。

纽约

从 1950 年到 1980 年的 30 年间，曼哈顿作为办公室工作场所的专业化地位有所上升。 但对绝大多数上班族来说，在这里居住未免太昂贵了。 Harris（1988）利用人口普查数据发现，1950 年和 1980 年之间，曼哈顿管理和专业类工作的区位商从102 上升到 120，文书工作的区位商从 114 上升到 128。 然而，当我们比较 1970 年和 1980 年的情况时，20 世纪 70 年代大规模失业就变得显而易见。 在曼哈顿，文书工作的区位商从 1970 年的 141 下降到 1980 年的 128[1]，这是由于大型办公室和总部的

---

[1] 文书工作的分散化不仅涉及将工作移至郊区，而且还涉及将工作移至中央商务区周围地区或偏远地区（Armstrong 和 Milder，1985；Roberts，1987）。

迁出，以及文书工作越来越集中在郊区。 纽约其他地区的区位商也有所下降，但边远地区有所上升，尤其是在近郊的环市区的区位商从 88 上升到 96。 根据一些分析家（Moss 和 Dunau，1986）的看法，在曼哈顿，过多的文书工作的相对下降趋势，预计将继续下去。 事实上，人们可以预见，人口及许多公司的郊区化，并由此带来郊区对各种类型商务及其专业人员和办事员的需求，将会导致这类工作在曼哈顿的区位集中明显下降，而郊区的区位商则明显提升。 但是，到 1988 年，除了曼哈顿，其他所有地区的文书工作、管理和操作以及专业工作的区位商仍然较低。 在过去的几十年里，尽管这些工作的绝对量大幅增加，但这些地区的区位商几乎没有改变。 与此形成鲜明对比的是，1988 年曼哈顿所有其他职业类别（销售、工艺品、经营者和劳动者、服务工人）的区位商不高，但这些工作在城市其他地区以及内外环郊区却高度集中（更详细的阐述，参阅 Harris，1988）。

20 世纪 90 年代，曼哈顿仍然是该地区的核心，若干行业高度集中很明显。 1999 年，该地区约 42% 的工资来源于曼哈顿，收入最高的 FIRE 部门约 73% 的工资来源于曼哈顿（New York 和 New Jersey Port Authority，2000）。 曼哈顿核心的商务和金融服务、零售和旅游、咨询、广告和计算机服务等工作都增长强劲。20 世纪 90 年代末，纽约的绝对就业增长率是该地区最高的，占该地区就业增长的近一半，超过了美国整体的就业增长率。 在过去几年里，纽约创造了该州超过一半的收入（Orr 和 Rosen，2000：1 - 3）。 这种增长促进了纽约高价办公室和住宅区的扩张，继续维持了高价辅助服务规模的扩展，依据空间占用的实际大小，已经超越了始于 20 世纪 80 年代的发展。

　　在居住模式方面，曼哈顿居住的管理者、专业人士和服务人员的比例过高。 专业人士的居住比例增幅最大。 另一方面，服务人员的居住比例在过去 30 年里一直趋于下降。 直到 1980年，它的持续存在主要是因为居住在曼哈顿的少数族裔和移民工人的比例很高。 新的高收入专业人士对城市生活的偏好，是城市大多数部门中产阶层化的一个关键因素。 20 世纪 90 年代的证据表明，专业人员偏好于城市生活的倾向更加强烈，特别是妇女，尽管她们绝对人数较少。 在曼哈顿工作的管理人员和专业人士中，居住在曼哈顿的女性比例远高于男性（女性的区位商为168，男性为 115）。 女性管理人员更有可能是单身或双职工家庭的一部分，而男性管理人员更有可能是传统家庭模式，其女主人是从事非专业工作的。 Susser（1988）的研究表明，城市家庭对雇佣家政工人的依赖程度，其中大部分是女性[1]。 在这种情况下，女性似乎是纽约中产阶层化进程中的一个关键因素（Rose，1984： 62；Smith N，1987： 158；Sassen，1995）。 这一中产阶层化过程在今天主要是公司中高收入者，而不是早期时代城市中的创业者（Smith，1996）。

　　对专业人士进行更为分门别类的分析，会显示出明显的差异。 关于居住在纽约的高端专业人士的资料，提供了曼哈顿和布鲁克林某些地区消费结构调整和快速中产阶层化的核心要素的信息。 它还提供有关这部分人口与各种机构复合体的联系程度

---

[1] 有相当多的证据表明，业主自住的房屋，特别是在郊区，包含了大量的无偿工作（Ehrenreich，1984）。 关于家庭中无报酬工作的问题，除了狭义的家务劳动外，参见 Gershuny 和 Miles（1983）关于工厂或零售商将家具、玩具和工具的装配工作转向家庭的分析。 参见 Pahl（1084）。

的信息。　显然，鉴于通勤者的数量相当大，在纽约工作的高级专业人员数量实际上更多。

　　Brint（1988）根据纽约人口普查数据将专业人员和管理人员分为四类：　高级专业人员、普通专业人员、小型雇主和边缘专业人员。　在 Brint 的分析中，第一组特征是：　高度重视智力资源，在强大的组织中工作，参与城市经济和文化生活的国际化。包括许多公司的律师、领先的会计、广告、工程和其他公司的专业人员、领先的艺术家和设计师、电视主管以及领先的科学和民间机构的研究人员。　其他三组不太符合新专业人士的模式。　普通专业人员，包括教师、社会工作者、工程师、政府律师和面向地方的小型公司的专业人士。　在小雇主群体中，有相当数量的高级专业人员，但作为一个整体，绝大多数小雇主都不是高级专业人员。　在对高级专业人员组的调查中，Brint 根据他们受雇的组织类型将人口普查信息进行了分解。　Brint（1988）发现，收入最高的专业人士是那些在公司总部和生产者服务公司工作并住在曼哈顿的人[1]。　他们最有可能是年轻白人，其中 90% 是非西班牙裔白人，超过一半的人年龄在 45 岁以下。　其他组别的专业人士平均收入要低得多，他们更可能住在城市外围地区，而且是黑人和/或女性。　事实上，黑人和亚洲人专业人士只是在人力资本服务领域，西班牙裔专业人士在 1980 年的就业人数非常少。虽然这些数据需要增订，但其分类及其一些关键特征似乎也适合

---

[1] Brint（1988）使用了纽约 1980 年人口普查数据中 5% 的样本。　这一样本中包含的人口和就业信息，使我们能够确定专业人员之间在就业的机构部门方面的差异。

于 20 世纪 80 年代（Brint，1997）。

如果我们考虑 20 世纪 90 年代纽约的高增长部门，我们可以发现两个不同的专业人员部门，这与 Brint（1988，1997）提出的划分相似：一方面，证券行业，有着极高收入的专业人士，其 1998 年的整体工资收入为 320 亿美元（不包括比工资高得多的奖金收入）；另一方面，卫生和社会服务部门的专业人员，其整体工资收入为 143 亿美元，其专业人士总体数量更大。

纽约社会地理很大程度上是由不同种族群体和社区组成的。根据 1990 年人口普查数据，Logan（2000）发现，虽然较老族群（英国人、德国人、爱尔兰人）的种族隔离水平较低，但新近移民（如意大利新移民）和较新的白人族群（如俄罗斯人），种族隔离程度一般较高。白人和非欧洲人之间的种族隔离程度更高。黑人和白人的种族隔离实际上在过去几十年里有所增加，1990 年达到了历史最高水平（这是有数据可查的最近一年）。西班牙裔的种族隔离也在不断增强。此外，各少数民族之间的隔离程度也很高。因此，所有亚洲群体都与黑人高度隔离，而且黑人和多米尼加人也是如此。Logan 还发现，主要族群之间存在明显种族隔离：非裔美国人和非裔加勒比人之间存在高度种族隔离，多米尼加人和波多黎各人之间也是如此（参阅 Alba 等，1997）。这些隔离模式也与家庭收入的空间等级相对应。白人和黑人之间的差距最大。但与居住隔离一样，这种差异不能被归结为白人和黑人的区别（Logan，2000：180–82；参见 Massey 和 Denton，1993）。

20 世纪 80 年代是一个至关重要的时期，多种因素的共同作用，重塑了纽约的社会地理格局。随着华尔街高收入急剧增长，纽约贫困工薪家庭就增加 80%（Center on Budget 和 Policy Priorities，1999： chapter 2；Freitas，2000）。 最新的贫困估计数据显示，1998 年纽约每 4 名居民中就有 1 人（即 180 万人）的生活水平低于美国联邦贫困线（四口之家年收入为 16 665 美元）。 这是全国贫困率的 2 倍（Community Service Society，1999）。 上涨的房租已迫使大约 10% 的城市贫困家庭带着年幼孩子每年至少在一段时间里住进收容所（Burt 和 Aran，2000）。

总的来说，曼哈顿之外城区的家庭收入急剧下降。 在 20 世纪五六十年代，它们拥有庞大的中产阶层和繁荣的工人阶级。现在，尽管布鲁克林的某些地区出现了中产阶层化，但拥有的管理阶层和专业人士阶层的家庭数量却少于他们所占的比例。 如果将中产阶层化排除在外，这一比例将进一步下降。 文职人员、服务人员、操作人员和劳动者的比例过高。 在曼哈顿之外城区，集中了较低收入群组： 1987 年，人均年收入低于 5 000 美元的家庭有一半集中在曼哈顿之外的域区，相比之下，人均年收入超过 50 000 美元的家庭只有 14%（Stegman，1988）。

曼哈顿蓝领工作（手工艺、操作工、劳工）的区位商已达到历史最低水平，而这些工作的区位商在曼哈顿之外城区和邻近新泽西州哈德孙县趋于上升，这些地方长期以来都是蓝领工人的主要聚集地[1]。 1980 年，这些工人居住在曼哈顿的比例严重偏低，而在其他城区的比例则过高；手工艺工人居住在郊区的比例

---

[1] 在纽约外围行政区和哈德孙县，蓝领工人的工作区位商增加了，手工艺工人的区位商从 1950 年的 108 增加到 1980 年的 119，技工和劳工的区位商从 107 增加到 132，服务工人的区位商从 91 增加到 121（Harris，1988）。

也很高。 自那以后，这些趋势一直保持着。 服务人员工作和居住的区位商，只有在曼哈顿之外城区是上升的。

专业人士数量的扩大，尤其是在曼哈顿工作和生活的高收入阶层，一直是纽约一些地区中产阶层化的一个核心事实。 这在曼哈顿和布鲁克林的某些地区很明显，曾经的贫困和中等收入社区现在拥有了高价的商务和住宅建筑： 格林威治村的一部分、休斯敦街以南的区域（称为 Soho）、部分下东区（现在称为东村）、曼哈顿上西区的大部分，以及曼哈顿南端被命名为巴特利公园城的大型办公室和住宅小区的综合体。 20 世纪 80 年代，中产阶层化也改变了布鲁克林高地、布鲁克林公园坡和其他一些社区（DeGiovanni，1984；Zukin，1982；Chall，1984）。

这一中产阶层化导致了高收入居民房屋所有权的增加和穷人的流离失所。 每三年进行一次的纽约住房和空置率调查提供了一些有关方面的详细数据。 与全国趋势相反，纽约的住房自有率从 1978 年的 27.4% 上升到了 1987 年的 30.3%。 在 1981 年至 1987 年增长最为迅猛的时期，曼哈顿拥有住房的家庭比率增长了 5.9%，而整个纽约的这一比率为 2.5%。 房屋所有权的增加主要是通过将现有租赁单元转换为共管公寓或合作公寓而实现的，这两者通常都需要大量资金[1]。 数据表明，在此期间购买租赁单元群体的收入中位数为 3.6 万美元，而租户家庭的收入中位数为 1.6 万美元（Stegman，1988：100，185）。 购买共管公

---

[1] 从 1981 年（获得这些数据的第一年）到 1987 年，纽约有 9.3 万多套住房从出租转为合作公寓或共管公寓（Stegman，1988：175）。 其中 49% 位于曼哈顿，仅从 1981 年到 1987 年，曼哈顿的房屋拥有率就大幅上升了 5.9%。

寓或合作公寓的家庭中，77%是白人，78%没有孩子。 考虑到这些趋势，再加上与转换相关的低收入家庭的流离失所，曼哈顿的家庭收入增长速度比其他任何一个区都要快，1983 年至 1986 年增长了 18.3%（Stegman，1983：100，182，185）。

然而，曼哈顿也有一些地区的家庭收入急剧下降，包括哈莱姆和东哈莱姆在内的曼哈顿北部。 穿过曼哈顿北部、布朗克斯南部和布鲁克林北部的大部分地区形成了一个贫困圈（Tobier，1985）。1980 年，纽约的人口普查发现，贫穷家庭的数量比 1970 年增多了。

20 世纪 80 年代，廉租住房市场急剧下滑，再加上较低阶层家庭收入的停滞和下降，造成了住房拥挤和无家可归的严重情况。 从 1978 年到 1987 年，出租房（无论是已占用的或空置的）的下降数量超过 5.7 万套，同时，业主自住房数量急剧增加。 除出租房数量的减少外，因缺乏有效保护而承租人随时可能被驱逐或租金过度上涨的缘故，出租房占全部出租的比率从25%上升到 31%，即 52.2 万套。 最后，低成本出租房的数量下降了 26%，而高成本出租房的数量上升了 26%，昂贵出租房的数量更是上升到 30%[1]。

从 20 世纪 80 年代开始，低收入家庭的增加，政府住房补贴

---

[1] 对低收入人群来说，很重要的一类住房单元（在伦敦或东京并不存在）是由于业主欠税而放弃且由政府持有的实物住房存量。 这类住房约一半由黑人占据，约三分之一由西班牙裔占据；白人及其他人占据了剩下部分。 为低收入人群提供的住房，另一个重要来源是单间租用房。 这些是一居室的出租房，没有独用的卫生间和厨房设施。 1987 年，单间租用房有 5.1 万多间，到 1999 年，显著下降到 1.1 万间（U. S, Bureau of the Census，1999：Series IA-Table 15；Series IIA-Table 15）。

的急剧减少（由于住房转换），以及高收入的中产阶层化，导致了无家可归者的急剧增加。 1988 年，城市收容所登记的无家可归家庭超过 5 000 户，是 1980 年预估数的 5 倍。 登记的无家可归者超过 10 000 名。 而且，无家可归者中首次出现很大一部分妇女和儿童。 全国无家可归者联盟估计，在 1999 年的某个时候，纽约有 10 万人经历过无家可归；其中 2.3 万人（包括 9 000 名儿童）每天晚上在纽约收容所里过夜。

取消精神病患者由专门机构所收容开始于 20 世纪 50 年代，而单间出租房的可用性以及住房补贴最终阻止了无家可归[1]。正是在 20 世纪 80 年代，住房需求的急剧增长使得原本不稳定的形势演变成了一场危机。 在 20 世纪 60 年代末，低价住房的供应开始萎缩，主要是由于城市更新和房东欠税的弃房。但直 20 世纪 80 年代，这种萎缩的规模才达到了新的水平，并造成了大量家庭无家可归。 公共援助款项在 20 世纪 70 年代开始趋于收支拉平，但在 20 世纪 80 年代的低价住房供应减少和大量失业的情况下，这一政策的全面影响以无家可归的形式显现出来。

1976 年，纽约延长了财产税补贴，以刺激萎靡不振的房地产行业，这有助于提高旧建筑翻修和低收入住房转换为高价房的盈利能力。 20 世纪 60 年代，许多这样特性的房产几乎没有其

---

[1] 1963 年通过的《社区精神卫生保健法》为社区精神卫生设施提供了联邦资金，从而为大规模去机构化奠定了基础。 从 1965 年到 1975 年，纽约州精神病院的病人数量下降了 62%，从 85 000 人下降到 33 000 人，到 1980 年代末，下降到 19 000 人（Tobier, 1990: 310）。 单人房的租用便宜而充裕，残疾津贴完全可用来支付其费用。

他用途。 20 世纪 80 年代，高收入家庭对市中心住宅的需求不断增长，导致高成本住宅加速取代普通住宅。 在很短一段时间内，经济适用房市场的盈利能力严重落后于繁荣的高价房市场。这只会加剧廉价住房供应的迅速萎缩[1]。

　　尽管豪华住宅在所有住宅中只占很小比例，但它代表了自 20 世纪 80 年代以来新建住宅的很大一部分。 这一行业也是国际房地产市场的一部分，可以制订让城市中大多数居民无法竞标的价格。 其次，虽然纽约、伦敦和东京长期以来有一个豪华房地产行业，但其规模在 20 世纪 80 年代兴起，则代表了一个新的发展。 在此过程中，引发了急剧扩张的豪华住房的供应，从而把这些城市中 10 年前还被认为是边缘或更糟的地区开发出来。此外，20 世纪 80 年代市中心区的激烈竞争和高价格改变了界定该行业盈利能力的条件，并导致沿着价格链的显著增长。 虽然高收入工人和高收入家庭有所增加，但同样真实的是，除最高收入阶层之外，其他家庭不得不把比以往更大比例的收入用于住

---

[1] 今后一个富有成效的研究领域是将高收入家庭的集中和与之有关的服务工作的基础结构之间的关系进行量化。 虽然这对纽约的讨论并不直接适用，但值得注意的是，这种对伦敦和英国的分析是由 Lee（1984）提出的，然后被 Thrift 和 Williams（1987）复制。 他们利用一个地区的人口与该地区服务业就业人数的比率，得出了所谓服务提供比率的数据。 这是一种非常粗略的衡量方法，我们无法对此进行过多解读。 但研究结果很有趣。 他们发现，英国东南部的服务提供比率是每万人中有 3 058.95 个服务人员，而英国整体的平均水平为 2 466.21 个服务人员。 抽取特定的服务行业（银行、金融、保险和商业服务方面），他们发现东南部地区的这一服务提供比率是每万人中有 575.96 个服务人员，而英国整体的比率是每万人中有 362 个服务人员。 在威尔士，这一行业组的服务提供比率最低，为 198.77 个服务人员。

房，而且更多的是双职工家庭。因此，该行业似乎设法从家庭榨取高于过去几十年正常水平的价格。

纽约家庭收入分配反映了这些发展。根据预算与政策优先中心和经济政策研究所（2000）对人口普查局数据的逐州分析，纽约收入的不平等程度在美国是最严重的。经通货膨胀调整后，1996—1998年间，纽约收入五分位中最富有家庭的平均年收入比最贫穷的家庭高出20倍，是20世纪70年代末这一差距的2倍多。纽约中产阶层与收入富有家庭的差距也拉大了，收入五分位的最高组家庭收入上升到中位组家庭的4倍。数据显示，自1980年以来，收入五分位的最高组家庭平均收入增长18%，而其余四个组的家庭平均收入下降，中位组的家庭平均收入下降12%，最低组的家庭平均收入下降13%。众所周知，高收入家庭有多种收入来源，并不包括在标准家庭收入统计中，从而产生了收入五分位最高组家庭和较低组家庭之间实际收入差距的低估。三年一次的住房及其空置率的调查（普查期间最详细的调查数据）表明，1977年到1986年间，收入五分位的最低组减少了15%的收入，而其他四个组的收入增加了（Stegman，1988）。实际收入（扣除消费者价格指数）的最高涨幅为：最高组家庭为28%；中高组家庭为23.5%。收入五分位的最低组家庭收入所占比率从1977年的4.9%下降到1986年的3.9%，相当于下降了20%；最高组家庭收入所占比率从45.2%提高到47.3%，增幅虽然不大，但在所有五分位组别家庭中仍是增幅最大的。

对少数种族群体来说，失业水平通常要高于平均失业率（Massey和Denton，1993）。尽管纽约的失业率在20世纪90年代有所下降，但仍高于美国 20 个最大都市区的中心城市。纽约所有主要种族/民族群体的就业人口比率都要低于其他 20 个被研究城市的同类群体。

伦敦

伦敦市中心长期以来是专门从事办公室工作的地方。但 20 世纪 80 年代以来，这些办公室工作岗位数量大幅增加。20 世纪 90 年代末，我们看到金融业、银行业和保险业的高强度集中：FIRE 部门占伦敦三分之二的就业岗位，其他部门只占伦敦三分之一的就业岗位。另一方面，制造业在伦敦外围地区高度集中，提供了超过五分之三的制造业就业岗位，相比之下，就业人数只是伦敦就业总数的三分之一多。

伦敦市中心经历了一场与曼哈顿大致相同的改造，尽管具体细节各不相同。我们看到了 Brint（1988）所描述的高级专业人员阶层的平行增长，这一群体主要就职于生产者服务行业，包括金融业。在伦敦市中心高收入专业人士和管理人员（大多是年轻的）就业数量的急剧增加，表明与 10 年前相比发生了重大变化[1]。

与其他主要国际金融中心相比，伦敦自身的国际化不可避免地给其收入水平带来更大压力。直到 20 世纪 80 年代，伦敦金融城专业人士和管理人员的薪酬才开始达到国际水平。此外，

---

[1] 对训练有素工人的需求越来越大，越来越多的大学毕业生进入商务行业。到 1985 年，英国超过 18% 的毕业生进入了金融业，其中许多人在金融城工作（O'Leary，1986）。随着受高等教育工人数量的增加，金融业和专业服务领域的创新变得更加复杂和多样化，专业化程度也随之提高。

业务规模的加速增长带来了对工人需求的增加，以及某些职业，特别是那些涉及专门技能的职业在劳动力市场中变得更为紧俏。外国公司进入伦敦进一步加速了这种趋势，给工资水平带来了大的上升压力。 通过开放市场，放松管制提高了对某些类型的专门技能和经验的劳动力需求，并普遍降低了许多公司简单使用旧劳动力的可行性。

虽然工作岗位数量扩张与伦敦作为国际金融和生产者服务中心的增长有直接和间接的相关性，影响从非技术工人到高度专业化服务人员的广泛职业，但工资上涨压力并没有同样影响到所有这些职业。 与纽约一样，这些不同趋势的总体结果是高收入阶层与低收入阶层的同时扩大。 伦敦市中心的高收入居民有所增加，同时穷人也越来越多（Townsend、Corrigan 和 Kowarzik，1987；U. K. Office for National Statistics，1998a，1998b，1999c，1999d）。

Thrift 和 Williams（1987）对专业和管理人员新阶层的研究表明，在 20 世纪 80 年代，两类工人占了高收入工作数量增长的大部分： 一类是高层经理和经销商；另一类主要是在短时间内获得高薪职位的年轻大学毕业生。 这与 20 世纪 80 年代曼哈顿的趋势如出一辙。 Thrift 和 Williams（1987）发现，对于第一类人来说，在 1986 年放松管制前后的整个时期，对他们专业技能的需求出现了非常大的增长。 1985 年，伦敦金融城 14 家公司中，只有 67 名此类员工的年收入超过 10 万英镑；两年后大约有 2 000 名（Thrift 和 Williams，1987）。 1999 年，金融城工人平均周工资比英国平均水平高 73%，比伦敦平均水平高 37%（Corporation of London，2000）。 除这些收入外，还应该加上与这些工作相关的所有其他类型的收入。 我们在这里看到一个文化和社会资本形成的过程（例如，Low，1999）及其不平等分配（Fernandez Kelly，1995）。

这种新的社会经济联盟是在 20 世纪 80 年代产生的。 Thrift 和 Williams（1987）指出，应该把高收入阶层与金融城公司高层管理者、董事和合伙人区分开来。 这些人长期以来都领取极高的工资，20 世纪 80 年代的发展提高了他们的工资，但对他们的薪酬水平及其数量的影响并不像高层管理者和经销商群体的影响那样显著[1]。 在第二类人群中（即高收入的刚毕业的大学生），Thrift 和 Williams（1987）发现工资有一个全面的增长，并且工资增长速度很快。 这也是某些专业有时会出现劳动力短缺的群体，从而成为提高其工资的另一个因素。 一个关键例子就是计算机专家。 年轻毕业生在这一类别中占很大比率。McDowell（1997）在对伦敦金融城招聘活动的研究中发现，自从金融放松管制以来，资历和能力变得越来越重要。 她发现，这对女性尤为重要，因为创造了一些机会，而这些机会在"老男孩"关系网更为突出的时候是无法获得的。

----

[1] 在英国经济和社会生活中，阶层制度的持续影响在很大程度上体现在金融城公司高层管理人员来自上层社会的背景上，而在新专业人士中，则不一定如此。 Thrift 和 Williams（1987）利用各种资料估计，在商业银行、清算银行、会计师事务所和保险公司中，大约有四分之三的高管、股票经纪人、保险经纪人上的是私立学校。 在股票经纪人中，这个比率上升到 96%（引自 Thrift，1987）。 此外，金融城 68% 的高层管理者毕业于两所大学之一：牛津大学或剑桥大学。 在这种集中之外，还应该加上贵族成员的大量存在，以及外国高管在 20 世纪 90 年代的不断增加。

　　就像在纽约一样，一种独特的生活方式已经在伦敦出现，而且有足够多的年轻高收入工人进行高水平消费，这在伦敦及其地区的某些地方都能感觉到。　新颖、优雅的商店和餐馆以及急剧上涨的房价，都体现了这种新的生活方式。　伦敦的一些地区也出现了高收入的中产阶层化，包括伦敦市中心曾经居住着低收入人群（尤其是少数族裔）的地区。　例如，1987年，我在伦敦最贫穷的地区之一哈克尼（Hackney）进行实地考察时发现，许多经过翻新的联排住宅以及仓库和工厂都被改造成了居住寓所，这种趋势在20世纪90年代随着少数族裔居民数量的增加而出现（London Research Centre，1997）。　同样，在一个被称为"小威尼斯"（Little Venice）的地区，曾经相当气派的联排别墅在20世纪五六十年代已经衰败，并被重新分割为密集的公寓，供移民居住。　到80年代中期，这里正以惊人的速度进行大规模"修复"。　1987年夏天，走过那些街道，可能让人最为惊讶的事例之一是，一排排曾经优雅的米色外墙因几十年失修而变成深灰色，但在几个月后市场行情看涨时，房东便让它们恢复了昔日风采。　20世纪90年代初，伦敦最古老的地区之一克勒肯维尔开始中产阶层化。　它的工业建筑已被改造成一些最受欢迎的豪华住宅寓所，临街的手工作坊已被改造成了时尚空间。

　　数据表明，伦敦及整个东南部地区的家庭收入增长速度快于英国其他地区（U. K. Department of Employment，1987a，1987b，1987c；UK Office for National Statistics，1998a，1998b，1999c，1999d）。　东南部地区的居民收入、国民收入、投资收入和累积资产的集中程度是不成比例的。　这促进了商品和服务消费以及房屋购置的扩张。　东南部地区的平均家庭支出水平远高于其他地区。 自 20 世纪 70 年代末以来，东南部地区的房价大幅上涨，比全国其他地区至少高出 25%。 家庭支出调查（U. K. Department of Employment，不同年份）报告说，东南部地区的家庭支出高于该国任何其他地区。

1997 年的最新数据显示，就居住模式而言，伦敦占英国 IT 员工总数的 18%。 加上东南部地区，占英国 IT 员工总数的 46%。 仅考虑居住模式，伦敦占英国管理和专业劳动力总数的比率为 20%，加上东南部地区，这一比率为 55%（ITNTO，1998）。 另一方面，在工作场所分布方面，则出现了另一种不同的情况，因为许多专业人士通勤前往伦敦上班。 金融城 IT 支持人员与伦敦其他地区以及东南部地区 IT 支持人员之间的工资差别估计为 66%，在该行业的高层职业结构中，这一差距要大得多。 例如，金融服务 IT 专家的收入是其他细分行业的 4 倍（Corporation of London，1999：16 - 18）。

尽管这一地区拥有高收入家庭不成比例的集中度，但该地区作为一个整体，并不拥有高收入工作不成比例的集中度。 这与纽约地区类似，有大量高收入劳动者居住在郊区，每天通勤往返于曼哈顿的高薪工作岗位。 高薪工作是不成比例地集中在伦敦，而不是东南部其他地区。 这里的关键点是，除伦敦以外的东南部地区，虽然代表高收入家庭大量集中、家庭支出高水平以及高房价，但与整个英国相比，并不是一个高收入就业机会不成比例地更高集中的地区。 这进一步表明，伦敦作为金融和专业服务中心的作用扩大所产生的加速增长和高收入在一定程度上维持和复制了该地区财富和高收入家庭的集中。

伦敦东南部地区可以被视为直接或间接地为高收入家庭需求

提供一系列就业机会的地方。　与纽约一样，高收入家庭密集地区创造了一个往往提供低工资工作的基础结构，尤其是在郊区会出现大量的销售工作。　各种人种学资料可以用来描述和说明高收入家庭所购买的服务范围，从家庭女教师、女按摩师和美容护理等各种清洁和维护工作到更精细和专业的工作，如会计师、律师和信托经理。　办公室分散化也增加了文书工作。　有趣的是，东南部地区也是伦敦企业的二次服务或生产场所。　其中一些工作可能是高收入的，但很大一部分可能是低工资的工作。

　　然而，另一个关键组成部分是伦敦知识驱动的 IT 次经济的地理位置。　它清楚表明，这些高附加值产业多大程度上能在城市内部产生细微的空间和社会经济不平等。　IT 部门集中在金融城以及伦敦的卡姆登、威斯敏斯特、伊斯灵顿和陶尔哈姆莱茨等行政区，后者包括金丝雀码头和码头区。　还有一个重要的第二层面活动，包括西部弧区（不包括希灵顿），直抵金融城北部的哈克尼，以及南部的克罗伊登和南华克区。　另一方面，进一步加强社会空间分化的是一系列不朝这个方向发展的自治市，它们与较不繁荣的北部地区有越来越多的共同点。　在知识驱动型信息经济中，伦敦三分之一的地方政府机构就业情况落后于全国平均水平。　因此，尽管伦敦总体上高于全国就业平均水平，但城市内部往往存在明显差异。

　　IT 工作在伦敦（在伦敦内部）的大量集中，在伦敦金融城及若干邻近行政区不成比例的区位商，标志着城市魅力区的扩张、高盈利公司和高收入家庭的进一步扩大。　因此，IT 有助于城市高附加值地区的扩张。　金融城的金融和商务服务就业份额也在增长，从 1981 年的 53% 上升到 1997 年的 78%（Corporation of London，2000）。　1991 年到 1997 年，商务服务就业增长 31%，其他服务业增长24%，这两个行业的工作岗位既有低收入，也有高收入。　这一发展还有助于生产者服务和消费者服务以及最先进辅助服务（从时尚商店到享有盛名的餐厅和酒店）的低收入工作扩大。

在伦敦，办事员和蓝领服务工作数量也显著增加。　但这些工人工资和薪水并没有同步增长。　必须重申，就像纽约和东京一样，这类工作在新经济部门所有工人中占很大比例。　他们在维持所谓"新经济"运转所必需的劳动力中占很大比例。　由于许多工作岗位尚未转移到较低成本地区，这些工人不得不与日益扩大的高收入部门工人争夺住房。　他们收入不仅没有增加；鉴于公共住房私有化和中产阶层化的商务区高房价，他们的生活条件是下降的。　加剧这种紧张关系的另一个趋势是，这一类兼职和临时工作的人数增加，其中大多数是女性。　此外，许多文书工作正在变得刻板化和常规化，导致平均工资逐渐降低。　与此同时，大多数高级职业正变得更加专业化，导致平均工资提高。

伦敦社会地理的第三个主要组成部分是集中贫困地区以及其他多种不利因素的巩固。　1976年的诺丁山和1977年的伦敦东部刘易舍姆的暴力冲突，充分暴露了英国主要城市，特别是伦敦的高失业率和贫困的事实[1]。　这些地区后来被称为"内城"。

---

[1] 对政府来说，最大的担忧是，20世纪6C年代美国大规模的城市骚乱将在伦敦和其他英国城市发生（Friend和Metcalf，1982）。　有许多暴力冲突；国民阵线（National Front）不断壮大，种族主义变得非常暴力，警察逮捕了数百人。　1976年9月，英国环境大臣宣布，政府开始对城市衰败进行重大审查。　发展资源由外围和新城向内城转移；始于20世纪60年代的城市特别援助计划（special urban aid program）得到了扩大；此外，还开展了帮助城市中小企业的专项行动。

黑人和亚洲人不成比例地集中在市中心，尤其是在伦敦，黑人和亚洲人占比最大。 1974—1975 年的经济衰退，制造业和低水平仓储配送工作的持续流失，再加上就业和住房方面对亚裔和黑人的歧视，造成了他们的高失业率。 白人失业率也急剧上升，尤其是工薪阶层的年轻人、低收入工人、失业者和老年人（Friend 和 Metcalf，1982）。 20 世纪 80 年代失业率急剧上升和制造业工作岗位持续流失，使这些问题扩展到市中心以外的地区。

1971 年至 1981 年间，超过 20% 的白人离开伦敦搬迁到郊区或其他地方，而少数族裔这一比率为 10%；有五分之四的非洲裔加勒比人在此期间住在市中心，而住在市中心的约一半印度人搬走了，大部分到了郊区。 然而，孟加拉人仍高度集中在伦敦东部，并大量从事服装业，类似于美国和英国许多移民群体的第一代。 到 20 世纪 90 年代后期，其中许多差异依然存在。

伦敦有两个主要少数族裔聚集区： 内城的哈克尼、哈林盖、兰伯斯、刘易斯姆和旺兹沃斯，以及外城的布伦特、伊林、豪恩斯洛和沃尔瑟姆福雷斯特等。 前者主要是非洲裔加勒比人，后者主要是亚洲人。 只有陶尔哈姆莱茨（Tower Hamlets）和布伦特（Brent）是例外，这两个地区人口相当混杂，属于最穷地区（Townsend、Corrigan 和 Kowarzik，1987；London Research Centre，1997）。

正如第八章讨论证据所显示的，在被调查的国家中，英国和美国是不平等增长最快的两个国家。 私有化和解除管制使私营部门提供了大量工作岗位，而这些工作以前是属于政府部门的，并享有各种福利。 这些重新安置到私营部门的工作，其中一些变成兼职或临时工作，而那些仍然是全职制的工作也失去了保障和福利，甚至工资水平更低（Low Pay Unit，1988b；也参见Hamnett 和 Cross，1998；Logan 和 Taylcr-Gooby，1993）。

Townsend、Corrigan 和 Kowarzik（1987）使用 1984 年贫困指数发现，在最贫困地区，大多数家庭年收入在 6 000 英镑以下[1]。在 1984 年的数据中，五个最贫困行政区分别是哈克尼、陶尔哈姆莱茨、伊斯灵顿、兰贝斯和纽汉。他们估计，1985 年至 1986 年，伦敦有 180 万人生活在贫困或处于贫困边缘，是政府统计数的 2 倍[2]。其他类型的证据表明，贫困人口还在增加：依赖救济的人数增加、提前退休人数增加以及超过 75 岁的人口增加，都促进了低收入人口扩大。少数族裔居民高失业率也是如此。伦敦无家可归人数正在迅速增长，1999 年估计达 10 万人；在英国 16.7 万无家可归的家庭中，伦敦也占了不成比率的份额（NHA，2000）。

对不同年份的最新收入调查显示，20 世纪 80 年代初期和中期，相对于收入中位数，最高收入增长了，而最低收入下降了。再加上收入顶部人群享有资源的增加与收入底部人群各类福利的减少，实际差距甚至比收入数字所显示的还要大。税收变化有利于高收入人群。因此，如果衡量税后收入，差距会更大。20

---

[1]　"贫困指数"是一种标准化的衡量，基于一个行政区由那些失业人口、住房过度拥挤人口、缺乏基本生活设施的居民、单亲家庭、一人领取养老金的家庭、黑人移民或非熟练工人阶层的居民构成的人口比率。

[2]　这项研究是对 1985 年至 1986 年大伦敦地区人口的代表性抽样调查，其依据是有关该市 755 个选区的贫困和死亡率的现有证据。与 Townsend（1979）的早期研究相比，Townsend、Corrigan 和 Kowarzik（1987）发现了更多的贫困和更严重的贫困，人们生活在贫困线以下，在最极端的情况下成为无家可归者。

世纪 80 年代，公司董事平均收入增长 43%；失业家庭平均收入下降 12%。 非劳动收入增长，收入差距扩大，以单身、老年人和失业者为户主的家庭增加。

　　Dunford 和 Fielding（1997）对伦敦及东南部地区与英国其他地区进行了详细研究，发现了差异日益增大的证据。 20 世纪 80 年代和 90 年代，伦敦及东南部地区占国内 GDP 份额、占国内就业（包括专业工人）份额有所增加，在运输、仓储和通信等物流职业中继续占据较高比例。 较高的劳动力参与率和高收入职业的发生率也是伦敦及东南部地区的特点。 伦敦金融和商务服务业占大伦敦地区 GDP 的比重过高，接近三分之一；占东南部地区 GDP 的五分之一。 大伦敦地区占英国金融和商务服务产出近三分之一，占英国所有生产者服务业专业工作岗位的比率在 39%～58% 之间（另见 Corporation of London，1999a）。 尽管东南部地区存在这种比例过高的情况，但比伦敦要低得多，部分原因在于这里是许多顶级专业人士的居住地，这些人每天通勤去伦敦工作。 东南部地区专业职位的过高比例，特别集中在研发活动方面。 他们还发现，尽管伦敦及东南部地区似乎欣欣向荣，但英国其他地区却经历了一系列负面情况（参见 Benko 和 Lipietz，1992，关于这些类型的分化）。

东京

　　20 世纪 80 年代，全球化推动了东京大规模的增长和资本积累。 但在 20 世纪 90 年代，经济、社会和政治活动继续集中在东京及其更广的都市区域（Hill 和 Fujita，1995；Saito，1999）。在这方面，东京与伦敦和纽约的不同之处在于两个方面： 一是 20 世纪 90 年代全球化继续促进伦敦和纽约大规模增长，而东京却没有；二是各种活动继续集中到东京，这在纽约和伦敦并没有发生。 此外，政府所扮演的角色也将东京作为一个全球城市的轨迹与纽约和伦敦区分开来。 在过去 20 年中，政府为东京都地区制订了四个主要发展计划，其中包括一系列旨在将东京纳入全球体系中战略地位的重要措施（Saito，1999；Teranishi，1991）。 第一个发展计划注重资本和空间的重组，导致重工业关闭和搬迁，城市地区服务业扩张，以及与全球相关经济功能集中到东京。 到第四个发展计划时，日本资本全球化在 20 世纪 80 年代引起了其他国家政府的反作用力，迫使日本重新定位，从单纯出口导向转向扩大国内消费。 在城市层面，政府推动了民进政策，让私人投资者为再开发项目提供资金，因为这也会对经济的其他部门产生巨大乘数效应。 Saito（1999）指出，这些政策议程很大程度上影响了 20 世纪 80 年代和 90 年代东京经济发展过程。 当东京都的新长官在 1995 年当选时，他不再提东京是一个世界城市，而是根据东京的内部议程调整政策。

政府发挥强大作用的结果之一是东京社会地理分化程度远远小于伦敦和纽约。 东京受到一种指导资源分配的不同文化和政治观念的影响，在很短时间内实现了扩张，这种观念把发展产业而不是提高生活水平放在优先地位。 东京庞大人口规模和快速城市化进程塑造了这样一幅景象： 大量中低收入工人居于简陋住房中，每天往返于东京市中心的通勤占据了主导地位。 尽管如此，东京市中心一些地区，比如港区以及通常被称为山手（Yamanote）的多山的西部地区，长期以来一直是富人居住地，现在也有许多包括外国人在内的新任企业高管居住在这些地区。像曼哈顿和伦敦中心区域一样，东京中央商务区已发展成为高度专业化的办公场所，新宿则成为第二个主要的商务中心。 20 世纪 80 年代，东京市中心一些老城区的高收入中产阶层化和新的豪华开发项目迅速发展。 以时尚、设计师商店和优雅的餐厅为中心的昂贵生活方式的元素也很明显，比如在港区的六本木。 20 世纪 80 年代，奢侈品进口急剧增长，包括德国汽车和意大利设计师的服装[1]等。

---

[1] 一个有趣的问题涉及 1985 年后日元升值对消费的影响，日本人称之为"日元升值"。 利用经济合作与发展组织（OECD）计算多边购买力平价的模型，日本企划厅（Economic Planning Agency）发现，在 1985 年 10 月至 1987 年 3 月日元兑其他货币大幅升值期间，日本的购买力平价有所提高。 购买力平价是本国货币在任何一个国家可以用它购买相同数量的某种消费品或服务的价格比率。 在这 18 个月期间，日元兑美元汇率的变化比购买力平价变化得更快。 这在一定程度上是因为日元的购买力包括土地和服务，而这些东西是不可交易的，因此不能反映货币价值的变化。 此外，进口商品的货币价值和价格的变化反映在购买力平价上也需要更长的时间。 因此，尽管日元大幅升值，但日本人并不觉得国内的购买力增加了多少（Japan Economic Planning Agency，1988）。 1985 年日元升值对奢侈品进口产生了影响（Japan Economic Planning Agency，1988：38）。 来自法国和意大利的进口也有所增加，这两个国家的服装大多比较昂贵或奢侈。 汽车进口比 1985 年增长 98.5%；艺术品和古董进口增长 68.4%。 20 世纪 80 年代，来自韩国、中国的进口一直在增长；但在 1986 年，他们的进口量比 1985 年增长了 40% 到 50%。 从韩国和中国台湾进口的玩具和游戏设备（原来是日本出口的）比 1986 年增长了 79.6%。 根据日本贸易振兴会（Japan External Trade Organization，JETRO）的数据，1986 年大约有 40 种进口消费品比 1985 年增长了 50% 以上。 日本贸易振兴会发现，某些昂贵的消费品有进口的新趋势，特别是豪华汽车、绘画、书法作品、其他艺术品、古董和热带水果，这些物品以前都不进口。 一项关于消费者的 （转下页）

与纽约和伦敦一样，自 20 世纪 80 年代以来，金融和生产者服务业增长提高了对专业工人的需求。 在金融、信息研究和开发、广告、会计、建筑和工程服务领域尤其如此。 1975 年至 1985 年，东京服务行业专业工人增加了 20 万；这些工人大多在 24 至 34 岁 之 间（Japan Management 和 Coordination Agency，1988）。 这一数字不包括越来越多训练有素的职业妇女，她们在这些职业中担任兼职工作（Japan Ministry of Labor，1989）。对专业工人日益增长的需求以及他们在主导产业中的战略地位，带来了工资上涨的巨大压力。 与此同时，国内外企业员工普遍增加，推动了东京市中心高价住宅市场的扩张。 豪华住宅市场增长以及对办公空间的较强需求，进一步导致住房成本急剧上升。 现在，大量年轻的日本专业人士和外国公司雇员，可能居住在东京市中心，享用着伦敦和纽约具有的消费和生活方式。长期以来，东京一直为富有的日本人、外国人和企业精英提供优雅的餐厅和购物区。 现在，这样的地区正在扩张，六本木、青山和赤坂等，类似于纽约和伦敦的相关区域。 人们在那里可以消费享受一种以时尚为导向的生活方式。 新的豪华住宅和写字楼也在增长，比如方舟山（Ark Hill），与纽约的特朗普大厦（Trump Tower）一样，方舟山也是新企业精英的聚集地。

这座城市新旧行业的工作机会也越来越多，但工资相当低。对于这些工人来说，在东京获得住房越来越困难。 随着许多新

（接上页）调查（Japan Economic planning Agency，1938：43）发现，66.8% 的人并不在乎一件商品是进口的还是国产的，只要质量和价格令人满意；只有 21.3% 的人表示他们倾向于选择国内产品。

型服务的销售，个人服务有了巨大的增长。 这些行业的工作大多是低工资，并且由女性担任。 许多需求旺盛的专业工作正由兼职工作人员填补。 另一个成长型职业是文书工作，也雇用了越来越多的兼职人员。 70%的兼职女性，从事文书工作。 此外，全职和兼职女性之间收入差距也在增加： 1977 年，兼职工人收入是全职工人的 80%；1987 年，这一比率达到 65%。 1987 年到 1997 年，兼职工作比例上升，东京的女性兼职文员和男性全职专业人员之间收入差距也在扩大。

对于东京大多数工人来说，所居住的经济适用房离工作地点较远，上班路程需要两个小时。 住房拥有率在 20 世纪 80 年代开始下降，新公寓平均面积在 20 世纪 70 年代增加后开始缩小。新建公寓平均建筑面积从 1980 年的 57 平方米下降到 1987 年的 46 平方米（*Economist*，August 31，1987）。 通勤距离一直在增加，即使是偏远地区的房价也使拥有住房变得越来越不可能，甚至到了可获得 1999 年消费信贷的地步。 1995 年，一套 75 平方米公寓平均价格相当于家庭平均年收入的 7 倍以上（Japan Statistical Yearbook，2001：159）。 自 1995 年以来，无家可归人数几乎翻了 3 番。 2000 年 8 月，无家可归者达到 5 700 人（TMG，2001）。 虽然无家可归者大部分仍是男性，但女性数量正在增长。

这些发展趋势与纽约和伦敦的情况相似。 中产阶层化既增加了高收入家庭的住房供应（通过翻新旧建筑或拆除并建造新建筑），也转移了低收入家庭的住房（通过直接的动迁或使其没有支付能力购买原住处的新住宅）。 类似结果在东京也日益明显： 时尚的住宅区和商务区的出现，伴随着贫困的加剧，包括无家可归，特别是在因中产阶层化而流离失所的老年人之中。

但在这一点上，也许东京社会地理变化最重要的过程是一个内城的出现。它值得详细讨论。

东京内城

关于东京市中心制造业衰落以及这些地区适龄工作居民外迁是否促成了在西方通常被称为内城问题的发展，有过一些讨论（Okimura，1980；Kimijima，1980；Narita，1980；Sakiyama，1981；Komori，1983；KUPI，1981）。尤其是在 20 世纪 80 年代，东京经济快速增长，实施了许多公共和私营部门的建设项目，市中心的年轻人口下降，以及许多传统制造业企业流失可能促成就业基数减少，市中心那些没被纳入新型增长的老城区设施条件日渐陈旧。

地理学家 Nakabayashi（1987）对此问题进行了最详细的实证研究，他在 1986 年通过 32 个变量的政府数据（涉及的范围，从基本人口统计到就业、土地价格、环境条件和少数族裔人口的存在）对东京 23 个区进行了研究，从而回答了这个问题。这些变量数据被归类为反映社会经济状况的四个指标：邻里社会衰落、当地经济衰落、设施和住房条件恶化、弱势群体（包括移民在内）的存在。通过这些指标衡量，揭示这些状况存在程度及其地理集中程度，使作者能够确定东京社会、经济及其物质条件等状况在何种程度上类似纽约和伦敦的内城问题，以及这种状况（如果存在）在东京内城的集中程度。Nakabayashi 的发现如下（为了说明问题，也因为有很多理由相信这些趋势仍然存在，所以我用现在时来描述）！

　　从第一个指标来看，以商业、住宅和传统制造业混合用途为特征的市中心老城区的社会衰落模式较为明显。　问题最多的地区，尤其是台东和墨田，显然遭受了严重失业和年轻人流失。其次，有问题的地区，包括荒川等传统制造业区，以及千代田和中央区的中央商务区。　其特点是居住人口急剧下降，而老年人口在居住人口中的比例急剧上升。　外迁并不局限于年轻人，也包括在这些地区生活和工作至少 20 年的大量移民。　在作者评价中，这些社区"作为社会单位正在消亡"（Nakabayashi，1987：122）。

　　就当地经济衰落而言，受影响最严重的地区是那些制造业曾为繁荣经济基础而支撑着一系列其他商务和服务活动，以及重要居住和通勤的劳动力集聚的地区，包括荒川、墨田、江东、北区和大田等。　因此，这些地区与东京其他地区形成鲜明对比，后者经济活动水平和通勤工人数量都大幅增加。　但这种增长显然是由完全不同于制造业的经济部门所支撑的。

　　在设施和住房条件恶化方面，最严重的是丰岛和北区，其贫困住房和贫困人口密度都很高。　这些地区有很大比例的廉租房，其没有私人浴室或厨房。　值得注意的，在中央区和港区的中央商务区，那里地价最高，坐落着最优雅的住宅、酒店、写字楼和商店，但也发现了糟糕的住房及设施。　这就像曼哈顿，既有一些最贫困住房，也有一些最昂贵住房。　这些地区特点是大量集中了供出租的小房子、工厂、商店和办公室，尽管绝对数量逐渐下降，但人口密度仍然很高。　在中央商务区，有非常高密度的建筑，同时却导致了居住条件恶化以及日益增多的空置出租房（住宅用地价格上涨的结果之一）。　这三个地区的主要特点是高度活跃的商务中心迅速扩张和居住人口迅速下降。

鉴于许多日本人和海外人士普遍持有的完全同质社会的观点，有必要指出，东南亚移民人口正在不断增长（本章稍后将详细讨论）。 Nakabayashi（1987）扩大了对包括外国居民在内的社会弱势群体和少数族裔空间分布的研究。 最弱势群体存在的地区是台东和荒川，其次是墨田、北田、丰岛、新宿和涩谷。这些地区都是东京市中心一部分，紧紧围绕着三个中央商务区。新宿、涩谷和丰岛是东京的主要副中心，当然，新宿是东京都政府的新的所在地，也是新的商务发展主要区域。 新宿和涩谷有一个重要的韩国社区，那里大多数亚裔外国女性被招募为"演艺人员"，还有许多来自南亚和东南亚的新的非法男性移民。在这些地区，我发现，有相当密集的简陋住房和小餐馆，专门为那些在社会、经济和政治上明显处于弱势的合法和非法移民服务。

当综合考虑 Nakabayashi 提出的四个指标时，情况最严重的地区是荒川、台东和墨田，都紧挨着中央商务区。 传统制造业衰落是荒川、墨田地区社会、经济和设施条件衰落的核心。 台东长期以来都是贫困和低收入家庭的集中地。 现在，这里犯罪率很高。 台东区集中了最多的短工；它是日本雇用此类工人的四大营地之一，受到黑帮严密控制。 荒川和台东现在也有社会弱势的少数族裔和移民人口。

简而言之，最大的社会、经济和设施条件衰落的地区，不在中央商务区，而在其周边地区，这些地区曾经是制造业和贸易中心。 虽然人口在减少，但它们居住密度仍然很高，住房条件也在不断恶化。 在台东、丰岛和北田等最严重地区，贫困、疾病和犯罪的发生率很高。 Nakabayashi（1987）认为，东京市中心社会、经济和设施条件衰落的关键因素是传统制造业和贸易的衰落，反过来又影响了整个一系列次级地区活动的生存能力。Nakabayashi 还认为，这种下降与东京市中心明显快速增长相关的一些因素有关，尤其是高地价。

消费

　　这些主要城市经济不平等在消费结构中表现出不同形式，反过来对工作组织和所创造的工作类型产生反馈效应。 收入分配两极分化的高活力部门存在，间接创造了低工资就业机会。 这些就业机会主要在消费（或社会再生产）领域。 高收入劳动力的扩张，加上日常生活中新文化的出现，导致一个高收入的中产阶层化过程，但归根结底，取决于大量低工资工人的供给。 正如我在其他地方更详细讨论过的那样（Sassen，1988），高收入的中产阶层化是劳动密集型的，不像以前的中产阶层郊区化表现为资本密集型过程——成片的房屋、道路和高速公路的建设，对私人汽车或通勤火车的依赖，对各种电器和家用设备的严重依赖，而且，在美国，还有自助服务操作的大型购物中心。 另一方面，城市的高收入中产阶层化是劳动密集型的： 联排别墅和店面的翻修，以及设计师设计的家具和木制品生产都直接或间接地需要工人。 在美食店和专卖店背后，是不同于自助超市和百货公司的工作流程组织。 高收入的城市豪宅更依赖于所雇用的维修人员，不同于中等收入的城市居民（美国郊区中产阶层家庭是典型例子）需要家务劳动和机器的大量投入，从家用电器到割草机。

工作过程组织的差异，在零售和生产阶段都是明显的（Sassen，1988）。高收入中产阶层化产生对商品和服务的需求，而这些商品和服务通常不是大规模生产或通过大规模销售点销售的。定制化生产和小批量生产往往与劳动密集型生产方式相关联，并通过小型的、全方位的服务网点进行销售。将部分生产转包给低成本企业（包括血汗工厂和家庭工坊），这种情况并不少见。总的结果是，低收入工作岗位和小型生产与零售企业的增加，而大型百货公司和超市需要大量标准化产品；他们倾向于从大规模生产商那里购买，这些生产商通常位于其他地区，涉及大规模运输和分销。大规模生产、标准化和大规模销售有利于工会组织的形成。定制化生产、小批量经营和小型零售店可以促进工作非正规化和转为雇用临时工制。

在纽约、伦敦和东京等大城市，专业人士和管理人员一直是重要职业群体。但有两个特点将当前与早期区分开来。一是这些职业群体发展程度。例如，人口普查数据显示，19世纪和20世纪初，领薪水的专业人士和管理人员约占纽约居民比例的5%；如今，这一比率为30%。二是通过独特的消费模式、生活方式和高收入中产阶层化，他们与其他高收入劳动者已成为城市生活中非常明显的一部分。

像所有大城市一样，纽约、伦敦和东京长期以来都有一批富有居民和上班族。虽然这一核心力量可能由于大量富有外国人涌入而扩大，尤其在纽约和伦敦。但作为一个阶层，新的高收入工人将有别于这个财富核心，即上层阶级。他们可支配收入水平通常不足以使其成为重要的投资者。此外，他们可支配收入水平也与生活方式（消费而不是储蓄）和家庭人口结构模式有关，比如推迟生育和建立双职工家庭。 关键是这种可支配收入达到了足以大幅度扩大高价商品和服务需求的水平。 也就是说，足以确保这些商品和服务的生产者和提供者的经济生存能力。 这种动态运作程度反映在 1988 年金融业开始大量裁员从而造成纽约餐馆、设计师店和某些服务提供商的亏损上。到 1989 年底，类似影响在伦敦变得明显。 这表明，一小部分高价商品和服务的消费是与这些城市的新经济核心紧密相连的。

因此，主要增长部门，特别是生产者服务业的存在，直接通过工作过程的结构和间接通过从业人员高收入生活方式的结构以及低工资劳动力消费需要，创造了低工资工作。 即使金融等技术先进的服务业，也有相当一部分低工资、受教育程度要求不高的工作。 高收入的住宅和商业中产阶层化是劳动密集型的，增加了对维护、清洁、送货和其他类型低薪工人的需求。 大量低成本服务和产品生产企业向不断扩大的低工资劳动力市场销售产品，进一步促进了低工资岗位增长。

除新经济核心的影响外，生产组织形式也发生了转变，小批量生产、小规模生产、产品高度差异化和产量快速变化的现象日益增多。 这些促进了分包和灵活生产组织方式的使用。 今天，许多产业部门需要适应产量水平和产品特性的迅速变化。 基本商品和耐用消费品的生产出现了全面下滑，而这两个行业是战后制造业的主要增长行业。 20 世纪 80 年代和 90 年代，制造业中增长最快的部门是高科技和以工艺为基础的生产，家具、鞋类和服装等传统部门中也有增长。 灵活的生产形式可以是高度复杂的，也可以是非常原始的，在先进和落后产业部门中都有。

这种组织生产方式在劳动力市场、劳动力需求组成部分和劳动力被雇用的条件中都有不同形式。这些变化的迹象是制造业工会组织减少，各种合同保护丧失，以及兼职和临时工作或其他形式临时劳动增加。这种降级的一个极端迹象是血汗工厂和家庭工坊增长。降级后的制造业扩张部分涉及过去大量组织化工厂和相当高薪工作的相同行业，但现在被不同形式的生产和工作流程的组织所取代，如计件工作和家庭工坊。但它也涉及与新的主要增长趋势相关的新类型活动。在增长部门，制造商发展对组织化工厂替代办法的可能性尤为重要。被降级的制造业整合，无论是通过社会或技术改造，可以被视为在需要扩大生产情况下越来越厌恶工资及其协商性（就像在20世纪60年代和70年代初那样）以及土地和市场激烈竞争（就像在20世纪70年代末和80年代那样）的一种政治经济回应。

低工资劳动力的扩大，也促成了小型企业增多以及从大型标准化工厂和商店撤离的现象。工资下降已经达到了这样的程度：纽约或伦敦的血汗工厂生产的产品，与来自亚洲的廉价进口产品相比，已经具备了价格竞争力。这些劳动力的消费需求很大程度上是由小规模、通常达不到安全和健康标准、经常依赖家庭劳动的生产和零售企业来满足——这种工作环境进一步扩大了低工资劳动力的规模。例如，纽约和伦敦的血汗工厂的服装生产增长，意味着可以取代亚洲进口的廉价产品，以满足对低端产品的需求。

　　我的假设是，这种由增长趋势带来的经济两极分化形式包含了在广泛活动中促进工作非正式化和转为雇用临时工制的条件（Sassen，1998：第八章）。除了与这种增长趋势有关的工作非正式化和雇用临时工制外，在纽约和伦敦等城市，非正式"行业"的出现，是由于大量移民及其他们倾向于复制在第三世界国家的典型生存策略。准确地说，它表明先进资本主义的基本特征可能会促进工作非正式化的条件。因此，大型移民社区的存在可以被看作工作非正式化过程中的中介，而不是直接产生工作非正式化：非正式化过程的需求方由此被推到了前台。同样道理也适用于女性及兼职工作增长：育儿支助不足的事实，也许使她们更有可能寻求非全时工作，但非全时工作增长则根植于经济条件。这些是下一节研究的议题。

　　所有这些趋势在大城市中都存在，而且其强度在很多情况下高于全国平均水平。这种趋势的强度至少源于三个条件：第一，主要增长部门集中在主要城市，收入分配高度分化。根据不同行业的职业和收入分布情况，结合这些行业的区位格局，可以看出主要城市，特别是纽约和伦敦，较高收入和职业两极分化程度的行业所占比例较大。第二，小型、低成本的服务业务激增，是由于人口大量集中在这些城市，以及大量外来务工人员和游客涌入造成的。这些服务操作和常住人口数量之间的比例，很可能远高于其他城市或城镇的平均水平。此外，大城市大量人口集中往往对开展这种服务操作产生诱惑和激烈竞争。在这种情况下，劳动力成本至关重要，因此低工资工作可能会高度集中。第三，出于同样原因，再加上需求的其他组成部分，在伦敦、纽约或东京，小型、劳动密集型、低工资的制造企业数量往往比一般规模城市要多。 事实上，在许多城市，制造业降级即使存在，也不是一个重要因素。

临时和非正式工作的劳动力市场

在纽约和伦敦，临时和非正式化工作都有明显增加。 这一趋势也在以不同形式促使东京的临时工，特别是"短工"和兼职工人的增加，已导致政府担忧。 各种临时工作的增加，通常被认为女性有更多参与劳动的机会。 确实，在这三个城市中，女性从事兼职、临时和季节性工作的比例要高于男性。 所有的证据都表明，在过去十年中，从事这类工作的男性数量也在显著增加。 更普遍地说，这类工作中普遍存在的行业/职业组合表明，在这些经济体创造的新工作中，这类工作占很大比例。 此外，曾经的全职工作现在变成兼职或临时工作，表明了就业关系的转变。 尽管所谓的弹性工作制可能是发达经济体与生活质量提高的一种发展，但绝大多数临时工作都是低工资，没有附加福利，也没有职位升迁机会——这是一种为雇主降低成本的组织工作方式。 然而，有一个新趋势，我认为在这个研究中是重要的： 与大型商业银行和保险公司的高收入专业人员和管理人员相比，许多新的专业服务和金融公司的高收入专业人员和管理人员更容易被解雇以及向雇主获得的索赔也更少。 这种雇用关系中的更大"灵活性"，也可以是用另一种方式说明这些工作已变成临时工作。 我将回到这个在相关文献中很少受关注的问题上。

服务业工作岗位增长对兼职工作扩大至关重要。 在利润率有限的行业，如餐饮、零售和清洁行业，当其就业份额不断增加时，降低劳动力成本的压力就显得格外沉重。 此外，许多服务行业要求在夜间、周末和节假日里工作，这将需要给全职工人支付高昂的加班费。 而且，由于这些工作中有许多并不需要太多技能或培训，所以可以降级为兼职、收入更低的工作。 随着这些服务行业发展，此类服务周工作时间的差距明显拉大，零售行业非全职工作每周工作已达到 70 个小时，还要轮班，而全职工作每周工作只有 40 个小时。 兼职工作可以更容易招到女性员工，更灵活安排各种轮班，还可以避免全职员工需要的各种福利和加班费，从而降低劳动力成本。 经合发组织（1983；1999）在考察发达工业化国家非全时就业趋势时发现，向服务经济的转变是一个主要因素，而且主要涉及女性工人。 欧盟统计局（2000：6）发现，1996 年，欧盟 2% 的男性和 24% 的女性从事兼职工作；在英国，这一比率分别为 3% 和 34%。 英国国家经济发展办公室（NEDO，1985）在对零售业的分析中，发现了兼职工作替代全职工作的方法，该行业大部分就业增长实际上是这种替代的作用。

　　也有证据表明，地下经济正在扩张。 这里分析所感兴趣的是地下经济的一个特殊组成部分，即非正式工作[1]。 这包括基本合法但在监管（包括分区经营、税收、健康和安全、最低工资

---

[1] 我们可以区分地下经济至少有三个非常不同的组成部分： ① 地下进行的犯罪活动； ② 合法收入形式的漏税行为（各国政府都面临这一问题，并已实施机制来发现和控制漏税行为）； ③ 非正规经济。

法和其他类型标准的监管）之外进行的工作[1]。　换句话说，这些工作可以在正规经济中进行，而不是属于地下经济一部分的犯罪活动。　在非正规经济的增长中，政府管制发挥了特别重要的作用，因为它们通过各种许可证费用、税收及限制对正规企业施加了成本。　劳动力成本也对非正规经济形成和扩张产生影响：直接影响是工资的支付，间接影响是法律要求的各种税金。　一个问题是，这些激励非正式化的因素，其重要性是否因行业和地区而异。

　　非正规经济这一特殊组成部分的说明，对发达资本主义和后工业化社会性质的理解具有重要意义。　在发达的工业化经济中，地下经济犯罪活动和少报收入的偷漏税被认为是存在的，但非正式部门却不是这样。　关于非正式部门的文献大多集中于第三世界国家，并有意或无意地假定，作为一种社会类型，这种非正式部门在先进工业化国家是不可期望的。　有关工业化的文献假设，随着发展的推进，生产标准化和"正式"工作组织普遍化也会随之推进。　由于发达国家的大部分非正规经济扩张已经位于移民社区，从而导致这一扩张的解释是因为来自第三世界国家

---

[1] 非正规化经济的概念描述了一种创收活动的过程，其特点是在类似活动管制的情况下缺乏管制（Castells 和 Fortes，1989）。　这里的管制一词是指国家在创收活动过程中的制度化干预。　因此，虽然高度发达国家中特定实例的非正式工作可能与早先时期的相类似，但鉴于几十年的制度化管制已导致明显减少以及在许多部门几乎消除了不受管制的创收活动，他们实际上是一种新发展起来的工作组织。　由于非正式工作的特征源于这种工作受到管制的环境的存在，因此只能从其与正规化经济的关系来理解这一非正规化经济。

的移民大量涌入以及假设他们倾向于复制母国的典型生存策略。
与此相关的另一种观点，即经济中落后部门之所以保持落后，甚
至保持活力，是因为有大量廉价的移民劳动力供应。 这两种观
点假定或暗示，如果先进的工业化国家有非正规部门，也是来源
于第三世界国家的移民及其落后的经济领域——第三世界的进口
或早期工业化阶段残余。

　　理论和政策的一个中心问题是，发达工业化国家临时和非正
式工作劳动力市场形成和扩张是不是发达资本主义所创造条件的
结果。 与其假设第三世界国家的移民导致工作非正式化，女性
进入劳动力大军导致兼职工作，还不如我们需要对可能导致这些
过程的条件进行批判性分析。 移民就其形成社区的倾向而言，
在抓住非正规化经济所代表的机会方面可能处于有利地位。 而
女性，只要她们有时间，就可能对兼职或临时工作机会感兴趣。
但这些机会，不一定是由移民和妇女创造的。 它们很可能是发
达工业化国家目前趋势的结构性结果。 同样，被视为落后的经
济部门有可能是，也可能不是早期工业化阶段的残余；它们很可
能代表着与经济主要部门增长动力有关的工作降级。

　　与制造业相比，整个服务业产生或可能产生更多兼职工作的
趋势非常强烈。 显然，这一趋势植根于一些基本制度安排和特
定历史条件中。 家庭工资的制度化与基于制造业的强大工会组
织和男性主导的“劳动贵族”崛起密切相关。 确切地说，家庭
工资是一种制度化的原则，即一个人的工资应该高到足以维持其
家庭生活的水平。 因此，它有助于建立以性别为基础的工业化
经济职业工作结构特征（Hartmann，1981）。 “家庭工资制度的
延续依赖于两件事： 一是事实，二是假设。 事实是平均而言，

男性挣得比女性多。 假设是男性利用较高的工资来供养女性，因此大多数女性至少一定程度上得到男性的供养"（Ehrenreich，1984：8）。

向服务经济的转变，包含了一种对家庭工资制度基础的结构性侵蚀，尽管这种侵蚀是有限的。 非全日工作增加、以妇女为户主的家庭数量增加、基于制造业的工会组织减少，以及男性工人的大规模流离失所——所有这些情况都助长了家庭工资制度的侵蚀，使这种制度在执行时受到限制；尤其是在美国，家庭工资的意识形态受到侵蚀。 当前状况（与家庭工资中假定的理想类型相比，有些混乱）是代表着向较少以性别为基础的工作结构转变，还是在形成廉价而无技能的劳动力供应方面又迈出了一步。

其总体效果是，雇佣关系的随意化和非正式化。 这三个城市之间的差异部分源于工作组织的不同制度安排。 在英国，政府作为从住房到保健服务等一系列服务和商品的提供者，直到最近仍发挥着相当重要的作用；而在美国，这些服务和商品主要是通过私人市场提供的。 在英国，最终结果是政府或公共当局雇用了大量工人。 这也带来了政府对多数部门劳动力市场的监管。 通过私有化，使政府从提供这些不同服务和产品的市场中退出，即促进了许多带有必要附加福利的全职工作、全年工作变换为各种各样兼职临时工作以及分包工作。 政府承担的实施其自身法规的历史性职责，涵盖了不断萎缩的劳动力份额和日益受限的劳动力市场。 政府为非全时和临时工作的明显扩大提供了条件，而服务业增长则进一步促进了这类工作的扩大。

在美国，政府在经济中的作用虽然强大，但并不以劳动力市场为中心，也不是以在全国范围内提供住房和医疗服务为导向。

仅仅就国家卫生系统的缺失而言，就意味着政府在塑造就业特点方面的作用要少得多。战后时期的经济状况，即以消费者为导向的工业占主导地位、大型工会组织、中产阶层扩大、标准化生产增长等，所有这些都促进了尊重监管框架的大量就业机会。过去 10 年，兼职工作扩大的关键手段是向服务业的转变和基于制造业的工会组织解散，后者有权将工作标准强加于经济的广泛领域。

除这些导致趋向于增加兼职工作的不同条件外，我们看到的非正式工作安排扩张，有时就像一整套生产、分布、劳动力和投入品市场等关系的非正式部门——就是说，非正式工作安排并不是简单的由少数人打工所构成。就美国而言，在各种公共产品及服务的生产和提供方面，并没有像英国那样迅速、大规模的私有化，部分原因是当时已经有很多东西私有化了。但在越来越多的工作从高度管制的劳动力市场向半管制、不管制或非正式劳动力市场转移方面，也有类似的转变发展。严格来讲，非正式经济的工作不一定是临时性的，因为它是有序生产链的一部分，涉及全日、全年制的工作。但大部分工作都是临时性的，这种灵活性正是雇主或承包商采用非正式工作的主要优势。

在日本，快速工业化、迅速城市化及其文化形成了非常特定的条件。在经济高速增长条件下，以及与西方文化偏好和期望不同的情况下，确保可靠的产业劳动力，促成了所谓终身就业保障体系的发展。这一体系目前仅覆盖所有工人的五分之一，同时也受到向服务经济转型及快速增长的影响。妇女越来越多地加入劳动力队伍，其形式是兼职和临时工作的迅速增加。然而，这类短工劳动力增长和原本应该覆盖短工劳动力制度安排的迅速侵蚀，让人想起英国和美国明显存在的工作临时化和非正式化，但在很多方面比其更糟糕。

虽然这三个城市的非正式工作都有发展，但它们以相当特定形式和通过不同社会安排来运作。现有证据表明，过去 10 年，伦敦最显著的是兼职形式增长；东京三要是日工劳动力扩张；纽约是非正式工作增长。以下各节将讨论这三个城市的雇佣关系非正式化。

纽约的非正式工作

有少量但也日益增多的证据表明，从 20 世纪 80 年代开始，非正式工作在美国主要城市的扩张（Tabak 和 Chrichlow，2000；Fernandez-Kelly 和 Garcia，1989；Stepick，1989；Sassen-Koob，1984，1989；*Tale Law Journal*，1994）。这些研究大多基于人种学。这些研究的目的，在于根据货币供应及流通数据对地下经济进行总体估计（Gutman，1979；Spitznas，1981；Tanzi，1982）。作为分类分析，地下经济和非正规经济只是部分重叠。对地下经济的研究，试图衡量没有登记在官方数字中的所有收入，包括来自非法活动的收入，如毒品交易。对非正式经济的研究，集中在属于合法的但又处在包括分区经营、税收、健康和安全、最低工资法和其他标准监管之外的商品和服务的生产和销售。

聚焦点不同，对产生的信息种类和所提出的问题，有重大影响。对未登记收入的一般衡量，使地下经济成为一个同质的类别；但来自犯罪活动（如毒品销售）的地下收入和来自未经登记、不纳税的商店等活动的地下收入之间的区别，使综合货币收入的测度不能与之相适用。基于田野调查的非正规经济研究证明，存在多种多样的活动，需要不同政策反应。

1986 年到 1989 年，我和 Grover 对这些活动进行了调查（Sassen-Koob 和 Grover，1986；Columbia University，1987；Sassen-Koob，1989）。 人们关心的是，具体说明纽约非正规活动增长与整个经济状况及现有管制环境之间的关系。 在这种情况下，人们可以把非正规化经济看作一种突发的或发展中的"机会主义"结构，可以规避各种类型约束（从法规到投入品的市场价格）或从这些约束中得到相应补偿。 这种类型的调查，需要分析先进工业化国家的移民、非正规经济以及当前阶段特点的区别，以便确定①移民和②整体经济条件对非正规经济形成和扩张的不同影响。 其中所带来的理论和政策影响将会有所不同。 就理论而言，经济结构的首要地位将表明，有必要对目前所理解的先进资本主义性质做进一步理论阐述。 就政策而言，最粗略地说将移民置于首要地位，意味着控制非正规经济中的移民活动将可以根除掉非正规经济；因此，它也会强化关于先进工业化或后工业社会的标准理论，这些理论不允许非正规经济的发展。

我们调查所涵盖的是建筑、服装、鞋类、家具、零售和电子产品等行业。 我们在纽约所有行政区进行了实地考察（详细情况见 Sassen-Koob，1989）。 在田野调查、访谈和二手数据分析的基础上，我们发现纽约地区的非正规经济如下：① 一个相当广泛使用非正式工作的产业领域，例如服装、一般建筑承包、特殊贸易承包、鞋类、玩具和体育用品、电子元件和配件等。 ② 非正式工作在某些特定类型的活动中也较少出现，比如包装、制作灯罩、人造花卉、珠宝制作、分销活动、照相凸版印刷、烟花制作等。 ③ 非正式工作强烈倾向位于人口密集和移民比例非常高的地区。 ④ 那些正经历部分住宅和商业中产阶层化的地区，正出现新产生的未登记工作形式取代"传统"血汗工厂活动（尤其是服装业）的趋势，迎合了新的客户需求。

在纽约非正规经济的组织中，有几种模式值得研究，主要是其与主要增长趋势的关系。 一种模式是集中在移民社区的非正式活动，其中一些活动满足来自社区的某种需求，另一些活动满足来自更大的社区外的某种需求。 第二种模式是集中在正在经历快速社会经济变化地区（尤其是中产阶层化的地区）的非正式活动。 第三种模式是集中在作为一种制造区和工业服务区出现的地区的非正式活动，那里政府管制和市场力量都不支撑这些活动；虽然这些地方通常位于移民社区，但它们是迎合更大经济体的需求。

第一种模式可能包含了非正规经济两个截然不同的组成部分。 一是利用移民工人和移民社区来降低生产成本，提高正规部门的产业组织灵活性。 服装业就是最明显的例子。 建筑业、制鞋业和生产者服务业的某些组成部分也说明了这种模式。 移民社区可以被视为促进某些活动的非正式生产或分配的资源集合（Sassen-Koob，1989）。 这些资源包括廉价、自愿和灵活的劳动力供应；创业资源的形式是个人愿意从事长时间的低回报工作以及可用的家庭劳动；使小规模资本形成各种非正式信贷安排成为可能；以及为多种用途提供低成本的可用空间，其中一些违反规定用途。 对于使用非正式工作的公司来说，空间问题可能比通常认为的更为重要。 高竞标者对土地的激烈竞争，一些不支持制造业或工业服务的法规，以及对此类活动易于获取的需求等，可能使非正式工作场所（无论是血汗工厂、地下室还是住宅）与低成本劳动力同等重要。

移民社区非正式部门的另一个组成部分，代表了一种社区次级经济。它包括满足社区内的商品和服务需求，以及满足居住在可能缺乏商业设施的其他社区移民需求的各种活动。这些商品和服务可能是较大经济体，或者过高价格者，或者需要长途运输的地方所不提供的。非正式运输系统的某些方面很能说明问题，特别是"黑车"服务于正规出租车无法提供服务的低收入或移民地区。这在建筑业某些方面也很明显，特别是住宅翻修和小商店改建或新建。广泛的个人服务被非正式地提供，经常是在买方或供应商的家中。某些类型生产，包括服装和鞋类的生产以及少数情况下的家具生产都在社区中进行，以满足当地需求。这样一个地方经济基础很可能是让社区现有资源获得最大收益的机制。在这方面，这些活动可以通过提供就业机会、创业机会和足够的多样化来最大限度地使工资收入在社区内重新循环（即在社区内就业并把工资收入花费在社区里生产的产品和服务上），从而有助于稳定低收入地区。

第二种模式的特征是非正式活动集中在正经历高收入的住宅和商业中产阶层化的地区。主要涉及建筑和各种形式的木制品（包括家具）制造。在这一过程中，还涉及提供商品和服务的各种行业，这些商品和服务是在与高收入中产阶层化相关的新商业设施中（服装精品店、熟食的美食店、定制家居用品商店）销售的。但它与建筑和定制木制品不同的是，后一种活动不一定位于正在经历中产阶层化的地区。 虽然移民工人通常提供必要的劳动力，包括高技能的手工艺工作，但对商品和服务的需求显然来自更大的经济体。

第三种模式是制造业和工业服务在特定区域的集中，以制造区或服务市场的形式出现。 例如，在纽约皇后区的一个地方，我们发现一些为建筑物和车辆做玻璃制品的商店、翻新餐厅设备的商店、汽车修理商店、服装商店、木工店（为家具制作框架，然后把它们送到其他地方进行加工）、家具商店。 所有这些商店都违反各种法规，而且都位于一个没有被划分为生产区的地方。 这个地方已经成为一个非正式的制造区。 市政府很清楚它的存在，但似乎选择了无视这些违规行为，可能是因为曼哈顿的制造业空间供应不足，以及市政府对保留小企业的兴趣。 在皇后区的这一地方，制造工厂集中带来了一系列相关服务商店，也促进了一个区域发展，新的工业用途正在出现。 这种情况的一个含义是，在某些条件下，最初也许是一小群非正式经营的制造车间，可能发展成具有集聚经济的工业区，将吸引越来越多的工业用户。 这实际上变成了一个制造区。 我们在城市的几个地区发现了汽车修理店的大量集群。 其涉及的商店和汽车数量大到足以表明是在社区以外销售的一项服务。 这种发展与"后工业化"城市经济基础的主流观念相悖，并指出了对制造企业和工业服务的持续需求。

总之，我们可以在非正规经济的空间组织中识别不同类型的区位。 移民社区是满足内部和外部对商品和服务需求的非正式活动的关键场所。 中产阶层化地区是第二重要的区位；包含大量的非正式活动，包括住宅翻新、改建、小规模新建、木制品和安装。 第三个区位的特征是服务于全市性市场的非正式制造业和工业服务区。

对非正式生产及分配需求产生的原因，研究表明有几个来源： ① 某些行业的竞争压力，特别是服装业，要求降低劳动力成本以应对来自第三世界国家的大规模低工资竞争。 在这种情况下，非正式工作是剥削的一个严重例子。 ② 伴随着城市许多地区从低收入、往往破败街区向高收入的商业和住宅区的转变，房屋翻修、改建和小规模新建的数量迅速增加。 美国许多其他城市将涉及大量的新建筑项目，但纽约主要是一个修复旧建筑的过程。 工作量大、规模小、劳动强度大、技术含量高、每个项目的短期性质等，都有利于非正式工作有较大比重。 ③ 正规部门提供的服务和商品不足。 这种不足可能包括价格过高、无法获得或难以到达正式供应点，或缺乏实际供应。 这种正式供应不足似乎主要涉及低收入的个人或地区。 ④ 非正式商店集群的存在，最终产生聚集经济，吸引更多创业者进入。 ⑤ 利用多种劳动力供应的较为多样化的非正规经济，可以降低创业者进入成本，从而成为非正规经济扩张的一个因素。 这可以理解为一种供给方面的因素。

我们可以对非正规经济中不同类型的企业进行区分，特别是在企业所受的区位约束方面。 对一些公司来说，获得廉价劳动力是在纽约设厂的决定性诱因。 虽然进入城市最终或中间市场（或城市的庞大市场规模，有利于非正式化）可能也很重要，但获得廉价劳动力（特别是低工资的移民工人）才是最终决定企业区位的关键，因为它使这些公司能够与第三世界的工厂竞争。许多这样的商店可以坐落在拥有廉价劳动力的多样化地区。 服装行业的某些部分就是例证[1]。 相比之下，许多从事定制生产或按分包合同经营的商店，对纽约有大量的区位依赖。 这些公司与城市（或其所在的任何大城市，这些城市正经历着我们为纽约所确定的社会经济转型）紧密相连，原因有以下几个： ① 本地化需求，通常涉及特定客户或消费者；② 贴近设计和专业服务；③ 从设计到生产的完成，周转时间较短；④ 基于一个高度动态的总体经济形势的需求存在，产生了处于临界点的买方的需求和支出能力；⑤ 移民社区的存在，其具有一些与飞地经济相关的特征。

最后，我们可以在非正规经济中区分工作类型的差异。 许多工作是无技能，不需要培训，涉及重复性的工作。 另一种类型工作需要高技能或获得一项技能。 建筑业和家具业的非正规

---

[1] 对在家工作的工人的采访证实了人们普遍接受的事实，即他们的小时工资或计件工资极低。 然而，我们也发现了家庭工坊升级的新趋势。 我们发现的一个模式是，设计师（通常是自由职业者或独立设计师）让移民工人在他们家里（通常是曼哈顿下城的大型合租公寓）做非正式工作。 另一种模式是中产阶层妇女在家里缝制昂贵衣料的服装，或者在工人自己购买的特殊机器上进行高度专业化的编织；我们研究的所有案例都涉及城市中产阶层住宅区的中国或韩国家庭。 从我们正在进行的研究中得到的总体证据表明，存在着一个非常有活力和不断增长的高价市场，在那里，生产被组织起来，以便把血汗工厂和（穷人和中产阶层移民和设计师的）家庭作为关键的工作场所。 最后，从 20 世纪 80 年代开始，这个产业的非正规部门有一个独特的种族所有制模式。 新的西班牙裔移民，特别是多米尼加人和哥伦比亚人，已经取代波多黎各人成为拉丁裔人口中业主的主要群体；中国人在过去十年里大大增加了商店的数量；而韩国人正在成为增长最快的新种族群体，他们开设了血汗工厂和家庭工坊。

化发展可以看作是对劳动力进行了一定程度的技能培训。 在需要大量高技能工作的情况下（例如，建筑师设计的建筑所需要的石匠和木工），非正规化成为利用具有这种技能的无证移民的工具。

从我们的研究看来，各种活动非正规化的重要来源似乎要在更大的城市经济特征中寻找。 其中包括对适合小规模生产的产品和服务的需求，或与商业和住宅中产阶层化带来的迅速转变有关，或正规经济部门不能令人满意地提供这些产品和服务。 这将表明，非正规经济很大一部分不是移民生存策略的结果，而是纽约等城市结构模式或更大经济转变的结果。 工人和企业对这些模式和转变中蕴藏的机会做出了回应。 然而，为了做出回应，工人和企业需要以不同方式确定区位。 移民社区代表着一种可以被描述为"有利"的结构区位，可以抓住创业机会，以及由非正规化产生的或多或少可获取的工作。

伦敦的临时工

20世纪80年代，伦敦和英国建筑业、服装业、餐饮业、零售业、旅游业、清洁业，甚至印刷业的兼职、临时和低工资工人大量增加。 这种情况一直持续到20世纪90年代。 无组织化和低薪劳动力的增长拉低了那些较高工资、有组织化工人的工资和工作条件。 这进一步侵蚀了低收入工人的社会经济条件。 虽然在英国以及在大多数发达国家，绝大多数兼职工人是女性，但男性比例有所增加。 20世纪70年代早期，男性只占兼职工人的一小部分。 到1981年，英国19%的兼职工人是男性。 不仅兼职工作增加，兼职合同期限也在缩短（见第八章）。

前大伦敦委员会和低收入研究部门分析估计，酒店和餐饮业超过 20%是临时工。 这里有一个临时就业中心，每天早上六点就开始排队，一直等到就业中心八点开门。 该行业对临时工的常规使用也有所增加，不仅是为了应对酒店和餐饮业季节性需求，而且很大程度上为了降低成本，规避工作条件恶劣和低工资的问题。 在建筑业，这些做法也有所增加。 在某些地区，每天早上都有临时工招聘，人们争相找工作。 这些工作没有附带福利，工人通常被归类为自营职业者，以免除雇主税收及其他责任。 我们再一次看到了与纽约的相似之处。

然而，这些做法并不局限于较传统行业。 在诸如建筑和工程服务以及银行等专业服务行业，按小时计酬的工人数量有所增加，享有与全职工人同等权利的非全时工人数量有所减少。 这些工人，大部分是女性，没有病假工资、加班费、假期工资，也没有工作保障。 然而，他们所干的活与全职工人一样多。 与制衣业或建造业一样，这些工人也被雇主列为自营职业者，以逃避监管。 这些做法在先进服务行业内部造成明显收入两极分化。

兼职工作增长不仅仅是因为服务业工作增加或劳动力市场紧张，从而需要由具有照顾孩子责任的已婚妇女来调节。 主要原因是兼职工作允许减薪，使劳动力使用数量有更大灵活性以及增强公司对需求波动的反应，在不增加成本情况下使用夜班和周末轮班或加班，可以用女性代替男性劳动力，不用存在工会组织，无须相应管理费用。 雇主还可以免交各种税及附带保险金。

家庭作业和低工资的工作也增加了。 最明显的例子是服装业。 为了能够雇用到最便宜的工人、少数民族人员和妇女，小型纺织和服装公司现倾向于集中在伦敦及其他城市。 伦敦服装业由大约 3 000 家公司组成，其中一些公司雇用了超过 100 名工人。　伦敦已没有什么大型工厂，因为许多大型制造商不再生产：他们将生产转包给国外或国内的生产商。　20 世纪 60 年代，大型零售商也开始实行转包，最初转包给香港和台湾，现在也转包给国内公司。　结果，反而是公司和工人的数量增加了，尤其是那些没有信誉的工厂。　大部分工人来自少数族裔，多达三分之一是在家里工作。　许多人是在旺季受雇的兼职或临时工。　服装业中，在家工作和兼职的绝大多数是女性。　据估计，1978 年至 1982 年期间，在家工作的工人和其他未登记的工作女性增加 1.7 万人（Mitter，1986）。　就像在纽约和东京一样，对时尚和奢侈品（或仿冒奢侈品）的全新重视，也导致从设计到成品的快速周转以及生产就地生产的新需求。　据估计，伦敦东区和东北部 30%～50% 服装生产都是通过家庭作业完成的，这些家庭工人中，至少有一半是孟加拉国或巴基斯坦的女性；其余部分是来自塞浦路斯的女性。　我在 1989 年的实地考察中发现，还有大量新来的土耳其创业者和工人，而且家庭作业方式不仅在服装行业，在其他生产领域也有，包括灯罩、电子产品、彩绘玩具和拉链等制造。　事实上，即使不包括未注册行业，伦敦的一些传统低薪行业（鞋类、服装和纺织品等）的比例也较高（Dunford 和 Fielding，1997：252），纽约这方面的情况也很明显。

在 1965 年至 1985 年的 20 年间，失业水平及其持续时间发生显著变化（Greater London Council Intelligence Unit，1988）。总失业人数从 20 世纪 60 年代末男性约 25 000 人和女性约 6 000 人分别增加到 1985 年的 277 524 人和 124 722 人，即 340 万劳动力中有 40 万人失业。　此外，在高失业率时期，登记失业率被低估了，因为这些数字不包括已用完补贴且灰心丧气的工人（包括那些决定不加入劳动力大军的工人）。 当我们控制失业持续时间变量时，另一个强劲的趋势出现了。 登记失业两周或两周以下的男性失业人数从 1965 年的 7 000 人增至 1985 年的 17 375人；两周但不超过 8 周的男性失业人数从 6 800 人增加到 32 500人；而那些 8 周或更长时间的男性失业人数则达到了 227 672人。 对女性而言，每一类别的总人数都要小得多，但趋势相似。 因此，失业人数增加，绝大多数是失业 8 周或 8 周以上的群体，1985 年，这个群体的男性人数是 1965 年的 21 倍，女性人数是 1965 年的 60 倍。

Hurstfield（1987）回顾了英国的证据后发现，到目前为止，雇主从雇用兼职员工中获得最大的开支节省似乎是通过让兼职员工收入低于门槛来免缴国民保险费（Hart，1986）。 另一项研究进一步表明，英国的国民保险门槛是德国的 2 倍，从而有利于创造工资低于国民保险门槛的兼职工作，特别是在平均工资较低的行业（Schoer，1987；Dunford 和 Fielding，1997）。

就像在美国一样，英国政府已通过进一步削弱兼职工人地位的立法，为雇主雇用兼职工人创造了额外的激励，并使雇用兼职工人合法化。 与其他欧洲国家相比，英国在对工人保护方面失去了明显优势，尽管可能比美国慷慨。 目前，每周受雇至少 16小时连续受雇的非全日制工人有权享有各项权利。 低于这个门槛，雇主对工人几乎没有义务。 在最近一份题为《打造企业……而不是障碍》的白皮书中，有人提议将这一门槛提高到20 小时。 受这些变化影响的劳动者中，大约 95% 是女性。

东京的日工

在日本，所有主要行业，尤其是建筑业、与建筑业相关行业和港口装卸等，所使用的日工都应该注册并根据其工作记录享有失业补偿及其他福利。 他们有工作证，上面登记了每周和每月的工作天数，以确定工人有权获得的失业补偿数额。 政府工作人员在特定的地方列出和分配日工的工作，他们在不同的桌子或柜台工作，给工人发放工作卡，并把信息登记在工人的工作证上。 据称，这些工人还可以把自己列入住房等候名单，并获得其他服务。 曾经有一段时间，日工的人数还比较少，主要从事港口装卸，报酬相当不错，而且，日工通常能更好融入主流社会。

20 世纪 80 年代，这类工人大规模扩张意味着他们中少数人实际上受到这些法规的保护。 日工已日益成为一个剩余类别，由那些被其他工作解雇的人组成，包括白领、不再从事原来工作的老年人和找不到其他工作的年轻人。 我在横滨的日工招聘处实地考察时，发现一位曾是东京大学的政治激进分子，后来被列入黑名单。 日工也成为来自一些亚洲国家新的非法移民的主要就业形式。 许多移民实际上在他们自己国家就上过大学。

日本有四个主要的日工招聘处，东京-横滨地区有两个，名古屋和大阪各有一个。 最大的招聘大厅在东京的台东区。 它的名声不太好，被认为是一个相当危险的地方。 日本版的西式黑帮或黑手党"黑道"（yakusa）控制着日本所有的四大日工招聘处，台东被认为是最糟糕的。 正如我在讨论东京市中心时所描述的，台东是东京最贫困的地区之一，犯罪率、贫困率和失业率不断上升。 本应保护日工和低收入居民的体系出现了严重故障。 招聘大厅通常是无家可归者的场所。

当我第一次去横滨的寿町日工招聘中心时，是凌晨 5 点，天还黑着。 有一个灰色混凝土结构的相当于四层楼的大厅，与街道平齐的开阔平台，还有一个相当于两层楼高的平台，上面有一个扁平的板状屋顶。 它是一个正方形的建筑，每边约 50 米。在街道上和封闭一侧的二层平台上，有一系列看起来像火车站售票处的柜台，每个柜台前排着长长的队伍。 通过柜台窗口，可以看到列出的工作清单，上面标记着工资。 平台另一端是一大群男人，有的躺在地上，有的刚站起来，显然是无家可归的人，身上盖着褴褛的衣服，躺在脏毯子上，没有刮胡子，身体不健康。 一幅绝对悲惨的画面。 还有衣着整洁的年轻男子，其中许多是移民，也有许多年长的男人在排队。 在一大群各式各样的人中，行走着约 20 名浮华艳丽的男子，尽管天色未明，却戴着墨镜，看起来傲慢且咄咄逼人。 他们就是黑道人士。 他们对我摆出一种威胁姿态，围着我游转。 但我知道，自己还是安全的，其中有一系列复杂原因，最重要的，即使在日本社会结构的绝对底层，谋杀仍是极为罕见的。 大约上午 8 点，包工头带着他们所雇用的工人离开了，留下来的大量工人没有什么可指望的。 他们坐在街道边上聊天，玩各种游戏。 除了这个地方，他们没有别处可去。

　　我走访了他们的生活区。 进入的是一幢纽约微型版的老式出租公寓： 一条长长的狭窄的走廊，天花板极低。 走廊的两边，有一排没有尽头的粗制滥造的木门。 每扇门后面都有一个小房间，有一张窄小双人床，有些房间里还有一个小窗户。 我参观过的一些房间，室内非常整洁，居住者显然想尽可能挽回自己的尊严。 一些日工，外表衣着非常整洁；他们愿意使用付费的公共淋浴。 他们并没有消沉沦丧。 他们至少现在还没有；可能仍怀有找到一份更好工作的希望。

　　尽管我们所掌握的资料不足，但那些年纪较大、就业能力较差的日工的命运表明，摆在广大日工面前的将是越来越多的艰难和消沉沦丧。 人们仍然可以在苦难、黑暗和潮湿中看到那些自认为融入社会的个体行为；事实上，他们中的大多数都没有出路。 在短短几年里，日工劳动者世界与社会其他部分（即正规的全职工作）世界之间的距离大大增加。 日工劳动者世界与男女社会、家庭及儿童世界之间的距离也在拉大。 这是一个孤男的世界。 我曾被人警示，这里许多上了年纪的男人可能多年都没有接触过女人，他们会走到我面前，盯着我看，试图触碰我。他们真的是这样。 这是无辜的，没有任何恶意。 这是一个与我们在西方所认知的日本相去甚远的世界。 它既不是古老的、外来的文明，也不是新的、现代的日本。 这是一个没有名字，没有形象的地方。

　　一群日工试图组织日工工会。 这意味着对黑社会组织的地盘和收入来源将形成威胁。 新成立的"日工工会"领导人被谋杀，这件事受到相当大关注，因为它被认为是真正不寻常的，超越了所有界限。 工会的二把手本应在死亡名单上，但其一直保持低调。 这是一种交换条件：你保持低调，就不来动你。 我参加了一个大型的日工会议，这个组织者只是短暂地出席了会议，发表演讲后便离开了。 这已被描述为一种极端勇敢的行为，但我相信。 这主要是有着非常不同的背景，例如，美国毒品交易中经常发生的谋杀，在日本还不是常见的事件。 迄今为止，大多数与劳工有关的谋杀都发生在非法移民身上，其中包括从事性产业的女性。

　　日本的日工，也许是雇佣关系临时化中最尖锐的例子。　与女性兼职工作一样，它代表着劳动力中一个日益增长的阶层。

劳动力市场上的族裔和国籍

　　在考察纽约的社会和经济进程时，不可能忽视族裔和国籍的事实。　在较小程度上，伦敦的情况也是如此。　但东京情况则完全不同，因为日本缺乏我们在西方所理解的移民历史。　最近几年，日本新出现的非法移民确实对未来发展提出了一些问题。因此，尽管东京确实有别于纽约和伦敦，但有关其新移民的信息似乎是重要的，因为这可能意味着日本经济国际化背景下的一个劳动力形成新进程的开始。

　　虽然有复杂的因素可以解释国际移徙流动的模式和方向（Sassen，1988，1999b），但关于第三世界移民在世界主要经济中心的地位，许多问题仍然没有得到解答。　有人认为，纽约之所以不断接收移民，因为它一直以来是一个移民城市，这种观点显得非常不充分，因为 20 世纪 80 年代以来日本和东京新的非法移民已经形成，而且一直持续到今天。　在伦敦，我们看到超过两代的亚洲和加勒比非洲裔人口继续高度集中，其就业模式与大多数就业模式截然不同。　这提出了以下问题：　① 这些城市的条件导致了纽约历史上最高的移民入境人数；② 在伦敦的亚洲人和非洲-加勒比人继续分化，以及在很长一段时间很少或没有移民之后，又有新的非法移民进入该城市；③ 东京的首次移民进入，但这个国家以前从未有过大规模移民，而且一直坚决抵制外来移民。

如果移民及本地少数族裔工人与本地工人的收入和职业分布相同以及居住模式相似，那么在这里研究这些人口的意义就不大了。但事实并非如此。尽管这三个城市移民以及所涉及的国籍之间存在很大差异，但移民最终在大型中心城市、低收入工作岗位和临时劳动力市场上仍不成比例的集中。下面部分强调这些过程的特殊性及每个城市的具体细节。

纽约的少数族裔和移民劳动力

自 20 世纪 80 年代以来，除高收入工作岗位增加外，纽约的劳动力也出现了第二种或许不那么引人注目的增长趋势。在所有工作中，黑人和西班牙裔的份额增加，而白人的份额则下降。现在，纽约常住工人中有一半是少数族裔。证据还显示，与白人相比，黑人和西班牙裔人获得高收入新工作的可能性要小得多，而获得低工资新工作的可能性要大得多。因此，可以推断出另一个趋势，即黑人和西班牙裔及少数族裔替换了原有低收入工作的白人，进入新的低收入工作岗位。第三个趋势是，预计未来几年内女性在全部工作中的份额增长将变得更加明显。纽约常住劳动力中的女性比率，从 1970 年的 39% 上升到 1986 年的 45% 和 1990 年的 56%。一些预测显示，这一趋势将继续下去，女性常住工人人数将超过男性。

少数族裔工人在高级职位上的任职人数仍然不足（U. S,Department of Labor, Bureau of Labor Statistics, 1988, 2000）。在仍处于高增长阶段的 1986 年，16% 的西班牙裔和 21% 的黑人及其他种族雇员从事管理、专业和技术支持工作，而白人只占 36%。这些职业群体代表了纽约主要就业增长部门。在 1983 年到 1986 年就业急剧增长时期，有 21.3 万名常住工人在这些职

业类别中，占净就业增长的四分之三。 从事这些职业的西班牙
裔和黑人，往往集中在收入相对较低的社会和医疗卫生服务部
门。 白人的数据被低估了，因为它不包括通勤者，把通勤者中
90%的白人排除在外，而他们中许多人从事更高级别的工作。
与其在劳动力中的比例相比，西班牙裔在制造业的比例仍然
过高。

　　表 9.1 列出了 1999 年控制了各种个体属性和区位的就业、
失业和未充分就业。 如果不包括青少年，纽约黑人失业率是所
有其他群体和地区中最高的。 这一失业率甚至高于居第二位的
其他大城市。 西班牙裔失业率紧随其后，通常超过妇女的失业
率。 纽约黑人不充分就业率为 18.2%（其他大城市为 16%），
西班牙裔不充分就业率为 14.2%，在表格中居于前三位（不包括
青少年）。 在纽约，外籍工人失业率和不充分就业率较低，分
别为 5.7%和 11%。 但与所有其他城市相比，它是最高的。 在
郊区，这三种人群的失业率都要低得多。 在纽约，黑人和外籍
工人就业率与白人差不多，甚至更高，这三个群体在纽约更大范
围内的就业率也是如此。

表 9.1　1999 年纽约市、拿骚萨福克市和其他美国大城市和郊区
　　　　按性别、年龄和种族/民族划分的失业率、就业率和不充分
　　　　就业率

	所有年龄段（16 岁以上）	男性	女性	非西班牙裔白人	非西班牙裔黑人	西班牙裔	青少年（16~19 岁）	出生在外国的人口
失业率								
纽约	6.1	6.2	5.8	2.8	10.6	7.7	14.0	5.7

续　表

	所有年龄段（16岁以上）	男性	女性	非西班牙裔白人	非西班牙裔黑人	西班牙裔	青少年（16~19岁）	出生在外国的人口
大城市	5.4	5.2	5.5	3.5	9.6	5.2	18.7	4.4
拿骚萨福克市	3.2	3.3	3.0	2.8	3.2	6.2	6.8	5.4
郊区	3.2	3.2	3.2	2.7	5.1	5.3	11.2	3.9
就业人口百分比								
纽约	54.2	63.1	46.4	58.1	54.4	49.9	19.0	58.6
大城市	64.2	70.6	58.4	67.3	58.2	65.7	36.2	63.2
拿骚萨福克市	63.9	72.7	56.1	63.0	65.4	74.0	46.0	63.3
郊区	66.8	74.5	59.5	66.6	69.1	66.2	44.2	65.2
不充分就业率								
纽约	10.9	10.6	11.3	5.7	18.2	14.2	31.5	11.0
大城市	9.7	9.5	9.9	6.4	16.0	10.3	29.4	9.5
拿骚萨福克市	6.0	6.5	5.4	5.3	5.6	11.5	14.2	10.0
郊区	6.0	5.7	6.3	5.0	8.9	10.6	18.4	7.9

　　资料来源：G. DeFreitas，《经济繁荣打破了纪录，但不平等现象也是如此》，《区域劳工评论》，2000年，第7页。

　　注：这里的"不充分就业率"是指官方统计的"失业人数"，加上那些"准待业"劳动力（即气馁的工人，加上由于经济原因而从事兼职工作的人）的总和与官方统计劳动力加上被视为未就业人口的人数的总和之比。"大城市"类别包括20个最大都市区（纽约市除外）中的中心城市居民的子样本。

　　从移民工人大量集中的主要城市角度看，就是低工资工作扩大是否与第三世界新移民大量涌入有关。DeFreitas（1991）按出生国对美国工人的部门和技能分布的分析，发现在"移民密集型产业"（即至少有五分之一的劳动力是移民的产业）中，本土出生的盎格

鲁人和外国出生的西班牙人的集中度有很大相似。 这表明形成低
工资工作的主要原因是经济条件而不是移民（见表9.2）。 劳动力
被族裔和国籍所分割，有助于形成低工资工人的供给。

表 9.2　1988/1990—1996/1998 年纽约大都市区平均家庭收入的
　　　　变化（按家庭收入五分位数划分）

	1988/1990 到 1996/1998
最高五分位数	18%
第四五分位数	−5%
中间五分位数	−12%
第二五分位数	−16%
最低五分位数	−13%

资料来源： G. DeFreitas，《经济繁荣打破了纪录，但不平等现象也是如
此》，《区域劳工评论》，2000年，第8页。
注意： 根据通货膨胀进行调整。

伦敦的黑人和亚洲工人

在 20 世纪 50 年代外来移民高峰时期，加勒比黑人和亚洲移
民的几乎一半定居在伦敦，剩下的大部分定居在其他大城市。
1971 年到 1981 年，移民在英国劳动力中所占份额翻了一番，
1981 年占英国劳动力的 5%，达到 110 万人。 1981 年，伦敦的
移民为 94.5 万人，占伦敦总人口的 14.6%，占伦敦市中心人口
的 19.4%。 在伦敦市区的三个区（哈克尼、哈林盖和布伦
特），这一比率升至约三分之一；在其他几个区（朗伯斯、纽
汉、伊林），这一比率约为四分之一。 伦敦其他地区的平均集
中度低于 5%。 移民中最大族群过去是并且现在仍然是亚洲人，
其次是加勒比非洲人（西印度人和圭亚那人），也被称为黑人。
2000 年，内伦敦和外伦敦分别有 29% 和 22% 的居民是少数族裔

（Stuart，1989；London Research Centre，1997；UK Office of Statistics，2000）。 虽然加勒比移民仍主要集中在伦敦市中心，但也有相当一部分亚洲人搬到了郊区。 有证据表明，非洲-加勒比人比亚洲人及一般人口更不可能搬离市中心。 1998—1999年，伦敦少数族裔占了四分之一。

最初，英联邦国家公民被鼓励来英国，以满足一些行业非熟练劳动力的短缺。 但到1962年，一系列限制他们入境的移民法中的第一部开始实施[1]。 此外，1979年取消了临时工作许可证。 旅游业和餐饮业曾使用临时工作许可证来招聘工人，这些工人大多来自非英联邦国家：土耳其、西班牙、希腊、菲律宾和哥伦比亚[2]。 现在只有在雇主提出申请的情况下才发放临时工作许可证。 其中，大多发给了白人专业人士。 1984年，在签发的所有工作许可证中，5 480个发给了北美人，30个发给了孟加拉国人；1999/2000年，35 000个发给了北美人，7 000个发给了东南亚人（Jackson和McGregor，2000）。

---

[1] 1968年出台了一项更为严格的法律。 到20世纪70年代初，不允许新的移民工人申请永久居住；只有那些已经在英国的近亲才被允许永久居住，但即使这样也不容易，许多申请都被拒绝了。 最后，1981年的《国籍法》重新规定了某些英国护照持有者的地位，使他们不再享有自动入境或公民身份的权利。 一个结果是被驱逐人数的增加。 随后进行了其他修订（Sassen，1999）。

[2] 从20世纪60年代末到1979年，临时工作许可证不再发放，来自土耳其、希腊、西班牙、菲律宾、马来西亚、拉丁美洲（尤其是哥伦比亚）和其他地方的工人大量涌入，他们的地位非常脆弱，没有定居的权利。这些移民工人被伦敦旅游业等所利用，经常受到警察和移民当局的搜查（Greater London Council，1986）。

此外，从事低工资服务工作的"非法"移民工人日益增多。对临时工来说，解雇就等于驱逐出境，所以他们被迫要保住现有工作，接受较低工资。 大多数持有临时工作许可证的移民来自新英联邦（指 1945 年以来英联邦内取得自治的各国）以外的国家。 这些临时工中，女性占很大比例。 尽管非熟练和半熟练工人的工作许可证在 1970 年已被废除，但实际上许多人仍在非法就业，因为他们的 1980 年之前的许可证已失效，或者因为他们是没有获得英国公民身份就结婚和分居的妇女（Greater London Council，1986；Sassen，1999）。 他们从事旅游、餐饮、家政服务和公共卫生服务，也从事家庭工作。 移民工人通常是英国所有少数族裔工人中最脆弱、最绝望的。

在产业方面，1981 年的劳动力调查发现，黑人工人比白人工人更集中在制造领域。 在制造业中，亚洲工人占 25%，黑人工人占 27%，而白人男性工人的比率为 12%。 根据 1981 年的调查，黑人工人集中在机械工程、汽车、食品和纺织等行业。 在那些往往涉及更多技术工作或拥有强大工会组织的行业，如燃气、供水、电力、印刷、码头工作和房地产开发行业，黑人就业极少。 大多数黑人从事与生产有关的工作（如包装），并在较小程度上从事制造业的服务和维护工作。 在受衰退影响最严重的行业中，亚裔和黑人劳动力的比例很高。 巴基斯坦人和孟加拉国人主要集中在服装、纺织品和皮革行业，尤其在伦敦东部还有家具行业。 建筑业里，亚洲人很少。 其他族裔（如希腊人、塞浦路斯人和意大利人），也出现在纺织和服装行业中。

1991 年人口普查显示，在大多数非白种人的少数族裔群体中，集中在某些行业部门的人数明显过多，而在另一些行业则明显过少。 白人劳动力在农业及务农工作中的集中度为 1.12，在非熟练手工工作中的集中度为 0.92。 相比之下，大多数非白人族裔群体在这些行业的集中度要大得多，尤其是加勒比黑人和爱尔兰裔，在私人服务和半熟练手工工作中有很高的集中度，分别为 1.67 和 2.17；而在专业工作的集中度则很低，分别为 0.26 和 0.76。 南亚次大陆亚洲人从事非技术性手工工作的集中度很高，其中孟加拉国人的集中度最高，为 3.5。 相比之下，中国人在专业工作的集中度最高（2.25）。 在所有职业中，最不具代表性的是加勒比黑人专业工作的最低集中度（0.26）和中国人非技术体力工作的最低集中度（0.25）（London Research Centre，1994）。 20 世纪 90 年代的证据表明，这些趋势依然存在。

　　一项更详细的职业分析显示，加勒比黑人和孟加拉人男性在公司经理中所占比率最低；非洲黑人和巴基斯坦人男性在这一职业中的失业率最高，1991 年约为 17%，而白人和中国人失业率分别为 6% 和 5%。 关于伦敦人口教育/专业资格水平的信息显示，30% 的中国人和 25% 的非洲黑人具有高学历，而白人只有17%。 然而，具有专业资格的少数族裔工人比白人更容易失业，33 个行政区中有 31 个是这种情况。 黑人女性集中在卫生服务部门，这就解释了在英国为什么有 40% 的黑人女性从事专业和科学工作，而白人女性只有 25%，亚洲女性只有 16%。 这与美国有一些相似之处。 在美国，加勒比黑人女性在保健服务，特别是护理和各种形式的家庭护理中也占有很高比率。 在亚洲女性中，14% 从事分销行业工作，而加勒比女性从事这一行业工作的只有 8%。 黑人男性和女性主要集中在公共服务和车辆维护方面。 因此，他们受到政府削减开支和私有化的严重影响。

　　白人和加勒比黑人在顶部职业分布上的差异最大，白人的雇主和经理比率为 19%，专业人员比率为 6 4%，而加勒比黑人的这一比率分别为 8.4% 和 1.7%。　白人与来自印度、巴基斯坦、孟加拉国和其他亚洲原籍国家的工人之间的差别很小，或者根本不存在。但与其他群体相比，白人的专业人员和雇主/经理类的构成有很大的不同。　在个人服务和半技术职业方面，这一差异也表现得很明显，白人只占 11%，而加勒比黑人为 18 8%，中国人为 18%，孟加拉国人为 41%。　其他少数族裔的比率在 15% 到 17% 之间。

　　1996 年，伦敦总人口近 700 万，其中白人 530 多万，非白人 160 多万（见表 9.3）。　最大单一族裔群体是近 40 万的印度人，其次是 33.1 万的加勒比黑人。　中国人和其他亚洲国家人要少得多，只有 19.8 万。　加勒比黑人和非洲黑人加起来约有 60 万，而来自印度次大陆的移民超过 60 万。　如果加上华人和其他亚洲人，那么亚洲人是伦敦非白人人口的主要来源。　非洲黑人和其他黑人的人口增长率预计最高，其次是孟加拉国和巴基斯坦。1996 年到 2006 年，伦敦少数族裔人口预计增长 17%，而白人预计下降 3.6%，总体上保持了正平衡（London Research Centre，1997；UK Office of Statistics，2000）。　就像 20 世纪 80 年代和 90 年代的纽约一样，少数族裔人口的增加弥补了白人的减少。

表 9.3　1996—2006 年伦敦各族裔的人口预测
（千人和百分比）

	变化率%		
	1996	2006	1996—2006
白人	5 358	5 163	−3.6
加勒比黑人	331	371	12.1

续　表

	变化率%		
	1996	2006	1996—2006
非洲裔黑人	240	313	30.4
其他族裔黑人	108	143	32.4
印度人	398	443	11.3
巴基斯坦人	110	136	23.6
孟加拉国人	107	133	24.3
中国人	66	74	12.1
其他亚洲国家人	132	147	11.4
其他族裔人口	144	162	12.5
非白人少数族裔总数	1 636	1 921	17.4
总体	6 994	7 084	1.3

资料来源：《伦敦大都市：过去、现在和未来》，伦敦研究中心，1997 年。

　　伦敦是英国加勒比黑人和印度次大陆人近一半劳动力的主要工作地点（见表 9.4）。英国近 50 万黑人劳动力中，32 万居住在伦敦，其中三分之二居住在伦敦市区。这与印度次大陆人形成鲜明对比：在英国的 66.5 万名印度、巴基斯坦和孟加拉国工人中，约有 25 万居住在伦敦。这两个主要的非白人族裔，各自代表了英国 2% 的劳动力。他们加起来占伦敦市中心劳动力的 20%。在伦敦所有失业者中，他们也占不成比率的份额（见表 9.4）。使用更广泛的国际劳工组织失业统计数据显示，伦敦市中心黑人失业率很高：虽然他们占伦敦市中心人口的 15%，但他们占失业人口比率的 28%。同样，虽然他们只占伦敦外围地区劳动力的 5%，但却占了失业人口的 12%。作为一个群体，印度人、巴基斯坦人和孟加拉国人的失业率也远远高于他们占人口的比率，但不像黑人那么明显。

表 9.4　1996—1997 年[①]英国及伦敦：劳动力与就业，按种族划分（千人和百分比）

	千　人			百分比		
	内伦敦	外伦敦	英　国	内伦敦	外伦敦	英　国
经济活动中的就业人口						
白人	979	1 818	26 623	74	83	95
黑人	205	116	470	15	5	2
印度/巴基斯坦/孟加拉国人	71	181	665	5	8	2
其他	70	87	302	5	4	
总和[②]	1 326	2 202	28 066	100	100	100
国际劳工组织衡量的失业人口[②]						
白人	105	131	1 900	57	70	88
黑人	52	21	99	28	12	5
印度/巴基斯坦/孟加拉国人	14	23	107	7	13	5
其他	14	10	42	8	5	2
总和[③]	185	186	2 150	100	100	100

资料来源：《伦敦聚焦 1999》，英国国家统计局和伦敦研究中心，1999 年。

注意：① 从 1996 年夏季到 1997 年春季的平均值；② ILO 定义；③ 包括那些没有说明其来源的人口，但计算百分比的总数不包括他们。

1997 年按族裔分类的收入数据（不包括养老金领取者）显示，非白人中的低收入发生率明显较高。在最低百分位中，67% 是白人，33% 是非白人，而在最高百分位中，81% 是白人，

19%是非白人。 最明显的差异出现在第二高百分位中，这可能是一个高度竞争职业市场的特征，在这个市场中，歧视或缺乏特定类型专属网络的成员会形成更强影响： 因此，在第二高百分位中，白人占91%，而非白人占9%。

对每个主要族裔群体的情况进行分析后发现，除86%的孟加拉国人集中在最低和次低两个百分位之外，大多数其他群体在这五个百分位之间的分布相当均匀（见表9.5）。 非洲黑人、加勒比黑人和其他黑人的大约一半处于最低和次低两个百分位，约40%处于第三和第四百分位。 在所有主要少数族裔中，中国人在较高百分位中所占比率最高，超过50%处于中位数以上。

表9.5　1996年伦敦按家庭收入划分的族裔（百分位数）

百分位数	孟加拉国人	巴基斯坦人	非洲裔黑人	加勒比黑人	其他族裔黑人
1（最低）	76	36	35	30	31
2	10	24	20	20	18
3	10	20	23	23	21
4	1	13	15	20	21
5（最高）	2	7	7	7	10
百分位数	中国人	其他印度人	非白人族裔总体	白人	
1（最低）	27	18	28	13	
2	14	23	20	14	
3	16	26	23	20	
4	23	22	19	26	
5（最高）	20	11	10	27	

资料来源：《伦敦收入对比： 社会和空间分析》，Harriet Anderson 和 John Flateley，伦敦研究中心，1997 年。

东京的新非法移民

20 世纪 50 年代和 60 年代是日本加速工业化时期，也是一个大规模建设公共和私人基础设施时期，以适应经济工业化和人口城市化。在这一时期，对劳动力有巨大的需求。这是美国和西欧等国家依赖外国工人的时期。但日本对外国移民则是关闭的。因为在农村拥有大量劳动力储备，农村人口向几个主要城市大规模迁移提供了所需的劳动力供给。在日本，农村人口向城市转移取代了外来移民，农村人口向城市转移的规模和速度达到了历史新高。据报道，整个村庄居民都投票放弃了原来的定居点，而不是有若干成员留守（Douglass，1987：11）。1955 年到 1965 年，人口迁移达到高峰，全国 46 个省有一半以上出现了人口绝对下降，另外 14 个省人口年增长率不到 1%。东京、大阪和名古屋三大都市区，是这一大规模农村人口转移的主要目的地。1960 年到 1970 年，这三个地区人口增加了 1 000 万，占全国人口的 40%。1950 年至 1970 年，东京大都市区人口增加 1 000 万，达到 1 770 万。1950 年，日本近 50%劳动力从事农业生产；到 1970 年，这个数字下降到 19%。

我在其他论著中（Sassen，1988）曾假设，转移劳动力属性之一是其作为机动劳动力的身份。一旦迁离家园，这些劳动力将接受一个社区定居成员不会接受的选择。他们将接受"本土"工人不会接受的工作以及工作时间和工资，并与"本土"工人不一样，长距离往返于工作地点。日本通过大规模农村人口外迁形成的庞大劳动力，就是这样一种机动性劳动力。这种情况可能与其文化一起促成了日本工人在这一时期所具备的公认品质：努力工作，愿意去路途较远的地方工作，忍受极度不舒适和恶劣的生活条件。

20世纪80年代，亚洲移民工人始于日本经济一个新的发展阶段。 城市出生的第二代人已完全长大而成为劳动力；对所有职业层次的工人都有很大需求；在非常艰苦的工作（例如，海洋捕鱼）和日益增多的低工资工作中，劳动力短缺情况越来越明显。 尽管有关数据不全，但已明确显示，20世纪80年代和90年代，在日本非法工作的外国人迅速增加，其中大部分在东京市区、名古屋和大阪。 他们通常持旅游签证入境，并超过官方允许的时间滞留下来。 据估计，1988年中期，日本非法从事体力劳动的男性有20万，涉及建筑业到餐厅厨房等领域。 所有这些人几乎都来自亚洲。 据估计，20世纪90年代的非法移民仍继续存在，尽管在经济衰退的情况下可能有减少（Iyotani, 2001）。

1998年，150万非日本居民主要由三个族裔组成。 到目前为止，最大群体是韩国和朝鲜人，约为63.9万人，其次是中国人，约为27.2万人（见表9.6）。 重要的是，其中许多人实际上是在日本的第二代和第三代居民，他们没有获得日本国籍，或者选择不加入日本国籍。 然而，也有新的韩国人和中国人移民，其中包括无证移民。 第二大群体来自巴西，可能几乎全是日本血统的，因此在第三代之前可以不受限制地进入日本。

表 9.6　1998 年按国家划分的在日本的非日本籍居民（人数）

国　　　家	人　　　数
韩国与朝鲜[a]	638 828
中国[a]	272 230

续 表

国　　家	人　　数
巴西	222 217
菲律宾	105 308
美国	42 774
秘鲁	41 317
其他国家	189 442
总计	1 512 116

资料来源：日本司法省外国人统计局和移民局，http：//www. jinjapan.org。

注：a 包括第二代和第三代居民。

自 1990 年以来，非日本居民数量增长超过 30%，其中巴西和秘鲁人的增长率最高，几乎都是日本人后裔（见表 9.7）。 菲律宾人增加 73%，中国人增加 56%。 这一增加人口包括以各种理由迁移到日本的形形色色居民。

表 9.7　1985—1996 年在日本登记入籍的外国人（千人）

年　　份	总计	朝鲜半岛	中国	巴西	菲律宾	美国	秘鲁
1985	851	683	75	2	12	29	—
1990	1 075	688	150	56	49	38	10
1995	1 362	666	223	176	74	43	36
1996	1 415	657	234	202	85	44	37
1990—1996 变化率%	31.6	-4.5	56.0	260.7	73.5	15.8	270.0

资料来源：日本法务省，外国人统计，出入境管理局，http：//www. jinjapan.org。

　　日裔移民是一个非常特殊的例子。 Tsuda（1999）对这一群体做了很好的研究，它显示了这些男性和女性如何越来越多地陷入一种情况，即他们可能会留在日本，即使只是打算来日本几年。 他们面临的压力包括： 在日本工作几年实在不可能攒够回国创业的钱，以及他们子女对日本日益加深的依恋和认同感。

　　然而，在登记注册的外国人中，增长率最快的是少数族裔群体（见表9.8），1990年至1995年，玻利维亚（大部分是日本后裔）、伊朗、秘鲁（大部分是日本后裔）和缅甸的族裔群体增长率超过300%。 在男性中，哥伦比亚人是增长最快的族裔之一，在女性中，孟加拉国人是增长最快的族裔之一[1]。

表9.8　1990—1995年按国籍划分的在日外国人增长率（百分比）

等级	总　计		男　性		女　性	
	国籍	增长率（百分比）	国籍	增长率（百分比）	国籍	增长率（百分比）
1	玻利维亚	461.4	玻利维亚	604.7	秘鲁	506.5
2	伊朗	397.8	伊朗	454.3	缅甸	384.5
3	秘鲁	338.6	秘鲁	380.2	巴基斯坦	327.6
4	缅甸	338.3	缅甸	316.7	玻利维亚	323.9
5	尼泊尔	239.5	尼泊尔	264.8	尼泊尔	274.2

　　资料来源： 日本法务省，外国人统计，出入境管理局，http： //www. jinjapan. org。

　　绝大多数合法外国移民居住在大都市，尤其是东京、大阪和名古屋，超过20%的韩国人、60%的中国人和40%的菲律宾人居住在东京地区；约有30%的韩国人、35%的中国人和不到10%的

---

[1] 有关这些移民流动的分析和解释，见Sassen，1998： 第四章。

菲律宾人居住在大阪地区。　农村地区已经变得非常依赖外国工人以及娶来的外国妻子。

日本政府内部对如何处理新的非法移民问题存在相当大争论。　20 世纪 80 年代末，日本政府已把这一问题列为中心议题，要求所有主要部委都成立工作组，就这一问题进行研究和咨询，大多数部委都提出了立场性文件。　其中包括外务省、法务省、通产省、厚生劳动省，以及建设省、水产省和交通省（这三个是雇用外国工人的部门）。　对各部委所主张的基本立场进行考察后，可以发现这一问题的复杂性，并认识到非法外国工人就业日益增加是必然的事实[1]。　2000 年发布的一份官方文件进

---

[1] 1989 年 Iyotani（1989）对东京 266 家中心型制造企业进行的调查发现，每 5 家受访企业中就有 3 家找不到足够的雇员，特别是年轻的男性工人来填补空缺职位。　给出的理由如下：许多受访者表示，日本年轻人往往想要更好、薪水更高的工作；近 60% 的受访者表示，年轻男性不想从事技术含量高的体力劳动；20% 的受访者说，他们缺乏手工技能方面的培训。　为了应对劳动力短缺，公司正在考虑提高自动化程度；近 15% 的雇主正在考虑聘用外籍员工；14% 的雇主正在考虑引进农村青年男女；一些雇主正在考虑其他几种类型的调整。　超过 11% 的受访公司说他们正在雇用外籍员工，近 13% 的公司说他们已经雇用了外籍员工，即使目前他们的员工名单上没有外籍员二。　因此，大约四分之一的受访公司都曾雇用过外国工人。　调查中，外国工人最集中的一个行业是与金属相关的工厂，占 26.8%；另有 21% 在印刷和出版行业，大约 16% 在电气和电子产品行业。　超过 15% 的公司声称他们不会雇用外国工人。　在对待外国工人方面，3% 的公司认为他们应该得到和日本工人一样的待遇。　超过 34% 的公司认为应该允许外国学生不受限制地参加工作。　超过四分之一的公司认为应该增加外国专业人员。　超过一半的受访公司表示，他们不反对雇用外国员工，而三分之一的公司表示，他们宁愿不这么做，以避免与不会说日语、不了解日本文化的外国人发生矛盾。　（转下页）

一步证实了这一点（Iyotani，2001）。

厚生劳动省最初提议制定一项外来工人计划，为外国工人提供从事特定工作的短期合同。它提议通过实施一项法律，向外国人开放日本就业市场。该项法律将要求外国人必须获得日本通产省颁发的全日制就业资格许可证。但法务省认为，这样的法律将使本已复杂的移民程序进一步复杂化，并使日本工人在竞争中处于不利地位。多个经济部门对就业许可提案的反对，导致劳工部推迟了该提案。

法务省提出了它的移民法，其中包括有关永久居住、对雇用非法工人的雇主的制裁以及关于外国工人若干其他问题的规定。该法案的主要内容包括：① 扩大日本政府已经允许延长工作停留期的 18 类专业人员之外的其他类别，特别是技术人员、软件工程师、教师、教授、外国公司雇员、律师、公共卫生专业人

（接上页）管理和协调局 1988 年对普通公众进行的一项调查发现，在 1 万名受访者中，有 45% 的人赞成接受非熟练的外国工人，但要有一定的条件。当被问及他们对外国工人从事日本人不愿从事的工作有何看法时，近 35% 的人回答说，如果外国工人不反对，那是可以的。但超过三分之一的人表示，给外国工人提供日本人不愿接受的工作是不体面的。四分之一的人说，这不是一个好主意，但如果这是外国工人唯一的选择，他们愿意接受这些工作，那就没有问题。1990 年移民法修改之前的法律已经禁止非熟练外国工人进入日本就业。受访者中较年轻的群体在接受非熟练外国工人方面表现出了更大的灵活性。只有四分之一的受访者表示，不应允许非熟练外国工人进入日本工作。但超过一半的受访者认为应该允许有技术和受过高等教育的工人进入。近一半的受访者表示，他们能够理解为什么外国工人会非法来到日本工作；超过 60% 的受访者表示，这是可以理解的，因为他们必须在自己的祖国养家糊口。

员、医生、学生和难民；② 如果外国工人是某项工作最合适人选，可获得日本公司雇用的许可证；③ 对故意雇用非法外籍劳工的雇主处以重罚。 法务省意图是保护日本工人，并坚持认为劳动力市场供求应该从公司角度仔细研究。 在这种情况下，厚生劳动省采取一种相当不同的立场，认为从长远来看，所需要的是一整套支持正在迅速扩大的外国劳动力的体系。 此外，劳动省坚持认为，鉴于外国工人数量快速增长，它提出的关于促进就业和使外国工人合法化的建议对于解决外国工人问题还并不充分。

外务省立场是日本必须接受自己在世界上的新地位，政府应该从日本新势力的角度来处理外籍劳工问题。 外务省坚持认为政府应该控制外国工人数量，以保护日本劳动力市场，但同时也认识到日本保护主义时代已经结束，必须承担起"全球经济"中经济领导者之一的角色。 最后，它敦促法务省重新考虑对外国工人的立场，并强调这个问题关键在于让高端移民来日本以支持国家经济发展。

那些显然代表需要提供大量愿意从事低薪或危险工作工人的经济管理部门，则发出了相当不同的声音。 为此，水产省连同私营部门组织编写了一份报告，申明它们需要并愿意雇用外国非熟练工人，特别是在国际水域作业和长途航行的船只上雇用非熟练工人。 报告指出，这是一项极其艰难和危险的工作，日本渔民对于是否从事这些工作犹豫不决。 日本渔业处境是，中国台湾和韩国拥有越来越大的优势，因为它们的劳动力远比日本渔民便宜。 总而言之，水产省希望日本劳动力市场向外国工人开放，即使开放规模是有限的。 交通省也持相同态度。 尽管日本海员并不短缺，但运输行业还是雇用了大量外国海员。 雇用外国海员大大降低了从事国际航运业务大公司的工资成本。 外国运输工人的有限雇用已被允许，但交通省声称市场应该进一步向外国工人开放，并否认外国工人抢走了日本人工作机会或降低了工资。 建设省一直强烈反对外国非熟练工人进入，尽管该行业可能是非法外国工人的一大雇主。 建设省声称，外国非熟练非法工人拉低了工资水平，因而给日本本土青年创造了越来越没有吸引力的工作条件；外籍工人医疗保险很少，从而他们的存在使医疗保险受到侵蚀，并使一般工作条件进一步受到侵蚀（参阅Japan Ministry of Justice，2000b）。

日本国会最终批准了 1990 年几项移民法修正案，试图控制移民。 一方面，修正案将把接受外国工人的工作类别扩大到 28 个，主要针对专业人士（从律师、投资银行家、拥有国际专业知识的会计师到医务人员等）。 另一方面，修正案限制和控制非熟练工人和半熟练工人的流入。 此外，修正案第一次明确对雇用非法工人的雇主实施制裁。 因此，日本在很多方面都在复制美国有选择控制移民进入的做法。 鉴于日本经济日益国际化，观察移民修正案能否成功实施将是一件有趣的事情（Sassen，1988；1998：第四章）。 根据 Iyotani（2001）的说法，处理非熟练工人需求方面的后门政策已转变为把他们作为"培训对象"接受的"边门"政策。 今天，IT 工作者和护士也有特殊签证，就像美国和英国的情况一样。

鉴于日本享有封闭社会的名声，我花了很多时间与东京和横滨的非法移民交谈，试图了解他们是如何以及为什么决定移民到日本。 他们不可能完全毫无保留地回答我们提出的问题，但要点如下: ① 他们是这样或那样在来之前就已经进入劳动力迁移机动性状态的个体; ② 在他们母国, 日本的存在日益增加, 以及由此而获得关于日本的资料并建立起联系, 使日本成为他们心目中的移民目的地。 一个有趣的问题是, 我们多大程度上见证了美国之外的"机遇之地"出现? 新的移民法无疑会使一些雇主望而却步; 然而, 美国、西欧和中东石油出口国等都试图控制移民, 但却没能按照预期方式取得成功。

我的假设是, 日本日益明显的劳动力市场分割和非正式化, 促进了新的非法移民在劳动力市场的融入。 非正式工作为雇用非法移民打开了方便之门, 减少了对雇主的监管限制, 降低了间接, 通常也是直接的劳动力成本。 制造业的相对衰落和服务业的增长造就了一大批独立的小公司, 这些公司没有被并入大的经济集团中, 而日本经济的很大一部分仍然是由大的经济集团组成的——这是另一种形式的非正式化。 其总体影响, 很可能削弱监管执法的效力, 包括新的移民法规。

经济转型和社会地理中的移民问题

在纽约和伦敦这样的城市, 移民在经济重组过程中处于什么地位? 文献中常见的观点是, 大部分移民为衰落、落后的资本部门提供了低工资劳动力。 这在一定程度上是正确的, 但不完全正确。 我认为, 移民有两个附加角色, 都与经济重组过程有关。

首先, 移民为低工资的服务和制造业工作提供劳动力, 这些工作既服务于不断扩大的高度专业化服务部门, 也为不断扩大的服务部门中从事专业化工作的高收入人群的生活方式提供服务(Sassen-Koob, 1982)。 人们通常把移民从事的一些工作归类为经济衰退部门的工作。 但事实上，他们从事的工作不一定在经济衰退部门，他们经常是在最具活力的城市经济部门从事"落后的工作"。

其次，在 20 世纪 70 年代的纽约和 60 年代的伦敦，移民是导致这些地区被占用的一个因素，否则，这些地区将会有很高比例的废弃住房和关闭的商店。 通过移民社区，移民成为积极参与城市空间和经济部门重建的代理人。 移民社区可以被看作是城市经济中直接的人力（通过社区升级）和资本（通过社区商业）的小规模投资。 换一种说法，移民社区是一种结构或工具，通过这些投资在空间上集中（受到居住隔离的影响），使个人对社区的直接人力和资金的投资效益最大化。 因此，多户家庭的房屋维修促成社区升级；语言及食物偏好的差异为少数族裔店主创造了垄断市场。

我在其他论著中（Sassen，1988）详细论述过，在过去 15 年里，从低工资国家涌入美国的大量移民（在 20 世纪 80 年代达到了巨大规模），不能与这种结构调整分开来理解。 主要增长部门创造的低薪工作岗位扩大，是目前移民人数持续上升的关键因素之一。 联系这些发展情况，就会对当前美国移民的规模、时间和目的有更容易的理解。 尽管美国移民法案在 1965 年发生变化以及之前移民社区存在是解释随后几十年外来移民的重要因素，但还不足以解释移民在更高水平上的持续流入，即使在 20 世纪 70 年代末和 80 年代初，美国失业率上升和移民原籍国就业增长相当快的情况下（Sassen，1988），这些因素也不足以解释移民在主要城市地区不成比例集中的现象，这种趋势在 20 世纪 90 年代仍在持续。 伦敦和其他欧洲主要城市也存在类似的情况，每个城市都有自己独特的移民历史和立法（Sassen，1999）。

这里还有一个结构性过程在起作用。全球城市是吸纳大量移民参与服务于战略部门活动的关键场所。这种纳入模式使这些工人变得隐形，从而打破了作为主导产业的工人与成为"劳动贵族"或当代同等阶层的机会之间的联系——这在工业化经济中已然如此。从这个意义上说，"妇女和移民"成为离岸无产阶级体系的对等物[1]。此外，全球城市中高级专业人员和管理人员的需求又是如此特殊，以至于难以采用通常处理家务和生活方式的模式。这是一种可以被描述为"没有'妻子'的专业人员家庭"的住户类型，无论其人口结构如何。也就是，如果家庭成员都从事高要求的工作，那么这个家庭只是性别组成的家庭。其结果是，我们看到所谓的"服务阶层"在世界各地所有全球城市中的回归，这些"服务阶层"主要由移民男性和女性组成。最后，所有这些城市中的非正规经济增长是一种机制，它提高了从住房修复到设计服装和家具等一系列活动（在全球城市中的需求量很大）的水平。由于前面讨论过的原因，移民所处地位使他们在非正规经济中成为可能的劳动力和创业者。

因此，低收入工作岗位供应扩大（在大城市尤为明显）可以

---

[1] 在我看来，"妇女和移民"这一类别将取代"妇女和儿童"。人们可以视前者为后福特主义（灵活的、非正式的、不受重视的服务工作者）和视后者为福特主义（男性工人挣家庭工资和妇女作为妻子和母亲做无偿家务劳动）类别的无形/未被认可的工人。在我看来，这是一种新的观点，它取代了妇女和儿童的福特主义家庭工资观点（Sassen，1998：第一章）。

被看作移民创造了客观的就业机会，即使中等收入的蓝领和白领本地工人正经历着高失业率，因为他们所从事的工作要么被降级，要么被逐出生产过程。

总结

本章的中心问题是各种不平等增加是否带来新的社会形式。如今，收入分配和家庭收入的不平等加剧，贫困现象更加普遍，国内外对豪华商务楼和住宅建设的投资大幅增加。 这些仅仅代表了沿着向上或向下梯度的量级变化，还是这些城市社会结构的断裂和不连续？

中产阶层化并不是一个新的过程。 但与之前所不同的是，它在这三个城市发生的规模以及它建立的商业基础设施达到了任何人都可以全部或部分购买的程度。 它形成了一种不同于战后中产阶层大规模消费（其核心是新建郊区住宅和相关基础设施的建设和装修）的消费意识形态。 这种新的消费意识形态和实践以时尚性、高价格和超级都市环境为特征，而不是功能性、低价格和郊区环境。 这不仅仅是精英消费的延伸，精英消费一直存在并将继续存在于大城市中。 它的不同之处在于，这是一种新的时尚大众消费，由于其成本以及对设计和时尚的重视，又比大众消费本身受到了更多的限制。 这一中产阶层化在三个城市都有不同的区域，那里新的商业文化占主导地位，去光顾的人群，不仅有高收入专业人士（对他们来说，这是一个全职消费的世界），也有"短暂"逗留（可能只有一个小时）的学生、低收入的秘书等。 贫穷也不是什么新鲜事。 新出现的情况是贫穷严重程度，导致高度发达国家长期未见的无家可归的极端情况。

同样，这些城市长期以来都是国际商务和金融的重要中心。第七章中所讨论的主要市中心大规模建设项目构成了城市改造的实例，这不仅仅是旧趋势的延续，也代表了对公共资源和城市空间的大规模占用。

本章关注的第二个主要问题是就业关系的转变。任何大城市都有可能出现临时和非正式就业的现象，但在过去 10 年里，纽约、伦敦和东京都朝着非正式劳动力市场制度化的方向发展。在以服务业为主导的经济体中，这些已成为就业关系中日益增长的核心部分。各类兼职工作增长是最普遍和最大的趋势。但在这些城市中，非正式工作动态呈现出特定形式，抓住这种独特性很重要。

我把重点放在非正式就业的形式上，每个城市都具有某种程度上的不同形式。在纽约，非正规经济出现是一种更令人意外和充满活力的非正式劳动力市场增长形式之一。这种非正规经济的总体影响不仅是降低增长行业和衰退行业的企业生产和服务成本，而且增加企业组织的灵活性。这种灵活性在城市经济中尤为重要，在领先行业可以以高于其他行业的价格轻而易举获得空间的情况下，它使其他弱势行业的空间生存获得一席之地。因此，非正规经济可以被视为提供了一种灵活的安排，以容纳那些主要部门运作所必需但又难以在自由市场中竞争的公司。同样，它降低了低工资工人的再生产成本，尽管这些工人在新经济中很受欢迎，但其难以在自由市场上竞争所有的商品、服务和住房。在伦敦，非正式就业是最显著的形式，这可能是过去由国家提供的许多服务私有化的结果。那些曾经是全职且附带大量福利的工作现在被扔进了自由市场，变成了兼职、分包的工作，工资甚至更低。 但关键是，尽管这些工作中也有许多长期以来报酬相当低，但现在它们已成为日益增长的非正式劳动力市场的一部分，从制度上来说，这是一个更加脆弱的就业环境。 最后，在日本的主要形式是"日工劳动者"，过去曾经是灵活受保护的，现在已成为一个迅速增长且日益多样化的工人阶层，其监管保护和工资水平都急剧下降。

本章讨论的第三个问题是不同族裔和国籍的工人在这些城市经济中的作用。 如果黑人、亚洲人和其他移民的就业和收入分配与白人和/或本地人基本相似，那就不成问题了，但事实并非如此。 纽约黑人和第三世界移民不成比例地集中在收入较低、较传统的服务业，特别是保健和社会服务以及生产者服务业中的低收入工作。 在伦敦，尽管移民通道被关闭，但非法或半合法移民仍在持续涌入，这些人往往从事低薪工作。 而且，现在还有加勒比黑人和亚洲移民的第二代和第三代，他们继续在劳动力市场占据着独特地位，失业率很高，特别是黑人不成比例地集中在公共住房和经济与物质条件严重衰落的市中心地区。 与纽约一样，伦敦从事专业工作的黑人和亚洲人往往是在增长行业和衰落行业中从事低薪工作，而且不成比例地集中在市中心。 在这两个城市，我们也看到这些人口中出现持续和集中的贫困，以及从未有过固定工作的年轻人所占比例日益增大。 我们看到了一种双重趋势，一方面越来越多的工人和家庭在空间和经济上被边缘化；另一方面以一种非正式、高度灵活、低成本的劳动力形式与其他人完全融合。 即使在东京，新的非法移民劳动力同样在制造业和服务业从事低薪工作，而越来越多的合法移民则要具备必要的技术和专业技能。

东京新的非法移民提出了许多重要问题，特别考虑到日本强烈的反移民立场和缺乏移民史传统。我认为，这个新移民是这些发达国家两个基本过程的一个交叉结果：首先，经济迅速国际化，尤其是外国直接投资增长、外国援助以及在新非法移民主要来源国的离岸制造基地增长；其次，非正式劳动力市场出现及非正式性就业关系的普遍增加，促进了对新的非法移民的吸收。

这表明，在纽约和美国的新移民口，类似的动力可能存在。那种认为纽约之所以不断接受移民是因为它一直以来是移民城市的观点，是远远不够的。跨国迁移的产生，需要特定的条件（Sassen，1983，1999b）。伴随着老移民的延续，我们可能会看到一系列新条件导致美国及主要城市的移民增加，这些城市在20世纪80年代和90年代接收了全部移民中的一半。日本的情况表明，一种新的社会进程的形成不仅仅是旧模式的延续。在这本书中确定的两个基本过程——经济国际化，尤其以其主要城市为中心的国际化与就业关系非正式化——似乎有助于新的移民产生并促进对其的吸收。

结束语

第十章
一个新的城市制度？

　　本书描述的变化是否意味着纽约、伦敦和东京在各自国家和世界经济中的地位发生重大转变？　这些变化是否带来了这些城市社会和经济结构的重大调整？　这是一种新型的城市，全球城市吗？　如果是的话，这将如何影响城市的等级制度？　这些主要城市的全球角色的转变是否形成一种新型城市层级、一种新的城市体系，或者只是影响这些城市本身？　当城市的主要经济力量转向世界市场时，城市政治会发生什么变化？

　　对这些问题考察的核心命题，是为了理解今天这些主要城市社会和经济的显著变化，我们需要考察新的世界经济的基本方面。　因为这种变化不能仅仅从发达经济体以制造业主导向服务业主导的转变来充分解释。　本书第一部分分析并描述了世界经济主要趋势：全球金融市场增长、国际服务贸易扩张以及外国直接投资重塑。　然后，研究了这种国际化的形式，其特征是工厂、服务网点和金融市场日益全球化网络以及持续的经济集中。少数国家占了国际流动和国际交易的大部分；大公司主导了一些资金流动；少数城市成为国际交易的主要中心。

其中，最显著的发展是金融业交易量大幅增加，成为迄今为止最重要的国际行业。尽管 20 世纪 50 年代和 60 年代外国直接投资是国际流动的主要类型，但 70 年代后期，特别是 90 年代，金融交易使前者相形见绌。外国直接投资方面也出现了一种新模式，大部分增长集中在两个主要地区，即美国和东南亚。相比之下，20 世纪 50 年代和 60 年代拉丁美洲是主要资本输入地之一，但到 80 年代就不那么重要了。到目前为止，20 世纪 80 年代最大资本进口国是美国；日本成为最大的资本净出口国。目前，大多数外国直接投资都集中在服务业领域。

在确定了国际经济交易增长以及少数国家（尤其美国、英国和日本）的交易中心地位后，接下来问题就是：城市，特别是国际商务和金融的主要城市（包括纽约、伦敦和东京）是如何适应这一全球化经济活动的。组织这一讨论的中心论点是，日益增长的全球化以及经济控制的持续集中，使主要城市在管理和控制这样一个全球网络中发挥关键作用。

在全球经济发展中，许多这类模式都以地点空间形式表现出来。在这方面，我们探讨了主要城市作为世界经济活动的场所。我们关注的是，为什么金融和商务服务会出现如此快速增长，以及它们的区位模式为什么如此集中于主要城市？我们探讨了两种假设：一是过去 10 年的生产空间分散化和金融行业重组创造了新的集中形式，以便管理和调节全球网络的生产地点和金融市场。二是这些新的集中形式导致控制和管理中心的转变：除了大型公司和大型商业银行，现在还有一个由多种先进生产者服务公司和非银行金融机构组成的市场。相应地，我们看到纽约、伦敦和东京等作为金融**中心**和全球服务和管理**中心**的日益增长的重要性。

生产空间分散化（包括国际化）促进了新空间经济管理和调控的集中化服务节点增长。 纽约、伦敦和东京等主要城市作为高层管理和协调的关键地点，作用已大大扩大。 金融业重组使金融活动在主要城市的集中度迅速提高。 金融交易量显著增长放大了这些趋势的影响。

最后，相当一部分外国投资活动在这些主要城市的重新集中和国际房地产市场在这些主要城市的形成，进一步促进了这个高水平控制和服务功能的经济核心。 简而言之，除了众所周知的分散化倾向外，还有鲜为人知的集中化倾向。

不同的地点体现了这些发展的不同方面。 自 20 世纪 80 年代以来，经济活动的重心很大程度上已从底特律和曼彻斯特等制造中心转向金融和高度专业化服务中心。 虽然工厂分散化加速了传统制造中心的衰落，但对其进行集中管理和控制的需求促进了服务中心的增长。 同样，先进服务在经济活动中的支配地位已经把工作从车间转移到设计室，并把管理从过去以生产为中心的活动转向今天以财务为中心的活动。

考察的关键是主要城市中这种管理和控制的实际工作以及具体工作的内容。 这种考察是本书第二部分的主题。 组织的概念，是指全球控制的**实践**——涉及生产和再生产、组织和管理全球生产系统和全球劳动力的活动。 开展这一讨论的论据是，对地理上分散化的一系列工厂、办公室和服务网点进行集中控制和管理，不能被认为是理所当然的，也不能被视为"世界体系"的必然结果。 这种集中控制的可能性需要被生产出来。 其发展的核心是生产各种高度专业化的服务和高级管理和控制功能。

　　对这一"生产"的关注，有几个目的：①为识别世界经济中全球城市集成的具体模式提供了参考。这些城市，除了是一个庞大的通信和市场系统中的节点外，也是全球控制能力的生产场所。②以生产为重点，把劳动的种类及工作过程引入分析中来。例如，以高度专业化的金融产出而不是广泛的工作来考虑金融因素，然而，并非涉及**生产**这种产出的所有工作都与高度专业化金融专业技能有关。③对生产的关注，是把生产地点（在这里是指大城市）作为分析单位，而不是以强大的行为体（无论跨国公司还是政府）为分析单位。因此，尽管全球控制能力是一种允许大公司运行广泛分散化的国内外生产系统的基本机制，但并不一定意味着这种能力的生产可以包含在公司内部。如果观察这种能力的产生，我们可以在分析中纳入一个快速扩张的独立专业服务公司的市场。这些公司是纽约、伦敦和东京的一个重要增长部门，但如果关注焦点是大公司的经济实力，它们就会被排除在外。④以生产和生产地点为重点，突出了若干主要城市在当前世界经济发展阶段的作用，以及高度工业化国家的主要城市之间的差异。

　　本书第二部分证实了构成或促进第一部分所讨论的各种国际化进程的全部活动，主要集中在主要城市（尤其是纽约、伦敦、东京），成为这些城市经济的重要因素。有一种产业复合体（例如广告、会计、法律服务、商务服务、某些类型的银行、工程和建筑服务等），对大小公司和政府的工作起到了协助、促进、补充的作用，并在许多情况下使大小公司和政府的工作成为可能。这一产业复合体的核心及日益增长的组成部分与为从事国际交易的公司提供服务以及广泛的国内和/或国际服务网点、工厂和市场网络有关，例如，金融业中的部分行业履行了这一服务功能。但本书认为，在 20 世纪 80 年代，金融业中一个不断增长的部门变成了类似于商品的部门，其金融产品交易有自己的流通领域，并不是一个狭义的服务行业。纽约、伦敦和东京是这一部门的主要市场，同时也是一个单独的、跨国界的市场。

本书第二部分还考察了这些国家的其他主要城市，以便比较与纽约、伦敦和东京的不同之处（如果有的话）。它们之间的显著差异在于生产者服务业和金融业的集中度。当然，许多城市的生产者服务业不断增长，整个国家的生产者服务业也是如此。这种增长的一部分显然与经济构成及组织的全面转变有关，而不仅仅是服务业的增长。在许多行业中，有较大的服务比重；在许多工作中，都有更多的服务投入。此外，区域和国内市场以及服务网点和工厂网络发展也对扩大区域或国家一级公司的中央职能造成了同样压力。我们确实看到，类似于纽约、伦敦和东京的趋势在其他主要城市也明显出现，尽管其量级较低，而且是基于区域而非全球层面的进程。生产者服务业公司的激增，本身就产生在市场上购买（而不是内部生产）服务投入的更多需求。而政府所面临的日益复杂的情况也催生了对市场上购买更专业服务的需求。因此，在过去 20 年中，这类满足复杂化组织机构所需的服务行业增长与经济结构调整各方面之间存在一种基本关系。我认为，正是这些变化构成向服务经济的转变，而不仅仅是就业从制造业向服务业的转变，这一过程通常以消费者服务业增长为核心。相反，消费者服务大规模增长是与制造业大规模生产扩张相关联。

本书第二部分涉及的第三个问题是城市等级制度：经济活

动全球化如何影响城市等级制度或城市系统（专业文献通常认为城市等级制度是基于国家的）？ 纽约、伦敦和东京实际上是两个截然不同的层级体系（一个以国家为基础，另一个则涉及全球城市网络）的一部分吗？ 这三个城市在其所在国都是杰出的城市中心，尽管没有一个像英国的伦敦那样极端化。 与伦敦和东京不同，纽约是国内主要城市层面的一部分，这一层面还包括洛杉矶、芝加哥、旧金山、波士顿以及华盛顿特区（因为它是首都）。 然而，证据清楚表明，纽约仍然是美国领先的国际金融和商务中心，其他城市远远不及。

通过以金融为主的国际流动，一个全球城市网络已经出现，其中纽约、伦敦、东京以及今天的法兰克福和巴黎扮演着协调者的角色，并作为资本和专业知识交易的国际市场发挥着作用。现在，许多国家的股票市场通过这个城市网络相互联系。 在全球电信时代，每个城市都有一种怀旧的老式市场的作用，它充当着往往相距甚远的各种各样企业、经纪商和个人的连接和联系点。

此外，本书还试图表明，纽约、伦敦和东京在许多方面充当了一个跨国市场的角色。 每个市场都处在一个日益制度化的市场网络中。 这三个城市并不是简单地为了同一项业务而相互竞争。 它们也都扮演着不同的角色和功能，并作为三位一体来发挥作用。 简单地说，20 世纪 80 年代，东京成为主要的资本输出中心；伦敦主要是资本交易中心，通过其庞大国际银行网络并通过欧洲市场与世界上大多数国家连接起来；纽约主要是资本接收地以及投资决策和创新生产的中心，这些创新生产能够使利润最大化。 除了经常提到的覆盖时区需要外，有一个表明特殊的跨国经济的特定功能操作方面需要。

工厂、服务网点和金融市场全球网络的管理和服务，对这些城市空间组织赋予了特定形式。 大量的操作和复杂的交易需要大量专业服务，至少在一段时间内，导致非常高的密度和集聚经济，表现为这三个城市快速建造起一幢又一幢高层办公楼，土地高价及其激烈竞争。 这种迅速和急剧的聚集过程代表了一个以指挥职能和金融主导的产业复合体形成和扩大的特定阶段。

在这一点上，有两个问题： 一是以这种管理、服务和金融活动为主的经济模式的可持续性；二是空间形态的耐久性，与20世纪80年代这一产业复合体的形成和扩展有关。

关于第一个问题，存在的较大争议是，在没有一个强大制造业部门的情况下，以服务业为主导的经济体是否能够增长或者能否持续增长。 这可以从不同角度加以认识。 有些人认为，制造业实际上是服务业增长的一个关键因素。 例如，Cohen 和 Zysman（1987）发现，美国生产者服务业的三分之一产出与制造业相关，这正是最重要和最具活力服务行业的特点。 另一些人认为，发展强大的制造业并从事出口是克服严重预算赤字的唯一途径（主要针对美国而言）。 这暗示着任何存在预算赤字的主要国家都应如此。 按此观点，制造业部门应该是拥有良好、高薪工作的部门，以避免成为一个具有高比例的低工资工作和低生活水平的经济（Thurow，1989）。 这些分析都是针对国家而言的。

本书的结论是，制造业活动和主要服务业的全球化，一直是以金融和生产者服务业主导的新产业复合体增长的一个关键因素。 制造业很重要，但从金融和生产者服务业角度来看，它不一定是民族性的。 与 20 年前相比，这正是当今经济运行（主要城市和国家之间）的不连续性之一。 20 年前，消费品大规模生产是经济增长的主要引擎。 本书提出的重要观点之一是，新的增长很大程度上建立在曾为国民经济的重要部门，尤其是制造业关键部门（曾经是国民经济的主导力量，并促进了强大中产阶层形成和扩张）的衰落之上。

此外，新的产业复合体在主要城市的集中，促进了城市社会结构转变。 这种转变呈现社会和经济两极分化加剧的形式。 虽然其中一些可能不会影响新产业复合体的运作和扩张，但也有一些会对其产生影响。 企业竞争能力的日益不平等，意味着一大批生产商品和服务（间接或直接为新产业核心企业提供的）的企业越来越难以在这些城市生存下去。 他们必须采取各种降低生产成本的机制（尤其是分包、在低工资和低标准工作条件情况下雇用非法移民），或者不得不把他们的价格提高到开始影响核心部门运营成本的程度，这最终会降低这些城市的吸引力，因为在集聚经济和区位成本之间存在一种不断变化的权衡。 最后，空间、住房和消费服务等竞价能力的日益不平等，意味着核心部门直接或间接雇用的不断扩大的低工资劳动力在这些城市的生活越来越困难。 这可能会减少此类工人的**有效**供给，并导致部分工人更加贫困，这三个城市在过去十年确实发生了这种情况。 这些紧张关系在什么情况下将变得无法忍受？ 无家可归在什么情况下对主要增长部门来说也是一种成本？ 高收入的高管们要多少次不得不跨过无家可归者的尸体才能使这成为一个不可接受或无法忍受的事实？ 大量日益贫困的工人状况从什么时候起开始直接或间接影响核心产业的绩效？ 这种增长模式给国民经济重要部门带来的社会影响可能比制造业衰落对国民经济增长的破坏性更大，因为全球制造业出现了显著增长，在这个意义上说，为生产者服务复合体提供了有利条件。

　　另一个主要紧张关系来自这样一个事实，即新的增长很大程度上取决于国民经济的削弱。 例如，美国和日本财政赤字是 20 世纪 80 年代金融和专业服务业增长的一个关键来源。 随着美国和英国（现在越来越多地在日本）重要制造业部门相应衰落，促进了巨大贸易逆差，许多政策都支持国际化和金融。 主要城市主导产业增长和国民经济重要部门衰落之间的矛盾如何处理？国民经济衰落是否对这些城市经济产生下行压力？

　　与这种经济增长方式有关的空间形态的可持续性，一个关键问题涉及发展电信技术。 目前，电信能力发展的主要结果是扩大了经济空间分散化。 但这种分散化需要扩大中心职能。 电信将在什么情况下被应用于集中功能和产业复合体高层的专业、管理和执行功能？ 在过去二十年里，随着经济活动的空间重组而发展起来的城市形态，显然是一种中心功能和创新生产日益增长的密度和极端区位集中。 1990 年，我曾提问，尽管伦敦和东京正在兴建大量高层办公楼，纽约也计划兴建，但这种城市形态是否已达到极限。 纽约之所以这样做，部分原因是这种聚集的收益和代价之间的权衡日益不利。 然而，20 世纪 90 年代末，伦敦和纽约（以及其他新兴的全球城市）开始了一个全新的建设阶段，进一步扩大了这个高价中心的空间。

　　需要考虑的一个重要因素是，电信系统需要大量基础结构投资，以及使企业能够最大限度从这些系统中获得收益的复杂组织结构（见第五章），这实际上造成了进入壁垒。 虽然原则上任何城市可考虑发展最高级的电信能力，从而与现在集中在主要城市的一些功能展开竞争，但实际上进入成本是如此之高（除了持续使用最新技术的成本外），以至于在可预见的未来，主要城市几乎占有绝对优势。 而且，大多数城市缺乏混合资源，而主要城市则具备这一条件，使其有更加复杂的组织结构。 我们正在进入城市经济体系建设的一个全新阶段。

这一方面，日本案例值得关注。 20 世纪 80 年代，日本的目标是建设最先进的办公综合体和电信基础设施——"智能建筑"，在东京湾填海造田的土地上建设传送的城市，特别提议以更"合理"的方式重新安排首都及其关键功能。 其中一项提案是，通过最先进的高速轨道列车和电信系统连接东京、大阪和名古屋。 把单一集聚点以一条线形成聚集结构，而不是传统意义上的聚集。 沿着这条线合理分配职能，将最大限度地发挥每个集聚点的相对优势。 这是一个非常新颖的城市形态概念，不同于主要城市以市场主导，通常随意发展为特征的同心或轴向模式。 它将一切都连接到一个轴上，这对某些经济要素（尤其是工人、商品和某些类型的服务）移动很重要，但与电信领域则无关紧要。 可以说，这一构思使人们认识到，我们并不是单纯的信息经济，很多组件还有物理维度，以及电信的理念与现实并存，即只是部分受制于电信或可还原为信息，从而嵌入在今天大城市空间结构中的过度紧张和拥挤。 关键职能沿着一条线排列对政治和社会的意义，是另一类型问题。

本书第三部分阐述了新的产业复合体对城市经济和社会结构的影响。 我们知道，制造业作为二战后 20 年美国经济的缩影，产生了强大的乘数效应，促进了强大中产阶层的壮大。 在这一时期，当基于大众消费和大规模生产的制造业作为主要经济部门时，整个经济明显趋向于建造住房、道路、购物中心、新的学校，以及主导着经济和社会的郊区化过程的所有其他组成部分。福特主义衰落导致工会和大规模生产在经济和政治上地位的改变，以及由这种生产模式支撑的更广泛的制度框架消亡，这种生产模式对更大经济部门具有显著的影子效应。

　　二战后经济增长的历史形式（尤其是资本密集、生产标准化和郊区化主导的增长）促成了中产阶层的大规模扩张。 伴随这些过程而来的文化形式也是如此，特别当它们塑造日常生活结构时，一个庞大的中产阶层促进了大众消费，从而促成了标准化。与此同时，郊区化也在这三个城市的老城区留下大量贫困和处境不佳的人群，这是最终形成所谓内城的一个因素。 总的来说，这些不同趋势有利于更大程度的工会化或其他形式标记的赋权，这可以从大规模生产以及大批量和大众化消费在国民经济增长和利润中的中心地位中获取。 此外，在英国，公共服务大规模扩张也带来了相应全职、全年工作的增长，这些工作都带有必要的附加福利，政府是这些工作的雇主。 正是在一战后持续到 20 世纪 60 年代末和 70 年代初的阶段，这三个国家将工人纳入正式劳动力市场关系的程度达到最高水平。

　　这些过程的结合，对中产阶层壮大和工资普遍上涨非常重要。 二战后到 20 世纪 70 年代初，这三个国家越来越多的公司通过全职工作和具有提供培训和升职机会功能的内部劳动力市场来组织劳动力。 这一时期，美国和英国的工会获得合法性，并成为主导产业雇佣关系的中心。 这一时期的经济增长，很大程度上建立在为大量人口提供住房、道路、汽车、家具和电器等基

础上。 这在美国尤其明显。 就英国而言，郊区化进程没有美国
那么快，更多的是社会供给的进程以及为此所需的基础设施和组
织；最值得注意的，是国家公共卫生系统和公共住房的发展。
在日本，是扩大生产基础设施的大规模再投资，而不像美国那样
用于社会再生产。 推迟对住房和服务基础设施的投资，导致日
本生活水平显著下降。 规模相当的郊区化是因为需要为急剧膨
胀的城市人口提供住房而产生的。 20 世纪 50 年代和 60 年代，
由于农村人口极度迅速和大规模地向城市迁移，城市人口激增。
然而，目前经济增长的主要因素是生产设备扩张，作为一个工业
大国，日本在那个时期远远落后于美国和英国。 总之，在那一
个阶段，这三个国家一条共同主线是庞大中产阶层的形成和扩
大，尽管日本的中产阶层比美国要穷得多。 然而，随着在国民
经济增长中用于大规模消费的生产中心地位的下降，以及服务业
作为主要经济部门的转变，促成了这一安排的消亡。 这种情况
在美国和英国尤其明显，在日本，现在也越来越明显。

正如本书第三部分所讨论的，今天的增长建立在新的产业复
合体基础上，这种产业化复合体并没有导致中产阶层扩张，而是
导致收入结构、企业和家庭的竞价能力日益分散化。 大城市的
社会和经济两极分化现象尤为突出，这些城市集中了很大一部分
新增长产业，对低利润服务和低工资工作产生巨大的直接和间接
需求。

此外，新的产业复合体增长更多基于国际市场出口以及企业
和政府的中间消费（或者更普遍的是组织机构而不是个人的消
费），而不是日益增长的中产阶层最终消费的扩大。 关键的市
场（虽然不一定是最大的市场）是资本和服务的全球市场，而不

是消费市场。　这些是塑造社会和经济的市场。

　　这有什么区别吗？　本书认为，已经发生了明显的转变，其特征是在制度框架内发生了主要阶级的重新排列和雇佣关系的重大变化。　原先为大多数工人提供就业保障、健康福利以及其他社会救济的制度已被普遍废除。　当初，这一契约制度基于经济的必要性：　大多数工人的消费能力对主导产业利润实现至关重要。　由于这种经济需要，产生了一系列超越特定经济关系的社会和政治安排。　这些安排得到了一系列其他进程的支持。　尽管有很多关于这一时期的家庭在社会中已变得次要和不重要的说法（相比作为一个真正生产单位的农户来说），但家庭作为关键的消费单元仍是事实，在一个基于最终消费的经济中这就显得非常重要。　在这样的家庭里，妇女负责组织和管理家庭对商品和服务的消费，限于从事家务劳动，从而产生了要负担整个家庭生活的全职工人。　维持和支持家庭制度（被理解为核心家庭）的家庭工资制以及整个经济和政治体系对此负有的责任，美国在当时可能远比其他国家更发达。　这并不奇怪，因为美国当时大规模生产达到最高水平发展，而郊区化（刺激大规模消费的关键机制）却没有得到发展。　今天，家庭工资制和劳工与雇主之间的社会契约在美国和英国已严重流失，在日本也开始被侵蚀。　现在的情况是，更多的兼职人员、临时工和没有养老金和医疗福利的工人，很少拥有工龄权利的工人。　在日本，拥有"终身工作保障"的工人数量明显减少，而"日工"数量增加，劳动力中的女性人数增多。

　　这一发展提出了许多关于经济和政治的交叉点以及资本主义经济"自然"趋势的问题。　战后时期的社会契约是地方政治在经济发展阶段（其赋予地方政府不同寻常的权力）的重压下的结果吗？我们今天所看到的经济和社会两极分化日益加剧是经济体系运作在政治诉求无足轻重时的"自然"结果吗？当主要经济部门面向世界市场、面向企业而不是面向个人时，政治的一个核心问题是所负有的责任发生了什么。令人不安的问题是，无家可归者的突然增长（尤其是在纽约和伦敦，东京在 20 世纪 80 年代末也开始了）、一般贫困增长、低薪就业（没有任何福利）增长，以及血汗工厂和家庭工坊等是否与一个新的产业复合体增长有关。这个新的产业复合体是面向世界市场以及更少依赖于当地的因素（相比诸如 20 世纪 50 年代的家庭耐用品制造商）。除此之外，还有一种相当于全球主义意识形态的增长，在全球经济力量的时代，地方被视为无能为力。

显然，在这个新的产业复合体中，有一类工人是受益的。他们是各种类型的新专业人士、经理、经纪人。在这三个城市，甚至所有城市，他们的人数在某种程度上都急剧增长。他们是如何适应城市的经济和政治体系的？本书的证据表明，把新一代高收入工人与富人（在主要城市中，富人也是一个重要群体）加以区分，是非常重要的。与高层管理人员和经理不同，这绝对是一个高收入的工人阶层，他们对自己所工作的大公司和投资银行没有明显的控制权或所有权。他们实际上并不属于 C. Wright Mills 所说的"权力精英"。从根本上说，他们是一群极其勤劳的人，他们与权力集团的结盟，使其创造的利润远远超过被公认为非常高的工资和奖金的回报。在某种程度上，可以认为这是在自我剥削，因为他们极其努力工作，投入很长时间，最终其收入比高层经理和高管少得多，后者的收入是前者的 10～20

倍。 1987年的股市危机最终导致大量此类员工被解雇，尤其在纽约。 他们被解雇，也没有什么可向这个体制或雇主提出索赔要求，而高层管理人员在被合并取代后，可以要求大量补偿或"金色降落伞"（按照聘用合同中公司控制权变动条款对高层管理人员进行补偿的规定）。 本书还指出，高收入的中产阶层化和与之相关的炫耀性消费类型，保留了一种强大的意识形态功能，即确保这些高收入工人与权力集团的联盟。 在这当中，他们以所创造的巨额利润作为条件来换取相对较低的回报和很少的索赔要求。

新的高收入工人是消费能力和消费选择的载体，这使他们区别于20世纪50年代和60年代的传统中产阶层的特征。 虽然他们的收入还不足以作为投资资本，但对于以储蓄为导向的中产阶层来说，却是收入够多的了。 这些新的高收入者成为新型中间投资（股票、艺术品、古董和奢侈品）的主要候选人。 高的收入和新的世界主义工作文化的结合，为新的生活方式和新的经济活动创造了一个引人注目的空间。 正是在这种背景下，我们需要审视艺术品市场和奢侈品消费的大规模扩张，这与15年前作为精英阶层特权的情况已有了质的变化。 高收入工人阶层增长，不仅带来全球城市物理性扩张的升级，而且也促进了消费结构的重组。

新的高收入工人并不能完全解释这种所发生的转型。 其中，一些不那么易感知的因素也起了相当大的作用。 这类工作的目标状态是面向世界的，被嵌入在这些城市经济日益国际化背景下，因此新的工作文化是世界性的。 年轻的职业女性不断增加，进一步促进了职业阶层的都市化，而不是早期典型的郊区化。 与此同时，我们在日常生活中看到了一种新的社会审美，而在这之前是由中产阶层的功能标准所主导的。 对这一转型的考察，揭示了一种动态，即经济潜力（可支配高收入所代表的消费能力）通过对美好生活新愿景的追求而实现。 因此，不仅食物很重要，**烹饪**也很重要；不仅衣服很重要，设计师的标签也很重要；不仅装饰很重要，真正的艺术品也很重要。 这种转型在越来越多精品店和艺术画廊的崛起中得到体现。 同样，理想住宅也不再是郊区的"家"，而是在闹市区一个由仓库改造而成的地方。 当然，伴随这种新的社会审美，带来了一系列盈利可能性，从"新生代"餐厅到繁荣艺术市场。 值得注意的，为数不多的高收入工人阶层在这些大城市的关键区域带来了非常明显的商业和消费的本质性变革。 我认为，这与具有战略意义但不具有太多权力的高收入工人阶层的社会再生产问题有关。

相应地，纽约和伦敦的移民也创造了一种低成本的中产阶层化。 纽约一些地区曾经充斥着关闭的店面和废弃的建筑，现在变成了繁荣的商业区和住宅区。 伦敦在较小范围内也发生了同样的过程。 移民社区的规模和复杂性不断扩大，对各种商品、服务和工人产生了需求和供给。 在需求和供给两方面，移民社区的居住和社会分割成为最大限度地发挥其潜力的工具。 由于移民居住集中，个人对家庭和商店的小额资金和直接劳动的投入促使社区升级。 这种升级并不符合传统的植根于中产阶层经历的升级观念。 其形状、颜色和声音都很新奇。 它们就像新的专业人士、世界性工作文化一样，是全球城市的另一种国际化形式。

全球城市的经济基础变化和新收入结构，并不能完全解释这种社会组织形态。　我们看到，由于种种原因，艺术作为一个内含于日常生活（也就是日常生活的结构）中的重要元素越来越具有优势。　这种优势的一个原因，可以从 20 世纪 60 年代流行起来的艺术家实践中找到。　反过来，这也是由经济及其他方面对艺术家的限制所产生的。　例如，艺术家们搬到当时大城市里不受欢迎的地方（比如纽约的仓库区），部分原因是无法负担在更好条件的地方设立工作室。　然而，这一举动一旦发生，就为艺术家的经济生存创造了新的艺术实践和策略。　最终，艺术家们开始赋予旧仓库区的环境"价值"，尤其是美学价值。　然而，这些元素很快被转化为非艺术家所渴望的安排，并不一定是因为艺术家们给其"邻居"注入了美学和存在价值。　然而，在其他条件下，这些居民的愿景、能力、才能、信仰和痴迷可能会聚集起来（通常是不自觉地）赋予它的价值。

这些其他条件是经济方面的，特别是以高收入者大幅增长为代表的新的消费能力。　例如，房地产开发商利用了艺术家的"赋予价值的力量"，并将其变成一种盈利策略。　20 世纪 80 年代初，一家公司买下了纽约下东区的一幢建筑（当时它还不时髦，只是曼哈顿一个非常破旧的地段），并把它们变成了供出租的艺术家住宅和工作室。　正如那位房地产开发商所言，这样做的理由是：　如果艺术家搬进来，可以一举两得；既可以收取比现有居民更高的租金，又可以升级这个地区，让它成为高收入人群的理想居住地。　很明显，这种模式设定的能力，是艺术家作为一个群体所具有的，而并不是单个艺术家所固有的。　我们知道，过去时代艺术家大多被资产阶级和新贵们视为根本不受欢迎的类型。　在当前经济形势下，这种模式设定的能力则成为产生新的盈利机会的工具，其范围从房地产开发到奢侈品消费。

　　对于那些有钱但不具有权力的人来说，实现这种对美好生活的新愿景，具有政治意义。　拥有高职位的工人将其收入转化为与传统中产阶层价值观相悖的生活方式。　于是，这不仅是经济上的分裂，因为生产过程中新的高收入工作岗位产生的条件之一是中等收入工作岗位的减少；而且，文化和意识形态之间的差距也反映了另一个层面上的这种分裂。　那么，政治上的分裂还会落后吗？

　　本书第三部分考察了经济活动全球化对当地的影响，并提出了每个城市社会和经济结构明显变化是否等同于一个新的城市制度。　通过专注于新的产业复合体的生产过程，这项分析使我们可能看到每个城市的工作、公司和家庭的各个方面的相互关系，从上到下，从典型的后工业时代的企业到那些看起来似乎属于较早工业时代但对新产业复合体的运作是必要的企业。　从这个角度看，非正规经济增长和劳动力市场非正式化（在这三个城市中都很明显）的如此发展，对这些发达城市经济来说并不是异常或外生的，而是它们其中的一个组成部分。　一个新的阶级联盟正在形成，全球城市已经成为这种发展的主要舞台之一：它们含有最具活力的经济部门和最尖锐的收入两极分化。　这种新的阶级联盟在日常生活结构中的具体表现，在新高收入阶层大规模扩张和城市贫困日益加剧中得到很好的体现。

　　本书探讨了全球经济对城市的影响。　一些城市，除了具有世界贸易和金融中心的悠久历史外，如今在世界经济组织中扮演着指挥中心的角色，是金融创新和先进生产者服务的生产基地，也是重要的资本市场。　在城市主义和政治经济学文献中，我们对经济活动空间分散化但全球一体化调控、管理和服务的知识都有重大空白。 通过揭示某些城市如何协同运作来完成这些任务，本书试图填补当前知识的空白。

因此，这些城市在基于金融和制造业全球化的新形式积累中扮演着战略性角色。 如果要从这一复杂现实中抽象出一个简化形象，最清晰的表述就是： 全球城市取代了以汽车工业为中心的工业/区域复合体，成为经济增长和社会模式的关键引擎。 这并不是说，金融在当时不重要，制造业在今天不重要。 也不是简单地说，金融业已经取代汽车行业成为主导经济力量。 我们要强调的是，围绕金融在经济增长中的中心地位，一种全新的积累安排已经出现。 这一新的经济机制得以实施及其构成的社会政治形式发展为一种新的阶级同盟、一种新的消费规范，国家不再像大规模生产主导时期那样成为提供公共物品和福利的中心。专注于涉及这些各种活动的实际工作过程表明，直接通过这些产业（金融、生产者服务业以及他们需要的产业服务）的工作过程，间接通过社会再生产过程（维持所雇用的高收入和低收入工人的生活），在社会结构上造成明显的转换。 正是这种主导经济增长的新产业复合体与以其构成和复制的社会政治形式的结合，以主要城市为中心，包含了一种新型城市的要素，即全球城市。

The

Global

City

附　　录

A　按美国、日本和英国 SIC 的
生产者服务业分类

	美　国		日　本		英　国
80	银行业	J	金融与保险服务业	65	金融中介、保险与养老基金除外
61	信用业	K	房地产业	65.12/1	银行业
62	商品经纪人	69	保险业	65.2	其他金融中介
63	保险承保人	82	信息服务与调查	66	保险及养老金，强制性社会保障除外
64	保险代理人	83	广告业	67	金融中介辅助业务
65	房地产业	84	专业服务业	71	无操作员的机械设备以及个人和家庭用品的租赁
67	证券及其他投资机构	841	法律与专利	74	其他商务活动
73	商务服务	842	公证人、司法公证人	74.1	法律、会计、簿记和审计活动；税务咨询；市场调查和民意测验；商务和管理咨询；股份
81	法律服务	85	合作社联盟	74.2	建筑工程活动及相关技术咨询业

续　表

	美　国		日　本		英　国
86	会员组织	86	其他商务服务	74.4	广告业
899	其他服务	93	宗教业	91	未归于其他类别的会员组织
		94	政治、经济和文化组织	91.1	商务活动、雇主和专业组织
		95	其他服务业	91.2	贸易联盟活动

　　美国：根据原始 SIC 列表进行了细微修改——（65）合并了房地产和保险公司；（67）从"控股、投资机构"改为"证券及其他投资机构"；（89）已从"杂项业务服务"更改为（899）"其他服务"。 SIC 代码和定义可在 http：//www.osha.gov/oshstats/sicser.html 上找到。 此外，北美行业分类体系计划在 2004 年逐步取代 SIC。 有关这些更改的信息，请访问 http：//www.ntis.gov/naics。

　　日本：编号发生了变化：（69）"保险"取代了（67）；（84）"信息服务、调查和广告"已分为（82）信息服务和调查，（83）"广告"，（84）"专业服务"（86）其他商务服务；（861）已更改为（841）；（862）已更改为（842）；（83）已更改为（85）；（90）已更改为（93）。 主要来源是《机构和企业普查，1999》，日本内政部公共行政部统计局和中心。

　　英国：从 1980 年到 1992 年，英国的 SIC 定义有了显著的变化：（814）"银行"已改为（65.12/1）及（815）改为（65.2）；（82）"保险"已改为（66）"保险及养老金，强制性社会保障除外"；（834）"房屋及地产代理"已撤销；（839）"商务服务"及（81）"法律服务"作为（74.1）归并在（74）"其他商务服务"的主要类别，以及（831/2）"银行/保险辅助服务"及（837/8）"专业技术服务及广告"已重新分类为（74.1）、（74.2）及（74.4）；（9631）"贸易联盟、商务和专业协会"改为（91）"未归于其他类别的会员组织"，并分为（91.1）和（91.2）两小类。 英国 SIC 1992 代码和定义可以在以下网址找到： http：//www.statistics.gov.uk/themes/compendia-reference/articles/sic.asp。

B 城市单元的定义：
东京、伦敦、纽约

　　当使用"东京"一词时，它指的是由 23 个中心行政区、多摩区和岛屿组成的东京都。 东京的经济中心，东京的商务区，由大约十分之一的市中心区组成。 或许更好的使用单元是东京市中心，它由 23 个中心行政区组成，在某些方面类似于曼哈顿及四个外围区所代表的区域。 例如，如果有人从三个中央商务区之一的地方去外环之一的世田谷区（通常被称为卧室社区，因为大多数居民通勤到东京工作），那么首先要坐地铁到火车站，然后在火车上花费大约三十分钟，总的上下班时间可能需要四十分钟到一个小时。 这与从曼哈顿中城到纽约其他更偏远地区所需的通勤时间是一样的。

　　23 个市中心行政区有 835 万人口，占东京人口的 71%，总面积为 598 平方千米。 人口密度为每平方千米 14 000 人，而纽约的人口密度为每平方千米 9 000 人。 多摩地区人口 340 万，面积为 1 160 平方千米。 这些岛屿的面积为 400 平方千米，人口为 3 万。 值得注意的是，有些岛屿距离大陆 1 000 千米以上。 这显然是行政管理领域的一部分，而不是劳动力市场领域。 东京总面积为 2 162 平方千米，占日本总面积的 0.6%。 总体密度为每平方千米 5 471 人。 东京有 1 193 万人口，占日本总人口的 9.8%。

　　东京市中心的 23 个区，通常被称为东京都区部，包含相当多的多样性。 它们不是一个中央商务区，而更像是纽约的五个区。 相当于曼哈顿中城（midtown）和华尔街（Wall Street），或伦敦市中心和伦敦金融城（City）的区域，是不久前由三个区组成的核心区；另外两到三个区正在迅速增加到这个核心地区。东京都政府指定了一个正式的中央商务区，包括千代田区、中央区和港区。 确实，这些地方是政府办公室、公司总部、银行以及越来越多的外国公司的集中地。 该区域包括政府办公区、金融区和面向国内和国际市场的企业办公区。 它包含优雅的购物区和居住区、外国使馆、餐馆和夜总会。 然而，东京的快速发展已经将其他地区并入了一个不断扩张的中央商务区。 最引人注目的是新宿，由于东京都政府决定将其所有办公室搬到 1991年 3 月完工的新宿，新宿作为商务中心的重要性日益增强[1]。

　　东京市中心有相当一部分是住宅区，与纽约或伦敦的许多地方没什么不同。 工作场所极度集中在四到五个这样的行政区

---

[1] 正在开发或已经开发的 6 个城市分中心是新宿、涩谷、池袋、上野和浅草、锦系町和龟户。 东京都政府已经增加了 442 公顷东京湾填海工程，将其打造成一个复杂的中央电信中心、办公和住宅综合体，将东京的商务运作与世界其他地方连接起来，包括"智能建筑"，它将一天 24小时运转。 东京都政府还将提供旅游、娱乐等服务。 将会有公私合营的发展项目，例如东京的竹芝码头区，以及东京湾的芝浦地区和日出町地区。

中，而且来自非常广泛地理区域的工人经常往返于此。 这和纽约没什么不同。 伦敦的工作场所在某种程度上更为分散，除了金融城及邻近地区日益增长的人口密度。

所谓的东京都有很多地方，包括一些岛屿，这些地方不适合在东京工作的人的居住；因此，它们构成了独立地理的劳动力市场区域。 尽管通勤带的外圈已经被推得越来越远，但其中许多地区人烟稀少。 东京都政府正计划开发东京都西部所谓的多摩区的相当一部分，作为一组经济副中心，以遏制东京日益增长的经济活动集聚。 多摩区占东京陆地面积的三分之一，但人口却占东京的四分之一。

与东京都不同，东京都市圈除东京都外，还包括千叶、琦玉和神奈川三个县。 相比市中心 23 个区中的一些更偏远的西部地区，这三个县的一些地区更接近东京的中央商务区。 在很多方面，这三个县与东京市中心的经济基础的联系要比东京都的其他地区更为紧密。 东京都市圈拥有全国 25% 的人口。

第三个实体是国家首都地区。 作为三个单元中最大的一个，它分布得太广，很难作为一个经济单元发挥作用。 这确实是一个行政区域，明显由东京主导，但也包括许多次要的经济中心。

伦敦在很多方面是一个由地方议会管理的社区的集合体。很长一段时间以来，它缺乏一个像纽约市市长办公室那样权力很大的统一机构。 20 世纪 90 年代末，随着决定恢复市长办公室，这种情况发生了变化。 伦敦由 32 个自治市镇区（分为 755 个区）和金融城组成。 这就形成了大伦敦都市圈，在本书中简称为伦敦。 都市绿化带环绕着大伦敦都市圈，在它之外是外都市圈，这是一个分布广泛的地区，有独立的村庄和城镇。 它由贝德福德郡、赫特福德郡、埃塞克斯郡、肯特郡、萨里郡、西萨塞克斯郡、汉普郡、伯克郡和白金汉郡组成。 和纽约的外大都市区一样，在战后时期，经济增长主要发生在这一地区，直到20世纪80年代大规模的中心城市建设项目。 1998年伦敦人口为720万，包括外大都市区在内，伦敦地区人口为1 500万。

1965年，大伦敦理事会（Great London Council，GLC）的成立，被赋予伦敦总体规划的权力。 和纽约一样，该地区与城市的关系并没有在政治和监管层面得到充分解决（Herbert，1960）。 在东京，情况就清楚得多了，有一个知事的东京都政府。 1985年撒切尔政府撤销了GLC（它已经成为与国家政府利益对立的工具），将更大的权力转移到对商业利益更敏感的当地发展公司。 也许，其中最臭名昭著的是港区开发公司，推出欧洲所有城市中的最大的建设项目。 地方自治委员会也失去了权力和资源。 20世纪80年代末，伦敦的主要政治力量是开发公司和国家政府。

纽约市由五个行政区组成： 曼哈顿、布鲁克林、皇后区、布朗克斯区和史坦顿岛（分别是纽约郡、国王郡、皇后郡、布朗克斯郡和里士满郡）。 这是我们在书中简称为纽约的一个单元。 城市被划分为社区规划委员会管辖的区域。 纽约大都市地区除了上面列出的5个郡外，还包括韦斯特切斯特、罗克兰、萨福克、纳索、卑尔根、帕塞伊克、莫里斯、埃塞克斯、哈德孙、尤宁、萨默塞特和米德尔塞克斯等12个郡。 1998年，全市人口为740万，大都市区人口约为1 800万。 纽约有一个由市长领导的市政府，他目前是纽约市政府中最有权力的官员。 每个自治区都有一位区主席。 1989—1990 年对《城市宪章》进行了一次重大修订，在一定程度上改变了权力的分配，赋予市议会、社区规划委员会和城市规划委员会更多的权力。 此外，美国最高法院宣布预算委员会为非法机构，并将其撤销，从而增强了市长和上述其他机构的权力。

纽约州负责该市运作的立法；它还有监管城市财政的具体职责。 最近，纽约州已经将一些权力及财政方面的权责下放给了纽约市。 纽约市自治政府三分之二约财政收入来自地方营业税、财产税、所得税和商业税。 对美国来说，纽约市不同寻常，因为它有一个覆盖整个大都市区的政府；其他大都市区，更常见的模式是更高层次的行政碎片化。

C 日本部分地区及其
主要城市的人口

地区	总 人 口	主要城市人口	主要城市占地区总人口比率（百分比）
	东京		
东京	11 618 281（1982） 12 059 237（2000）	8 351 983（1982） 8 130 408（2000）	72（1982） 67（2000）
	名古屋		
爱知	6 221 638（1982） 7 043 235（2000）	2 087 902（1982） 2 171 378（2000）	34（1982） 31（2000）
	大阪		
大阪	8 473 446（1982） 8 804 806（2000）	2 648 180（1982） 2 598 859（2000）	31（1982） 30（2000）

主要地区按规模区分的城镇与村庄数

地区	总计	城市总计	拥有人口数量（'000's）：					
			大于500	300~500	200~300	100~200	50~100	小于50
东京	42	27	1	1	1	10	11	18

续　表

地区	总计	城市总计	拥有人口数量（'000's）：					
			大于500	300～500	200～300	100～200	50～100	小于50
爱知	96	30	1	1	4	5	23	62
大阪	44	31	3	4	3	9	12	13

资料来源：《日本统计年鉴1982》，管理和协调机构，《2000年人口普查》，截至2000年10月1日。

注：从1982年的数据可以推断，在所研究的1970—1987年期间，东京作为东京地区的代表是合理的，因为在1982年，它是东京地区唯一超过50万人口的主要城市，占地区总人口的72%。名古屋也是爱知地区唯一的主要城市，但它在爱知地区总人口中所占的比率仅为34%。在这三个主要城市中，大阪的人口比率最低。大阪地区有三个人口超过50万的城市，这使得大阪市在各自地区内的主导地位不如东京或名古屋。

人口少于5万的定居点不是"城市"。

D 东京的土地市场

　　20 世纪 80 年代，东京快速的经济转型可能在土地市场上得以最清楚地体现。 从 1986 年到 1987 年，住宅用地价格上涨了 95%，商业用地价格上涨了 79%。 最明显的相对增长发生在尚未开发但即将发展的地区。 因此，东京市政府雄心勃勃的总体规划要求进行大规模投资和政府开发的多摩区，经历了一些土地价格的最高增长。 如果我们比较多摩区与更加中心区位的其他地区的每平方米土地的实际价格水平，那么多摩区的实际销售价格明显很低，大幅提高其价格在相当程度上是过去价格水平偏低的结果。 然而，人们也可以看到，在土地价格的高增长中，有一个动态在发挥作用，超出了人们所期望的平均价格上涨。 事实上，早些年的数据显示，与 1987 年多摩区土地价格 8% 的增长率相比，大部分地区都是几个百分点的温和增长。 我们所看到的，即使是在这个非常遥远的地区，也是东京土地市场高度投机和巨大利润的延伸。 高流动性使得对土地的投资成为最理想的投资形式，从而导致了土地价格的飞快上涨。

　　对市中心的实际交易情况进行简要回顾，就会发现，东京市中心的每平方米房价远高于其他主要城市，尤其是纽约和伦敦。

在中央商务区，千代田的均价从 1986 年的每平方米 33 480 美元涨到了 1987 年的每平方米 46 256 美元（基于 1987 年的美元汇率进行计算）。

1987 年，赤坂地区港区的土地拍出了每平方米 43 040 美元的天价，该地区的土地需求量很大。 商业地产市场的价格是住宅市场的 2 倍或 3 倍。 值得注意的是，新宿的地价是最高的。新宿并不是三大中央商务区之一，但在过去 20 年里，东京都政府在那里开发了大量的新总部，修建了大量的豪华高层办公大楼。

1987 年，新宿一平方米的开发面积平均售价为 136 564 美元，中央区的平均售价为 140 969 美元。 不同之处在于，中央区长期以来一直是构成东京中央商务区的三个区之一，而新宿直到最近还是一个工薪阶层聚居的地区。 人们在那里仍然可以看到一个街区接着一个街区的工薪阶层住宅和商店。 在这片由低矮的低收入小型住宅和商店组成的巨大海洋中，拔地而起的是一组由高层豪华写字楼组成的综合体，其中几栋楼的高度超过了 100 层，还有大型的主题广场，这是西方任何一个主要城市都能找到的一种同质空间。 在这些高楼的阴影下，如果拐错了弯，就会看见几条很不显眼的又短又窄的街道，两旁是一排排很小很老的房子，房子前面是花盆、菜地。

规划立法已做了修改，以解决 20 世纪 80 年代土地市场价格高速增长和高度投机运作所造成的扭曲。 1991 年，政府收紧了农业土地所有者处置土地的条件；出于税收目的，他们必须承诺在接下来的 30 年里从事农业或非农业用途，从而减少对农田的投机。 在 20 世纪 90 年代，政府还进一步解除了对东京棕地的开发管制。 2000 年 5 月，国家政府通过了对 1968 年原《城市规划法》的修订，赋予地方政府在土地使用和分区方面更多的自主权。

　　20 世纪 90 年代的土地市场情况凸显了 80 年代模式的极端特征。 在东京都地区，以 20 世纪 80 年代和 90 年代的最高平均价格水平为指数（1991 年 3 月），1985 年 3 月的价格约为 1991 年 3 月的 40%，2000 年 3 月的价格也是如此。 一个不同之处在于，后一时期不同土地类型之间的价格差异比 1985 年和 1991 年的差异更大，其中商业用地价格下降幅度最大，约为 1991 年 3 月价格的 30%，住宅用地价格下降幅度最小，约为 1991 年 3 月价格的 58%。 虽然价格水平在 1991 年 3 月达到最高值，但 1986 年至 1987 年价格增长最快，特别是 1987 年。 无论是 20 世纪 80 年代的价格增长还是 90 年代的价格下降，在全国范围内还是名古屋都没有东京那么剧烈。 大阪的房价急剧上涨，东京的房价急剧下跌。

　　就整个东京都而言，住宅用地在 1985—1986 年和 1986—1987 年这两个时期的平均地价涨幅分别为 18.8% 和 93%；商业用地涨幅分别为 34.4% 和 79%；混合用地涨幅分别为 16% 和 80.7%；工业用地涨幅分别为 10.7% 和 71.6%。 因此出现了全面的价格增长。 此外，正在进行大规模开发的较外围地区（最初由政府开发，现在由私营部门开发），价格虽然低得多，但也有显著增长（见表 D.1，按地区列出的住宅用地价格细目）。 除了岛屿之外，东京没有一个地区能逃脱房地产市场的动态影响，房地产市场通过土地价格的大幅上涨产生了巨额利润。

表 D.1　1986—1987 年东京都按地区划分的住宅土地价格(美元)

区　　域	每平方米 平均住宅土地价格	
	1986	1987
中心区域	10 359.03	21 745.81
郊区	3 342.73	6 944.93
周边地区	1 833.48	3 711.01
中心、郊区及周边地区	2 851.54	5 877.53
北多摩地区	1 173.13	2 646.26
南多摩地区	789.87	1 438.77
西多摩地区	544.05	722.03
多摩地区	981.50	2 049.34
岛屿	41.41	41.85
全部地区	1 897.36	3 922.03

资料来源：　东京都政府，"1986 年 12 月至 1987 年 12 月的土地价格变动"（日文）（未发表的报告，1988 年）。

东京作为国际金融中心的新功能不断扩大，给土地价格带来了巨大压力。 1987 年的第四个国家全面发展计划包含建议中央政府机构分散以减少在东京的集中管理功能，建议实施一项新的税收制度以促使企业办公室从东京迁移，以及其他旨在分散化以减少对东京市中心土地价格和交通拥堵压力等建议。 该计划的总体建议是实施多极城市体系，包括几个副中心和核心城市。土地和税收是政府的重要优先事项。 一个例子是东京都政府执行了一项规定，要求报告政府指定地区的土地交易情况；另一个例子是 1987 年 7 月财政部的指令，要求金融机构限制对土地交易的贷款。

1984 年 9 月开始研究第四个发展计划时，首次决定该发展计划应包括与土地有关的措施。 1986 年 12 月，国土厅发表了关于第四个国家综合发展计划的前期研究报告，目的是指导到 2000 年为止的土地使用。 它设想将更多的设施和功能集中在东京及其周边地区，并建议将东京进一步发展为国际金融和信息中心。 对这项计划的强烈抗议导致了修订。 在 1987 年 5 月 28 日提交的第四个国家综合发展计划草案中，淡化了东京的作用，并呼吁建立一个多极、分散的国土空间开发模式。 该计划的大部分重点是发展大型项目，如道路建设、各地区工业和信息服务的建设以及城市再开发，这些都是地方政府一直要求的。 一些专家表示，该计划中包含的措施能否缓解东京过度集中的问题，还值得怀疑[1]。

在东京市中心，土地价格在 20 世纪 80 年代末达到每平方米 3 000 万日元甚至更多。 如果政府想要进行从住房到道路等基础设施的建设，它将面临巨大的成本。 一个被广泛引用的案例是，东京市中心一段 1.3 千米长度的公路，耗资 5 000 亿日元，而工程本身只需要 20 亿到 30 亿日元，其余的都用于土地购买。 随着土地价格上涨，分配给社会资本的资金的有效性下降，而将土地卖给房地产开发商成为税收收入中最赚钱的部分。 此外，当如此多的经济集中在一个地区时，它会导致社会基础设施发展

---

[1] 对东京市中心建筑潜在需求的估计，是 90 栋到 100 栋大楼，其大小与日本 1968 年建成的第一座摩天大楼——霞关大厦相当。 霞关大厦有 36 层，高 147 米。 如果我们假设每栋楼用地 10 000 平方米，那么这总共需要 90 万平方米的土地。 正在重新开发的东京湾地区占地约 3 000 公顷，距离东京市中心只有 4 千米。

的扭曲。 例如，新地铁的建设可能会加剧而不是减轻交通拥堵，因为新的住房将在新的线路和车站周围开发，并把更多的人带到城市；拟建的东京湾大桥亦是如此，它将为城市发展开辟新区域，以及从东京湾填海造出的 10 000 公顷土地[1]。

一些人认为，解决价格加速上涨的唯一办法是减少东京的土地需求，而做到这一点的唯一办法是扭转东京设施和功能的集中。 有人提议修建一条连接东京和大阪的走廊或大都市带。 时速可达 500 千米的磁悬浮列车将在大阪和东京之间行驶一小时，使大阪成为一个"城市"。 智能建筑（全电脑设施）将建在名古屋和甲府的火车站旁边。 连同东京的霞关—丸内地区一起，这三个特殊的分区，每个 100 到 300 公顷的面积和采用最新的电信及数据处理技术的联网，将成为一个大都市带的神经中枢，作为日本新的经济首都。 目前集中在东京霞关区的中央政府的 12 个部委和 8 个由国家部长领导的机构，将分散在这条 500 千米长的走廊上，三个分区各有 3 到 4 个部门被重新安置。

在高增长时期结束时，与土地有关的对经济发展的制约问题已经出现。 1972 年，由于田中首相计划对整个日本群岛进行改造或现代化，土地价格大幅上涨。 1972 年的土地价格上涨和 20 世纪 80 年代的主要区别在于，1972 年的土地价格上涨影响了整个国家，而之后的土地价格上涨主要局限于东京的商务区及邻近居住区。 在那个时候，所谓的日本列岛改造引起的繁荣，戏剧性地推高了所有的价格，不仅仅是土地的价格。 最终，由于紧缩的信贷政策，土地价格稳定下来，与土地有关的限制开始受到

---

[1] 以目前的技术，每年最多可开垦 500 公顷的土地。

较少的关注。 在 20 世纪 80 年代，各种因素（包括随着日元升值而采取的一系列降息措施）导致的流动性过剩，再次导致土地价格迅速上涨。 虽然日本几个地区的土地价格相对于东京的价格有所上涨（见表 D.2），但总体上有所下降（相关数据见表 D.3）。 用 Tatsuo Izumi 的话来说，这是 "一个土地价格两极分化的时代"（在他的著作《土地价格》中）。 另一些人则认为，这是一个过渡时期，此后全国土地价格将大幅上涨。 如果宽松信贷长期盛行，日本各地的土地价格很可能已经上涨。 然而，货币供应量的年增长率不太可能超过 20%，就像 20 世纪 70 年代初大规模通胀上升之前那样。 考虑到东京市中心的土地压力，总体措施旨在通过将都市地区的农村土地转为商业用途，以增加土地的一般供应，尽管可以稳定整个日本的土地价格，但不会影响东京市中心土地价格[1]。 在 20 世纪 70 年代，所有东西的价格都在上涨，紧缩的信贷政策稳定了土地价格。 但在土地价格两极分化的情况下，这种做法的效果会打折扣。

表 D.2　1985—1986 年日本县级城市相对于东京的平均住宅土地价格

县级城市	1985 年的指数 （东京 = 100）	1986 年的指数 （东京 = 100）	变化率% 1985—1986
东京	100	100	0
札幌	15.6	12.5	−3.1
青森	16.1	12.8	−3.3
盛冈	18.8	15.1	−3.6
仙台	19.5	15.8	−3.7

———

[1] 在东京，农田有助于弥补绿色区域的缺失。 目前，东京的人均绿地面积为 2 平方米，是纽约的十分之一，伦敦的十五分之一。

续　表

县级城市	1985 年的指数 （东京＝100）	1986 年的指数 （东京＝100）	变化率% 1985—1986
秋田	14.2	1.3	−2.9
山形	17.5	13.7	−3.8
福岛	15.6	12.4	−3.2
水户	16.4	13.1	−3.3
宇都宫	16	13.1	−2.9
前桥	19.2	15.2	−40
浦和	50.4	39.9	−10.5
千叶	33.3	26.5	−6.7
横滨	47.2	38.3	−9
新潟	21	16.4	−4.6
富山	18.7	15	−3.6
金泽	24.8	19.7	−5.2
福井	24	19.2	−4.8
神户	20.3	16.6	−3.7
长野	20.4	16.5	−3.9
岐阜	24.6	20.4	−4.2
静冈	34.1	27.5	−6.6
名古屋	36.9	29.7	−7.2
津市	13.5	11.5	−1.9
大津	26.6	21.7	−4.9
京都	56.8	46.5	−10.2
大阪	61.6	51	−10.6
科比	46.1	36.3	−9.8
奈良	31.8	25.4	−6.4

续 表

县级城市	1985 年的指数 （东京 = 100）	1986 年的指数 （东京 = 100）	变化率% 1985—1986
和歌山	28.2	22.5	-5.7
乌取	19.6	15.1	-4.4
松本	16.8	13.5	-3.4
冈山	16.1	13	-3.1
广岛	33.1	26.3	-6.8
山口	11.5	9.3	-2.1
德岛	26.3	20.9	-5.5
高松	25.8	22	-3.7
松山	22.7	18	-4.6
高知	29.8	23.6	-6.2
福冈	25	20	-5
佐贺	14.7	11.7	-3
长崎	21.5	10.8	-10.7
鹿儿岛	25	19.6	-5.4
那霸	33	27.5	-5.5

资料来源：与表 D.1 相同，表示相对于东京价格变动的价格变动。

表 D.3　1985 年日本主要城市土地价格（日元/平方米）

主要城市	住　宅	拟建住宅	UCA 中的 住宅用地	商业用地	工业用地
东京都	196 500	48 700	36 200	1 299 400	92 500
大阪府	168 900	47 300	45 400	822 200	124 900
名古屋	97 100	30 100	38 300	332 700	58 500
拥有超过 50 万 人口的城市	74 200	26 900	23 400	394 800	51 900

续　表

主要城市	住　宅	拟建住宅	UCA 中的住宅用地	商业用地	工业用地
拥有超过 30 万人口的城市	71 600	29 800	25 900	344 300	40 000
其他城市	54 000	24 200	19 900	213 000	30 700

资料来源：经合组织，《日本的城市政策》，1986 年。
注：UCA（未开发的中部地区）。

土地价格的两极化表明，应该关注土地如何使用，而不仅仅是土地的可用性。 这不仅仅是土地供应的问题。 在创建国际金融和商务中心的竞争中，基础设施和优越区位的可用性比可用土地的范围更重要。 对于这类经济活动来说，集聚经济是很高的。

20 世纪 80 年代，日本中央政府通过将国有土地出售给最高竞标者，解决了土地价格问题。 东京都政府不同意这一政策[1]。 以东京的国有土地为例，这只会加剧价格的压力。 出

---

[1] 1986 年 9 月，东京都政府通过了一项法令，授权知事有权要求在指定区域内涉及 500 平方米或以上土地交易时的事先报告。 比《东京法令》（Tokyo Ordinance）更早的《国家土地利用规划法》（National Land Use Planning Act）旨在控制土地价格，它要求在涉及 2 000 平方米以上的任何房地产交易之前通知地方政府（包括东京都政府）。 如果卖价明显高于国家土地管理局（National Land Agency）的估价，州长可以正式建议重新协商价格。 不通知会受到惩罚，但州长的建议没有约束力。 预计价格将成为公众知识这一事实应该会产生一些威慑作用。 东京通过了随后的法令，因为大多数交易涉及不到 2 000 平方米，而且没有办法控制这样的交易。 1987 年 6 月 25 日，国家土地利用规划法进行了修订，将 1986 年法令中对房地产交易的大部分限制纳入其中。 当 1987 年 8 月新法律生效时，东京废除了它的法令。

售给私人开发商的国有土地不受出售私人拥有土地的限制。
1986 年，千代田区的一块地皮以每平方米 850 万日元的价格被
拍卖。 日本交通省计划通过竞标出售日本国家铁路公司在东京
的 163 公顷土地，结果导致毗邻土地价格的大幅上涨，甚至在这
块土地被买下之前就已如此（日本国家铁路公司在全国范围内出
售土地）[1]。 东京都政府要求日本国家铁路公司将其在东京的
土地卖给东京政府，因为它正在建立土地信托；这种信托的目的
是为了避免卖地赚取高额利润，同时又能获得一定的回报，以避
免助长价格的螺旋式上升[2]。

---

[1] 人们关注的一个关键问题是日本国家铁路公司在港区的地块（Shidome
新桥地区），如果卖给私营部门，可用于建造大量集中的高楼大厦，用
铃木知事的话说，将成为 "像曼哈顿城市丛林那样无序的摩天大楼灌木
丛"（参阅外国记者中心系列 19，土地价格项目： 16）。 在 Shidome 地
块的案例中，铃木知事建议东京都政府获得土地，修建道路和其他基础
设施，然后卖掉一些地块，将其他土地托管。 这就是东京都政府在新
宿城市次中心所做的，新宿城市次中心建在一个净水厂的原址上。 它
留出了 45% 的土地用于修建公园和道路。

[2] 新加坡模式是： 冻结土地价格和政府规划；大多数住房和土地都是政
府所有。

E 图表列表

后　记

　　全球化带来了战略性经济和政治过程领土化的空间尺度变化。 全球城市在这一动态中成为主要的新的空间尺度。 这种尺度改变的关键特性包括超越用于分析的旧类别和较旧的层次结构。 这就带来了理论和方法创新的需要，从而不可避免地引起激烈争辩。 20 世纪 90 年代，围绕城市问题以及城市所包含的各种实质性问题展开了大量辩论，并启动了一项全新的研究议程。 全球化反过来也产生了一种全新的研究文献，其中一些关注城市，这也是一个新的起点。

　　在新版这一后记中，我将集中讨论其中一些争辩及其如何经得起新版运用的新数据的检验。 我关注的，是对第一版的众多批评，并看看这些批评如何经得起 20 世纪 90 年代数据的检验。这是阐明由新型概念架构所引起的多重问题的一种方法。 但愿，这也是解决我从世界各地研究人员和那些努力推进这些问题理论化的学者那里收集来许多疑问的一种方法。 许多国家和不同学科的学者所做的大量研究也助推了这场争辩，他们为加强全球城市模型建构做出了贡献，我在这里将提到其中一些贡献。最后，我想借此机会回应一些批评，这些批评要么是偷换概念，要么是对全球城市模式的错误（部分错误或完全错误）理解。
我本可以走正道，对此置之不理；但我还是忍不住要走低洼路。

　　总体来说，对 20 世纪 90 年代数据解读显示，我在 20 世纪
80 年代首次发现的趋势（通常是模糊的）有所放大。　这些趋势
现在更加明显，部分原因是我们知道自己在寻找什么。　当我在
20 世纪 80 年代研究这些问题时，没有清晰的蓝图，没有明确的
趋势可以来帮助我了解正在发生的事情。　我记得，经常会对这
些数据所讲述的多重故事感到怀疑或困惑。　用如此确信的语言
来阐述某些趋势，需要一些勇气或缺乏谨慎。　这肯定会给我带
来麻烦。　事实也是如此。　研究 20 世纪 90 年代，既令人担忧又
令人兴奋，因为我要试图了解自己以前分析是否仍然有用。　我
在每一章中都讨论了主要问题，包括根据 20 世纪 90 年代的发展
而出现的全新章节。

　　在新版中，我提到一些文献，既有批评的，也有建设性的。
但是这类评论性文献数量巨大，并使用多种语言和许多不同交叉
学科。　我不可能引用自己所掌握的英语及其他外语的所有文
献，更不用说引用自己不懂的那些文献。　在这个后记中，我想
避免因列出少数学者而忽略大多数学者的问题；只要有可能，我
都没有列出名字。

　　关于全球城市的争辩，主要有六个方面。　第一，涉及全球
城市理论构建或模型，其合理性、解释力、"本体论"地位以及
度量问题。　第二，涉及金融业，其在全球城市中的地位、空间
组织，特别是日益数字化的市场多大程度上与全球城市联系在一
起。　第三，涉及生产者服务，特别是其作为全球城市地位指示
器的作用，与制造业的联系或依赖程度以及空间组织。　第四，

涉及城市之间关系，包括竞争、等级制度和网络问题。 第五，涉及全球城市的不平等问题，包括收入不平等和空间形式的两极分化。 第六，涉及的问题是全球城市是否出现一种新的空间秩序。 我将这些争辩分为四个部分加以讨论。

全球城市模型

围绕这一模型构建本身的合理性及其性质的争辩，提出了一些概念性、方法论和经验性问题。 其中一些问题直接或间接与我在后面提出的更具体问题相交叉。 据我所知，一些批评认为基于全球城市模型的概念是错误的；另一些认为是正确的，还有一些提出了建设性意见，他们在关于这一主题的研究中提出了新问题或增加了一些经验实证和理论分析因素。

（1） 全球化与同质化。 第一个问题集中在与全球化相关的问题以及可能带来的同质化。 这种批评的说法是，在全球城市模型中，全球化应被认为是一种来自外部、使城市同质化的力量。 这种批评从根本上来说是有缺陷的，因为全球城市模型恰恰是一种分析方法，用来纠正了经济全球化研究方法中常见的假设： 全球是跨国界的，就像在国际贸易和投资中一样。

全球城市代表了一个战略空间，在这里，全球化进程在国家领土上实现，全球化动态是通过国家制度安排来运行的。 从这个意义上说，这种全球城市模型超越了有关全球化经济与国家经济相互排斥的零和博弈概念。 全球城市模型的一个关键目的是将经济全球化设想为不仅是资本流动，而且是为这些流动提供协调、管理和服务的工作，以及为跨国经营的企业和市场的多种活动提供服务的工作。 这也意味着全球化不仅仅是外生的东西。它部分来自国家企业结构和精英阶层的内部，我认为这是一个动态的初始去国有化过程。 在一些地点，全球化进程确实是一种来自外部经历的入侵，但全球城市恰恰是在一些国家主体的参与下和全球化进程可以在一个国家内部被激活的地点。 全球城市代表着全球经济的关键动力和条件的为化。

在方法论上，这意味着全球化也可以通过对发生在城市中的这些过程进行详细的社会学和人类学考察来进行研究。 对我来说，这意味着自上而下全面捕捉了各种工作流程、工作文化、基础设施等，这些是集中在城市的一部分全球控制能力，这种控制能力是全球经济体系的特点之一。

此外，我将"全球经济"分解为各种高度专业化（它们对应于特定的行业）的跨境循环，更准确地说，是跨境经营的那些行业的组成部分。 其中包括各种金融细分行业、会计、法律、广告、建设、工程、建筑、电信服务等。 每个行业的跨境循环可能都有自己特定的网络地理位置，尽管其中一些行业（尤其是金融业及其姊妹行业）往往有很强的重叠性。

这也意味着这些网络可能会在不同的全球城市中运行。 全球黄金交易线路将不同于石油交易线路，期货市场网络也可能不同于主要外汇交易网络。 一些城市尽管本身不一定是全球城市，但也可成为这些全球循环线路的一部分，因为它们可能具有高度专业化的全球城市功能，并且位于专门的网络上，从而与领先的全球城市连接起来。 吉隆坡是一个重要的期货市场，新加坡是一个重要的外汇交易市场，这赋予其特定的全球城市功能；并将这些城市分别置于不同的全球专业化循环上。 世界领先的全球城市往往有更大范围的专业化循环贯穿其中，即便如此，这些城市也不可能涉及全部全球经济专业化循环。即使是领先的全球城市也将趋向于高度专业化，为特定的全球市场和全球公司提供服务。

上述情况表明，没有一个全球城市作为单一实体而存在。这是与早期帝国的首都或早期特定含义的世界城市的一个重要区别。全球城市是一个跨国网络中具有战略性功能的地方。在我看来，没有固定数量的全球城市，因为它取决于国家经济管制、公共部门私有化（为国际投资者提供一些东西）以及国内外公司和市场等多大程度上将一个特定的城市（通常是一个著名的商务中心）作为营运基地。自 20 世纪 90 年代初以来，我们看到越来越多的国家选择或者被迫采用新的游戏规则，从而导致城市网络快速扩张。在这一网络中，要么是全球城市，要么是具有全球城市功能的城市（在我的研究中，发现两者有点模糊的区别）。全球城市网络（另一个模糊概念）是全球经济的操作脚手架。

一种常见的批评认为，全球城市模型内含着这些城市之间趋同和同质化的假设。全球城市功能在世界各地不同城市的发展，确实是某一种趋同的信号。但这是一个高度专业化、制度差异化的过程。这是一个与我们在消费市场和全球娱乐业所看到的同质化/趋同截然不同的过程。

正如我在本书第一版中已论证的，全球主要城市之间存在职能分工，而不是像过去和现在人们普遍认为的——只是竞争关系。这些全球城市的金融部门之间，显然存在这样的职能分工。但这不是李嘉图式的劳动分工，也不是相互排斥的专业化分工。　那是一种比较国家优势的模型。　我们这里建构的是一个跨境系统的模型，每个部分都必须安装在多个不同国家地点。

在方法论上，这突出了研究一系列城市的经典比较方法与全球方法之间的差异。　后者的可比性问题不是为了进行比较而标准化。　更确切地说，它是跟踪一个给定的系统或动态（如一种特定类型的金融市场）及其在不同国家的不同表现（操作、制度设置、与国家法律法规的适应等）。　虽然会有一些重叠，但这需要不同于古典比较方法的分析范畴、研究方法和解释标准。在方法方面，还需要进一步完善，这也是我目前正在做的工作。

此外，许多关于同质化概念的批评集中在对模型所指定的收敛类型的错误理解上。　这一理解通常是，根据全球城市模型，世界上各种全球城市将变得相似，特别是将类似于纽约。　这么说的话，我同意这种批评：　为什么巴黎和东京要变成纽约那样？　它们的制度、政治、文化历史的分量、建筑环境的惰性、国家在每个城市中扮演的不同角色将会产生差异，并有自己丰富的特定历史。　但是，这并不是全球城市模型所讲的趋同点：　趋同的是一系列专业化功能的发展和部分输入，以及这可能对较大城市产生的直接和间接影响。

（2）　第二个主要问题来自此研究中存在的若干类似概念。最值得注意的是"世界城市"的概念，既有 John Friedmann 和 Goetz（1982）提出的较旧含义，也有更现代的含义。　正如在本书新版引言中简要提到的，经典的世界城市概念与全球城市模型之间的区别在于一般性和历史特殊性。　世界城市概念具有一定的永恒性，而全球城市模型则标志着一个特定的社会空间历史阶段。　Friedmann 和 Goetz 的世界城市假说与我的全球城市模型之间的一个关键区别，在于我对全球经济体系"生产"的强调。这不仅仅是全球控制协调的问题，而是全球控制协调能力生产的问题。

对控制功能背后的**工作、金融和服务复合体**的实际**生产过程**，以及全球市场的**地点**的关注，就可以把作为全球化基础的物质设施与就业（这些工作通常不属于经济的公司部门）的整个基础结构融为一体。 从这样分析中呈现的是一种与信息经济概念所暗示的截然不同的经济结构。我们重新提出的物质条件、生产地点和地域边界也是全球化和信息经济的一部分。

另一个重要概念是 Castells（1996）提出的流动空间，他认为，全球城市不是一个地方而是一个网络。 尽管我已在第一版中论证了全球城市是一个网络的功能，但我坚持认为，这也是一个地方。 在上面讨论（将全球经济分解成多个专业化循环）中，我简要提到了对全球城市作为网络的理解。 在第五章有一个更完整的阐述，在其他方面中，关注的是全球城市之间的交易网络，它被认为是一个部分非领土化的中心空间，并且主要发生在数字网络中，但也有一部分是由深度地点性的城市构成的网络。

全球城市的地点性，是我研究工作中一个重要的理论和方法论问题。 从理论上讲，它抓住了 Harvey 的观点，即资本固定是超流动性的必要条件。 对我来说，一个关键问题是在我们所阐述的全球化概念中引入这样一个事实，即资本，即使非物质化也不仅仅是超流动性的，或者贸易、投资和信息流动并不仅仅是流动形态。 此外，全球城市的地点性也标志着"国家"的嵌入，如国民经济和国家领土。 这带来了对政治问题的考虑以及关于国家在全球经济中角色的理论化，而这些在传统全球经济描述中被排除在外。 全球城市之所以具有地点性，部分原因在于它是一个网络的功能——这种情况在某些领域尤为明显。 可以说，我不同意流动空间与地点空间的对立。 全球城市是地点空间，但它们确实在特定的、高度专业化的网络中发挥功能。 最后，在第五章中我讨论的关于空间集中性四种不同类型的空间关联中，全球城市跨空间网络最好体现了全球城市是网络功能的方式。

第三个概念是全球城市区域。 作为分析的范畴，这两个概念在经济全球化方面具有相同的关键主张，但在各自捕捉的特征上只有部分重叠。 对一个区域的关注，将引入一系列不同的变量。 正是由于这些不同的变量，我发现全球城市区域是一个非常有用的概念。

一种区别是全球城市和一般城市之间的不同。 有相当多负面也有正面的评论，没有理解我对全球城市模型所包含的东西与更大的城市实体（如纽约、巴黎或东京）所做的区分。 这种混淆一定程度上可能因为我在本书第三部分考察了较大城市。 第一版中可能没有明确说明第三部分内容是为了理解全球城市功能对较大城市的影响，以及这种影响是否对大部分人有利。 我的假设并不是所被描述的全部经验条件都必然成为全球城市功能的一部分。 每一个城市都有自身较大的物质性、政治性、群体性，通常是古老血统的一部分。 全球城市功能的发展，经济全球化的动力和条件在城市空间里的内化，是一个战略性而非包罗万象的事件。 一个方法论的重要含义是，人们可以研究全球城市功能而不用研究整个城市。 以这种方式构思问题所引起的一个方法论问题是边界问题。

另一个区别是全球城市与全球城市功能的不同。 我使用全球城市功能的概念来识别一种特定情况，即一个城市在全球经济管理和服务中实现相当有限但高度专业化的功能，而不像主要全球城市具有明显的多样性功能。 我以迈阿密为例，因为它在欧洲、北美和亚洲公司中扮演着越来越重要的角色，这些公司在拉丁美洲和加勒比地区有业务。 这种情况不一定是静态的：它可能以一种伦敦或纽约不太可能出现的方式消失，或者可能演变成一个更复杂、更多层面状况的全球城市。 全球城市功能的一定水平的复杂度，对这些功能有影响；能将其提升到顶级能力。例如，美国国内投资者的老练程度推动了美国金融服务公司成为一个最先进的行业，从而使其在全球市场上获得了优势。

最后，还有国际城市（如佛罗伦萨或威尼斯）与全球城市之间的区别。 我完全同意这种区分，并且觉得它很有用。 它有助于强化更严格意义上的全球城市概念。

（3） 全球城市区域的概念，为地域和全球化问题增加了一个全新维度。 在这里，我只想研究一下全球城市与全球城市区域之间的区别。 第一个区别在于规模尺度。 相比于城市的规模尺度，区域的地域范围更可能包括国民经济活动的一个横截面。例如，它可能把制造业和基础设施作为关键变量。 反过来，这也带来了对全球化的更大关注。 全球城市概念更加强调全球经济的战略组成部分，因此也更加强调权能问题。 第二，全球城市概念倾向于更强调网络化经济，这是由于金融和专业服务等产业性质的原因。 第三，与该地区情况相比，全球城市将更加强烈反映经济和空间的两极分化，因为高收入和低收入的工作不成比例地集中在城市中。

总体来说，我认为，全球城市概念更适合反映权能和不平等的问题。全球城市区域概念更符合关于广义城市化模式的性质和特性、更广泛的经济基础、更多中间分区的家庭和公司的问题，从而更符合在全球化条件下更均匀分配经济利益的可能性。在这方面，全球城市区域概念使我们能够看到一种分布式增长，更广泛分享由全球化增长动力带来的福利的可能性。

这两个概念都存在至少两种边界的问题，即地点规模边界和全球化在产业组织结构、制度秩序、场所等方面的扩散边界。在全球城市的研究中，我选择了一种强调核心动力而不是将城市单元作为一个容器（其需要有领土边界的说明）的分析策略。尽管强调核心动力及其空间化（在实际空间和数字空间中）并不能完全解决边界问题，但确实允许在强调这些核心或中心动力与它们在制度和空间上扩展之间进行相当明显的权衡。在我的研究中，已试图处理两方面的权衡：一方面，强调全球城市具有最先进和全球化的产业（如金融）；另一方面，强调全球城市的非正规经济如何与一些主导产业相关联。在全球城市区域的情况下，我不清楚 Scott 等（2001）是如何在地域意义和组织与扩展方面确定边界的。

第二个不同是在全球城市区域概念中更加突出竞争和竞争力。在我看来，全球城市主导产业属性本身是强化跨国网络和不同国家和/或地区城市间专业化分工的重要性，而不是国际竞争本身。以全球金融和面向全球公司和市场的领先专业服务（法律、会计、信用评级、电信等）为例，明显是在运行一个跨国界的系统，即一个嵌入一系列不同国家城市中的系统。这实际上是一个全球体系。

另一方面，那些可能主宰全球城市区域的行业就不太可能以这种方式联网。 例如，在大型制造企业中，对国家的认同感更强，往往更倾向于消费市场导向，从而使质量、价格和替代可能性等成为首要问题。 因此，竞争和竞争力可能显得更加重要。此外，即使在大量生产外包及国际生产分工情况下（如汽车行业的全球产业链），大多数公司仍将其中央总部与特定地区及国家联系在一起，因此竞争问题仍可能是突出的，而且选址非常重要。 也就是日本汽车制造公司选址在美国，就与美国汽车制造商形成竞争。

最后，地区竞争力的问题高度集中在其基础设施上。 某种程度上，这也是全球城市的一个关键变量，但它可能是一种更加专业化的基础设施类型。 区域尺度将把公共交通、高速公路建设及相关问题推到前沿，而对全球城市来说，这些并不成为焦点。 这再一次揭示了对全球城市区域的关注很大程度上是为了使其在全球经济中更轻松地提升竞争力。 相比之下，对全球城市的关注，往往会突出城市中拥有大量资源部门及其空间与极度弱势部门及其空间之间不平等日益增长，从而引发权能和不平等的问题。 在这方面，对地区的基础设施关注，更有可能包括对中产阶层需求的强烈考虑。

第三个不同之处（与前一个相关）在于，对全球城市之间网络化跨境动态的关注，也让我们更容易捕捉到此类交易在其他领域（政治、文化、社会、犯罪）日益增长的情况。 现在有证据表明，移民社区和原籍社区之间的跨境交易越来越多，一旦这些网络建立起来，使用也会越来越密集，包括以前不太可能进行的经济活动。　也有证据表明，为了文化目的，已建立了更大的跨境网络，比如国际艺术市场增长和策展人跨国阶层；还有一些为了非正式政治目的，比如围绕环保事业、人权等跨国网络增长。这些主要是城市间的跨境网络，或者至少目前看来是更容易从城市层面来了解这些网络的存在和模式。　对于新的跨境犯罪网络来说，情况也是如此。　从区域尺度来看，并不一定有助于确认从一个区域到另一个区域的这种网络的存在。　它更有可能是从一个地区某个特定社区到另一地区某个特定社区的网络，从而抵消该地区本身的意义。

（4）　有一种观点认为，用全球城市的概念来描述像伦敦这样的城市是没有道理的，因为它们在早期时代比现在更加国际化。　尽管这是另一种差异化的例子，但也许值得单独来对待。在最极端的情况下，这类批评不承认特异性的概念，要么认为没有这样的实体作为一个全球城市，要么认为没有什么是新的，伦敦和纽约长期以来是国际中心，如果有的话，它们今天的国际化也比过去要少。

最明显的例子就是 20 世纪 90 年代的伦敦，与大英帝国时代相比，它的全球影响力已大大减弱。　我对这一批评的回应是，必须强调阶段的不同性质，大英帝国当时获得的优势和跨境经济流动是在国家间体系的框架内发生的。　正是针对这一不同类型国家的阶段性变化，我们需要理解全球城市的出现。　我并不认为这是城市间密集跨境网络发展的第一次或最尖锐的情况。　我的观点是，经过一段时期的国家和国家间的经济治理后，全球经济体系的形成需要从理论和经验上的具体说明，而不能简单地视为旧形式的更新。　全球城市网络是当前阶段组织架构的标志性特征之一。

（5） 识别和度量。 当涉及可用来说明或理解决定一个城市成为全球城市的变量识别和度量时，我们进入了有点模糊的领域。 这一定程度上是由于现有分类、数据集和研究技术方法倾向于以某些闭合和尺度的概念为基础。 这很难对城市尺度进行精确的实证测量。 最好的数据集是全国层面的[1]。 进一步说，封闭是许多数据集的一个关键特征，包括城市尺度的数据集。 因此，试图衡量一个以不闭合为特征的单元会带来许多问题，而当这种情况出现在城市尺度时，问题会更加突出。 其中一个结果是，出现了一系列相当有问题的关于全球城市地位的指标。

全球城市功能是在城市中发生的一组特定过程。 但它们并不是整个城市经济，尽管有很大的影子效应。 这些职能也不能简单地归为一个城市的整个生产者服务业部门。 在度量方面，这是一个经常出现的混淆。 我将在下面的生产者服务业一节更详细讨论这些问题。

最后，一些文献中存在的一个困惑是，未能区分一个全球城市或具有全球城市功能的城市在全球经济中可能发挥的特殊作用，以及这种作用对城市本身的影响。 如果没有后者，前者可能非常重要。 相反的情况很少见。 这里的关键点，城市经济可能主要是国内的（大多数城市经济可能是），但在全球经济多个

---

[1] 认识到这一事实，并考虑到城市在广泛的社会科学问题中日益重要，美国国家科学院发起了一项重大倡议，研究提高城市层面数据质量的方法。

专业循环中扮演着战略性角色。　一个城市在全球经济中具有特别重要地位之前，往往有一种门槛效应，即全球城市的功能往往要达到一定水平。　但这在某种程度上是一个经验实证问题。　我们需要更多的研究来明确这一点。

在全球城市概念中，我们所要把握的是一个多重过程的结果。　不同的时期，不同的内容，不同的尺度，都塑造了所涉及的各种过程。　所有这些变量反过来又导致全球城市功能对特定城市经济的重要性与对全球经济组织本身的重要性之间的区别。

金融秩序

第一版对金融部门的分析引起了一些公开争论，但这些争论并不是规范解释和表述的一部分。　其中最重要一点，我坚持强调的是金融中心而不是金融市场和个体金融机构。　这是全球城市模型的关键部分，因为它强调了金融流动在复杂组织结构中的嵌入性。　第二点是强调了金融中心之间职能分工而不是竞争。

（1）金融中心与金融机构及市场。　对金融中心的关注，就会引入一系列广泛的条件和投入，如果只关注金融机构或市场，这些条件和投入都被排除在外。　我认为，这种解释是对过度强调金融业及其日益数字化金融市场的非物质化和超流动性输出的一种回应。　一定程度上，这也是对金融业可在任何地方开展活动这一观点的回应。　我认为，金融中心不能被简化为金融交易所。　此后，人数日益增多的学者开始对金融市场和公司进行民族志研究，并揭示了这些金融市场和公司在多大程度上嵌入在各种各样的条件中，而这在我们专注金融市场或公司时通常不加以考虑的，例如信用系统（如 Zaloom，2001）。 一般地说，引入金融中心的概念不仅仅是金融机构及市场，而是让我们理解一个新的亚文化可以被创造和实施的空间的存在。 我认为，这种新的亚文化在促进金融创新的成功扩散方面很重要。 这些金融创新在 20 世纪 80 年代和 90 年代表现很突出，其中许多与曾经主导该行业的传统银行形式背道而驰。

回头来看，把重点放在金融中心而不是金融市场及机构上，在这些概念混为一谈的情况下，是一个很好的区分。 在我目前的研究中，又增加了另一个变量来解释金融中心的重要性及各类金融中心发挥的不同作用。 事实上，组织的复杂性是企业和市场能够从新的数字技术中获得最大收益的重要条件。 我在新版第五章中对此进行了阐述。

通过电子空间实现的新经济广阔版图，只是一个更大经济链的一个片段，而这个经济链的一部分是嵌在非电子空间中的。完全非物质化的公司或行业是不存在的。 即使最先进的信息产业，如金融，也只是部分存在于电子空间中。 生产数字产品的行业（如软件设计师）也是如此。 经济活动日益数字化并没有消除对主要国际商务和金融中心的需求以及它们所集中的所有物质资源（从先进的远程信息技术基础设施到专业人才）。 不同城市的金融市场之间新战略联盟或纽约交易所的"走向全球"项目，通过具有独特优势的特定金融中心网络而得以加强。 这种新战略联盟并不是消除这些多样化金融中心，而是最大限度发挥由各金融中心（都有其特定的优势和劣势）组成的网络优势。

对金融中心的强调，也与 20 世纪 90 年代重新燃起的产业集群的兴趣，以及在广泛学科领域中普遍出现的本地化空间增长相交叉。 在城市和区域经济分析中，空间产业集群与区域专业化之间一致性是增加规模收益的基础，这也可能在金融中心的动态中起作用。 但是，与这些专注于制造业和标准化服务部门研究的简单情况不同，高度专业化服务和金融的情况复杂得多，需要设定一系列新的内生变量。 对于面向世界市场的公司来说，鉴于这些行业的复杂性和速度压力，更是如此。 在第一版中形成的关于金融中心的特定解释，在新版第五章和第七章进行了更详细的讨论，金融中心可以被视为此类产业集群的另一个实例，只是在一个更高复杂性层面上。

（2） 竞争与功能分工。 对于第二个主要议题，我认为，全球城市尤其是它们的金融中心，并不只是彼此竞争。 除竞争外，它们之间还有职能分工。 我已从 20 世纪 80 年代末的纽约、伦敦和东京之间关系中看到了这一点。 在过去几年中，这已变得更加明显。 我发现和强调这一特征，是对竞争和等级制度概念的一种回应，这些概念在当时盛行，并继续主导金融中心的分析。 从竞争角度思考会导致对地位次序的强调，从而根据地位次序来解释其得失。 它还需要继续保持以国家为中心的观点来看待一个越来越不纳入国家间体系的金融部门，当然不是以过去的方式。 正如我在上一节所讨论的，强调国际尺度的竞争带来了传统比较研究的视角。 我的着力点并不是否认某些目的而从这一视角进行研究的有效性，而是为了增加一个不同视角。

考虑金融中心之间功能分工，将引入其他变量的分析。 首先，强调这些分工合作的特征，如金融机构内部网络或特定金融中心之间金融工具的流动，突出了许多全球经济的网络性质。

这与早期的城镇之间为吸引一个特定制造工厂展开的竞争大不相同。　其次，它使全球性公司和全球市场需要在一组城市之外运作，因此不必像这些城市互相竞争那样运作。　这些公司和市场需要确保在城市网络而不是单个城市中拥有最先进的基础设施和资源。　我在前一节中讨论的构成全球经济系统的多个专业循环在这里也很重要。　我想说，竞争主要在公司之间，而不是城市之间。　第五章和第七章所讨论的不同城市金融市场之间战略联盟发展，是一个很好的例子。

在金融中心之间引入功能分工的概念，重新界定了该行业空间组织问题。　关注跨境金融中心网络，并将其设想为一个综合系统而不是一系列相互竞争的单个中心，从根本上改变了我们对金融业空间组织的表述。　据我所知，全球金融部门的主要区位特征，是跨国界职能分工以及公司、市场和业务在地域上紧密集中的嵌入性与全球数字化网络和电子市场紧密结合在一起。　除在第五章和第七章讨论的少数例外，关于全球金融业空间组织的研究仍然不多。　人们所想象的情况是，金融业全球化要求向数字化和向电子市场转变，从而削弱（如果不是消除）了金融中心的作用。　毫无疑问，金融中心的角色和功能发生了深刻变化，但它们作为复杂网络中的关键节点，获得了全新的战略重要性。

（3）全球金融与国家。　第三个议题关于金融和全球资本市场对国家的影响，这在第一版中并未得到充分阐述，后来成为我研究工作的核心。　这一问题是对全球城市模型中缺乏政治的更普遍批评所采用的一种形式。　我必须完全同意关于全球金融的特定表述，以及关于国家角色的更普遍表述。　事实上，它引导我开始了一个新的连续多年的重要项目，研究关于国家在全球化中所起的作用以及后者在改变解释其主张合法化的逻辑方面所产生的影响（1996；尚未完成）。　本书新版仍然没有公正地阐述这一系列重要的问题。　这是一个如此复杂的问题，似乎很难把它插入到这本仍在第一版中成形的组织结构中。　我的回答是，国家在全球城市和金融中的作用通过第四章涉及的政策领域予以间接介绍，但显然是不充分的。

　　（4）金融业的实质性。　有关金融业和金融公司所提出的一系列评论来自我提出的一个观点，即金融不仅仅是一个服务行业。　全球化影响之一是发展和加强了金融业某些特点，而这些特点恰恰不限于为其他部门提供服务。　20 世纪 80 年代和 90 年代新金融市场形成以及产生的金融创新数量和类型，使金融日益脱离为"实体"经济提供服务的角色。　这在西方近代历史上已不是第一次了。　19 世纪与 20 世纪之交和 20 世纪 30 年代的金融市场，显然与现阶段的金融市场有许多共同特征。　但我看来，有一些明显特征将现阶段金融与早期金融区分开来。　这一观点成为许多批评的靶子。　在第四章，我详细阐述了在第一版中提出的观点，这也是对那些断言当今金融市场没什么新东西的批评的一种回应。

生产者服务业

　　围绕这一议题争论的关键问题集中在指标测量和使用上。许多学者认为，生产者服务业就业份额是衡量全球城市地位的一个指标；因此，一个城市的生产者服务业就业份额很小或下降，或其他城市（通常是较小的城市）的份额增长较快，会被解读为全球城市地位下降的指标。　生产者服务业就业份额下降或较低份额往往被解释为是不是全球城市的信号。　这一指标另一个变体是，一个城市生产者服务业就业在全国所占比重，以及它是上升了还是下降了。　这里的概念是，如果纽约或伦敦这样的城市失去了生产者服务业的全国就业比重，它就失去了动力。　更成问题的是，一些学者将服务业就业总量及其增长作为衡量全球城市地位的指标。　这些指标本身都不能成为衡量全球城市地位的指标。　我们需要对生产者服务业进行更为详细和分类的分析。

　　衡量全球城市地位的关键指标之一，是看一个城市所具备的为公司和市场的全球运作提供服务、管理和融资的能力。　为了确定哪些生产者服务业包括这种能力，我们需要对任何主要城市可能出现的各种生产者服务业进行分类分析，而且在不同程度上还需要定性分析的数据。　这可以通过多种方式采集相关数据：各种专业生产者服务公司是否有全球分支机构网络，该城市是否有重要的生产者服务业的出口，该城市是否有显著总部功能的外国公司落户，该城市是否有开展资金跨境业务的机构，是否有全球市场，以及是不是全球房地产市场的一部分。　生产者服务是全球城市模型所有变量中的一个关键因素。

　　这引出了另一个误解，一个研究文献中很常见的误解：非全球城市的生产者服务业出现较高增长率的情况，往往被解释为是全球城市衰落的一个信号。　我提出另一种不同解释，以解决这些服务的空间组织问题：与全球城市相比，较小城市的生产者服务业高增长率，不一定如微观经济学解释的那样，是从全球城市转移到更好价格区位的结果。　这是所有部门的公司对生产者服务日益增长需求的结果。　当这些服务面向全球公司和市场时，其复杂性使全球城市成为最佳的生产场所。　然而，当需求只是相当常规的生产者服务时，城市体系中不同层次的城市都可以成为适当的生产场所。　目前生产者服务业空间组织反映了这种贯穿于整个经济部门对生产者服务需求的扩散，而不是全球城市的优势和份额丧失。

在我的分析中，向服务业转变的具体内容，不仅是服务业就业岗位增长，更重要的是发达经济体组织中服务强度的增长：所有行业（从采矿业到批发业）的公司，今天比 20 年前购买更多会计、法律、广告、金融、经济预测等服务。　无论在全球或区域层面，城市中心（中心城市、边缘城市）是充分提供这类专业服务的场所，而且往往是最好的生产基地。　为全球化部门提供服务，城市区位优势尤为突出。　此类服务业在城市中的快速增长和不成比例的集中表明，城市在逐渐失去大规模制造业生产基地角色后，已重新成为重要的"生产"场所。　在大规模制造和福特主义下，经济的战略空间是大型一体化工厂以及通过其福特主义/凯恩斯主义职能部门的管理。

反过来，又对城市经济增长产生重大影响。　对于所有行业的企业来说，城市都是重要的生产基地。　我认为，这代表了城市作为经济空间发展的新阶段：过去，随着福特主义的兴起，城市失去了关键的生产功能；今天，随着金融和专业服务的发展，他们获得了新的生产职能。

另一种批评集中在国内就业与全球就业的衡量标准上。　因此，如果伦敦的就业岗位主要面向国内经济，就会被解读为夸大了伦敦作为全球城市的地位。　在我的分析中引出了两类问题：一类问题是与上述生产者服务业的观点相似，特别是一个城市不一定必须拥有大部分面向国际的工作才能成为全球城市。　更确切地说，一个拥有大量专业服务和专业人才并能满足全球公司和市场需求的城市，就能成为全球城市。　这些专业服务和专业人才在城市劳动力中所占比例可能并不高。　此外，一些面向国际的工作可能与全球城市功能没有太大关系，而一些面向国内的工作可能是这些全球城市功能的基础结构的一部分。　后一种情况引出了第二类问题，即有一系列工作通常不被视为全球城市功能的一部分，但实际上是其中的一部分。　我认为，一般而言，用就业来衡量全球城市部门重要性是越来越不恰当，因为其重要性可以被很少的专业人员创造和动员起来。

关于用就业来衡量不同经济部门的重要性，有一系列的批评。　在巴黎或东京等大城市，金融和专业生产者服务业在总就业中所占比例相对较小。　然后就被用来证明这些城市不是全球城市。　这再一次忽略了全球城市模型的要点。　问题在于是否正在对全球公司和市场进行协调和提供专业服务。　在这两个城市，显然是这样的，尽管主要是为在海外经营的本国公司提供专业服务。　然而，这也带来了越来越多顶级公司（尤其是来自美国和英国的公司）来提供专业服务。　这反过来又使外国公司更容易进入这些国家，从而使整个专业服务复合体发展呈现向上棘轮效应。　这种批评唯有在一种极端情况下才是正确的：　如果一个城市没有金融和生产者服务业，那么它不可能是一个全球城市。　这里需要注意的，像硅谷的高科技中心和柏林的文化中心，在其专业领域很可能类似于全球城市，尽管它们没有金融部门。

最后一个争论涉及生产者服务业与制造业之间的关系。　一些学者认为，生产者服务业需要制造业才能实现增长。我同意。但又认为，只要制造业活动是企业的一部分，所处区位无关紧要，因为这些企业可能使用大量的生产者服务。因此，底特律工厂可能会迁到墨西哥或其他地方，但这并不妨碍纽约继续为许多，甚至越来越多的汽车制造公司提供专业服务。

社会和空间极化

这里的批评集中在收入不平等和空间极化问题上。许多批评是针对我提出的观点，即中产阶层正在消失，城市空间秩序已经二元化，而所有这些都是全球化造成的。这在一定程度上是误解，但也只是一部分误解。我对此问题的核心观点，并不是说不平等是新的，中产阶层已经消失，这都是全球化造成的。问题在于，全球化带来的具体影响，不是如我们在福特主义条件下看到的中产阶层扩张，而是企业部门的顶级专业人才日益受到重视（它不仅仅是诸如律师等专业人员问题，而是他们所运用的专业技能）以及其他类型经济活动和工人的降级。这些趋势很难衡量，但我认为，在所有这些城市，顶尖行业优势和低端行业劣势均在增长，这并不意味着中产阶层消失，一点也不存在了。只不过，动态增长的基本推动力不是趋向于中产阶层扩张。即使在几乎没有增长的情况下，中产阶层能否继续成为一个重要因素，可能取决于一系列政策，尤其是国家政策。

我对这些问题在第三章关于收入差距和不平等的一个全新章节中做了阐述。战后几十年里，美国和其他高度发达经济体对收入不平等没多大兴趣，部分原因是它被视为一个常数，正如一位观察者所说："就像看着草生长"。 但 20 世纪 80 年代，它在美国成为一个问题。 20 世纪 90 年代在欧洲也成为一个问题，人们发现不平等日益明显。 今天，我们有大量文献和相当多共识，即大多数发达国家的收入差距越来越大。

另一个批评集中在我对低工资服务工作而不是失业的关注上，并将其作为全球城市贫困的一个来源。 的确，我最关心的是增长行业所创造的就业类型，这意味着排除或至少忽略失业等情况。 在新版中，我认为两者都是低收入地位的重要来源。 但在理论上，我仍旧强调低工资就业，而不是失业，因为全球城市模型的一部分精确假设，新的增长部门是推动高收入和低收入工作增长趋势的一个因素。

虽然全球化在产生这些结果方面有具体影响，但我同意批评者所说的（我自己也曾这样说过），全球化不是唯一的原因，而且很难确定它在多大程度上起作用。 全球化影响在不同的城市和国家会有所不同，很大程度上是因为国家的作用不同。 然而，我们可以通过对各种市场及其对城市社会和空间特征影响的详细研究来剖析它的影响。 这是我在第八章和第九章所做的努力。 这些努力扩展了本书其余部分讨论的狭义全球城市功能集群的焦点。 在最后两章，我探讨了全球城市功能的更广泛影响，更大的阴影效应。

也正是这些材料造成了一种混乱，一些研究人员将其理解为一个城市的总体就业和部门就业结构是全球城市地位的指标。 或者断言巴黎和东京不像纽约，因为我们在后者看到了犯罪、衰败、贫穷和社会排斥，而前者没有，由此它们不可能是全球城市。 我同意，这些都是截然不同的城市——怎么会不是呢？ 但我要补充说，这既不能证明这些城市的全球城市地位，也不能证明巴黎和东京这样的城市没有二元化趋势。另一种说法是，在许多被认为是全球城市的城市中，没有形成更尖锐的两极分化或分化形式的压力，因而这种特征描述是没有根据的。我的回答是，断言压力是否存在，一定程度上是一种解释行为。据我所知，在巴黎和圣保罗等不同城市以及越来越多的城市（尤其是都柏林和赫尔辛基）都出现了这样的情况。

当涉及反映城市中日益增长的不平等和空间分化的研究结果时，还有一个解释性问题。例如，我认为是新空间动态出现的信号，经常运用更为谨慎的术语来解释——仅仅是一种或另一种特征的强调，或一种新层次的发展。确实，我把早期研究和这一版本的数据解读为全球城市中有一种新的空间动态在起作用，尽管并不意味着一切都改变了。在城市特有建筑环境惯性和社会空间隔离的情况下，它怎么能做到呢？作为一个社会学家，我认为，尝试解剖似乎仅仅为一个增量转换和敢于推测它可能出现的一个新动态是很重要的。我被这一领域所收集的证据和极其丰富的文献所说服，我们在全球城市中正看到一个新的空间秩序，虽然它只存在于城市的部分地区，并构成了城市的一部分，但这是一个具有战略意义的新空间。社会科学发展的一种方式，就是通过我们中一些人愿意行走在理论边缘而获得不同的视角。转型的时代（比如我们所处的时代）需要承担理论风险。然后，通过艰苦的经验实证，直至使风险倾向较低，把我们带回一个更舒适的地方。